십자가의 승리

십자가의 승리

1판 1쇄 인쇄 2004년 1월 15일
1판 3쇄 발행 2014년 2월 25일

지은이 김서택
발행인 한동인
펴낸곳 (주)기독교문사
등 록 제1- c0062호
주 소 서울 종로구 충신동 5-13
　출판부　T. 741-5183　F. 744-1634
　특판부　T. 744-1633　F. 744-1635
　도매부　T. 741-5181, 5　F. 762-2234
직영서점 기독교문사
서울 종로구 종로5가 412-2
T. 2266-2117~9　F. 2266-6397

책값은 뒤표지에 있습니다.
ISBN 978-89-466-2127-5
　　　 978-89-466-2124-4(전3권)

Web　www.kclp.co.kr
Mobile-Web　m.kclp.co.kr
e-mail　kclp@kclp.co.kr

기독교문사는 독자와 함께 기독교 출판문화를 이끌어 가겠습니다.
공급처 기독교문사 도매부　T. 741-5181~3　F. 762-2234

누가복음 강해 ❸
십자가의 승리

김서택

기독교문사

CONTENTS

서문: 예수님의 위대한 생애 | 7

55. 그리스도의 제자도 • 눅 17:1-10 | 11
56. 열 명의 문둥병자 • 눅 17:11-19 | 24
57. 하나님 나라의 성격 • 눅 17:20-37 | 37
58. 억울한 과부 비유 • 눅 18:1-8 | 51
59. 바리새인과 세리의 기도 • 눅 18:9-17 | 64
60. 영생에 대한 질문 • 눅 18:18-30 | 77
61. 십자가로 가는 길 • 눅 18:31-43 | 91
62. 뽕나무에 올라간 삭개오 • 눅 19:1-10 | 104
63. 므나 비유 • 눅 19:11-27 | 118
64. 예루살렘 입성 • 눅 19:28-48 | 132
65. 하늘로부터 온 권세 • 눅 20:1-16 | 146
66. 두 나라의 시민 • 눅 20:17-26 | 160

67. 부활의 증거 • 눅 20:27-44 | 174
68. 거짓을 심판하시는 하나님 • 눅 20:45-21:19 | 188
69. 최후의 심판 • 눅 21:20-38 | 203
70. 최후의 만찬 • 눅 22:1-20 | 217
71. 십자가 앞의 제자들 • 눅 22:21-38 | 232
72. 겟세마네의 기도 • 눅 22:39-53 | 246
73. 베드로의 부인 • 눅 22:54-71 | 260
74. 빌라도의 법정에 서신 예수님 • 눅 23:1-17 | 273
75. 예수님과 성난 군중들 • 눅 23:18-31 | 288
76. 십자가에 못 박히심 • 눅 23:32-43 | 302
77. 운명하심 • 눅 23:44-56 | 316
78. 예수님의 빈 무덤 • 눅 24:1-12 | 329
79. 엠마오로 가던 두 제자 • 눅 24:13-35 | 343
80. 마지막 분부 • 눅 24:36-53 | 358

서문

예수님의 위대한 생애

사람들은 '위대한 영웅' 이라고 하면 칭기즈칸이라든지 알렉산더 같은 정복자들을 생각합니다. 그러나 어떤 의미에서 이 사람들은 위대한 영웅이 아니라 탐욕스러운 정복자였을 뿐입니다.

예수님이 사시던 시대는 오늘날과 비슷하다고 할 수 있습니다. 예수님의 시대는 로마가 전 세계를 정복하고 이른바 로마의 평화 시대(Pax Romana)가 열리고 있었습니다. 사람들은 로마를 인류 최대의 문명국가라고 찬양하면서 극한 정신적인 타락에 빠져 있었습니다. 그때 아무도 주목하지 않는 초라한 곳에서 예수 그리스도의 위대한 생애는 시작됩니다.

예수 그리스도는 이 세상의 어떤 나라도 정복하지 않았습니다. 오히려 사람들에게 하나님의 말씀을 전했고 결국 자신을 십자가의 제물로 드리셨습니다. 그런데 놀라운 것은 예수 그리스도에 대한 이야기가 증거되기만 하면 사람들은 변하여 새사람이 되고 놀라운 성령의 능력이 나타났다는 것입니다.

의사 출신인 누가는 신약에서 가장 중요한 두 권의 책을 썼습니다. 한 권은 예수님의 생애과 가르침에 대한 누가복음이며 다른 한 권은 초대 교회의 역사에 대한 것입니다. 이 두 권의 책은 모두 데오빌로라는 사람에게 헌정하는 형식으로 되어 있습니다. 아마도 누가 자신도 이 두 권의 책이 복음과 구원의 역사에 얼마나 중요한 역할을 하게 될지 몰랐을 것입니다.

누가는 일정한 체계를 가지고 누가복음을 기록하고 있습니다. 이것은 그가 사도행전을 기록할 때의 원리와 비슷한 것입니다. 누가는 사도행전을 기록하면서 예루살렘과 유다와 사마리아와 땅끝까지 복음이 증거되는 것을 골격으로 삼고 있습니다. 마찬가지로 누가복음에서도 처음에는 성전에서 일어난 일을 중심으로 기록하고 있습니다(1-2장). 그 후에는 유다 광야를 배경으로 기록하고 있습니다(3장-4:13). 그리고 갈릴리를 주무대로 해서 예수님께서 병자를 치료하시고 복음을 전하신 내용을 기록하고 있습니다(4:14-9장). 그리고 누가복음의 가장 특징적인 부분이라고 볼 수 있는 부분인 네 번째 부분에는 예수님께서 칠십 인을 먼저 보내신 것을 시작으로 예수님이 예루살렘에 올라가면서 많은 사람들을 만나고 가르치신 내용이 기록되어 있습니다(10장-19:27). 그리고 마지막 부분은 예수님이 예루살렘에 올라가셔서 유대 지도자들과 논쟁하시고 붙들려 죽으신 후 삼 일 만에 부활하신 내용이 기록되어 있습니다(19:28-끝).

아마도 누가는 당시에 유대인 신자들을 위해서는 예수님의 행적과 가르침에 대한 여러 가지 자료들이 있었지만 헬라인들에게는 이런 복음서가 전혀 없는 것을 알고서 누가복음을 기록하게 되었을 것입니다. 물론 그 당시에 있던 유대인의 자료를 번역해서 쓸 수도 있지만 그 자료들이 각기 다르기도 하고 정확하지 않은 것도 있어서 자기 나름대로 체계적으로 조사를 해서 독자적인 복음서를 기록한 것이 이 위대한 복음서의 탄생입니다.

우리들에게는 예수님에 대한 네 개의 복음서가 있습니다. 그 중에서 서로 내용이 비슷한 마태복음, 마가복음, 누가복음은 공관 복음이라고 해서 그 차이나 비슷한 부분에 대한 많은 연구가 있었습니다. 그리고 예수님에 대한 초기의 자료가 어느 것인가 하는 신학적인 연구도 많이 있었습니다. 누가는 초기에 예수님에 대한 여러 자료들이 있었다는 것을 인정하고 있습니다. 그리고 그는 그 자료들을 참고하기도 했고 또 실제로 생존 인물들을 직접 만나서 인터뷰하기도 했다는 것을 밝히고 있습니다. 그래서 누가복음의 어떤 부분은 직접 조사한 자료로 기록하기도 했고 또 그 당시 유대인들이 사용하던 복음서를 참고해서 기록한 부분도 있는 것입니다. 그러나 놀라운 것은 성령님께서 이방인들을 위하여 이 놀라운 복음서를 준비해 주셨고 그 복음서가 최고로 완벽한 복음서가 되었다는 사실입니다.

오늘도 하나님께서 이 누가복음을 통하여 영혼이 목마른 많은 성도들을 온전히 세우시며 축복하시기를 바랍니다.

그리고 이 책이 출판되기까지 산고의 수고를 하신 '기독교문사'의 모든 직원들에게도 감사의 마음을 전합니다.

대구 수성교 옆에서
김서택 목사

55

그리스도의 제자도

[눅 17:1-10]

우리나라 사람들이 유학을 갔을 때 놀라는 것이 있습니다. 물론 외국의 모든 교수들이 그런 것은 아니겠지만 교수가 자기 제자로 받아들인 사람의 모든 것을 보살펴 준다는 것입니다. 집을 구하는 문제에서부터 학업의 방법에까지 자기 자식을 돌보듯이 챙겨줍니다. 그래서 스승과 제자 사이에 좋은 유대 관계가 형성되고 이런 관계는 평생을 지속하게 됩니다.

요즘은 정보시대이기 때문에 스승과 제자의 인격적인 관계는 별로 중요하게 생각하지 않습니다. 배우는 사람은 가르치는 사람의 인격을 그리 중요하게 생각하지 않고 오직 그로부터 많은 지식을 배워서 이 세상의 경쟁에서 이기기만 하면 된다고 생각합니다. 그러나 예전에는 사제관계를 맺으려고 할 때 먼저 스승이 제자가 될 사람의 됨됨이를 아주 중요하게 생각했습니다. 왜냐하면 인격을 제대로 갖추지 못한 사람에게 자기의 지식이나 기술을 가르쳐 주어 그 정신이 왜곡될 것을 우려했기 때문입니다.

신앙에 있어서도 누구에게 배우느냐는 것은 매우 중요합니다. 왜냐하면 바른 신앙으로 자란다는 것은 가르치는 사람의 인격에 의해 좌우되며 신앙이 자란다는 것은 결국 인격적으로 주님을 닮아가는 것이기 때문입니다.

구약의 이스라엘 백성들이 하나님의 축복을 누리지 못하고 가나안 땅에서 쫓겨나고 멸망했던 것은 신앙적인 지식이나 기술이 없어서가 아니라 그들의 인격이 하나님을 닮지 못했기 때문입니다. 신앙이 성숙한다는 것은 예수님의 인격을 닮아가는 것을 의미합니다. 우리가 예수님을 닮아갈수록 믿음이 강해지고 풍성한 삶을 살 수 있습니다.

그러면 어떻게 예수님을 닮아갈 수 있습니까? 그것은 오직 먼저 믿는 사람이 자기 자신을 부인하고 다른 사람을 위해 희생하는 것입니다. 그럴 때 처음 믿는 사람들이 조금씩 주님의 모습으로 성장하게 됩니다.

본문 말씀은 예수님이 먼저 믿은 자들에게 주시는 교훈입니다. 그것은 처음 믿는 사람들을 실족하지 않도록 해야 하며 아무리 그들이 실수하고 넘어지더라도 결코 정죄하지 말고 끝까지 인내하면서 붙들어 주라고 말씀하십니다.

소자를 실족케 하지 말라

"예수께서 제자들에게 이르시되 실족케 하는 것이 없을 수는 없으나 있게 하는 자에게는 화로다 저가 이 작은 자 중에 하나를 실족케 할진대 차라리 연자맷돌을 그 목에 매이우고 바다에 던지우는 것이 나으리라"(1-2절)

본문에서 예수님은 무엇보다 먼저 믿은 자들에게 '작은 자들을 실족케 하지 말라'고 말씀하십니다. '실족케 하는 일이 없을 수는 없으나 있게 하는 자에게는 화로라'는 말씀은 아무리 먼저 믿는 자들이라도 인간이기에 실수할 수도 있고 잘못 행할 수 있다는 것입니다. 그럼에도 불구하고 작은 자들을 실족하게 하는 자들은 화를 당할 것이라고 말씀하십니다. 작은 자를 실족하게 할 바에야 차라리 연자맷돌을 목에 매고 바다에 빠트려 죽게 하는 것이 낫다고 말씀하십니다.

여기서 우리는 몇 가지를 생각해 보아야 합니다. 첫 번째로 '작은 자'가 누구냐는 것입니다. 두 번째는 어떻게 하는 것이 작은 자들을 실족케 하느냐는 것입니다. 그리고 세 번째는 작은 자를 실족케 하는 것이 무엇이길래 화가 있을 것이라고 말씀하시며 차라리 연자맷돌을 그 목에 매고 바다에 빠트려 죽게 하는 것이 더 낫다고 말씀하시냐는 것입니다.

'작은 자'라는 것은 신앙 생활을 처음 하는, 신앙이 어린 사람을 뜻합니다. 이들은 신앙의 세계에 눈을 뜨면서 믿음 생활을 시작하려고 합니다. 이들은 지금까지 하나님을 몰랐습니다. 그리고 자기 자신의 가치도 몰랐습니다. 그러다가 주님의 말씀을 듣고 이제 막 신앙의 세계에 들어가려는 것입니다.

그런데 예수님이 그런 사람들이 '실족할 수 있다'고 말씀하십니다. '실족한다'는 것은 걸려서 넘어지는 것을 뜻하는데, 먼저 믿은 사람들에게 신앙의 실망을 하게 되어 더 이상 신앙 생활을 하지 않게 됨을 의미합니다. 다시 말해 실족케 한다는 것은 예수님을 믿고자 하는 사람들이 먼저 믿은 사람들의 신앙의 모습에 실망해서 신앙에서 떠나는 것입니다.

처음 믿는 사람들은 먼저 믿은 사람들의 모습을 통해 예수님의 모습을 발견하려고 합니다. 그러나 먼저 믿었다고 해서 결코 예수님을 많이 닮은 것은 아닙니다. 여전히 혈기와 정욕이 있으며 거짓된 본성이 남아 있습니다.

우리가 성령 충만할 때에는 연약함과 부족함이 있더라도 주님의 모습을 보여줍니다. 하지만 성령 충만하지 못할 때에는 부패한 인간의 모습을 적나라하게 보여주게 됩니다. 그러면 처음 믿는 사람들이 우리의 연약한 모습을 보고서 '예수 믿는 사람이 왜 이래?' 하면서 실망하고 신앙을 버리게 되는 것입니다. 우리는 주님을 많이 닮지 못했는데 사람들은 우리의 모습이 마치 주님의 모습이나 되는 양 절대적으로 믿고 따를 수 있음을 알아야 합니다.

그러면 처음 믿는 사람들이 실망해서 신앙에서 떠나게 되는 몇 가지의 경우를 생각해 볼 수 있습니다.

첫째로, 말씀을 가르치는 자의 위선이 탄로났을 때입니다. 말씀을 가르치는 자가 거룩하고 순결한 사람으로 보여 믿고 따랐는데 알고 보니 도덕적으로 타락하고 부정한 것이 드러날 때 그를 믿고 따르던 사람들이 실망해서 신앙을 포기할 수도 있는 것입니다.

우리가 알아야 할 것은 말씀을 배우는 자들은 말씀을 가르치는 자를 절대적으로 믿는다는 것입니다. 왜냐하면 하나님의 말씀이 절대적이기 때문입니다. 이것을 '영혼을 맡긴다'고 합니다. 그런데 만일 말씀을 가르치는 자가 가르치기는 잘 가르쳤는데 그의 생활이 가르침과 다르다면 따르는 자는 다른 것보다 말씀 자체를 불신하게 됩니다. 배우는 자가 가르치는 자의 인격을 불신하게 되면 그 후부터는 어떤 말도 신뢰하지 않습니다.

그러므로 말씀을 가르치는 자는 자신의 행동이 자기 혼자만의 행동으로 끝나는 것이 아니라 자기가 한 번 행동을 잘못함으로 자기를 따르는 많은 사람들의 영혼을 죽일 수도 있음을 알아야 합니다. 그러므로 말씀을 가르치는 자는 절대로 숨어서 죄를 지어서는 안 됩니다. 아무리 숨어서 죄를 짓는다고 해도 언젠가는 다 알게 되고 그때는 그를 믿고 따르던 자들의 영혼을 죽이게 되는 것입니다. 이것은 그 사람 자신의 죄만 책임지는 것이 아니라 자기가 죽인 다른 많은 영혼들에 대해서도 책임져야 하는 것입니다. 그래서 야고보 사도는 선생 된 자들이 더 큰 심판을 받게 되기 때문에 할 수 있는대로 많이 선생이 되지 말라고 했습니다. (약 3:1).

둘째로, 지도자들끼리 사랑 없이 심히 다툴 때입니다. 처음 신앙 생활을 하는 사람이 가장 은혜를 받는 것은 하나님의 사랑입니다. 하나님이 나 같은 죄인을 구하시기 위해 독생자를 아끼지 않을 정도로 사랑하셨다는 것에 감격하게 됩니다. 그리고 먼저 믿은 사람들이 자기에게 사랑을 베풀 때 사람들을 통해 예수님의 모습을 보게 됩니다.

그런데 어느 날 교회 안에서 갈등과 분쟁이 생겨 먼저 믿은 사람들끼리 서로 심하게 싸우게 되면, 그들이 자기들끼리도 사랑하지 않으면서 다른 사람을 사랑하라고 하는 것은 위선이며 거짓이라고 생각하게 됩니다. 사실 믿는 사람들이 천사도 아니며 여전히 혈기와 분노가 있습니다. 그러나 처음 믿는 사람들 앞에서 그런 모습을 보일 때 그들은 기독교 진리 전체를 부인하게 됩니다. 그러므로 먼저 믿은 자들은 신앙이 어린 사람들을 생각해서 자기 입에 재갈을 물리고 혈기도 십자가에 못 박아서 좋지 않은 모습을 보여서는 안 됩니다.

우리 속담에 '고래 싸움에 새우 등이 터진다' 는 말이 있습니다. 집안에서 어른들끼리 싸우면 결국 아이들이 크게 상처를 받게 됩니다. 마찬가지로 교회는 언제나 은혜롭고 푸근한 사랑이 넘쳐야 어린 신자들이 안심하고 자신의 영혼을 맡깁니다. 그러므로 교회는 처음 믿는 사람들에게 초점을 두며 늘 기쁨이 넘치고 은혜로울 때 자꾸 새신자들이 생기고 교회가 부흥하게 됩니다.

중세 때 어느 수도원에서 자꾸 사람들의 수가 줄어서 결국 문을 닫게 되었습니다. 그런데 얼마 남지 않은 수도원 사람들이 어떤 사람으로부터 '여러분 중의 한 사람이 주님이라고 생각하라' 는 말을 듣게 되었습니다. 그리하여 그들은 서로를 대할 때 주님을 대하듯이 겸손하게 대했고 그 수도원은 사랑이 넘치게 되었습니다. 그 전에는 서로 잘났고 똑똑하다고 하면서 다른 사람을 깎아내렸는데 서로 상대를 주님처럼 대하면서 분위기가 좋아졌습니다. 그래서 다시 사람들이 모이게 되어 번창하게 되었다고 합니다. 그리스도인들끼리 서로 겸손하게 대할 때에 그들 중에 예수님이 함께 하시는 것을 경험하게 되며 비로소 교회는 은혜롭게 되고 부흥합니다.

셋째로, 주님의 가르침이 아닌 것을 주님의 가르침이라고 하면서 가르칠 때입니다. 다시 말해 인간적인 생각을 하나님의 말씀인 것처럼 가르치는 것입니다. 예를 들어 돈을 많이 바치라고 한다든지 절대적인 권위로 다른 사람들을 억압한다든지 할 때 교회는 성령의 능력이 막히게 됩니다. 하나님의 말씀이 아닌 것을 가르치면 사람들이 변화되지 않습니다. 교회에서 말씀이 사라지게 되면 교회 전체가 죽게 됩니다. 마치 한두 사람이 물에 빠진 것이 아니라 배 전체가 침몰하는 것과 같습니다. 이것은 한두 사람이 실족하는 것이 아니라 교회 전체가 실족하게 되는 것입니다.

이처럼 먼저 믿은 자들과 교회의 지도자들은 자기 혼자만의 신앙 생활이라고 생각하면 안 됩니다. 자기를 믿고 따라오는 많은 영혼들이 있습니다. 그런데 자기 욕심과 정욕에 굴복해서 죄를 지을 때 그를 믿고 따라오던 수많은 영혼들은 실족할 수밖에 없는 것입니다.

우리는 조금밖에 주님을 닮지 못했는데 다른 사람들은 마치 우리가 주님이나 되는 것처럼 믿고 따라오기 때문에 먼저 믿은 자들은 언제나 성령 충만해야 합니다. 만일 성령 충만하지 못하면 다른 사람들을 넘어지게 할 수 있습니다. 한편 먼저 믿은 자들은 언제나 겸손해야 합니다. 우리가 언제나 절대적으로 옳은 것은 아니기 때문입니다. 그러므로 늘 부족하며 실수할 수 있다는 것을 인정할 때 사람들은 우리의 겸손한 모습을 보고 시험에 덜 빠지게 됩니다.

예수님은 말씀하기를 '이 작은 자 중 하나를 실족케 할진대 차라리 연자맷돌을 그 목에 매이우고 바다에 던지우는 것이 나으리라' 고 하셨습니다. 옛날에는 큰 죄인에게 벌을 줄 때에 손을 뒤로 묶은 후에 목에 맷돌을 매어서 바다에 빠트려 죽였습니다. 신앙적으로 실망해서 다른 사람을 타락하게 하는 것보다는 차라리 그 사람을 죽이는 것이 더 낫다는 것입니다. 여기서 예수님의 말씀이 다른 사람을 살인하라는 뜻이 아닙니다. 이것은 '너는 그 사람을 실망시켜서 바른 신앙에서 떠나게 함으로 영원한 살인을 하고 있다' 는 뜻입니다.

살인은 육체의 생명만 죽일 뿐 영혼까지 죽이는 것은 아닙니다. 그러나 신앙적으로 타락하게 만들면 그 사람의 영혼을 죽이는 것이기 때문에 그를 영원히 죽이는 것입니다. 이것은 육체를 죽이는 것보다 더 무서운 살인이며 영원한 지옥에 던지는 것과 같습니다.

결국 그리스도인의 모든 것은 다 드러나게 되어 있습니다. 그러므로 많은 일을 하는 것보다 더 중요한 것이, 다른 사람이 나로 인해 넘어지지 않도록 자기 자신을 잘 지키는 것입니다. 사도 바울은 자기가 다른 사람에게 복음을 전한 후 자기 자신이 버림을 받을까 두려워하여 자신을 날마다 쳐서 복종시킨다고 했습니다. 너무 잘 하려고 하다가 도를 넘기도 하는 것입니다. 그러므로 도를 넘지 않는 것과 자기 자신을 잘 지키는 것이 중요합니다.

형제의 잘못에 대한 권면

먼저 믿은 자들은 신앙이 어린 자들을 인내로 돌보아야 할 때가 많습니다. 왜냐하면 누구든지 처음 예수를 믿을 때에는 어린 아기와 같기 때문입니다. 마치 엄마가 아기를 키울 때 무한한 인내심으로 아이를 돌보는 것과 같습니다.

아이는 일으켜 주어도 자꾸 넘어집니다. 그리고 대소변을 가리지 못할 때가 많습니다. 그래서 온전히 크기까지 오랜 세월을 인내하며 기다려야 합니다. 엄마가 아이를 키울 때에는 마치 새끼 사자를 키우듯이 해야 합니다. 아이가 귀엽고 사랑스럽기는 하지만 아이의 본성에도 악한 죄성이 있고 혈기가 있음을 알아야 합니다. 아이를 귀여워만 하면 버릇이 나빠지게 됩니다. 또한 아이를 너무 때리면 성질이 나쁜 아이가 됩니다. 그러므로 아이가 할 수 있는 것과 해서는 안 되는 것을 바르게 가르쳐 주어서 아이 스스로 분별할 수 있게 해야 합니다.

이것은 그리스도인들에게도 마찬가지입니다. 누군가 처음 예수를 믿을 때, 그 사람이 아직은 죄의 사고 방식과 습관에 젖어 있는 상태에 있습니다. 그런데 이것을 옳다고 하면 그는 결코 죄에서 떠나지 못할 것입니다. 그렇다고 실수했을 때 심하게 정죄하면 낙심하게 될 가능성이 있습니다. 그러므로 처음 예수를 믿을 때는 완전하지 않음을 기억하고 바르게 가르치되 넘어지더라도 성급히 정죄하지 말고 잘 보살펴 주라고 말씀하십니다.

"너희는 스스로 조심하라 만일 네 형제가 죄를 범하거든 경계하고 회개하거든 용서하라 만일 하루 일곱 번이라도 네게 죄를 얻고 일곱 번 네게 돌아와 내가 회개하노라 하거든 너는 용서하라 하시더라"(3-4절)

교회는 죄를 범한 자를 징계할 권한이 있습니다. 왜냐하면 그래야 죄의 세력이 다른 사람들에게 퍼지지 않기 때문입니다. 사람들은 모두 비슷한 성향들을 가지고 있기 때문에 한 사람이 죄를 지으면 다른 사람에게 전염이 될 가능성이 많습니다. 그러기에 교회는 반드시 죄를 치료하고 죄를 이겨야 합니다. 교회는 세상의 죄와 싸워 사람들을 건져내는 곳입니다. 그런데 잘못하면 사람들이 교회에서 죄를 배우기도 합니다. 그렇게 되면 음부의 권세가 교회를 이기는 것입니다.

'경계하라' 는 것은 죄에 빠진 자를 잘 가르치고 책망해서 더 이상 죄에 빠지지 않도록 하라는 것입니다. 때로는 잘못을 행한 성도에게 징계할 수도 있습니다. 그러나 이것은 어디까지나 죄가 얼마나 악한가를 깨닫고 죄에서 돌이키도록 하기 위한 것입니다.

예수님은 '너희가 땅에서 매면 하늘에서 매일 것이요 땅에서 풀면 하늘에서도 풀릴 것이라' 고 말씀하셨습니다. 이것은 교회가 한 번 기도하고 내린 징계는 하나님 앞에서 유효하다는 것입니다. 그런데 죄를 지은 당사자가 잘못을 시인하고 죄의 행동을 버리면 무조건 용서해 주게 되어 있습니다. 설사 그로부터 감정적인 상처를 입고 그를 용서할 마음의 준비가 되어 있지 않더라도 말입니다. 본인이 범죄 사실을 시인하고 죄의 원인이 되는 행동을 버렸을 때에는 반드시 용서해 주어야 하며 바른 성도의 자격을 회복시켜 주어야 합니다.

본문에서 예수님이 말씀하기를 어떤 사람이 일곱 번 동일한 죄로 넘어지더라도 회개하면 용서하라고 하셨습니다. 사람마다 누구나 다 약한 부분이 있는 법입니다. 그런데 그 약한 부분은 한 번으로 깨끗이 해결되지 않습니다. 그래서 신앙이 어린 자들이 몇 번 넘어지더라도 그 연약한 것을 이해하고 정죄하지 말아야 합니다.

교회는 죄를 이겨야 교회로서의 사명을 다하는 것입니다. 교회의 목적은 이 세상에서 실패하고 넘어진 사람들을 교회로 인도해서 새로운 생명을 얻게 하는 것에 있습니다. 그래서 교회는 이 세상에서 여러 모양으로 실패한 사람들이 오는 것을 싫어해서는 안 됩니다.

인생에서 실패하고 결혼에 실패하고 도덕적으로 실패하고 사업에 실패한 사람들이 찾아올 때 따뜻하게 맞아주고 하나님의 말씀으로 새롭게 출발할 수 있도록 도와 주어야 합니다. 그러나 교회가 정신을 차리지 않으면 좋지 않은 사람의 영향력에 휩쓸릴 수 있습니다. 그러면 교회는 음부의 세력에게 지는 것입니다.

가장 중요한 것은 믿음

이 세상에서 성공하기 위해서는 무엇인가 밑천이 될 만한 것이 있어야 합니다. 즉 공부를 잘 하든지 돈이 많든지, 혹은 사업의 재능이 있어야 합니다. 그러나 천국에서 가장 중요한 것은 믿음입니다. 모든 것은 믿음대로 이루어지게 되어 있습니다.

주님의 제자들에게 가장 큰 재산은 믿음이었습니다. 그런데 이 믿음은 나를 믿는 것이 아니라 주님의 능력을 믿는 것입니다. 다시 말해 나는 하지 못한다 하더라도 하나님은 하실 수 있다는 것을 믿는 것입니다. 그러나 우리는 믿음을 자기 신념으로 오해할 때가 많습니다.

예를 들어 어머니가 늙으면 아들을 의지하게 됩니다. 모든 것을 아들과 상의할 것이고 결국 아들의 도움으로 모든 것을 할 수밖에 없습니다. 이것이 아들을 믿는 것입니다. 마찬가지로 우리가 하나님을 믿는다면 모든 것을 하나님과 의논하게 되어 있고 결국 하나님의 능력으로 하게 되어 있습니다.

"사도들이 주께 여짜오되 우리에게 믿음을 더하소서 하니 주께서 가라사대 너희에게 겨자씨 한 알 만한 믿음이 있었더면 이 뽕나무더러 뿌리가 뽑혀 바다에 심기우라 하였을 것이요 그것이 너희에게 순종하였으리라"(5-6절)

제자들은 갑자기 예수님께 '우리에게 믿음을 더 하소서' 라고 말했습니다. 이것은 제자들이 아무리 생각해도 자신들의 믿음이 부족하다는 것입니다. 왜냐하면 자기들에게는 예수님과 같은 능력이 나타나지 않기 때문입니다. 그래서 자기들도 큰 능력을 나타낼 수 있도록 믿음을 더 달라고 청했습니다. 사실 이것보다 더 중요한 요청은 없을 것입니다.

우리들은 믿음이 부족하기 때문에 늘 넘어지고 부족한 삶을 살 수밖에 없습니다. 그런데 어떻게 하면 더 큰 믿음을 가질 수 있습니까? 이것은 주님이 주신다고 해서 받을 수 있는 것이 아닙니다. 믿음은 하나님의 뜻에 내가 즉각적으로 순종할 때 능력이 나타나는 것인데, 하나님을 알면 알수록 더 믿음을 갖게 됩니다. 따라서 열심히 성경 말씀을 배움으로 하나님을 알아가는 것 외에는 큰 믿음을 가질 수 있는 방법이 없습니다.

우리가 어떤 사람을 잘 알면 알수록 그 사람을 더 잘 믿을 수 있습니다. 마르다같이 봉사를 많이 하는 것으로는 믿음이 자라지 않습니다. 마리아같이 말씀을 더 들어야 하고 하나님을 더 알아가야 믿음이 더 자랍니다. 물론 처음에는 제대로 봉사도 못하고 비실거리는 것 같지만 나중에 보면 이 사람들이 더 큰 믿음을 소유하게 됩니다.

본문에서 예수님은 작은 믿음의 효력에 대해 말씀하십니다. 겨자씨만한 믿음이라고 했는데 겨자씨는 아주 작은 씨를 의미합니다. 우리가 비록 작은 것이라도 하나님을 의지하는 믿음으로 한다면 그 효과는 뽕나무를 뽑는 것과 같다는 것입니다. 팔레스타인의 뽕나무는 절대로 뽑히지 않는 나무입니다. 뽕나무는 뿌리가 너무 깊기 때문에 절대로 뽑히지 않습니다. 그래서 뽕나무를 뽑는다는 것은 기적이 일어난다는 뜻입니다. 그런데 뽕나무를 바다에 심는 것은 뽑는 것보다 더 어려운 일입니다. 나무를 어떻게 바다에 심겠습니까? 그러나 믿음으로 그런 일도 일어난다는 것입니다.

우리는 예수님이 얼마나 능력이 많으시고 권세가 크신가를 잘 모릅니다. 우리는 예수님이 나를 정신적으로 도우시는 분 정도로만 생각합니다. 그러나 예수님이 말씀하시면 뽕나무가 뽑혀 바다에 던져질 것입니다. 예수님이 한 번 명령하시면 산이 옮겨져 바다에 빠지기도 할 것입니다.

그러므로 우리가 해야 할 것은 예수님을 앞세우는 것입니다. 우리 인생에 예수님을 앞세우기만 하면 기적이 일어납니다. 우리가 하는 모든 일에 예수님을 중심에 모시기를 바랍니다. 그리고 무슨 일이든지 예수님께 의지해야 합니다. 그러면 불가능한 것도 이루어집니다.

끝까지 섬기라

기독교는 철저하게 다른 사람을 섬긴다는 특징이 있습니다. 물론 그 섬기는 방식은 사람마다 다를 수 있습니다. 어떤 사람은 몸으로 섬기고 어떤 사람은 음악이나 여러 가지 재능으로 섬기기도 합니다. 또 어떤 사람은 말씀으로 섬깁니다. 이들의 공통점은 다른 사람을 지배하거나 다른 사람 위에 군림하려고 하지 않는다는 것입니다. 만일 지배하고 군림한다면 그리스도의 제자의 모습이 아닙니다.

우리는 철저하게 섬기는 자세를 고급 식당의 웨이터들에게서 볼 수 있습니다. 그들은 품위를 잃지 않으면서 손님들에게 서비스를 제공합니다. 무엇을 요구하든지 짜증내지 않고 최선을 다해 손님을 돕습니다. 그래서 그런 사람들을 보면 그들이 존재하는 목적이 바로 나를 돕기 위해서임을 깨닫게 되고 아무 거리낌 없이 부탁할 수 있게 됩니다.

특히 고급 호텔이나 레스토랑에 가보면 서비스의 질의 차이를 확연히 느낄 수 있습니다. 고급 호텔일수록 손님들에게 헌신적으로 봉사하는데 정말 마음으로 하는 것 같습니다. 그것은 그 사람들이 훈련을 받았기 때문입니다. 그러나 낮은 급의 호텔이나 레스토랑에 가면 불친절할 뿐 아니라 심지어는 겁이 나서 종업원에게 말을 붙이지도 못하는 경우도 있습니다.

예수님은 밭에서 일하거나 양을 치다가 돌아온 종 이야기를 하십니다. 밭에서 일하고 온 종이 있는데 그가 일하고 왔기 때문에 집에 오자마자 피곤하다고 하면서 주인처럼 앉아서 음식을 먹을 수 있느냐는 것입니다. 식사 시간이 되었으면 종은 일하고 왔더라도 오자마자 바로 식사를 준비해서 주인을 섬겨야 할 것입니다. 물론 대부분의 집에는 식사를 준비하는 종들이 따로 있기 때문에 일하고 왔으면 쉬어야 할 것입니다. 그러나 종이 밭에서 일하는 것은 당연한 것이며 그 일을 했다고 해서 주인을 섬기지 않아도 되는 것은 아닙니다. 종이 주인을 섬기는 것은 당연한 것입니다. 그래서 종은 자기가 밭에서 일한 것이나 주인을 섬긴 것을 대단하게 생각하지 않습니다.

"이와 같이 너희도 명령받은 것을 다 행한 후에 이르기를 우리는 무익한 종이라 우리의 하여야 할 일을 한 것뿐이라 할지니라"(10절)

'무익한 종'이라는 것은 잘한 것이 아무것도 없기 때문에 칭찬받을 것이 없다는 뜻입니다. 왜냐하면 우리가 아무리 좋은 일을 했다 하더라도 모두 주님이 하라고 해서 했고 또 주님이 할 수 있는 힘을 주셨기 때문에 한 것입니다. 물론 우리는 서로를 칭찬해 주는 것이 필요합니다. 그러면 신이 납니다. 그러나 우리를 사용하신 분은 하나님이시며 그렇게 할 수 있는 능력을 주신 분도 하나님이십니다. 그러면 끝까지 겸손한 자세를 가질 수 있을 것입니다.

56
열 명의 문둥병자
[눅 17:11-19]

우리는 경쟁의 세상에서 살고 있습니다. 사람들은 경쟁에서 도태되지 않기 위해 안간힘을 다합니다. 경쟁에서 한 번 밀리기 시작하면 계속 밀리게 되고 심각하게는 인생의 밑바닥에까지 떨어지게 됩니다. 이런 경쟁적인 사회의 특징은 사람이 무엇인가 깊이 생각하면 안 된다는 것입니다. 왜냐하면 무엇인가 본질적인 것을 생각하는 동안에 다른 사람들이 앞질러 가기 때문입니다. 그래서 요즘 사람들은 경쟁에서 이기기 위해, 다른 사람에게 뒤떨어지지 않기 위해 인생에 대해 생각할 여유가 없을 정도로 바쁘게 지냅니다.

예를 들어 대학에 진학하는 학생들의 경우에 인생이 무엇인지, 내 인생을 어떤 식으로 설계할 것인지 생각할 시간이 없습니다. 어떻게 해서든지 일단 남들이 부러워하는 좋은 대학에 들어가 놓고 생각해야지 하면 이미 늦은 것입니다.

이런 사회의 또 다른 특징은 사람을 외적인 조건으로 평가하는 것입니다. 왜냐하면 사람의 내면적인 것을 알 필요도 없고 또 알 수도 없기 때문에 오직 사람의 학벌이나 직장 등의 외적인 조건으로 판단하게 되는 것입니다.

　예수님 당시의 유대 사회가 바로 이런 사회였습니다. 그래서 다른 사람을 평가할 때 오직 외적인 조건만을 보았습니다. 즉 이 사람이 돈이 얼마나 많은가, 학벌은 좋은가, 사회적인 지위는 얼마나 높은가, 하는 것으로 사람을 평가했습니다. 그리하여 사람들은 할 수 있는 대로 조금이라도 유리한 조건을 갖추려고 노력합니다. 만일 경쟁에서 뒤떨어지면 인생의 실패자처럼 취급받기 때문입니다. 그래서 부자는 가난한 자와 어울리지 않았고, 지식이 있는 사람들은 무식한 자들을 상대하지 않았으며 유대인들은 사마리아인들을 개같이 취급했던 것입니다.

　본문에서 예수님이 갈릴리를 떠나서 예루살렘으로 가실 때에 열 명의 문둥병자들을 만나게 되었습니다. 놀라운 것은 이 열 명의 문둥병자들 사이에 사마리아인이 함께 있었다는 것입니다. 보통 유대인들은 사마리아 사람들을 개같이 취급했기 때문에 절대로 함께 어울리는 법이 없었습니다. 그런데 문둥병이 걸리면서 유대인들과 사마리아 사람은 함께 어울려 다니게 되었습니다. 그 이유는 더 이상 높아질 이유도 없었고 사람들의 인정을 받을 일도 없었기 때문입니다.

　한편 이 사람들은 예수님에 대한 놀라운 믿음을 가지고 있었습니다. 그 믿음은 자기들이 아무리 문둥병자라 할지라도 예수님께 가기만 하면 문둥병이 치료될 수 있다는 믿음이었습니다. 예수님은 이 사람들의 믿음을 아주 귀하게 생각하셨습니다. 그래서 그 사람들의 믿음대로 치료해 주셨습니다.

　그러나 중요한 것은 치료받은 뒤에 나타났습니다. 이 열 명의 문둥병자들이 치료받은 후에 유대인들은 모두 자기 갈 길로 가고 오직 사마리아 사람 한 사람만 예수님께 감사를 드렸습니다. 그때 예수님은 나머지 아홉 사람은 어디에 있느냐고 하시면서 대단히 섭섭해 하셨습니다. 이것은 육체의 병이 낫고 돌아가는 것이 전부가 아니라는 것을 보여쭙니다. 육체의 병이 낫는 것은 더 큰 은혜를 향해 나아가는 징검다리였습니다. 그러나 이 아홉 명의 유대인들은 세상의 욕심 때문에 더 큰 은혜를 받지 못하고 다시 세상으로 돌아가고 만 것입니다.

열 명의 문둥병자의 외치는 소리

"예수께서 예루살렘으로 가실 때에 사마리아와 갈릴리 사이로 지나가시다가 한 촌에 들어가시니 문둥병자 열 명이 예수를 만나 멀리 서서 소리를 높여 가로되 예수 선생님이여 우리를 긍휼히 여기소서 하거늘"(11-13절)

예수님은 예루살렘으로 올라가시면서 갈릴리와 사마리아의 경계선 부근의 어느 동네를 지나가셨습니다. 갈릴리도 버림받은 곳이고 사마리아도 버림받은 곳이라면, 그 경계선 부근에 있는 성읍이라면 정말로 소외된 곳이라고 할 수 있습니다. 예수님은 십자가를 지러 가시면서 소외된 구석구석을 돌아보시면서 예루살렘으로 올라가셨습니다.

그곳에서 문둥병자 열 명이 떼를 지어서 예수님을 만났습니다. 사실 이들이 예수님을 만날 수 있었던 것은 예수님이 지나가시는 곳에 먼저 제자들을 보내어서 예수님이 지나가실 것을 알렸기 때문입니다. 그래서 예수님이 지나가시는 곳마다 많은 사람들이 모여서 예수님의 말씀을 듣고 은혜를 받았으며 병 고침을 받았습니다. 그럼에도 불구하고 이 놀라운 부흥에 참여할 수 없는 사람들이 있었는데 바로 문둥병자들이었습니다. 왜냐하면 사람들이 이들의 병이 전염될까 해서 그들이 접근하는 것을 용납하지 않았기 때문입니다.

그런데 이 사람들은 자기들은 예수님께 가까이 올 수는 없었지만 예수님이 지나가시는 것을 보고 소리지를 수는 있었습니다. 여기서 열 명이라는 수가 큰 도움이 된 것 같습니다. 왜냐하면 한두 사람이었다면 아무리 소리를 질러도 군중의 소리에 파묻혀서 예수님께 들리지 않았을 것입니다. 그러나 열 명이 동시에 부르는 소리는 예수님의 귀에 들릴 만한 소리였습니다.

그들은 예수님을 향해 '예수 선생님이여 우리를 긍휼히 여기소서'라고 소리질렀습니다. 이 말은 예수님은 능력이 많으시니 자신들을 불쌍히 여기시기만 하면 얼마든지 문둥병을 치료하실 수 있다는 것입니다. 그러나 예수님이 그들을 불쌍히 여기지 않으시면 아무 소용이 없다는 뜻입니다.

열 명의 문둥병자들은 예수님에 대한 믿음이 있었습니다. 그 믿음은 예수님은 능력이 많으셔서 어떤 병이든지 예수님이 불쌍히 여기시기만 하면 깨끗이 나을 수 있다는 믿음이었습니다. 이 사람들은 예수님이 능력이 없으셔서 고치지 못하실 것이라는 생각은 하지 않았습니다. 오직 중요한 것은 예수님이 자신들을 어떻게 보느냐에 달려 있다고 생각한 것입니다.

즉 예수님이 그들의 과거의 죄를 생각하셔서 '이 괘씸한 놈들, 내가 고쳐주지 않겠다' 고 하시면 그들이 아무리 소리쳐도 소용이 없는 것이고, 예수님이 그들의 과거의 허물을 다 용서하시고 그들을 불쌍하다고 생각하시면 병이 치료됨을 믿은 것입니다.

이것은 참으로 귀한 믿음입니다. 우리는 예수님의 큰 능력을 기억하지 못할 때가 많습니다. 우리 예수님은 전능하신 하나님이십니다. 그래서 모든 것은 예수님의 말씀에 달려 있습니다. 예수님이 '오케이!' 하시면 온 세상은 그때부터 달라지게 됩니다.

예전에 박 정희 대통령 때의 일입니다. 대통령이 헬기를 타고 가면서 망원경으로 지형을 살피다가 '여기에 공장 지대를 만들어!' 한 마디만 하면 그 다음부터 산과 논은 없어지고 새로운 공장 지대와 도시가 세워졌습니다.

　열 명의 문둥병자는 예수님이 그런 분이라는 것을 알았습니다. 그런데 두려운 것은 예수님이 자기들을 어떻게 생각하시냐는 것이었습니다. 예수님이 자기들을 불쌍히 여기시면 자기들의 문둥병은 당장이라도 낫는 것이고, 예수님이 자기들을 불쌍히 여기지 않으시면 그들은 예수님을 만난 것만으로 만족해야 합니다.

　우리가 많은 사람들을 만나고 설득하는 것보다 더 중요한 것은 예수님이 우리를 불쌍히 여기시고 우리의 소원을 들어 주시는 것입니다. 이것을 안 그들은 합심해서 예수님께 부르짖었습니다.

　사람은 어려운 일을 당하면 지푸라기라도 잡고 싶은 심정으로 하나님께 매달리면서 기도합니다. 하나님은 우리의 기도를 절대로 무시하지 않으십니다. 왜냐하면 인간은 미련해서 그런 어려움이라도 없으면 하나님께 부르짖으면서 기도하지 않기 때문입니다.

　우리가 하나님 앞에서 부르짖으면서 기도한다는 것은 참으로 중요합니다. 왜냐하면 부르짖는다는 것은 체면이나 자존심을 버리고 오직 나의 문제를 주님의 손에 맡긴다는 뜻이기 때문입니다. 그러나 여기서 중요한 사실은 이런 육체적인 질병이 전부가 아니라는 것입니다.

　어떤 사람이 무서운 병에 걸렸습니다. 그런데 그 사람에게 교회에 가서 기도하면 병이 나을 것이라는 믿음이 생겼습니다. 그리고 실제로 교회에 가서 열심히 기도하고 하나님께 매달린 결과 놀랍게도 병이 낫게 되었습니다. 또 어떤 분은 사업이 너무 어려웠는데 마음속에 내가 예수를 믿고 교회에 다니면 하나님이 다시 사업에 축복하실 것 같은 믿음이 생겼습니다. 그래서 실제로 예수 믿고 열심히 교회에 다니면서 사업에도 성공하고 물질적인 축복도 받게 되었습니다.

　이것이 귀한 믿음인 것은 사실입니다. 그러나 중요한 것은 이것이 전부가 아니라는 사실입니다. 기도해서 병이 낫고 기도해서 어려움이 해결되는 것도 중요하지만 그것보다 더 중요한 것이 있습니다.

예수님의 응답

예수님은 문둥병자들이 부르짖는 소리를 듣고 응답하셨습니다. 그런데 그 자리에서 바로 그들을 고쳐주지 않으시고 믿고 제사장에게 가게 하셨습니다. 즉 예수님은 그들의 믿음을 시험해 보셨습니다.

"보시고 가라사대 가서 제사장들에게 너희 몸을 보이라 하셨더니 저희가 가다가 깨끗함을 받은지라"(14절)

물론 예수님은 바로 그 자리에서 그들의 병을 치료하실 수 있습니다. 그러나 예수님은 그 열 사람을 그 자리에서 바로 치료하지 않으시고 그들에게 예수님의 말씀을 믿고 제사장에게로 가라고 하셨습니다. 그것은 문둥병자들이 예수님의 말씀을 믿고 제사장에게 가는 동안에 무슨 일이 일어날 것이라는 뜻입니다.

예수님이 그 사람들을 바로 치료하지 않으신 것에는 아주 중요한 의미가 있습니다. 이것은 병이 낫는 것보다 더 중요한 것이 예수님의 말씀을 믿고 순종하는 것임을 보여주는 것입니다. 예수님이 하나님의 아들이며 능히 그들의 병을 고칠 수 있는 분이라면 예수님의 말씀도 동일한 능력을 나타낸다는 것을 믿으라는 것입니다. 즉 예수님의 말씀의 능력을 믿으라는 것입니다.

예수님은 이 열 사람의 믿음을 한 단계 끌어올리고 계십니다. 그것은 눈에 보이는 치료 행위가 없고 또 무엇인가 낫는 조짐이 없어도 예수님의 말씀을 절대적으로 믿고 순종하라는 것입니다. 이것은 이들에게 무한한 가능성을 약속하시는 말씀입니다. 한번 말씀의 능력을 체험한 사람은 그 다음에도 말씀의 능력을 믿게 됩니다. 그러면 그 말씀의 능력이 동일하게 나타나게 됩니다.

이것이 바로 오늘 우리들이 능력 있는 삶을 사는 비결입니다. 즉 예수님이 눈에 보이지 않아도 그분의 말씀인 성경을 그분과 똑같이 믿는 것입니다. 그러면 무한한 능력이 우리를 통해 나타납니다. 왜냐하면 성경 말씀은 하나님의 백지 위임장과 같기 때문입니다. 우리는 믿음으로 얼마든지 하나님의 능력을 끌어올 수 있습니다. 그래서 이 세상에서 가장 능력 있는 사람은 성경 말씀을 액면 그대로 믿는 사람입니다.

열 명의 문둥병자들은 예수님의 말씀을 믿고 가다가 모두 치료를 받았습니다. 이 사람들이 예수님의 말씀을 믿지 못했다면 제사장에게로 가지 못했을 것입니다. 왜냐하면 문둥병이 낫지도 못했는데 제사장에게 가면 무슨 소용이 있습니까? 대신에 그 자리에 끝까지 서서 직접 고쳐 달라고 떼를 썼을 것입니다. 그러나 이 사람들은 자신들의 믿음을 한 번 사용해 보았더니 그대로 이루어졌습니다.

예수님이 바로 그 자리에서 문둥병자들을 고쳐 주시는 것과 자신들의 믿음을 한 번 사용하는 것과는 많은 차이가 있습니다. 예수님이 그 자리에서 고쳐 주시는 것은 그 효과가 단회적으로 끝납니다. 마치 자녀에게 필요한 것이 있을 때 부모님이 물건을 사주시는 것과 같습니다. 그러나 부모님이 자녀에게 돈을 주고 아이 스스로 물건을 한 번 사보게 하면 그 다음부터는 돈만 있으면 자기들이 얼마든지 직접 가서 물건을 살 수 있는 것입니다. 이처럼 예수님은 이 열 사람에게 병만 고쳐주신 것이 아니라 앞으로 어떻게 하면 하나님의 능력을 계속 체험할 수 있는지에 대해서도 가르쳐 주셨습니다. 그것은 눈에 나타난 결과가 없어도 말씀만 믿고 계속 나가라는 것입니다.

이것이 하나님이 우리에게 은혜를 주시는 단계입니다. 우리는 일단 자신이 안고 있는 어려운 문제를 갖고 예수님께 나옵니다. 그런데 예수님은 우리의 병을 바로 치료해 주시거나 어려움을 해결해 주지 않으시고 하나님의 말씀을 듣게 하십니다. 그러면 우리는 그 말씀이 응답인 줄 알고 믿고 살아가는 것입니다. 그러면 자기도 모르는 사이에 문제가 해결되는 경우가 많습니다. 어떤 경우에는 기도한 것을 이미 잊어버렸는데도 주님께서는 잊지 않으시고 아주 신실하게 응답해 주시기도 합니다. 그러므로 당장 응답이 되지 않는다고 해서 그 자리에서 떼를 쓰는 것은 좋은 믿음이 아닙니다.

 이 열 사람의 문둥병자들은 예수님의 말씀을 믿고 제사장에게로 가는 동안 자기들도 모르는 사이에 이미 치료되었습니다. 이것은 참으로 놀라운 일이었습니다. 예수님의 말씀을 믿었을 뿐인데 말씀이 그들의 무서운 병을 치료한 것입니다.

 이것은 엘리야 선지자가 수리아 사람 나아만에게 요구한 것보다 더 수준이 높은 것이었습니다. 엘리야는 나아만에게 요단강에서 일곱 번 몸을 담그라고 했습니다. 나아만 장군은 그만 화가 나서 그냥 가려고 했습니다. 왜냐하면 자기 같은 신분의 사람이 찾아왔으면 예수님이 최소한의 성의는 보여줄 줄 알았기 때문입니다.

 때로 하나님이 우리의 요청을 못들은 체하는 것은 우리의 믿음을 시험해 보시는 것인 동시에 응답이 되기도 합니다. 나아만 장군은 하인들의 만류로 일곱 번 몸을 씻었는데 문둥병이 바로 치료되었습니다. 이것은 어떤 행동이 요구되는 말씀입니다. 그런데 열 명의 문둥병자에게는 그냥 가라고 하셨습니다. 이것은 수준이 더 높은 것입니다. 이 사람들은 오직 예수님의 말씀만 믿고 가다가 다 치료를 받았습니다.

그 뒤에 나타난 현상

예수님은 문둥병자들에게 제사장에게 가서 몸을 보이라고 하셨습니다. 그 이유는 유대 사회에는 제사장이 문둥병이 나았는지 진찰하는 사람이기 때문입니다. 그리고 제사장이 문둥병이 완전히 나았다는 것을 확인하면 이 사람들은 유대 사회의 일원으로 다시 받아들이게 되는 것입니다. 그래서 제사장들은 치료하는 능력은 없지만 치료된 것을 공식적으로 확인해 주는 사람들이었습니다.

그런데 열 명의 문둥병자들이 예수님의 말씀으로 치료받은 후 그 중에서 유대인 아홉 명은 자기 갈 길을 갔습니다. 즉 예수님께로 다시 돌아오지 않고 제사장에게 확인을 받고 유대 사회로 돌아간 것입니다. 그런데 그 치료받은 사람 중에 사마리아 사람이 한 사람 있었는데, 그 사람만 제사장에게로 가지 않고 예수님께로 다시 돌아왔습니다. 그리고 예수님의 발 앞에 엎드려 감사를 표했습니다.

> "그 중에 하나가 자기의 나은 것을 보고 큰 소리로 하나님께 영광을 돌리며 돌아와 예수의 발 아래 엎드리어 사례하니 저는 사마리아인이라" (15-16절)

원래 유대인과 사마리아 사람들은 미워하는 사이였기 때문에 함께 다니지 않습니다. 그런데 문둥병에 걸리면서 이 열 명은 함께 다니게 되었습니다. 즉 버림받은 후에는 유대인과 사마리아인의 구별이 없어진 것입니다. 왜냐하면 문둥병이라는 문제가 심각한 것이었기 때문에 사소한 인종의 문제는 더 이상 걸림돌이 되지 않았습니다. 그들은 함께 어울려 다녔습니다.

그런데 문둥병이 치료되면서 인종 차별이 되살아났습니다. 그래서 유대인들은 자기들의 갈 길을 갔고 사마리아인은 따로 떨어지게 되었습니다. 이것은 유대 사회가 그만큼 사람을 외모로 보고 판단하는 사회였기 때문입니다.

　유대 사회에서 중요한 것은 사람의 마음이 변하는 것이 아니었습니다. 중요한 것은 오직 사람의 외적인 조건이었습니다. 이 사람들은 문둥병에 걸려 있는 동안 그만큼 사회에서 소외되었고 그 만큼 다른 사람에게 뒤져 있었습니다. 그러다가 이제 병이 낫게 되니까 다른 사람으로부터 빨리 건강하다는 인정을 받아서 인간다운 취급을 받고 싶었던 것입니다.

　그러나 사마리아 사람은 문둥병이 나아도 여전히 사마리아인이기 때문에 그들은 유대 사회에서 별 볼 일이 없었습니다. 그는 제사장에게 몸을 보일 필요도 없었고 몸을 보인다고 해도 크게 달라질 것이 없었습니다. 그때 이 사람에게 자기 같은 사마리아인에게도 은혜를 주신 하나님이 감사하다는 생각이 들었습니다. 이 사람은 자신은 덤으로 치료받았다고 생각한 것입니다. 그래서 예수님께 다시 돌아와서 그 발아래 엎드려 감사를 드렸습니다.

　예를 들어 어떤 젊은이가 직장이 없을 때에는 하나님께 나와서 말씀을 듣고 기도도 열심히 합니다. 그러나 취직을 하고 나서 더 이상 교회에 나올 시간조차 없습니다. 왜냐하면 그 동안 동기들에게 뒤져 있었는데 컴퓨터도 배우고 영어 회화도 배우느라 너무 분주했던 것입니다.

　우리 인생에는 한 번쯤 쉼표가 필요합니다. 왜냐하면 너무 정신없이 다른 사람을 따라가다 보면 무엇을 위해서 사는지 방향 감각을 잊어버리게 되기 때문입니다. 그래서 돌아보면 실컷 애를 쓴 것이 다른 사람의 인생을 살아준 것밖에 되지 않습니다. 학생들이 대학 입시에 실패해 재수를 하거나 직장인들이 직장을 옮기면서 한번쯤 실직자가 되어 보는 것이 중요합니다. 그리고 사업을 하다가 경기가 좋지 않을 때 한번쯤 쉬는 것도 필요합니다. 이런 시간에 자신과 하나님에 대해 많은 생각을 하며 그 동안 정신없이 살아오면서 잃어버렸던 자신의 인생을 되찾게 됩니다.

기다리고 계신 예수님

예수님은 이 열 명의 문둥병자들이 치료받은 후 예수님께로 다 돌아오기를 원하고 기다리고 계셨습니다.

"예수께서 대답하여 가라사대 열 사람이 다 깨끗함을 받지 아니하였느냐 그 아홉은 어디 있느냐 이 이방인 외에는 하나님께 영광을 돌리러 돌아온 자가 없느냐 하시고"(17-18절)

예수님은 우선 이 한 사람이 하나님께 돌아와 영광을 돌린 것을 굉장히 기뻐하셨습니다. 그 이유는 예수님은 육체의 질병이 낫는 것이 믿음의 전부가 아니라는 것을 알고 계셨기 때문입니다. 예수님은 마치 아무것도 모르는 것처럼 이 사람에게 물어 보셨습니다. 혹시 다른 사람들은 병이 낫지 않아서 오지 못했느냐는 것입니다. 이것은 그들 모두 당연히 예수님께 나아올 것을 기대하고 계셨다는 뜻입니다.

예수님은 그들이 더 큰 믿음으로 나오기를 원하셨습니다. 그것이 무엇입니까? 능히 구원받을 수 있는 믿음이었습니다. 어떤 사람이 병이 들었다가 기도로 병이 나은 것은 대단한 믿음입니다. 그리고 사업에 실패했다가 기도함으로 사업의 축복을 받는 것도 큰 은혜입니다. 그러나 그것이 은혜의 전부는 아닙니다. 이런 것은 하나님의 더 큰 은혜를 향해 나아오라는 하나님의 초청장이요, 더 큰 축복을 받는 징검다리인 것입니다.

"그에게 이르시되 일어나 가라 네 믿음이 너를 구원하였느니라 하시더라"
(19절)

예수님은 치료받은 사마리아 사람에게 놀라운 선포를 하셨습니다. 그것은 '네 믿음이 너를 구원하였느니라' 고 말씀하시는 구원의 선포였습니다.

이것은 이 세상의 제사장이 할 수 있는 것이 아닙니다. 이 세상의 제사장은 오직 육체의 병이 나은 것을 확인해 줄 뿐입니다. 그러나 예수님은 이 사마리아 사람이 천국 백성이 된 것을 선포하셨습니다.

중요한 것은 치료받은 은혜를 가지고 예수님 앞에 나아와서 죄 용서의 선언을 받는 것입니다. 우리는 '네 믿음이 너를 구원하였느니라' 는 예수님의 말씀을 들어야 죄의 권세에서 벗어나서 마음껏 하나님 앞에 나아갈 수 있습니다.

무엇 때문에 유대인들이 예수님께 돌아오지 않았을까요? 일단 그들은 사회에 복귀하는 것이 급하다고 생각했던 것입니다. 유대인들은 이 세상에 있는 것이 너무나 중요했기 때문에 빨리 사회에 복귀하는 것이 중요했습니다. 그리고 그들을 기다리고 있는 가족들에게 자신이 이렇게 온전하게 되었음을 인정받는 것이 급했습니다. 그러나 더 중요한 것이 하나님께 돌아와서 온전한 감사를 드리는 것입니다. 우리는 아무리 작은 일이라도 감사한 일이 있을 때 하나님께 달려와 감사를 드립시다. 그러면 더 큰 은혜와 축복이 우리를 기다리고 있을 것입니다.

이 사람들이 문둥병 치료를 확인 받으려면 적어도 2주일이 걸렸습니다. 그러므로 잠시 예수님께 왔다 간다고 해서 크게 달라질 것은 없었습니다. 그러나 그들은 오직 문둥병만 낫는 것이 목적이었기 때문에 병이 나았을 때에는 더 이상 예수님을 필요로 하지 않았습니다.

예수님이 원하신 것이 무엇입니까? 그들이 문둥병에 걸렸을 때 이미 그들은 죽었다고 생각했습니다. 실제로 그들은 문둥병에 걸림으로 사회적으로 한 번 죽었습니다. 이미 죽었던 사람들이 이 세상을 사는 데 급할 것이 무엇이겠습니까? 이미 이 세상은 그들을 버렸고 하나님이 그들을 살려 주셨습니다. 그런데 이 세상에서 인정받으려고 몸부림칠 이유가 있겠습니까? 그들이 유대 사회에 한두 시간 늦게 복귀한다고 달라질 것이 무엇이겠습니까? 그러나 그들은 여전히 세상에 욕심이 많아서 하나님의 축복을 받지 못했습니다.

그러나 이 사마리아 사람은 유대 사회로 돌아가는 대신 하나님의 백성이 되었습니다. 그리고 하나님의 백성의 자격으로 이 세상에 다시 파견되었습니다. 결국 아홉 명이 세상 사람의 길로 가려고 몸부림을 칠 때 사마리아 사람은 이미 교회의 멤버로, 하나님의 백성으로 전도하는 입장에 있는 것입니다.

병을 치료받은 것으로 하나님의 은혜가 끝난 것이 아닙니다. 그것은 은혜의 작은 부분으로 하나님은 더 큰 은혜를 사모하길 원하십니다. 우리는 이미 예수 믿을 때에 죽었던 사람들입니다. 세상으로 돌아가서 다른 사람들의 인정을 받고 사회 생활을 즐기는 것이 그렇게 급할 이유가 없습니다. 하나님이 주신 은혜로 하나님께 다시 돌아와 감사를 드립시다. 그러면 영생으로 우리를 붙들어 주시며 하나님 나라의 큰 일꾼이 되게 하실 것입니다.

57

하나님 나라의 성격

[눅 17:20-37]

우리는 보통 '하나님 나라'라고 할 때 믿는 사람들이 죽어서 가는 하늘에 있는 내세적인 나라를 생각합니다. 제가 어렸을 때에는 천국이라는 말보다는 '천당'이라는 말을 많이 사용했는데, 천국에 가면 하나님이 계신 집이 있다는 것입니다.

우리나라 성도들이 내세적인 천국을 주로 생각하게 된 것은 두 가지 이유가 있는 것 같습니다. 하나는 토속적인 문화의 영향입니다. 불교의 영향으로 사람이 죽은 후에 극락에 가는 사람과 지옥에 가는 사람으로 나뉜다는 것을 자연스럽게 받아들이게 된 것입니다. 그리고 또 하나는 우리 믿는 사람들이 이 세상에서 너무나 고생을 많이 하기 때문에 이 세상에서는 더 이상 기대할 것이 없다는 것입니다. 그래서 자연스럽게 이 세상은 '죄 많은 세상이어서 내 집이 아니다'라는 믿음을 갖게 된 것입니다.

그래서 어떤 사람들은 기독교나 불교를 비슷하게 생각하는 사람들도 있습니다. 불교에서도 기도가 있고 기독교에서도 기도가 있고 또 불교에서도 극락과 지옥에 있는데 기독교에서도 천국과 지옥에 있기 때문입니다.

그러나 예수님이 가르친 천국은 내세적인 천국만은 아닙니다. 예수님은 이 세상에서 이루어지는 천국을 아주 중요하게 가르치셨습니다. 원래 '나라' 라는 것은 통치의 개념이 있고 여러 나라들이 나름대로 통치권을 행사하고 있습니다. 그런데 예수님은 이 세상에 하나님의 통치를 가져왔습니다.

하나님의 통치는 아주 특별한 점이 있습니다. 그것은 누구든지 예수님을 믿고 하나님의 말씀에 순종하면 하나님의 다스림을 받는 하나님의 백성이 되는 것입니다. 그러나 하나님의 나라는 눈에 보이지 않는 나라입니다. 이것은 마치 사이버 나라와 비슷합니다.

예전에는 대학이라고 하면 강의실이 있고 캠퍼스가 있는 학교만 생각했습니다. 그런데 요즘에 사이버 대학이라는 것이 있습니다. 이것은 강의실이나 캠퍼스도 없이 오직 컴퓨터 온라인만으로 강의가 이루어지는 대학을 뜻합니다. 마찬가지로 하나님의 나라는 우리 눈에 보이는 나라가 아닙니다. 그러나 우리는 믿음으로 하나님의 모든 능력과 은혜를 공급받고 있습니다.

유대인들이 생각했던 하나님의 나라는 눈에 보이는 나라였습니다. 그래서 유대인들은 어떤 유력한 사람이 주동이 되어 외국의 군대를 다 몰아내고 정치적으로 독립해서 다른 외국들을 정복하고 심판하는 나라가 바로 하나님의 나라라고 생각했습니다. 왜냐하면 다윗 왕 때의 하나님의 나라가 그러했기 때문입니다.

그러나 예수님은 이 세상에 눈에 보이지 않는 하나님의 나라가 임하게 하셨습니다. 그래서 누구든지 예수를 믿는 사람은 하나님의 능력을 공급받게 된 것입니다. 그리고 하나님을 인정하지 않는 이 세상에서 오직 믿음으로 승리하는 것이 영원한 천국의 상급으로 나타납니다.

그러므로 두가지 개념의 천국을 생각해야 합니다. 하나는 이 세상에서 이루어지는 천국입니다. 이 천국은 눈에 보이지 않지만 말씀과 성령으로 이루어지는 나라입니다. 그리고 또 하나는 이미 죽은 사람들이 간 천국이 있습니다. 그 천국은 완성된 천국이 아닙니다. 왜냐하면 이 지상의 영적인 싸움이 완전히 끝나야 그 천국도 완성될 수 있기 때문입니다.

그런데 어느 한 시점에 그리스도가 이 세상에 육신으로 볼 수 있도록 다시 오실 때가 있습니다. 그때 하나님의 나라는 완성됩니다. 그리고 그리스도는 이 세상의 모든 악을 심판하시며 살아 있는 성도들과 죽은 성도들이 다 함께 영원한 천국의 영광 가운데 들어가게 되는 것입니다. 그래서 예수님이 말씀하시는 하나님의 나라는 이 세상에서 시작되었지만 그리스도가 다시 오심으로 완성되는 나라인 것입니다. 이 나라는 이미 시작되었지만 아직 완성된 것은 아닙니다.

하나님 나라의 성격

예수님이 전파하신 복음의 골자는 하나님의 나라가 도래했다는 것입니다. 예수님은 복음을 전하실 때 '회개하라 천국이 가까웠느니라'고 말씀하셨습니다. 이 메시지는 세례 요한이 전파한 것과 같은 내용이지만 그것이 가지고 있는 내용은 엄청나게 다른 것이었습니다.

세례 요한이 '회개하라 천국이 가까웠느니라'고 말한 것은 아직 하나님의 나라가 도래하지 않았음을 나타냅니다. 그러나 이제 얼마 있지 않으면 그토록 기다렸던 하나님의 나라가 곧 시작된다는 뜻입니다. 그러나 예수님이 '회개하라 천국이 가까웠느니라'고 선포하신 말씀은 이미 천국이 도래한 것을 뜻합니다.

그런데 유대인들이 생각하는 하나님의 나라는 유대인들이 군사적으로 무장해서 외국 군대를 몰아내고 정치적으로 독립하는 것으로 생각했기 때문에 사람들은 아직 아무 일도 일어나지 않았다고 보았습니다. 그래서 바리새인들은 예수님께 하나님의 나라가 언제 임하느냐고 물은 것입니다.

"바리새인들이 하나님의 나라가 어느 때에 임하나이까 묻거늘 예수께서 대답하여 가라사대 하나님의 나라는 볼 수 있게 임하는 것이 아니요 또 여기 있다 저기 있다고도 못하리니 하나님의 나라는 너희 안에 있느니라"
(20-21절)

바리새인이 하나님의 나라가 언제 임하느냐고 물었을 때에 그들이 생각하는 하나님의 나라는 이스라엘의 독립을 의미했습니다. 그래서 그들은 언제 군사들을 모아서 나팔을 불어 이방인들의 군대를 몰아내는 전쟁을 하느냐는 뜻이었습니다.

이것은 충분히 이해할 수 있습니다. 우리나라가 일제 하에 있을 때 어떤 사람이 나라를 세운다고 하면 일본을 몰아내는 독립 운동을 하는 것으로 생각했을 것입니다.

그러나 예수님은 하나님의 나라가 그렇게 눈에 보이는 나라가 아니라고 말씀하셨습니다. 예수님이 말씀하시는 하나님의 나라는 하나님의 통치를 의미하는 것입니다. 누구든지 예수님을 믿고 하나님의 말씀에 순종하는 자는 하나님의 백성이 되는 것입니다. 그리고 하나님의 나라가 이루어진다는 것은 복음이 많이 전파되어서 예수를 믿고 하나님의 말씀대로 사는 사람들이 많아지는 것입니다.

그래서 예수님의 하나님 나라는 이 세상의 나라와는 다른 개념입니다. 보통 한 나라에는 영토가 있고 군대가 있습니다. 영국이 구십 년 만에 홍콩을 중국에 반환할 때 홍콩에 가장 먼저 들어온 것은 중국의 군대였습니다. 그러나 하나님의 나라는 영토도 없고 군대도 없습니다.

　예수님은 이 나라가 '여기 있다 저기 있다고도 못하리니' 라고 말씀하셨습니다. '오직 너희 안에 있느니라'고 말씀하신 것은 사람 눈에 보이지 않지만 이미 하나님의 나라 사람이 된 이도 있고 또 믿는 사람들을 통해 이 나라가 눈에 보이지 않게 이루어진다는 뜻입니다.

　어떻게 보면 하나님의 나라는 이 세상의 나라에 기생하고 있는 나라라고 말할 수도 있을 것입니다. 이 세상 나라는 자기들 안에 다른 나라가 있는지도 모릅니다. 그러나 자기들도 모르는 가운데 사람들이 변하고 있고 다른 능력이 그들을 통해서 나타나는 것입니다. 예수님이 원하시는 것은, 할 수 있으면 이 세상의 모든 사람들이 예수를 믿고 하나님의 백성이 되는 것입니다. 영국, 미국, 일본 하는 구분이 있지만 실제로는 모두 하나님의 백성이 되는 것을 원하십니다.

　그래서 하나님의 나라의 가장 중요한 요소는 예수 믿는 한 사람 한 사람입니다. 이 사람들이 하나님 나라의 영토이자 가장 중요한 구성요소입니다. 그리고 교회는 믿는 자들을 도와주는 대사관과 같은 곳입니다. 이렇듯 천국에 대한 개념은 단지 죽은 후에 가는 내세의 개념만은 아닌 것입니다. 예수님은 이 세상에 하나님의 나라를 임하게 하셨고 하나님의 나라는 활동하고 있습니다. 우리는 이 세상에서 하나님의 말씀에 순종해야 하며 하나님의 백성답게 살아야 합니다.

　월드컵에서 우리나라가 4강을 달성했을 때 외국에 있는 우리 교포들에게 큰 자부심이 생겼다고 합니다. 그들은 외국에 살고 있지만 대한민국 사람으로서 4강을 이루었을 때 대단한 자부심을 갖게 되었다고 합니다. 우리는 하나님의 백성이라는 자부심으로 이 세상을 살아야 합니다.

인자의 날

예수님은 하나님의 나라가 눈에 보이지 않게 영구적으로 지속되지 않고 겉으로 드러날 때가 있다고 말씀했습니다. 바로 그 날이 인자의 날인 것입니다.

"또 제자들에게 이르시되 때가 이르리니 너희가 인자의 날 하루를 보고자 하되 보지 못하리라"(22절)

이 세상에서 하나님의 나라와 이 땅의 나라는 평행선과 같습니다. 하나님의 나라는 이 세상 나라 안에 묻혀서 그 정체를 드러내지 않은 채 계속 역사가 흘러가는 것 같습니다. 그러나 영원히 그런 것은 아니며 하나님의 나라가 이 세상에 그 정체를 드러낼 때가 있습니다. 그때가 바로 인자의 날입니다.

지금 예수님의 제자들은 굉장히 중요한 역사적인 사건들을 목격하게 될 것입니다. 그것은 예수님이 십자가에 못 박혀 죽으시고 다시 부활하시며 하늘에 올리신 후에 성령이 임하시는 것입니다. 이 모든 일들은 연속해서 한 시대에 일어나게 되는데 제자들은 그 모든 것을 보게 됩니다. 그런데 제자들이 아무리 보고 싶어도 보지 못하는 날이 있습니다. 그것은 그리스도가 영광스럽게 다시 이 세상에 오시는 인자의 날입니다. 왜냐하면 그 날은 상당한 시간이 흐른 뒤이기 때문입니다.

우리는 보통 종말이라고 하면 예수님이 다시 오시는 재림의 순간을 말합니다. 우리는 예수님의 재림의 순간을 알지 못합니다. 우리가 아는 것은 예수님이 십자가에서 부활하시고 다시 오실 때까지가 종말의 기간으로, 교회는 주님의 말씀으로 이 세상의 죄와 싸우면서 땅 끝까지 복음을 전하는 일을 하는 것입니다. 바로 이때가 교회의 시대이며 성령의 시대이며 주님께서 하늘과 땅의 모든 권세를 우리에게 주신 시대입니다. 우리는 노력하기에 따라 얼마든지 믿음의 큰 권능을 받을 수도 있고 반면에 자기 욕심을 위해서 살 수도 있습니다. 주님께서 다시 오시면 이 세상의 모든 불법의 세력을 무너뜨릴 것이며 우리 믿는 사람들도 주님 앞에서 판단을 받게 될 것입니다.

"사람이 너희에게 말하되 보라 저기 있다 보라 여기 있다 하리라 그러나 너희는 가지도 말고 좇지도 말라 번개가 하늘 아래 이편에서 번뜻하여 하늘 아래 저편까지 비췸같이 인자도 자기 날에 그러하리라"(23-24절)

예수님은 인자의 날에 대해 많은 거짓 증거들이 있을 것이라고 말씀하십니다. 예수님은 '보라 여기 있다 저기 있다' 라고 할 것이라고 하셨습니다. 이것은 인자의 날을 마치 예수님이 육신적으로 오셨을 때처럼 생각하는 것입니다. 그래서 사람들은 여기에 예수님이 오셨다고 말하기도 하고 또 저기에 예수님이 오셨다고 말하기도 할 것입니다.

그러나 예수님이 죽으셨다가 부활하신 후 다시 오실 때에는 육체로 오시기는 하지만 죽기 전의 그 육체가 아닙니다. 온 세상이 볼 수 있도록 공중에서 임하실 것입니다. 그래서 예수님이 두 번째 오실 때에는 예수님이 이 세상에 오시는 사실을 모를 사람이 아무도 없을 것입니다. 예수님이 다시 오실 때에는 온 세상이 동시에 볼 수 있게 오시며 또 오시면서 바로 이 세상 나라의 모든 권력과 재산을 접수하시고 악한 자들을 붙잡으실 것입니다.

사람들은 인자의 날을 잘 믿지 않습니다. 어느 날 갑자기 역사가 끝나고 모든 세력들이 권력을 잃고 사람들이 그리스도의 심판대 앞에 서는 것을 상상할 수나 있겠습니까? 그러나 성경은 그 날이 반드시 올 것이라고 말씀하십니다.

군대에서는 연말이 되면 점검을 많이 합니다. 최고로 높은 지휘관이 점검하러 오면 모든 부대는 '동작 그만' 상태에 들어가게 됩니다. 점검 준비는 그 전에 해야지, 일단 지휘관이 나타나면 그때는 아무것도 준비할 수가 없습니다. 마찬가지로 일단 이 세상에 그리스도가 나타나시면 사람들은 더 이상 아무것도 할 수 없습니다. 더 이상 예수를 믿을 수도 없으며 선이나 악을 행할 수도 없습니다. 그리고 온 세상이 그리스도의 심판을 받게 됩니다.

어떤 사람은 그리스도가 다시 오실 때 이 세상에서 악한 자들과 천사장 사이에 전쟁이 있을 것이라고 생각하는 사람이 있습니다. 즉 자기가 가지고 있는 권력을 더 이상 빼앗기지 않으려고 사탄과 그의 졸개들이 그리스도를 대적하려는 전쟁이 있을 것이라고 합니다. 그러나 일단 그리스도가 나타나면 저항하는 세력들은 포기해야 할 것입니다. 어떻게 그 위엄과 권세를 당할 수 있겠습니까?

예수님은 이 땅의 사람들을 구원하시려면 예수님 자신이 지불해야 하는 대가가 있다고 말씀하셨습니다. 그것은 예수님이 모든 사람들을 대신하여 십자가의 죽음을 당하는 것입니다.

"그러나 그가 먼저 많은 고난을 받으며 이 세대에게 버린 바 되어야 할지니라" (25절)

그리스도의 죽음이 없으면 하나님의 나라는 성립하지 않습니다. 왜냐하면 어느 누구도 하나님의 진노를 피할 수 없기 때문입니다. 십자가 없이는 구원이 없습니다. 그래서 누구든지 그리스도의 십자가를 믿지 않으면 하나님의 백성이 될 수 없습니다. 누구든지 구원을 받으려면 '예수님이 나의 죄를 대신하여 죽으셨다'는 것을 믿어야 합니다. 그리고 예수의 이름을 믿는 사람들은 반드시 예수님을 위해 살아야 합니다. 이 세상에서 믿음으로 살지 않는 사람은 진정으로 예수를 믿는 것이 아닙니다.

세상 마지막 때의 모습

예수님은 하나님의 심판이 가까워졌을 때 사람들이 예수님의 오심을 기다리면서 믿음으로 사는 것이 아니라 하나님을 믿지 않고 과거에 멸망했던 사람들처럼 살 것이라고 말씀하셨습니다.

> "노아의 때에 된 것과 같이 인자의 때에도 그러하리라 노아가 방주에 들어가던 날까지 사람들이 먹고 마시고 장가 들고 시집 가더니 홍수가 나서 저희를 다 멸하였으며"(26-27절)

노아 홍수 때의 특징이 무엇입니까? 두 가지입니다. 하나는 노아가 방주에 들어갈 때까지 사람들은 하나님의 심판을 전혀 생각하지 않았다는 것입니다. 즉 그들은 심판을 믿지 않았습니다. 홍수로 멸망하기 직전까지 그들은 심판을 믿지 않았습니다. 자기들이 그렇게 못된 짓을 하면서 살아도 하나님이 자기들을 심판하실 것을 믿지 않았습니다. 한마디로 하나님의 존재를 인정하지 않은 것입니다.

그리고 또 다른 하나는 철저하게 자기 자신을 위한 삶을 살았다는 것입니다. '먹고 마시고 장가 들고 시집 가더니'라고 했습니다. 물론 먹고 마시고 시집 가고 장가 가는 것 자체가 나쁜 것은 아닙니다. 그러나 이런 것이 인생의 전부가 되어서는 안 됩니다. 왜냐하면 모든 사람은 이 세상에 태어난 목적이 있기 때문입니다.

모든 사람들은 이 세상에 살면서 하나님을 찾아야 하고 또 하나님의 뜻을 이루는 것이 먹고 마시고 시집 가고 장가 가는 것보다 더 중요합니다. 그래서 사람은 반드시 자기가 왜 이 세상에 태어났으며 나의 존재 의미가 무엇인지에 대해 고민해야 하고 그 답을 찾아야 합니다.

그러나 많은 사람들은 당장 이 세상에서 먹고 마시면서 즐겁게 사는 것이 좋기 때문에 그런 본질적인 것을 고민하려 하지 않습니다. 이것은 세속주의입니다. 사람은 인생의 문제에 대해 진지해야 합니다. 그러나 세속주의는 그런 진지한 자세를 싫어하고 오직 즐기는 것만 좋아합니다. 오늘날 우리가 신앙 생활을 하는 데 가장 무서운 적은 바로 세속주의입니다. 그리고 사람들이 진리에 대해 진지한 태도를 갖지 않는 것입니다.

그 다음에는 롯의 때와 같다고 했습니다.

"또 롯의 때와 같으리니 사람들이 먹고 마시고 사고 팔고 심고 집을 짓더니 롯이 소돔에서 나가던 날에 하늘로서 불과 유황이 비오듯 하여 저희를 멸하였느니라"(28-29절)

롯의 때에 소돔 사람들의 특징이 무엇입니까? 그들이 사는 땅의 영구성을 믿었습니다. 그래서 그들은 이 땅에 모든 것을 투자했습니다. '사고 팔고 심고 집을 지었습니다.' 이들은 이 세상에 좋은 땅만 차지하면 영구적으로 행복하게 살 수 있다고 믿은 것입니다. 그런데 롯이 소돔 성을 빠져 나가는 날, 하늘에서 유황불이 쏟아지면서 소돔은 멸망했습니다. 의인이 없어지는 날이 소돔이 망하는 날이었습니다.

멸망할 때에 보면 사람들은 이 세상이 영원할 줄 알고 세상에 집착하며 진리의 경고를 듣지 않습니다. 그리고 인생의 본질적인 문제에 대해 진지하게 생각하지 않고 오직 매순간을 즐기는 것이 인생의 최고 행복이라고 생각합니다. 하나님의 심판은 예고 없이 찾아옵니다. 전혀 심판이 없을 것 같은 그때에 도둑같이 임합니다. 모든 사람들이 하나님을 두려워하지 않고 오직 육체의 정욕에 빠질 때 하나님의 심판의 때임을 기억해야 합니다.

그리스도의 심판을 피하는 법

"인자의 나타나는 날에도 이러하리라"(30절)

예수님은 노아의 홍수 때에나 소돔과 고모라의 멸망 때처럼 그리스도의 최후 심판의 날도 갑자기 찾아올 것이라고 말씀하셨습니다. 바로 인자의 날이 노아 홍수나 소돔과 고모라의 심판의 본 심판이 되는 것입니다. 예전의 심판들이 일종의 예고편과 같은 것이라면 인자의 날의 심판은 진짜 심판날이 될 것입니다.

종말에는 개인적인 종말과 우주적인 종말이 있습니다. 개인적인 종말은 죽음을 뜻하는데 우리는 언제 죽을지 모릅니다. 사람이 한 번 죽으면 그것으로 모든 운명이 끝납니다. 사람이 운명을 바꿀 수 있는 기회는 오직 이 세상에 살아 있는 동안뿐입니다. 그래서 사람이 살아 있다는 것은 일단 운명을 바꿀 수 있는 기회가 있는 것입니다.

누구든지 살아 있는 동안에 예수님이 하나님의 아들이심을 믿고 하나님께 영광을 돌리면 영생을 얻습니다. 그러나 죽음이 찾아오면 더 이상 기회가 주어지지 않습니다. 그러므로 사람이 이 세상에 살아 있는 동안에 가장 중요한 것이 자기 영혼부터 건지고 보는 것입니다.

학교 공부나 직장에서 승진하는 것도 중요하지만 더 중요한 것은 영혼이 사는 것입니다. 영혼을 구원받지 못한 상태에서 다른 것을 많이 한 것은 쓸데없이 인생을 낭비한 것밖에 되지 않습니다. 그리고 우주적인 종말도 있습니다.

"그 날에 만일 사람이 지붕 위에 있고 그 세간이 집 안에 있으면 그것을 가지러 내려오지 말 것이요 밭에 있는 자도 이와 같이 뒤로 돌이키지 말 것이니라"(31절)

그리스도인이 심판을 피하는 가장 좋은 방법은 물질적인 욕심 때문에 신앙적으로 후퇴하지 않는 것입니다. 지금 어떤 사람은 지붕 위에 있거나 혹은 밭에서 일하고 있습니다. 그런 사람은 물건을 가지고 집 안에 들어가면 안 된다는 것입니다. 이것은 세상적인 욕심 때문에 옛 생활로 후퇴하지 말라는 것입니다.

그리스도 안에서는 오직 미래를 향한 전진만 있습니다. 우리는 세상 욕심의 올무에 걸려들면 안 됩니다. 예수님은 누구든지 쟁기를 잡고 뒤를 돌아보는 자는 내게 합당치 않다고 하셨습니다. 우리는 세상의 것을 갖기 위해 뒤로 돌아서면 안 됩니다. 앞으로 전진하다 보면 하나님이 우리에게 필요한 것을 다 채워주실 것입니다. 그러나 욕심 때문에 돌아서면 모든 것을 잃게 될 것입니다.

"롯의 처를 생각하라"(32절)

롯의 처는 멸망하는 소돔성에서 구원받았습니다. 그래서 남편을 따라 탈출하다가 천사가 뒤를 돌아보지 말라고 했는데 뒤를 돌아보아 소금 기둥이 되고 말았습니다. 그녀는 왜 뒤를 돌아보았습니까? 자기의 소중한 것이 소돔에 있었기 때문에 너무 아까워서 그냥 떠날 수가 없었습니다. 구원받은 사람은 세상에 대한 욕심을 과감하게 버려야 합니다. 그리고 오직 내 영혼이 구원받는 것으로 만족해야 합니다. 그러면 다른 것까지 주실 것입니다. 그러나 다른 욕심 때문에 믿음을 양보하면 모든 것을 잃게 될 것입니다.

"무릇 자기 목숨을 보존하고자 하는 자는 잃을 것이요 잃는 자는 살리리라" (33절)

여기서 자기 목숨을 보존코자 하는 자는 이 세상의 것을 놓지 않으려고 믿음으로 살지 못하는 사람을 뜻합니다. 이 세상에서 믿음으로 살려고 하면 제대로 할 수 있는 것이 아무것도 없습니다. 그러나 이 세상에서 잘 살기 위해 세상의 것을 붙드는 사람은 모든 것을 잃을 것입니다. 왜냐하면 이 세상이 영원하지 않기 때문입니다. 그러나 하나님의 말씀 때문에 세상의 것을 포기하는 사람은 살 것입니다. 왜냐하면 하나님이 그를 책임져 주시기 때문입니다. 하나님의 심판은 정확할 뿐 아니라 에누리가 없습니다.

"내가 너희에게 이르노니 그 밤에 두 남자가 한 자리에 누워 있으매 하나는 데려감을 당하고 하는 버려둠을 당할 것이요 두 여자가 함께 매를 갈고 있으매 하나는 데려감을 당하고 하나는 버려둠을 당할 것이니라" (34-35절)

한 자리에 누워 잠을 자는 두 남자는 어떤 사람들이겠습니까? 바로 아버지와 아들입니다. 아버지가 믿는다고 해서 아들도 덩달아 구원받는 것은 아닙니다. 두 여자가 매를 간다면 누구이겠습니까? 어머니와 딸이거나 시어머니와 며느리일 것입니다. 어머니 때문에 딸이 자동적으로 구원받는 것은 아닙니다. 정확하게 하나님의 백성만 구원받게 될 것입니다. 그러면 심판의 시기는 언제입니까?

"저희가 대답하여 가로되 주여 어디오니이까 가라사대 주검 있는 곳에는 독수리가 모이느니라 하시니라"(37절)

사람들은 어느 곳에 심판이 임하느냐고 물었습니다. 왜냐하면 심판이 없는 안전한 곳으로 피하고 싶은 마음이 있기 때문입니다. 그러나 이 세상에 심판이 없는 안전지대는 없습니다. 가장 안전한 곳은 하나님의 말씀이 바로 선포되는 교회입니다. 그러나 잠자는 교회는 지켜주지 못할 것입니다. 주검이라는 것은 시체를 뜻합니다. 아무리 진리를 외쳐도 반응이 없고 변화가 없는 곳에는 하나님의 심판이 임하게 될 것입니다.

언제나 하나님의 말씀이 생명력 있게 선포되고 사람들이 그 말씀을 믿고 순종하는 곳에는 독수리가 올 수 없습니다. 우리가 지금 이 땅에서 생존하는 것은 진리의 말씀이 선포되며 진실하게 믿는 자들이 있기 때문입니다. 바로 이 사람들이 우리나라를 살리고 있는 것입니다. 이런 사람들이 없어지면 독수리가 바로 덮치게 될 것입니다.

58

억울한 과부 비유

[눅 18:1-8]

우리는 살면서 내 힘으로는 도저히 감당할 수 없는 어려움을 당할 때가 많이 있습니다. 그럴 때에는 우리를 도울 만한 사람에게 도움을 부탁하게 됩니다. 어려울 때 도움이 될 만한 사람들이 많이 있다는 것이 얼마나 든든한지 모릅니다. 그러나 어떤 때에는 그런 가까운 사람들도 도울 수 없는 큰 어려움을 겪을 때가 있습니다. 그럴 때는 어떻게 하겠습니까? 우리는 당황해 하면서 도움이 될 만한 사람들을 분주하게 찾게 됩니다.

　우리 그리스도인들에게 가장 강력한 능력은 하나님께 기도하는 것입니다. 왜냐하면 하나님은 전지전능하시며 불가능한 일이 없으시기 때문입니다. 그럼에도 불구하고 우리가 하나님께 기도를 드리는 데는 많은 어려움이 있습니다.

　첫 번째, 하나님께 기도하는 데 가장 큰 어려움은 하나님이 들으시는지 확인할 수 없다는 것입니다. 예를 들어 우리가 다른 사람과 전화 통화를 할 때에는 상대방이 전화를 듣고 있는지 알 수 있습니다. 상대방으로부터 아무런 대꾸가 없을 때에는 '여보세요. 여보세요' 라고 하면서 상대방을 부르면 '아, 예'라고 반응을 합니다. 그러나 하나님은 아무리 불러도 반응이 없기에 우리의 기도를 들으시는지 확인할 수가 없습니다. 그래서 우리가 하나님께 기도할 때에는 하나님이 들으신다는 것을 믿고 기도할 수밖에 없습니다.

두 번째, 기도하는 데 어려운 것은 하나님이 우리의 기도에 대해 어떤 때에 어떻게 응답하실 지 알 수 없다는 것입니다. 하나님은 우리의 기도를 들어주실 때 언제 어떻게 들어주시겠다고 미리 통보해 주시지 않습니다. 그냥 우리가 믿고 살다보면 나도 모르는 사이에 기도가 응답되는 경우가 대부분인 것입니다.

그래서 다급하지 않은 것들은 여유를 가지고 기도할 수 있는데, 급한 경우에는 하나님이 도와주시지 않으면 망할 수밖에 없는 것도 있습니다. 그래서 우리 믿는 사람들은 하나님이 기도를 들어주시지 않으면 죽게 될 수도 있다는 각오로 기도하는 것입니다. 물론 이런 경우 대개는 하나님이 기도를 들어주십니다. 그러나 그 응답을 받는 과정에서 진땀을 흘리게 되고 마치 창자가 다 녹는 것 같은 경험을 하게 됩니다.

본문에 예수님은 제자들에게 기도에 대해 가르쳐 주셨습니다. 예수님은 제자들이 하나님께 기도드릴 때 늘 우리의 기도를 잘 들어주시는 자비로운 아버지께 간구하는 자세보다 과부의 태도를 생각하라고 말씀하십니다.

어느 과부가 있는데 이 과부를 무시하고 들은 체도 하지 않는 교만한 재판장에게 부탁을 하듯이 하나님께 기도하라는 것입니다. 교만한 재판장이 가난한 과부가 한두 번 찾아가서 부탁한다고 들어주겠습니까? 아마 한두 번의 부탁에는 꼼짝도 하지 않을 것입니다. 그런데 과부는 재판장이 자기 청원을 들어줄 때까지 찾아가서 부탁했습니다. 그랬더니 이 교만한 재판장은 이 과부가 자꾸 찾아오니 너무 귀찮아서 그의 청원을 들어주었다는 것입니다.

예수님은 제자들에게 왜 하나님을 귀찮게 하지 않느냐는 것입니다. 왜 하나님으로 하여금 가만히 계시게 하느냐, 기도로 하나님을 많이 괴롭게 하고 귀찮게 해서 우리의 기도에 꼭 응답하시도록 하라고 말씀하셨습니다.

예전에 어떤 분이 이렇게 자기 자신을 소개하는 것을 들은 적이 있습니다. '저는 여러분들을 위해 이런 재능을 갖고 있습니다. 여러분께서 혹시 저의 도움이 필요한 일이 생기면 저를 많이 불러 주시고 괴롭혀 주세요'. 즉 이 사람은 얼마든지 도울 준비가 되어 있기 때문에 조금도 망설이지 말고 제발 자기를 괴롭혀 달라는 것입니다.

하나님은 우리가 하나님을 괴롭히지 않고 가만히 계시게 하는 것을 싫어하십니다. 다시 말해 우리에게 작은 어려움이라도 생긴다면 그것은 하나님을 찾을 수 있는 핑계가 생긴 것이고 나아가 기도로 하나님을 귀찮게 하라는 것입니다.

항상 기도하고 낙망치 말라

"항상 기도하고 낙망치 말아야 될 것을 저희에게 비유로 하여" (1절)

예수님은 제자들에게 '항상 기도하고 낙망치 말아야 한다' 는 것을 말씀하셨습니다. 예수님이 우리에게 말씀하시는 것은 두 가지입니다. 하나는 '언제나 기도하라' 는 것입니다. 그리고 또 하나는 '낙망치 말라' 는 것입니다. 우리가 이 세상을 살아가면서 항상 기도해야 하는 이유는 우리가 걷는 길을 모르기 때문입니다.

우리가 예수를 믿기 전에는 길을 알았습니다. 왜냐하면 그때는 모든 사람들이 가는 그 길이 우리가 가야 할 길이었기 때문입니다. 그러나 예수를 믿고 난 후에 우리의 길이 없어져버렸습니다. 우리는 마치 안개 속을 걷는 것과 같고 맹인이 혼자서 길을 걸어가는 것과 같습니다. 만약 맹인이 잘 모르는 길을 혼자 가야 할 때 그는 계속 사람들에게 길을 물어볼 것입니다. 그런데 중간에 물어볼 사람을 만나지 못한다면 그는 낙담할 수밖에 없습니다.

예수님이 '항상 기도하고 낙망치 말아야 한다' 고 말씀하신 것은 바로 그리스도인들의 특성을 잘 표현해 주는 말씀입니다. 우리는 아무도 걸어본 적이 없는 새로운 길을 걸어가는 사람들입니다. 그래서 항상 하나님의 손을 붙잡고 걸어가야 하며 만일 하나님의 손을 놓치게 되면 길을 잃은 자가 되어 어디로 가야 할지 몰라 방황하게 됩니다.

처음에 예수님을 믿는 것은 마치 눈을 뜨는 것과 같다고 했습니다. 하나님을 모를 때에는 안개 속을 걸어온 것과 같습니다. 그런데 이번에는 예수 믿는 것이 안개 속을 걷는 것과 같고 맹인이 길을 걷는 것과 같다고 하니 이것이 무슨 모순의 말씀입니까?

물론 우리가 예수님을 믿고 하나님을 믿는 것은 자기 자신과 인생에 대해 새로운 눈을 뜨는 것과 같습니다. 우리가 예수님을 믿을 때 잃었던 내 자신을 도로 찾게 됩니다. 이것은 돈으로 환산할 수 없는 소중한 가치입니다. 그럼에도 불구하고 우리는 미래의 인생의 길을 알지 못합니다.

그래서 하나님을 모르는 사람들과는 정반대의 길을 걷습니다. 하나님을 모르는 사람은 자신의 가치와 인생의 의미를 모르면서 길을 알고 있다고 생각합니다. 그 길은 많은 사람들이 걷는 세상의 길인 것입니다. 그런데 그것이 진정한 길은 아닙니다. 오히려 아무것도 모르기 때문에 씩씩하게 멸망의 길을 가고 있는 것뿐입니다.

우리가 이 세상을 살아가는 것은 마치 안개 속을 걸어가는 것과 같습니다. 때론 넘어지기도 하고 수렁에 빠지기도 하고 낭떠러지에 떨어지기도 합니다. 그래서 우리는 하루하루 살아가면서 항상 하나님께 기도해야 합니다. 왜냐하면 우리의 길을 아시는 분은 오직 하나님 한 분이시기 때문입니다.

여기서 기도한다는 것은 우리가 하나님의 손을 잡고 가는 것입니다. 그래서 참으로 좋은 기도는 하나님의 뜻을 묻는 기도입니다. '하나님, 이 문제를 이렇게 하는 것이 좋겠습니까? 저렇게 하는 것이 좋겠습니까?' 자꾸 물어보는 것이 하나님의 손을 잡고 걸어가는 것입니다.

기도함에 있어서 어려움은 기도할 때에 하나님의 음성이 들리지 않는다는 것입니다. 이것이 굉장히 중요한 문제입니다. 하나님은 우리가 기도한다고 해서 즉시 우리 귀에 들을 수 있도록 응답하지 않으십니다. 때로는 기도하는 것이 독백을 하는 것처럼 느껴지기도 합니다. 이것이 기도하면서 가장 어려운 점입니다.

또한 낙망하기 쉽습니다. 그리스도인들은 이 세상에서 믿음으로 사는 사람들입니다. 그런데 믿음이 통하지 않으면 우리는 믿지 않는 사람들보다 더 비참해질 수밖에 없습니다. 우리가 예수를 믿을 때에는 세상적인 자랑이나 방법을 버리고 예수님만 믿습니다. 그런데 예수님의 능력은 나타나지 않고 또 세상적인 방법을 버렸을 때 이미 우리는 이것도 아니고 저것도 아닌 것입니다. 그럴 때 우리는 믿지 않는 사람들보다 훨씬 비참한 생각이 듭니다. 바로 이것이 낙망하는 것입니다.

여기서 우리가 알아야 하는 것은 기도에 있어서도 우리가 자랄 필요가 있다는 것입니다. 우리가 어렸을 때에는 기도하는 것이 마치 일방적인 독백처럼 느껴질 때가 있습니다. 그리고 아무리 기도해도 하나님의 응답이 없는 것 같아서 낙망할 때도 있습니다. 그러나 이것은 어디까지나 시작에 불과하며 믿음이 자람에 따라 기도의 시간보다 더 좋은 시간이 없고 또 기도보다 더 중요한 것이 없다는 것을 알게 됩니다.

그러므로 우리는 기도하는 데도 자랄 필요가 있습니다. 이것은 마치 처음 스키를 배울 때 걸음마를 배우는 것과 같습니다. 처음에 스키를 배울 때에는 제대로 서 있지도 못하고 조금만 움직여도 쓰러집니다. 그러나 어느 정도 기술을 배우고 난 뒤에는 정말 환상적인 스키를 타게 되는 것입니다.

교만한 재판장과 억울한 일을 당한 과부

"가라사대 어떤 도시에 하나님을 두려워 아니하고 사람을 무시하는 한 재판관이 있는데 그 도시에 한 과부가 있어 자주 그에게 가서 내 원수에 대한 나의 원한을 풀어주소서 하되"(2-3절)

어느 도시에 한 과부가 있었는데 아마도 어떤 나쁜 사람에게 재산을 다 날리게 된 것 같습니다. 과부는 사회적으로 아무런 힘이 없는 존재입니다. 더군다나 그 도시의 재판관은 하나님을 두려워하지도 않고 사람을 겁내지도 않고 그야말로 고집불통의 사람이었습니다.

그 재판관이 하나님을 두려워한다면 신앙적으로 말해 보겠지만 이 사람에게는 신앙적인 말이 전혀 통하지 않습니다. 만일 이 과부가 사람들과 친하다면 친한 사람을 통해 사정해 보겠지만 친한 사람도 없었습니다. 또 이 과부는 뇌물을 바칠 만한 여유도 없는 사람이었습니다. 결국 이 과부는 돈도 없고 재판관마저 나쁜 사람이어서 도무지 어려움을 해결할 길이 없었습니다.

이런 상황에서 사람들은 포기해 버릴 것입니다. 그러나 과부는 자신의 문제가 죽느냐 사느냐 하는 아주 중요한 문제였기 때문에 포기할 수 없었습니다. 그래서 끈질기게 재판관을 찾아가서 괴롭힐 정도로 청원하기로 결심했습니다. 이것은 돈이 드는 일이 아니기 때문에 과부가 할 수 있는 최상의 일이었습니다.

그 과부가 결심한 것이 무엇입니까? 그것은 자신의 문제를 포기할 수 없다는 것이었습니다. 그리고 아무리 교만한 재판관이라 하더라도 그도 인간이라는 것입니다. 재판관이 아무리 자신을 업신여긴다 해도 자꾸 찾아가서 말하면 결국은 거절하지 못할 것이라는 믿음이 있었습니다.

"그가 얼마 동안 듣지 아니하다가 후에 속으로 생각하되 내가 하나님을 두려워 아니하고 사람을 무시하나 이 과부가 나를 번거롭게 하니 내가 그 원한을 풀어 주리라 그렇지 않으면 늘 와서 나를 괴롭게 하리라 하였느니라" (4-5절)

결국 재판장도 사람이기 때문에 이 과부의 끈질긴 청원에 마음이 변하게 되었습니다. 물론 이 재판관이 마음에 감동을 받아 그런 것이 아니라 이 여자의 청을 들어주지 않으면 계속 찾아와서 괴롭힐 것 같아 청원을 받아주었다는 것입니다. 다시 말해 이 과부를 위해서가 아니라 자신을 위해 한 것입니다.

예전에 어떤 교인의 처남이 음주 운전을 하다가 교통사고를 내면서 상대 쪽의 사람이 크게 다치는 사고가 났습니다. 이쪽에서는 음주 운전이고 상대방이 많이 다쳤기 때문에 상대방 쪽에서는 합의를 해주려고 하지 않았습니다. 그런데 이 교인이 처남을 대신해서 자주 병문안을 하고 위로도 하여 상대방의 마음이 많이 누그러지게 되었습니다. 결국은 끈질기게 찾아간 사람으로 마음이 움직여서 합의해 주었다고 합니다. 그러니 처음에는 밉고 그의 말을 들어줄 이유가 없지만 자꾸 가까워지면 결국 마음의 담이 무너져서 친해지게 됩니다.

또 다른 예를 들면 얼마 전에 여중학생이 미군 장갑차에 치어 죽는 사건이 있었습니다. 여중학생이 두 명이나 미군 장갑차에 깔려 죽었는데도 미군은 가볍게 넘어가려고 했습니다. 이것이 사회 문제로 커져서 촛불 시위까지 하게 되었습니다. 결국 미국 국방 장관이 사과하고 나중에는 그 콧대 높은 미국 부시 대통령이 우리나라 대통령에게 전화를 걸어서 사과하기까지 했습니다.

여기서 우리는 몇 가지를 생각해 볼 수 있습니다. 첫 번째, 과부는 자신의 문제의 심각성을 생각해 보았습니다. 즉 이 문제를 꼭 해결해야 하는가, 그냥 포기해도 되겠느냐는 것입니다. 이 과부가 생각한 것은 이 문제는 다른 사람에게는 중요하지 않을지 몰라도 자신에게는 아주 중요하다는 결론이었습니다.

우리는 어떤 문제를 기도할 때에 그것이 얼마나 중요한지 생각해야 합니다. 그런 것도 모른 채 기도하면 결국 그 기도가 흐지부지 될 수밖에 없습니다. 나의 문제가 다른 사람에게 중요하느냐, 중요하지 않느냐는 중요한 문제가 아닙니다. 이것이 정말 나에게 중요한가 하는 것입니다. 이것이 나에게 중요한 문제이며 꼭 해결해야 다음 일을 할 수 있는 것이라면 재판장에게 가지고 가야 합니다.

두 번째, 이 과부는 다른 사람을 찾아가지 않고 재판장을 찾아갔습니다. 물론 이 재판장은 교만한 재판장이기 때문에 과부를 무시하고 그녀의 이야기를 잘 들으려고 하지 않았습니다. 그럼에도 불구하고 과부는 이 사람 저 사람을 찾아가서 부탁하지 않고 오직 이 재판장에게 도와줄 것을 요청했습니다. 왜냐하면 과부는 재판장이 이 문제를 해결할 수 있는 권한이 있다는 것을 알았기 때문입니다.

결국 이 과부는 자신의 문제를 해결하기 위해 세 가지를 했습니다. 첫 번째, 자신의 문제를 분명히 이해하고 파악했습니다. 만약 이 과부가 말도 되지 않는 억지 주장을 했더라면 아무리 재판장을 찾아가도 소용이 없었을 것이며 오히려 내어 쫓기고 말았을 것입니다. 사람들은 대개 재판의 과정에서 분쟁의 핵심이 무엇이며 자신이 해결해야 하는 것이 무엇인지 모르는 경우가 많습니다. 그러면 재판에서 이길 수 없습니다.

우리가 어떤 주장을 할 때에 항상 반대 의견을 생각해서 타당성이 있어야 합니다. 내게 아무리 중요하다고 생각하더라도 다른 사람에게 타당성이 없으면 그것은 기각될 수밖에 없습니다. 석사 논문이나 박사 논문이 통과되려면 '디펜스'를 해야 합니다. '디펜스'란 반대 의견에 대해 타당한 설명을 하는 것입니다.

우리가 자신의 문제를 다른 그리스도인들과 나누었을 때 좋은 이유가 바로 여기에 있습니다. 혼자서 생각할 때에는 옳은 것 같은데 대화를 해보면 자신이 너무 감정적이라든지 억지 주장을 하고 있다는 것을 알게 됩니다. 그런 것은 재판장에게 통하지 않습니다. 그러므로 우리의 기도는 상식적으로 타당성이 있어야 합니다.

두 번째, 이 과부는 결코 조급하게 서두르지 않았습니다. 만약 조급한 마음으로 문제를 해결하려고 했다면 재판장을 설득할 수 없었을 것입니다.

세 번째, 그녀는 시간적인 여유를 갖고 지속적으로 재판장을 찾아가서 자신의 문제를 청원했습니다. 이 과부는 한두 번으로 포기하지 않았습니다. 재판장은 처음에 이 과부의 문제를 전혀 신경 쓰지 않았습니다. 그런데 자꾸 와서 자기 문제를 내어 놓으니 결국 이 과부의 문제를 검토해 보게 되었습니다. 자세히 보니 이 과부의 주장이 옳더라는 것입니다. 우리 속담에도 '우는 아이에게 젖을 준다'는 말이 있습니다. 자꾸 주장하다 보면 관심을 끌게 되고 닫혀 있던 마음 문도 열리게 됩니다.

왜 하필이면 교만한 재판장인가?

"주께서 또 가라사대 불의한 재판관의 말한 것을 들으라 하물며 하나님께서 그 밤낮 부르짖는 택하신 자들의 원한을 풀어 주지 아니하시겠느냐 저희에게 오래 참으시겠느냐"(6-7절)

하나님은 결코 악한 재판관이 아니십니다. 오히려 우리의 문제에 관심을 갖고 계시며 적극적으로 도우시는 아버지이십니다. 그런데 왜 하필이면 하나님을 악한 재판관에 비유하셨을까요?

예수님은 제자들에게 과부가 이런 악한 재판관도 설득했는데 왜 너희들은 하나님을 설득하지 못하느냐고 말씀하십니다. 우리는 보통 기도할 때에 어린 아이처럼 떼를 쓰거나 혈기와 조급한 마음으로 기도하는 경우가 많습니다. 그러나 예수님은 하나님이 우리의 기도를 들으시지 않으면 안 되는 타당성을 갖고 하나님을 한 번 설득해 보라는 것입니다.

우리의 문제는 조금 기도하다가 금세 포기하는 것에 있습니다. 그 이유가 무엇입니까? 그것은 기도 자체를 믿지 못하고 하나님의 신실하심과 능력을 믿지 못하는 것입니다. 기도하고 있는 시간에 내 자신이 직접 뛰어 다니는 것이 더 낫겠다는 생각이 들어 기도를 지속적으로 하지 못하는 것입니다.

그러나 하나님은 악한 재판관과 분명히 다르십니다. 악한 재판관은 과부의 청원을 들어줌으로 자신의 임무가 끝나지만, 하나님은 어려움을 통해 우리가 더 성숙하기를 바라십니다. 그래서 하나님이 우리에게 어려움을 주시는 이유가 어려움의 해결에 초점이 있지 않습니다. 하나님은 그런 어려움을 통해 우리의 지각을 키우시고 하나님께 더 가까이 나오게 하시려는 것입니다. 사실 어려움만 해결해 주는 것이라면 문제될 것도 없습니다.

　그러나 하나님은 잠시 우리의 기도를 들어주시지 않음으로 우리가 자신의 문제를 고민하면서 그것을 완전히 소화해 하나님께 기도하게 하십니다. 그런 과정에서 우리의 지각은 자라게 됩니다. 바로 이것이 어려운 문제를 당했을 때 기도하는 사람의 일차적인 하나님의 응답인 것입니다.

　우리는 어려움을 당하면 그 어려움을 피하려고 하거나 외면하려고 할 때가 많습니다. 그러면 어려움은 해결되지 않습니다. 하나님은 우리가 어려움을 당했을 때 어린 아이 같이 떼를 써서 그 책임을 하나님께 떠맡기지 못하게 하시고 내 자신이 고민하는 가운데 생각하게 하십니다. 도대체 어려움의 원인이 무엇이며 내가 어떻게 해야 바른 것인지 생각하게 하시는 것입니다.

　어려움을 통해 하나님이 우리에게 원하시는 것이 있습니다. 그것은 성도가 어려움에서 도망치지 않는 담대한 믿음과 어려움을 자신의 것으로 소화하는 능력을 키우는 것입니다. 그래서 어려움을 통해 우리의 생각이 변하고 우리의 믿음이 자라게 됩니다. 그리스도인에게 있어서 가장 안타까운 것이 어려운 일을 당했는데도 변한 것이 없고 깨달은 것이 없는 경우입니다.

　예를 들어 병원에서 수술을 했는데 병은 치료하지 않고 엉뚱한 곳만 수술했다면 얼마나 억울합니까? 진정으로 어려움을 이기는 것은 우리가 어려움을 통해 생각이 더 깊어지고 하나님을 의지하는 모습으로 변하는 것입니다.

　그리고 또 기억해야 할 것은 우리의 모든 어려움을 해결할 수 있는 분이 과연 하나님 한 분뿐인가 라는 것입니다. 만약 하나님만이 나의 어려움을 해결할 수 있는 분이라고 생각한다면 우리는 필사적으로 기도에 매달리게 될 것입니다. 그러나 나의 인간적인 노력이 어려움을 해결할 수 있다고 생각한다면 우리는 당연히 기도를 소홀하게 될 것입니다.

우리가 기도하는 대상인 하나님은 전지전능하신 분입니다. 하나님께는 모든 것이 있습니다. 만약 우리가 하나님을 현대 그룹이나 삼성 그룹의 회장을 만나는 것으로 생각한다면 상당히 기대할 것입니다. 왜냐하면 그들은 돈이 많기 때문입니다. 그러나 하나님 앞에서 그 부자들은 개미 한 마리보다도 힘이 없습니다. 하나님은 그만큼 부유하시며 능력이 많으신 분입니다. 그래서 우리가 기도할 때마다 하나님을 억만장자라고 생각하는 것이 필요합니다. 하나님께서는 해결할 수 없는 어려움은 없습니다.

그리고 우리가 기도하면 하나님은 사람의 마음을 움직여서 해결해 주십니다. 그래서 전혀 생각하지도 않았던 사람이나 심지어는 하나님을 믿지 않는 사람의 마음도 움직여서 나의 어려움을 해결하게 하십니다. 우리가 기도하면 하나님은 우리에게 가장 좋은 방법으로 인도하십니다. 더 나아가 하나님은 어려움 자체를 하나님께 맡김으로 우리가 하나님과 동행하는 법을 배우기를 원하십니다.

또한 우리가 기억해야 할 것은 우리가 기도를 시작할 때 이미 하나님이 기도할 마음을 주셨기 때문이라는 것입니다. 사실 기도할 마음이 생기는 것 자체가 벌써 은혜를 받은 것입니다. 하나님이 은혜를 주시지 않으면 기도할 마음이 생기지 않습니다. 그래서 기도하는 것 자체가 이미 하나님의 응답이 시작된 것입니다. 왜냐하면 우리가 기도하는 것이 순종하는 것이기 때문입니다.

그런데 우리는 인간이기 때문에 너무 쉽게 낙심하고 절망해서 기도를 포기할 때가 많습니다. 끝까지 하나님께 기도한 사람과 중간에 포기한 사람과는 나중에 응답이 되었을 때 믿음의 성장에 있어서 큰 차이가 있습니다. 끝까지 기도한 사람은 응답의 체험을 했기 때문에 믿음이 성숙하고 하나님을 더 의지하게 됩니다.

그러나 중간에 포기한 사람은 응답을 받아도 별로 기쁨이 없고 믿음이 자라지 않습니다. 그러기에 합심해서 기도하면 혼자 기도하는 것보다는 좀더 오래 견딜 수 있습니다. 그리고 어려움 때문에 기도하는 것보다는 평소에 기도하는 것이 더 중요합니다. 왜냐하면 그렇게 해야 마귀의 시험을 예방할 수 있기 때문입니다.

"내가 너희에게 이르노니 속히 그 원한을 풀어 주시리라 그러나 인자가 올 때에 세상에서 믿음을 보겠느냐 하시니라"(8절)

하나님은 속히 응답해 주시겠다고 하십니다. 여기서 '속히'는 하나님 보시기에 가장 적합한 시간을 뜻합니다. 하나님이 판단하시기에 우리에게 가장 좋은 시간에 응답해 주십니다. 그래서 내가 원하는 시간에 응답이 되지 않는다고 낙심하지 않기 바랍니다.

여기서 중요한 것은 주님이 오실 때 믿음을 보기 어렵다는 사실입니다. 그 이유가 무엇입니까? 사람들의 마음이 악해져서 하나님의 때를 기다리지 않고 자기 멋대로 모든 것을 해 버린다는 것입니다. 우리에게 하나님을 기다리는 것보다 더 아름다운 것은 없습니다.

그러므로 우리는 기도한 후에 위대하신 하나님이 어떻게 인도하셔서 하나님의 뜻을 이루시는지 기다리는 법을 배워야 할 것입니다. 그렇게 믿음으로 한 것만 천국에서 상급으로 받게 됩니다. 그러나 하나님을 기다리지 않고 내 마음대로 한 것은 이 땅에서 잘 이루어졌다고 해도 하나님 앞에서는 아무런 상이 없을 것입니다. 우리에게 가장 위대하고 아름다운 것은 하나님께 기도하고 하나님의 시간과 방법을 기다리는 것입니다. 그러면 하나님의 때에 가장 좋은 것으로 응답해 주실 것입니다.

59

바리새인과 세리의 기도

[눅 18:9-17]

요즘 사람들은 몰래 카메라를 이용해서 다른 사람들의 행동을 몰래 훔쳐보고 나쁜 용도로 사용하기도 합니다. 얼마 전에 미국의 어떤 부부는 어린 아이를 베이비시터에게 맡겼는데 아무래도 아이가 이상하더라는 것입니다. 자꾸 놀라기도 하고 불안해하기도 하는데 베이비시터는 아무 일도 없었다고 하니 믿을 수밖에 없었습니다.

그런데 하루는 집안에 몰래 카메라를 설치해 놓고 아이를 맡기고 출근했습니다. 이 부부는 그 카메라에 찍힌 것을 보고 놀라지 않을 수 없었습니다. 왜냐하면 부모가 보는 앞에서는 사근사근하던 베이비시터가 자기들이 출근하자마자 아이를 목욕탕에 처박아 놓고 돌보지도 않으며 심지어는 아이를 때리고 구박했기 때문입니다. 결국 그 베이비시터는 경찰에 구속되었습니다.

우리가 다른 사람의 진심을 알려면 자기 앞에서의 태도만으로는 알 수 없습니다. 내가 없을 때 그 사람이 나에 대해 어떻게 말하는가를 들어 보면 나에 대한 그 사람의 태도를 알 수 있을 것입니다. 사람들은 다른 사람들이 보는 앞에서는 할 수 없는 행동을 아무도 없을 때에는 자연스럽게 합니다.

우리가 기도하는 데 가장 어려운 점은 하나님이 우리 눈에 보이지 않는다는 것입니다. 그러나 다른 한편으로 생각해 보면 하나님이 눈에 보이지 않기 때문에 하나님은 우리의 진실한 태도를 알 수 있습니다. 사람들이 다 보고 있을 때에는 열심히 기도하는 것 같은 사람도 보는 사람이 없으면 눈을 뜨고 장난을 치는지도 모릅니다. 다른 사람들이 보는 앞에서는 장황하게 길게 기도하는 사람도 자기 혼자 있을 때에는 전혀 기도하지 않거나 악한 행동을 할 수 있을 것입니다.

반면에 다른 사람이 보든지 보지 않든지 하나님 앞에 진실하게 자신의 문제를 내어 놓는 사람이 있을 것입니다. 하나님이 우리 눈에 보이지 않기 때문에 하나님은 몰래 카메라로 우리의 모든 진심을 다 보고 계시는 것을 알아야 합니다. 하나님은 아무도 없을 때 하나님에 대한 우리의 진정한 자세를 보기를 원하시는 것입니다.

하나님은 우리가 어떤 자세로 기도하기를 원하십니까? 세 가지로 생각할 수 있습니다. 첫째로, 다른 사람이 보든지 보지 않든지 하나님 앞에서 동일한 태도로 기도하는 것을 원하십니다. 우리가 기도할 때 중요한 것은 하나님이 어떻게 생각하느냐는 것입니다. 그래서 스펄전 목사님의 경우에는 강단에서 기도만 시작되면 사람들을 다 잊어버리고 하나님 앞에 혼자 서 있는 것처럼 기도했다고 합니다.

둘째로, 환자가 의사에게 진찰을 받는 태도로 기도하는 것을 좋아하십니다. 환자가 의사에게 진찰받을 때 자기의 건강을 자랑하려고 진찰받는 것은 아닐 것입니다. 환자는 자신의 아픈 부분이나 고통스러운 부분들을 솔직하게 말합니다. 그래야 의사가 좀더 정확하게 병을 진찰해서 치료할 수 있기 때문입니다. 독감에 걸려서 의사를 찾아가면 환자는 의사에게 아픈 부분을 이야기합니다. '열도 많고 기침도 심합니다. 그리고 가래가 있고 머리가 많이 아픕니다' 라고 말할 것입니다.

셋째로, 이렇게 진심으로 기도하는 사람은 반드시 하나님 앞에서 기도 응답을 받고 돌아가게 됩니다. 하나님은 기도만 듣고 가만히 계시는 것이 아니라 기도하는 중에 하나님이 내 기도를 들으셨고 하나님 앞에서 내 모든 죄가 사하여졌다는 확신을 갖게 하십니다.

본문에는 예수님이 바리새인들의 기도와 세리들의 기도를 비교하시면서 바리새인들의 기도가 어떻게 잘못되었는지 가르쳐 주신 내용입니다. 바리새인들의 기도는 하나님의 몰래 카메라에 의해 모두 불의한 것으로 나타났습니다. 왜냐하면 기도할 때의 모습이 다른 사람이 있을 때와 없을 때가 너무 달랐기 때문입니다. 즉 그들의 기도는 사람을 의식한 기도였습니다. 그에 비해 세리들은 하나님 앞에서 못된 짓을 많이 했지만 그들의 기도는 진실했습니다. 다른 사람들이 있든지 없든지 기도하는 내용이 하나님을 대상으로 한 기도였습니다. 예수님은 세리들의 기도가 더 의롭다고 인정하셨습니다.

바리새인들의 경건

예수님은 어떻게 이 비유를 말씀하게 되셨는지 배경을 먼저 말씀하십니다.

"또 자기를 의롭다고 믿고 다른 사람을 멸시하는 자들에게 이 비유로 말씀하시되"(9절)

예수님 당시에 바리새인들은 자신들이 하나님 앞에서 대단히 의로운 사람이라는 자부심이 있었습니다. 그래서 바리새인들은 자기들만 의롭고 다른 사람들은 불의하다고 생각했기 때문에 다른 사람들을 무시하고 업신여겼습니다. 여기서 중요한 것은 이들이 스스로를 의롭다고 믿고 다른 사람들을 멸시한 이유가 무엇이냐는 것입니다. 그것은 자신들의 생활이 더 종교적이었기 때문입니다. 그리고 다른 사람들보다는 더 기도도 많이 하고 종교적인 생활을 열심히 했기 때문입니다. 이렇게 하는 것은 결코 나쁜 것이 아닙니다. 그런데 문제는 다른 사람을 멸시한 데 있습니다. 바리새인들은 다른 사람들을 정죄하고 판단했습니다.

여기서 예수님은 이들의 문제를 지적하셨습니다. 우선 바리새인들이 스스로 의롭다고 생각한 이유는 남다른 신앙적인 열심과 봉사를 했기 때문입니다. 예를 들어 남들보다 종교 생활을 오래 했다든지 봉사나 기도를 많이 한 것에 대한 자부심이 있었다는 것입니다.

그러나 예수님이 말씀하시는 것은 의롭다는 것은 본인이 결정하는 문제가 아니라는 것입니다. 어떤 사람이 의롭다거나 의롭지 않다고 하는 것은 하나님이 결정하시는 것이지, 자기 스스로 의롭다고 생각할 수 있는 것이 아닙니다. 사람은 자기 스스로를 의롭다고 판단할 수 없습니다. 또한 사람들의 눈에는 분명히 의로운 사람도 있고 불의한 사람도 있지만 그것이 전부가 아니라는 것입니다. 왜냐하면 누구든지 하나님 앞에서 자신의 불의한 것을 치료받으면 의로운 사람이 될 수 있기 때문입니다.

종교 생활을 하는 사람에게 치명적인 병폐가 바로 공적 사상입니다. 자기가 열심히 종교적인 헌신을 하면 하나님 앞에 공적이 쌓인다는 것입니다. 그런데 이것이 바로 죽은 종교의 특징입니다. 살아 있는 종교는 공적이 필요 없습니다. 바로 하나님께 나아가 치료받으면 되는데 무엇 때문에 공을 쌓겠습니까? 사람들은 하나님의 은혜를 알지 못하기 때문에 하나님에게 잘 보이려고 공을 쌓으려는 것입니다. 대표적인 예가 불교인데, 불교에서는 치성을 드리면 공이 많이 쌓인다고 믿습니다. 이것은 천주교도 마찬가지입니다. 천주교도 종교적인 의를 많이 쌓으면 공적이 쌓인다고 믿습니다.

그런데 하나님 앞에서는 공을 쌓는다는 것이 없습니다. 왜냐하면 하나님은 아무에게도 빚을 지지 않기 때문입니다. 하나님은 누구든지 정직하고 진실한 마음으로 하나님께 나와 죄의 용서를 간구하면 그 자리에서 용서해 주시고 치료해 주십니다. 다른 무슨 공이 필요하지 않습니다. 공을 쌓는 사람은 하나님의 은혜를 믿지도 알지도 못하는 사람입니다.

예를 들어 어떤 사람이 아무리 예쁘고 좋은 옷을 입고 병원에 왔더라도 일단 진찰받으러 온 이상 그에게는 이상이 있는 것입니다. 그가 아무리 멋을 부려도 그는 환자이며 의사는 그 사람을 환자로 대할 것입니다.

사람들이 자신들의 종교적인 열심이나 봉사로 우월감을 갖는 이유는 하나님 앞에 한 번도 서 본 적이 없기 때문입니다. 하나님 앞에서 모든 인간은 죄인입니다. 단지 더 죄인이냐 덜 죄인이냐의 차이가 있을 뿐입니다.

위암 1기에 걸려 있는 사람이 위암 3기에 걸려 사람에게 우월감을 가질 수 있습니까? 아닙니다. 아직 그 사람의 정도까지 심하지는 않더라도 그 사람 안에는 똑같은 암 세포가 자라고 있습니다. 그러므로 어떤 암환자라도 방심할 수 없기에 겸손하게 의사의 치료를 철저하게 받아야 합니다.

그런데 세상과 하나님의 차이점은 세상에서는 아무래도 위암 1기가 살 가능성이 많지만 신앙적으로는 위암 3기가 더 살 가능성이 많다는 것입니다. 왜냐하면 자기가 죄인이라는 것을 인정하고 하나님 앞에서 철저하게 자신을 내어 놓는 위암 3기 환자들은 하나님의 은혜로 치료를 받아서 살 수 있습니다. 그런데 자기는 1기 환자라고 해서 하나님 앞에서 철저하게 치료받지 않고 오히려 다른 사람들을 판단하고 업신여기면 죽게 되는 것입니다.

그러므로 이 세상에 자기 스스로 의인이라고 생각하는 사람은 가장 어리석은 사람입니다. 왜냐하면 의롭다거나 의롭지 않다는 것은 오직 하나님만이 판단하실 수 있기 때문입니다. 또한 복된 사람은 하나님 앞에서 자기가 큰 죄인이라는 것을 깨닫는 사람입니다. 물론 죄가 많다고 해서 죄를 깨닫는 것은 아닙니다. 이것은 하나님이 은혜를 주셔야 하는 것입니다. 오직 복음만이 사람의 마음속에 있는 죄를 비추어 볼 수 있습니다. 사람들이 자기가 의롭다는 우월감을 갖는 이유는 복음을 듣지 못해서 그런 것입니다.

바리새인의 기도

바리새인은 예수님 당시에 기도를 가장 많이 하는 사람으로 알려져 있습니다. 그런데 예수님은 이 바리새인들의 기도가 진실한 기도가 아니라고 말씀하십니다.

"두 사람이 기도하러 성전에 올라가니 하나는 바리새인이요 하나는 세리라 바리새인은 서서 따로 기도하여 가로되 하나님이여 나는 다른 사람들 곧 토색, 불의, 간음을 하는 자들과 같지 아니하고 이 세리와도 같지 아니함을 감사하나이다 나는 이레에 두 번씩 금식하고 또 소득의 십일조를 드리나이다 하고"(10-12절)

여기서 바리새인이 '서서 따로 기도한다' 는 것은 자기는 더 거룩하기 때문에 다른 죄인들과 함께 기도할 수 없다는 뜻입니다. 이들은 언제나 특별하게 대접받아야 기분이 좋으며 도저히 다른 사람들과 같은 자리에서 기도할 수 없다고 생각했습니다. 바리새인들은 자기를 다른 사람과 같이 취급하는 것을 가장 기분 나쁘게 생각했습니다.

바리새인의 기도는 자기 자랑으로 가득 차 있었습니다. 바리새인들은 자기가 죄를 짓지 않음을 하나님 앞에서 자랑했습니다. 말로는 '감사하나이다' 라고 했지만 실제로는 거룩하게 살고 있다는 것을 자랑하는 것입니다. 그는 남의 돈을 토색하지 않았습니다. 다른 불의한 일도 하지 않았습니다. 간음도 하지 않았습니다. 그는 참으로 성공적인 믿음 생활을 하고 있는 사람이었습니다.

우리도 이 정도로 한 주간을 살 수 있다면 얼마나 좋겠습니까? 일주일 동안 단 한 번도 거짓말을 하지 않고 남을 속이지 않고 음란한 생활을 하지 않고 살면 성공적인 믿음 생활을 한 것입니다. 그리고 바리새인은 이것만해도 대단한데 스스로 부족하다고 생각해서 더 했습니다. 일주일에 두 번 금식하고 소득의 십일조를 드렸습니다. 바리새인은 외모로 볼 때 흠잡을 데 없는 믿음 생활을 했습니다.

그러나 하나님은 이들의 외모를 보지 않으셨습니다. 하나님은 몰래 카메라를 통해서 바리새인들이 다른 사람들이 보지 않을 때의 생활을 보신 것입니다. 남들이 보지 않을 때 바리새인들은 기도할 때와는 전혀 다른 모습의 사람들이었습니다. 그들은 겉으로는 죄를 짓지 않았지만 일주일 내내 남을 미워하고 판단하며 악한 마음을 가졌습니다. 물론 행동의 죄가 마음속으로 생각하는 죄보다 더 큰 죄인 것은 사실입니다. 속으로 남의 물건을 훔쳐야지 하는 것과 실제로 훔친 것은 차이가 많습니다. 마음속으로 음란한 생각을 하는 것과 실제로 그런 행동을 한 것은 엄청난 차이가 있습니다.

그러나 하나님은 생각은 죄가 아니냐고 묻습니다. 일주일 내내 남을 미워하고 입으로는 저주하고 어떻게 이런 자랑이 나올 수 있겠습니까?

이것이 하나님의 카메라에는 다 보입니다. 물론 그들이 금식하고 십일조를 드리는 것은 좋은 것이나 그들이 그렇게 하는 것은 하나님께 잘 보이려는 의도입니다. 일종의 뇌물성 금식이요, 대가성이 있는 십일조였던 것입니다. 하나님은 그런 것을 원치 않으셨습니다.

여기서 우리가 알아야 할 것은 하나님이 힘을 주셔서 승리의 생활을 하고 믿음으로 살 수 있었던 것을 감사하는 것은 결코 나쁜 기도가 아니라는 것입니다. 이것이 얼마나 아름다운 신앙의 열매인지 모릅니다.

그런데 하나님은 우리가 조금의 가식도 없이 정직한 모습으로 나오기를 원하십니다. 다시 말해 믿음으로 잘 살았으면 감사하는 마음으로, 죄를 짓고 실패했으면 고통스러운 모습으로 하나님 앞에 나오라는 것입니다. 바리새인들은 하나님 앞에 나오기는 했지만 그 목적이 사람에게 보이려는 데 있었던 것입니다. 이것은 병원에 진찰을 받으러 온 환자가 진찰은 받지 않고 옆에 있는 다른 환자들에게 자기를 자랑하는 것과 같습니다.

또한 우리가 아무리 믿음으로 승리했다 하더라도 그것이 우리의 힘으로 된 것이 아닙니다. 우리 마음속에는 악한 마음과 추악한 정욕이 있었습니다. 그래서 모든 것을 보시는 하나님 앞에 내 마음을 활짝 열어 놓는 것이 응답받는 기도의 비결인 것입니다.

세리의 기도

세리는 그 당시 유대 사회에서 나쁜 짓을 많이 한 사람들로 유명했습니다. 사실 세리들은 바리새인들과는 도저히 한 자리에서 기도할 수 없는 악한 자들이었습니다. 그런데 그들도 하나님께 나와서 기도를 드렸습니다.

"세리는 멀리 서서 감히 눈을 들어 하늘을 우러러 보지도 못하고 다만 가슴을 치며 가로되 하나님이여 불쌍히 여기옵소서 나는 죄인이로소이다 하였느니라"(13절)

바리새인이 위암 1기라면 세리는 위암 3기 환자였습니다. 세리들은 남의 돈을 많이 도둑질했습니다. 그런데 죄라는 것은 한 번 무너지기 시작하면 사람을 완전히 자포자기하게 만드는 것입니다. 그들이 남의 돈을 토색하면서부터 간음도 하고 다른 모든 불의함도 저질렀습니다.

그런데 이 세리들은 복음을 들을 수 있었습니다. 그들은 예수님이 죄인들의 친구가 되어 주시며 누구든지 회개하기만 하면 하나님은 용서해 주신다는 소식을 듣게 된 것입니다. 그래서 세리는 정말 죄를 용서받고 싶어서 하나님 앞에 나왔습니다.

세리는 성전에 들어가기는 했지만 멀리 섰습니다. 여기서 '멀리' 라는 것은 지성소 가까운 곳까지 가지 못하고 멀리 이방인의 뜰에 서서 기도했다는 것입니다. 그리고 고개를 들지도 못하고 가슴을 치면서 불쌍히 여겨 달라고 기도했습니다. 이 세리가 의지할 수 있는 것이 있다면 그것은 자신의 공로가 아니라 오직 복음의 초청이었습니다. 세리는 하나님이 죄인도 부르시고 또 회개하면 죄를 용서해 주신다는 믿음 하나로 나왔습니다.

이 세리는 자기 자신을 하나님의 눈으로 보니 정말 기가 막힐 정도로 죄가 많았습니다. 그는 있는 모습 그대로 하나님께 나아갔습니다. 예수님은 무엇이라고 결론을 내리셨습니까?

"내가 너희에게 이르노니 이 사람이 저보다 의롭다 하심을 받고 집에 내려갔느니라"(14절 상)

참으로 놀라운 말씀입니다. 하나님은 세리를 바리새인보다 더 의롭다고 선포하셨습니다. 이것을 통해서 알 수 있는 것이 무엇입니까? 하나님은 우리의 모든 불의와 죄를 치료할 수 있는 능력을 가지신 분이십니다. 예수님은 우리 영혼의 의사이십니다. 그런데 누가 치료받을 수 있느냐면 자신의 죄를 정직하게 하나님 앞에 가지고 나오는 사람입니다. 정직하면 정직할수록 그는 더 많은 치료를 받을 수 있고 깨끗함을 얻을 수 있습니다.

하나님 앞에서 우리의 자세

여기서 예수님은 토색이나 불의나 간음을 행치 않는 것이 좋지 않다는 뜻으로 말씀하시는 것이 아닙니다. 그리고 금식이나 소득의 십일조를 하지 말라는 뜻도 아닙니다. 또한 남의 돈을 떼먹고 방탕한 삶을 산 사람이 더 옳다는 뜻도 아닙니다.

예수님이 말씀하시는 것은 인간의 의라는 것이 사람들의 눈에는 대단하게 보일지 몰라도 하나님의 눈으로 보면 별 차이가 없다는 것입니다. 위암 1기와 3기의 차이인 것입니다. 가끔 사람들 중에 자기는 남들보다 악하지 않기 때문에 예수 믿을 필요가 없다고 주장하는 사람들이 있습니다. 심지어는 자기는 선한 일을 많이 했기 때문에 교회는 다니지 않지만 신앙을 가진 것과 마찬가지라고 말을 하는 사람도 있습니다. 그러나 그 사람도 위암 1기입니다. 절에서 도를 많이 쌓은 스님들이 있습니다. 또 좋은 명상록을 쓰신 분들도 있습니다. 그러나 그들도 위암 1기입니다. 사실 우리가 예수를 믿는 것은 남들보다 더 의롭기 때문이 아닙니다.

우리가 예수를 믿는 것은 모두 위암 3기 환자들이었기 때문입니다. 그런데 예수를 믿고 난 후에 이 위암이 깨끗이 치료되고 완전히 새로운 인생을 살게 되었습니다. 그러니 무엇을 자랑하겠습니까? 절대로 자기의 것으로는 자랑할 것이 없습니다. 오직 우리가 자랑할 수 있는 것은 하나님의 은혜요 예수님의 십자가의 공로입니다.

물론 우리가 불의, 토색, 간음을 하지 않지만 그것이 우리의 자랑이 될 수 없습니다. 우리는 오직 변화된 삶을 살 수 있게 해 주신 하나님께 감사할 뿐입니다. 우리는 다른 사람들에게 나 같은 죄인이 변한 것을 보면 치료받지 못할 사람이 없다고 자랑할 것입니다. 하나님은 누구든지 정직하게 나오는 자는 깨끗하게 치료하셔서 위대한 새로운 삶을 살게 하십니다.

그런데 문제는 이 세상에서는 사람들이 이런 것을 잘 인정해 주지 않는다는 것입니다. 하나님의 은혜로 변화되었다고 말하면 무엇인가 부족한 것 같고 모자라는 사람처럼 생각하는 것입니다. 그러나 그 부족하고 모자라는 것이야말로 하나님이 우리를 사랑하시는 부분입니다. 우리가 완전하고 부족한 것이 없다면 무엇 때문에 예수님을 필요로 하겠습니까?

그러므로 우리가 기억해야 할 것은 하나님 앞에서 우리의 연약함과 부족함을 많이 깨달으면 깨달을수록 더 복되다는 것입니다. 왜냐하면 하나님은 우리의 모든 연약한 부분을 고치시기 때문입니다. 그런데 하나님 앞에 나의 병든 부분을 내어 놓지 못하게 막는 것이 있습니다. 그것이 바로 자존심이고 체면입니다. 하나님 앞에서 은혜를 받으려면 일차적으로 자존심과 체면을 버려야 합니다.

"무릇 자기를 높이는 자는 낮아지고 자기를 낮추는 자는 높아지리라 하시니라"(14절 하)

하나님 앞에서는 있는 모습 그대로 나가는 것이 가장 복된 것입니다. 우리가 예수 믿고 난 후에 믿음으로 산 결과 불의와 토색을 이기고 성적인 유혹도 이겼기 때문에 하나님 앞에 나와서 기뻐하고 영광을 돌려드리는 것은 위선이 아닙니다. 이것은 승리의 보고서이며 감사의 제사입니다. 그리고 하나님 앞에서 나의 연약함을 치료받기 위해 금식하며 감사하는 마음으로 십일조를 드리는 것은 향기로운 제사가 됩니다.

그러나 우리가 아무리 승리하는 생활을 했다 하더라도 순간순간 악하고 더러운 생각을 한 것을 부인할 수는 없습니다. 그래서 우리는 가장 놀라운 승리 가운데도 눈물의 회개를 하게 됩니다. 왜냐하면 그 큰 은혜의 순간에도 조금씩은 악한 생각을 했기 때문입니다. 하나님은 우리의 중심을 보십니다. 그래서 바리새인들의 기도는 의롭다 함을 받지 못했습니다.

여기서 세리가 '더 의롭다 함을 받았다' 는 것은 기도의 결과 죄 사함을 받았다는 뜻입니다. 기도는 그냥 드리는 것이 아닙니다. 기도 시간은 죄를 치료받는 시간이며 정직하게 기도할 때에 하나님이 바로 치료해 주십니다. 그러면 그 본인이 치료받은 것을 알 수 있을까요? 대체로 알 수 있습니다. 마음에 시원함이 있고 만족함이 있으며 더 의롭게 살고 싶은 마음이 가득하게 되며 하나님 앞에서 기도하는 데 담대함을 얻게 됩니다.

그때 어떤 사람이 예수님이 만져주시기를 기대하고 어린 아이를 하나 데리고 왔습니다. 아마 이 아이를 축복해 달라는 뜻이었던 것 같습니다. 건강하게 하시고 지혜롭게 잘 자라도록 기도해 주기를 바랐습니다. 그때 제자들이 부모를 책망했습니다. 왜냐하면 아이들은 소중하지 않다는 것이었습니다. 아이들은 떠들기만 하고 장난만 치기 때문에 예수님 앞에 데리고 오면 안 된다는 뜻이었습니다.

"예수께서 그 어린아이를 불러 가까이 하시고 이르시되 어린아이들이 내게 오는 것을 용납하고 금하지 말라 하나님의 나라가 이런 자의 것이니라 내가 진실로 너희에게 이르노니 누구든지 하나님의 나라를 어린아이와 같이 받들지 않는 자는 결단코 들어가지 못하리라 하시니라"(16-17절)

예수님이 천국이 어린 아이의 것이라고 할 때 어린 아이의 어리석음이나 유치함을 두고 말씀하시는 것이 아닙니다. 어린 아이는 자기가 부족하다는 것을 알기 때문에 남의 말을 잘 받아들입니다. 또한 복잡하게 생각하지 않고 단순하게 한 가지만 믿습니다.

우리 앞에 복음이 제시될 때에 복잡하게 생각하면 안 됩니다. 단순하게 믿고 따라갈 때 우리는 하나님의 은혜와 축복을 누리게 됩니다. 하나님이 우리의 생각을 단순하게 해 주시기를 바랍니다. 그리고 날마다 믿음으로 살아가는 성도들이 되길 바랍니다.

60
영생에 대한 질문

[눅 18:18-30]

예전에 텔레비전에서 신랑신부를 대상으로 하는 오락프로그램이 있었습니다. 신랑이 공중에 매달려서 주어진 시간 동안 할 수 있는 대로 많은 물건을 큰 구멍에 집어넣는 게임이었습니다. 만일 신랑이 공중에 매달린 채로 두 손과 두 다리로 냉장고를 집어서 구멍에 넣으면 냉장고를 갖는 것이고 또 텔레비전을 집어 넣으면 텔레비전을 갖는 것입니다. 신부는 옆에서 빨리 비싼 물건을 집으라고 소리를 치고 또 신랑은 공중에 매달린 채로 아무것이나 닥치는 대로 집으려고 애를 썼습니다.

어떻게 보면 이 세상의 삶이 그런 것 같습니다. 이 세상에는 좋은 것이 많이 있습니다. 단지 그 좋은 것을 모든 사람들이 다 가질 수 없다는 것이 문제일 뿐입니다. 이 세상에는 권력이 있습니다. 권력을 가진 사람은 말 한 마디로 온 세상을 쥐고 흔들 수 있습니다. 그 재미가 보통 재미가 아닌 것입니다. 권력이라는 것이 정상까지 올라가기가 어렵지 일단 올라가고 나면 온 세상이 눈 아래로 보이게 되고 말 한 마디로 사람을 살리기도 하고 죽이기도 합니다. 이 재미는 권력을 쥐어본 사람이 아니면 모르는 것입니다.

　이 세상에서 돈을 많이 가지고 있으면 자기 과시를 마음껏 할 수 있습니다. 일단 큰 집을 살 수 있고 굉장히 비싼 차를 탈 수 있고 많은 사람들을 불러 잔치를 할 수 있기 때문에 마음껏 자기를 과시할 수 있습니다. 또 이 세상에서 지식을 가지고 있으면 다른 사람들은 생각하지도 못하는 것들을 생각하고 말할 수 있기 때문에 남을 가르칠 수 있고 존경받을 수 있습니다.

　이런 의미에서 이 세상은 무한 경쟁의 사회라고 말할 수 있습니다. 어떻게 해서든지 남들보다 노력해서 경쟁에서 이기면 돈이나 권력이나 지식을 갖게 됩니다. 그러면 그만큼 남들보다 많은 것을 누리면서 이 세상을 살아갈 수 있습니다.

　그러나 우리 인간들에게는 아주 심각한 문제가 하나 있습니다. 그것은 과연 우리 인간에게 있어서 눈에 보이는 것이 전부냐는 것입니다. 이것에 대해 사람들은 확실하게 말할 수 없습니다. 왜냐하면 일단 이 세상에서 좋은 것들을 많이 가지고 있으면 훨씬 유리한 것은 사실이기 때문입니다.

　그러나 과연 이것이 인간이 이 세상에 사는 삶의 궁극적인 목적이라고 말할 수 있습니까? 만약 이런 것들이 전부라면 사랑은 무엇이며 의는 무엇입니까? 그리고 가난하고 무식한 사람들은 다 죽어야 하는 것입니까? 이것에 대해 성경은 분명하게 말씀합니다. 이 세상은 거대한 죄의 감옥이라는 것입니다. 이 세상에 살고 있는 사람들은 모두 종신형을 살고 있는 죄수들입니다. 그럼에도 이 세상에 권력이 있고 부가 있으며 지식이 있는 것은 사람들이 이 세상을 비참하게 살지 않도록 하나님이 그만큼 시설을 해 놓으신 것에 불과합니다.

　〈쇼생크 탈출〉이라는 영화가 있습니다. 이 영화는 종신형을 선고받은 죄수들이 감옥에서 한 평생을 보내는 내용입니다. 그런데 그 중에서 자기 아내를 죽이지 않았는데 죽인 것으로 혐의를 뒤집어쓰고 들어온 은행원 출신의 남자가 있습니다. 그 사람은 잠시라도 자유를 맛보기 위해 별짓을 다 합니다. 그리고 나중에는 감옥안에 굴을 뚫어서 탈출합니다.

성경이 우리에게 말씀하시는 것은 우리 인간들은 반드시 이 세상에 살면서 죄의 감옥에서 나와 새로운 생활을 해야 구원받을 수 있다는 것입니다. 이 세상에서 돈이나 권력을 많이 소유하는 것이 결코 영생을 얻는 데 도움이 되는 것이 아니라고 말씀하십니다. 다시 말해 우리가 이 세상에서 잘 사는 것과 영생을 얻는 것은 별개의 문제입니다. 예수님은 영생을 얻는 것이 어려운 길이라고 말씀하십니다.

영생에 대한 질문

예수님 당시에 젊은 나이에 성공한 한 젊은이가 있었습니다. 이 사람은 그 당시 사회에서 크게 성공한 사람이었습니다. 그런데 이 사람이 어느 날 예수님을 찾아와서 영생에 대한 질문을 했습니다.

"어떤 관원이 물어 가로되 선한 선생님이여 내가 무엇을 하여야 영생을 얻으리이까" (18절)

예수님을 찾아온 이 사람은 유대 사회의 관원인데다 돈이 많은 부자였고 또 젊은 사람이었습니다. 이 사람은 이미 유대 사회에서 성공해서 인정받고 있었습니다. 이 사람은 유대 사회에서만 성공한 사람이 아니라 다른 나라 어디를 가더라도 성공할 수 있는 능력의 사람이었습니다. 그런데 이 사람이 예수님을 찾아와서 영생에 대해 질문했습니다. 어쩌면 이 사람은 자기가 할 수 있는 최후의 것이 영생을 얻는 것이라고 생각했는지도 모르겠습니다.

예전에 학교 후배를 만났을 때 그는 자신의 꿈을 이야기했습니다. 그는 30대에 돈을 많이 벌고 싶다고 했습니다. 그리고 40대에는 박사 학위를 받아 교수를 하고 싶다고 했습니다. 그리고 50대에는 목회자가 되어서 인생을 멋있게 마치고 싶다고 했습니다. 그는 이미 대학에서 박사 공부를 하고 있었고 돈을 많이 벌 수 있는 벤처 기업을 구상하는 중이었습니다.

저는 그 분에게 너무 많은 것을 하려고 하지 말고 한 가지만이라도 제대로 하면 어떻겠느냐고 제안했습니다. 그랬더니 그 분은 자기는 하고 싶은 것이 너무 많아서 하나만 하기에는 너무 아깝다고 했습니다. 그런데 수년 후에 그 분과 통화하게 되었습니다. 그 분은 박사 학위를 받았고 회사를 경영하고 있었습니다. 그러나 가정이 아주 불행하게 되었습니다.

아마 예수님을 찾아온 젊은이도 처음에는 돈을 많이 벌고 그 다음에는 관직을 갖고 그 뒤에는 학식을 소유함으로 최종적으로 영생을 얻으려고 생각한 것 같습니다. 아마 이 젊은이는 능력이 있었기 때문에 천국에 시험을 쳐서 들어간다면 얼마든지 들어갈 수 있는 사람이었을 것입니다. 그러나 문제는 천국에 들어가는 것이 실력으로 들어가는 것이 아니라는 사실입니다.

우리 인간이 갇혀 있는 감옥은 죄의 감옥입니다. 하나님은 이 감옥 안에 많은 권력과 지식과 돈을 넣어 주셨습니다. 그러나 이 감옥에서 나오는 방법은 돈이나 권력이나 지식으로 되지 않습니다. 그것은 자신이 지은 죄의 값을 다 치뤄야 이 감옥에서 나올 수 있습니다. 그런데 어떻게 우리의 죄의 값을 다 갚을 수 있습니까? 인간의 문제는 이 세상을 살면서 자신의 죄를 해결하지 못하면 영원한 지옥에서 죄의 값을 치뤄야 한다는 사실에 있습니다.

만일 어떤 사람이 우리에게 구원받는 길이 쉬운 길이냐고 물으면 어떻게 대답을 하겠습니까? 구원받는 길은 결코 쉬운 길이 아닙니다. 우리 인간들이 갇혀 있는 감옥은 종신형의 감옥이기 때문에 절대로 살아서는 나올 수 없고 죽으면 바로 영원한 지옥으로 감옥이 옮겨지게 됩니다. 그 감옥은 이 세상과는 비교할 수 없을 정도로 끔찍하고 저주스러운 곳입니다. 그런데 이 부자 청년은 인생에 있어서 가장 중요한 질문을 너무 쉽게 생각하고 있는 것입니다.

이 청년은 예수님을 '선한 선생님'이라고 불렀습니다. 그가 예수님을 선한 선생님이라고 부른 것을 보면 자기가 가지지 못한 선한 장점들을 예수님이 많이 가지고 계신 것을 보았고 또 자기가 가지고 있는 많은 장점들에다가 예수님의 장점을 더하면 틀림없이 영생을 얻을 수 있을 것으로 생각한 것 같습니다.

이 청년이 생각하는 구원의 개념이 무엇입니까? 선행을 많이 쌓아야 구원받는다는 것입니다. '내가 무엇을 하여야 영생을 얻으리이까?' 그는 남들보다 선행을 많이 하면 그 공로로 구원을 얻는다고 생각했습니다. 그래서 이 관원은 지금까지 구원을 위해 많은 노력을 했고 예수님이 무엇을 요구하시든지 그것을 행할 용의가 있었습니다. 어떤 의미에서 이 젊은 관원의 생각은 유대인들의 신앙을 대표하는 것이라고 볼 수 있습니다. 이 당시 유대인들이 가지고 있는 생각은 세상에서도 성공하면서 종교 생활도 열심히 하는 사람들이 구원받는 사람이라는 것이었습니다.

그때 예수님의 대답은 책망이었습니다.

"예수께서 이르시되 네가 어찌하여 나를 선하다 일컫느냐 하나님 한 분 외에는 선한 이가 없느니라"(19절)

여기서 예수님은 '선하다'는 단어를 갖고 말씀하십니다. 예수님은 그 부자 청년에게 '네가 나를 선하다고 하는데 선하신 분은 오직 하나님 한 분밖에 없다'고 반박하셨습니다. 여기서 예수님이 말씀하시는 의도는 이 부자 청년에게 '네가 인간적인 수준에서 선을 이야기하는데 영생을 얻으려면 하나님의 수준에서 선해야 한다'고 말씀하시는 것입니다.

기독교에서 가장 중요한 두 단어가 있습니다. 그것은 '선하다'는 것과 '의롭다'는 단어입니다. 이 두 단어가 사람들이 쓰는 개념과 성경에서 쓰는 개념이 많이 다릅니다. 보통 '의롭다'는 말을 쓸 때 남들이 하지 않는 좋은 일을 하는 것을 뜻합니다. 그리고 '선하다'는 말은 다른 사람에게 착하게 행동하는 것을 뜻합니다. 의롭다는 말을 더 크게 생각할 것입니다. 그래서 선한 것이 남에게 악하게 대하지 않는 것이라면, 의롭다는 것은 남을 위해서 희생하는 것을 뜻합니다. 이것은 성경적인 개념과 전혀 다른 것입니다.

하나님 앞에서 '의로운 것'은 법적인 개념입니다. 즉 하나님 앞에서 죄 없음을 뜻하는 것입니다. 하나님 앞에서 나의 모든 죄가 무죄로 판정되는 것을 의롭다고 합니다. 이것이 중요합니다. 하나님 앞에서 무죄라는 판정을 받아야 눈에 보이지 않는 죄의 감옥에서 나올 수 있습니다. 그리고 '선'이라는 것은 의롭다 함을 받은 사람이 하나님의 말씀에 순종해서 살아가는 것을 의미합니다. 그래서 의롭다는 것과 선하다는 것은 서로 떨어질 수 없는 개념입니다. 의인은 반드시 선하게 살아가게 되어 있습니다.

그런데 이 젊은 관원은 '의롭다'는 것이 무엇인지 모르고 인간적인 선만 많이 쌓으면 구원받을 수 있는 것으로 생각했습니다. 예수님은 누구든지 의롭다 함을 받지 않으면 절대로 구원받을 수 없다고 말씀하셨습니다. 하나님 앞에서 '의롭다' 함을 받는 길은 하나님이 예수님을 보내셨다는 것을 믿는 것입니다. 그러나 예수님은 '나를 믿는 것이 영생을 얻는 길이라'고 말씀하지 않으십니다. 그 대신 율법을 가지고 사람에게 예수님이 얼마나 필요한가를 보여주셨습니다.

계명과 믿음

예수님은 이 젊은 관원에게 사람이 선행을 많이 쌓는 것이 나쁜 일은 아니지만 그것이 구원을 얻게 하지는 못함을 설명하십니다. 우리가 구원받을 수 있는 유일한 길은 선행이 아니라 예수님을 믿고 변하는 것입니다. 우리의 생각이 변하고 감정이 변하고 삶이 변하는 것입니다.

이 젊은 관원이 생각하는 것은 몸이 아플 때 몸에 연고를 많이 바르면 나을 수 있다고 믿는 것과 같습니다. 그러나 예수님의 대답은 영생을 얻기 위해서 좋은 연고를 바르는 것이 아니라 큰 수술을 받아야 한다고 말씀하십니다. 이 젊은 관원은 자기는 변하지 않으면서 선행만 많이 하면 구원받을 수 있는 것으로 생각하고 있습니다. 그러나 예수님의 대답은 선행보다 네가 변해야 한다는 것입니다.

예수님은 그 부자 청년에게 계명을 지켰느냐고 물어보셨습니다.

"네가 계명을 아나니 간음하지 말라 살인하지 말라 도적질하지 말라 거짓 증거하지 말라 네 부모를 공경하라 하였느니라" (20절)

여기서 예수님이 계명을 말씀하신 것은 이 계명을 다 지키면 구원을 얻을 수 있다는 말이 아닙니다. 구약의 계명은 마치 응급 환자가 있을 때 의사가 오기 전까지 응급 처치를 해 놓고 기다리는 것과 같습니다.

응급 처치는 완전한 치료가 아닙니다. 의사가 제대로 치료해야 하는 것입니다. 구약의 율법은 병원에서 사용하는 엑스레이와 같다고 할 수 있습니다. 사람의 몸을 겉으로는 보이지 않는 병든 부분이 엑스레이로 찍어보면 나타나는 것과 같습니다. 그러나 엑스레이 자체가 사람을 치료하는 것은 아닙니다. 이것은 어디까지나 몸을 관찰하는 기계에 불과할 뿐입니다.

이 젊은 관원은 예수님의 질문에 너무나 자신 있게 대답했습니다.

"여짜오되 이것은 내가 어려서부터 다 지키었나이다"(21절)

이 젊은 관원이 어려서부터 계명을 다 지켰다는 대답 자체가 이 관원이 계명을 잘못 이해하고 있었다는 뜻입니다. 왜냐하면 진정으로 계명을 지키는 자는 그 계명만 지키면 된다고 생각하지 않습니다. 왜냐하면 살인하지 말라는 계명은 당연히 미움이나 분노의 감정과 연결되기 때문입니다. 살인만 하지 않아서 되는 것이 아니라 미움이나 분노까지도 제해야 하는 것입니다.

간음하지 말라는 것도 마찬가지입니다. 육체적으로 간음하지 않았다고 해서 깨끗한 것이 아닙니다. 마음속에 다른 사람을 좋아하고 그 사람을 소유하려는 것도 죄가 되는 것입니다. 도적질하지 말라는 계명도 남의 것을 훔치지 않는 것만 해당되는 것이 아닙니다. 남의 소유를 인정해 주고 또 줄 것은 주고 남의 것을 탐내면 안 됩니다. 그런데 이 젊은 청년은 율법의 진정한 정신은 하나도 이해하지 못하고 단지 행동으로 죄를 짓지 않았다는 것에 만족하고 있었던 것입니다.

예전에 어떤 분이 미국에 있을 때 세계적인 바이올리니스트의 연주를 들었다고 합니다. 아주 어린 소녀인데 처음에 어린 아이들의 노래를 연주하더라는 것입니다. 그래서 그는 '세계적이라더니 별것 아니군. 유치하게 어린 아이의 음악을 연주하고 있잖아' 라고 적잖이 실망했는데 이어진 본격적인 연주에 입을 다물 수가 없었다고 합니다. 대가의 특징은 기본기를 무시하지 않는다는 것입니다. 철저하게 기초를 중시합니다. 그리고 기초를 바탕으로 계속 발전하는 것입니다.

예수님의 가르침의 특징이 무엇입니까? 아주 간단한 하나님의 말씀도 무시하지 않는 것입니다. 그러나 이것이 전부는 아닙니다. 하나님의 말씀은 인간의 본질적인 문제를 지적해 주면서 결국 우리 인간의 힘으로는 구원받는 것이 불가능하다는 것을 깨닫게 하십니다.

사람들은 누구나 자신의 모순되고 부족한 점을 인정하면서 단지 수양의 부족이라고 생각합니다. 그러나 수양을 쌓으려고 할수록 안 된다는 것을 절실히 깨닫게 됩니다. 마찬가지로 율법을 행함으로 구원을 얻으려고 하는 사람들은 율법을 행하면 행할수록 불가능하다는 것을 알게 됩니다. 왜냐하면 우리 안에 죄성이 있기 때문입니다.

이 젊은 관원이 자기는 어렸을 때부터 계명을 다 지켰노라고 자신 있게 말한 것은 성령님이 이 사람의 마음속에 비추어 주신 것이 없음을 의미합니다. 그는 한 번도 제대로 자신의 죄의 본성을 본 적이 없었습니다. 이 관원은 드디어 성령의 음성을 듣게 되었습니다.

"예수께서 이 말을 들으시고 이르시되 네가 오히려 한 가지 부족한 것이 있으니 네게 있는 것을 다 팔아 가난한 자들을 나눠 주라 그리하면 하늘에서 보화가 네게 있으리라 그리고 와서 나를 좇으라 하시니" (22절)

예수님이 젊은 관원에게 말씀하신 것이 무엇입니까? 그가 진정으로 영생을 얻으려면 이 세상에 대해 죽으라는 것입니다. 이 세상에서 자기에게 자랑이 되고 힘이 될 만한 모든 것을 버리고 오직 예수님 앞에 무릎을 꿇고 항복하라는 것입니다. 이것이 바로 그가 죄의 감옥에서 나올 수 있는 유일한 길입니다.

'네 가진 것을 다 팔아서 가난한 자에게 나눠 주라' 는 것은 이 세상에서 죽으라는 뜻입니다. '너는 지금 이 세상과 저 세상을 동시에 다 가지려고 하는데 그것은 불가능하다. 네가 구원받으려면 이 세상에서 쥐고 있는 것을 다 포기하라' 는 뜻입니다.

사람이 예수 믿는다는 것은 정치적으로 망명하는 것과 같습니다. 자기가 이 세상에서 누리고 있는 모든 특권과 명성을 다 버리고 오직 맨손으로 예수님께 나와 항복하는 것입니다. 예수님이 말씀하시는 것은 단순히 재산의 포기만이 아니었습니다. 이 세상에 속한 모든 자랑들을 다 버리고 이 세상에 대해 죽어야 합니다.

예를 들어 어떤 사람이 뇌에 큰 종양이 있는데 수술을 받지 않는다면 살 수 없습니다. 그가 할 수 있는 것은 모든 것을 포기하고 수술을 받는 것입니다. 그리하여 건강을 회복하고 다시 새로운 삶을 시작해야 합니다.

성경은 이 관원은 부자였기 때문에 심히 근심하면서 집에 돌아갔다고 말씀하고 있습니다. 예수님은 이 사람에게 단지 부만 포기하라고 하지 않으셨습니다. 그가 부를 포기하면 천국에서 보화가 있을 것이며 '나를 따르라' 는 것은 말씀의 종이 되게 하시겠다는 것입니다.

하나님의 말씀은 영혼을 살리는 능력입니다. 어떻게 이 말씀을 돈으로 살 수 있습니까? 하나님의 말씀을 붙들면 성령의 능력이 나타나게 됩니다. 이 성령의 능력은 사람의 영혼을 치료하고 살리는 능력입니다. 이것은 이 세상의 돈이나 권세와 비교할 수 없는 가장 귀한 하나님의 축복입니다. 그런데 이 부자는 돈이 아까워서 결국 이 세상에서 안전하게 사는 길을 택했습니다.

예수를 믿는 것은 가장 위험한 투기입니다. 이 세상에서 내가 가지고 있는 모든 것을 버리고 하나님의 의와 선을 얻는 것입니다. 그러나 예수를 믿는 것보다 더 멋있는 것은 없습니다. 왜냐하면 이 세상에서 많은 것을 가지고 있기 때문에 멋있는 것이 아니라 죄를 이기고 믿음으로 살기 때문에 멋이 있는 것입니다.

우리가 죄의 감옥에서 나와서 새로운 삶을 살 수 있는 방법은 하나밖에 없습니다. 그것은 이 세상의 모든 자랑들을 버리고 오직 예수님께 내 인생을 맡기는 것입니다. 그리고 난 후에 하나님이 주시는 능력으로 사는 것입니다. 천국은 예수님 때문에 잃는 자가 갈 수 있는 곳입니다. 예수님 때문에 많은 것을 잃을수록 그는 더 예수님을 사랑하는 것입니다. 이 부자는 돈을 포기할 수 없었습니다. 그가 고민한 후에는 어떻게 되었는지 아무도 모릅니다.

부자가 천국에 들어가기 어렵다

예수님은 부자 청년이 고민하는 것을 보며 이렇게 말씀하셨습니다.

"예수께서 저를 보시고 가라사대 재물이 있는 자는 하나님의 나라에 들어가기가 어떻게 어려운지 약대가 바늘귀로 들어가는 것이 부자가 하나님의 나라에 들어가는 것보다 쉬우니라 하신대" (24-25절)

예수님은 이 세상에 재물이 많은 사람이 천국에 들어가기가 어렵다고 단정적으로 말씀하십니다. 얼마나 어려운지 낙타가 바늘 구멍에 들어가기보다 어렵다는 것입니다. 이것은 일단 이 세상에서 자기가 부자라고 생각하는 사람은 자기가 그 상태로는 천국에 들어가는 것이 거의 불가능하다는 것을 알아야 한다는 뜻입니다. 그 이유는 이 세상의 것을 가지고는 천국에 들어갈 수 없기 때문입니다.

약대가 바늘 구멍으로 들어가는 것보다 더 어렵다고 했는데, 낙타가 얼마나 큰 짐승입니까? 바늘 구멍은 얼마나 작습니까? 물론 이것은 과장된 비유입니다. 예수님은 이 세상의 것을 그대로 가지고 천국에 들어가는 것이 불가능하다고 말씀하십니다. 누구든지 천국에 들어가려면 자기가 가지고 있는 자랑을 다 버려야 하고 몸집도 아주 작게 만들어야 겨우 들어갈까 말까 합니다. 이것은 사람의 노력이나 선행으로는 절대로 영생할 수 없다는 뜻입니다. 다시 말해 천국에 들어가려면 예수님의 십자가 앞에서 죽어야 한다는 것입니다. 성령으로 변화된 새사람이 천국에 들어갈 수 있는 것이지 옛 사람으로는 절대로 들어갈 수 없습니다.

여기서 예수님이 부자라고 말씀하시는 것은 자기 수입에서 절약해서 돈을 알뜰하게 모은 사람을 뜻하지는 않습니다. 부자는 거듭나지 못한 상태에서 세상의 재물이나 권력이나 학식만 잔뜩 붙들고 있는 사람을 뜻합니다. 예수님은 이 세상에서 성공하는 것이 구원을 얻는 데 조금도 도움이 되지 않는다고 말씀하십니다. 오히려 교만 때문에 거의 불가능하다고 말씀하십니다.

그때 제자들은 놀라면서 예수님께 묻기를 '누가 구원받을 수 있습니까? 라고 했습니다. 사람들이 이런 질문을 해야 합니다. 우리가 영생을 얻는 것은 결코 쉬운 일이 아닙니다.

예수님은 27절에서 '무릇 사람의 할 수 없는 것을 하나님은 하실 수 있느니라' 고 대답하셨습니다. 사람이 영생을 얻는 것은 자신의 힘으로 되는 것이 아니라 하나님이 하셔야 합니다. 어떻게 하나님이 사람에게 영생을 주십니까? 하나님은 오직 복음으로 사람이 하나님 앞에서 죄인인 것을 깨닫게 하십니다. 그래서 구원을 얻는 데 가장 중요한 것은 복음을 듣는 것입니다. 복음을 듣지 않으면 자신이 죄인인 것을 알지 못합니다. 그러나 복음을 들으면 부자도 없고 천재도 없으며 미인도 없는 것입니다. 오직 죄인들뿐입니다.

그래서 하나님은 우리에게 믿음을 주시기 위해 우리를 이 세상에서 실패하게 하십니다. 즉 모든 것을 내 뜻대로 되지 않게 하셔서 코를 납작하게 만드시고 내 안에 얼마나 악한 혈기와 교만이 있는지 깨닫게 하십니다. 결국 예수님 앞에 두 손을 들고 항복하게 하십니다. 이렇게 하나님이 낙타를 납작하게 만들어 바늘 구멍으로 통과하게 하는 것처럼 천국문으로 인도하십니다. 일단 이 구멍을 통과한 후에는 나의 것이 없습니다. 모든 것이 하나님의 것이고 예수님의 것입니다.

그때 베드로가 무엇이라고 말했습니까?

"베드로가 여짜오되 보옵소서 우리가 우리의 것을 다 버리고 주를 좇았나이다"(28절)

예수님의 제자들은 모든 것을 버리고 예수님을 좇았습니다. 그들이 모든 것을 버릴 수 있었던 이유는 이 부자 청년과 달리 가진 것이 많지 않았기 때문입니다. 사람들은 성공하면 성공할수록 자기가 가진 것을 버리기 어렵습니다. 자기가 높다고 생각하는 사람이 어떻게 가난한 사람들이 모여 있는 교회에 오려고 하겠습니까? 창피하게 생각할 것입니다. 자기가 세계적인 학자라고 생각하는 사람이 어떻게 무식한 사람들이 있는 교회에 나갈 수 있으며 무식한 목사의 설교를 듣겠습니까? 그러나 바늘 구멍을 통과한 사람은 가난하고 무식한 성도들이 위대하게 보이는 것입니다. 또한 겸손하게 자기 자신은 아무것도 아니라고 생각하고 믿음으로 순종합니다.

그때 예수님은 무엇이라고 대답하셨습니까?

"이르시되 내가 진실로 너희에게 이르노니 하나님의 나라를 위하여 집이나 아내나 형제나 부모나 자녀를 버린 자는 금세에 있어서 여러 배를 받고 내세에 영생을 받지 못할 자가 없느니라 하시니라"(29-30절)

여기서 예수님은 영생에 대해 분명하게 말씀하십니다. 영생은 죽고 나 봐야 알 수 있는 것이 아니라 이 세상에서 얻습니다. 우리가 어떻게 이 세상에서 영생을 얻습니까? 그것은 이 세상에서 자기가 자랑하는 것을 다 버리고 이 세상에 대해 죽어야 합니다. 집이나 형제나 부모에 대하여도 죽어야 새 사람으로 거듭날 수 있습니다.

그런데 놀라운 것은 단순히 영생만 얻는 것이 아니라 이 세상에서도 여러 배를 받는다는 것입니다. 그것이 무엇입니까? 바로 성령의 능력이며 하나님 나라의 주인공이 되는 것입니다. 물론 처음에 내 것을 버릴 때에는 많은 것을 버리는 것 같지만 나중에 하나님이 주시는 능력을 체험하면 내가 드린 것에 비교할 수 없는 큰 축복을 받음을 알게 됩니다. 진정으로 복된 사람은 예수님 때문에 자기 욕심대로 살지 않는 사람입니다. 이 사람은 이 세상에서도 복되게 사용될 것이며 또 영생을 누릴 것입니다.

61

십자가로 가는 길

[눅 18:31-43]

저는 성도들이 큰 수술을 받기 전에 만나서 함께 기도하는 경우가 많습니다. 그때 우리 성도들의 심정이 십자가를 지러 가는 예수님의 심정과 비슷할 것이라고 생각합니다. 특히 부인들의 경우에는 집에서 해야 할 일들이 많이 있는데 이제 큰 수술을 받으면 몇 달 정도는 집안일을 하지 못하게 됩니다. 그래서 나름대로 자기가 해 놓을 일을 미리 해 놓고 수술받으러 가기 전에 교회에 들러 기도를 받고 가시는 것입니다. 이때 얼굴 표정을 보면 얼마나 걱정과 두려움이 많은지 알 수 있습니다. 혹시 수술이 잘못될 지도 모른다고 생각합니다. 그렇다고 해서 수술을 받지 않을 수도 없습니다. 수술이 고통스럽지만 모든 것을 하나님께 맡기고 수술받으러 가는 것입니다.

예수님은 지금 가장 고통스러운 수술을 받기 위해 예루살렘에 올라가십니다. 그것은 죽음의 수술입니다. 예수님이 십자가에 못 박혀 죽으시고 다시 살아나심으로 우리 모든 믿는 자들이 하나님의 진노의 심판에서 풀려나게 된 것입니다.

그러나 제자들은 너무나 철이 없이 예수님이 예루살렘에 올라가시면 당장 무슨 좋은 일이 생기는 줄 알고 들떠서 올라가고 있습니다. 그 때 예수님은 자신이 예루살렘에서 당할 일을 정확하게 알려 주셨습니다. 예수님이 이 사실을 미리 알려 주시는 이유는 예수님이 십자가에 못 박혀 죽으셨을 때 제자들이 믿음을 잃지 않게 하기 위해서입니다. 예수님이 죽으시는 것이 돌발적으로 이루어지는 것이 아니라 하나님의 뜻에 따라서 이루어진다는 것을 알게 하시는 것입니다.

하나님께 감사한 것이 바로 이것입니다. 우리가 어떤 어려운 일을 당하게 될 때 하나님은 우리에게 미리 알게 하셔서 먼저 마음을 준비하게 하십니다. 저도 지난 세월을 돌아보면 여러 가지 어려운 일들을 겪을 때가 많았습니다. 그런데 하나님은 어려운 일을 당할 때마다 너무 놀라지 않도록 미리 알게 하셨습니다. 물론 그때마다 마음이 아프고 상했지만 그렇게 놀라지는 않았습니다. 또한 나중에는 축복으로 위로를 받았습니다. 그래서 이제는 어려운 일을 당하면 오히려 하나님의 상급이 기대가 됩니다.

예수님이 여리고에서 아주 중요한 두 사람을 만나셨습니다. 그들은 세상 사람들의 눈에는 전혀 중요한 사람들이 아니었습니다. 예수님에게 이 두 사람이 소중했던 이유는 그들이 예수님을 만나기를 간절히 원했던 사람이었기 때문입니다.

한 사람은 소경이요 다른 한 사람은 세리였습니다. 한 사람은 육신이 병든 자였고 다른 한 사람은 영혼이 병든 사람이었습니다. 예수님은 이 두 사람의 육신의 병과 영혼의 병을 깨끗하게 고쳐 주셨습니다. 이 두 사람은 이것이 예수님과의 마지막 만남인지 몰랐지만 그들은 이 귀한 기회를 놓치지 않고 예수님을 만남으로 죄를 용서받고 새롭게 능력 있는 삶을 살게 되었습니다. 그러므로 우리는 은혜를 받을 만한 기회를 놓쳐서는 안 됩니다. 다른 사람이 뭐라고 하든지 예수님 앞에 달려 나가서 나를 비참하게 하는 모든 것들을 해결 받아야 하겠습니다.

예루살렘에서 기다리고 있는 것

사람들은 앞으로의 일을 모릅니다. 바로 이것이 인간의 한계입니다. 만약 어떤 사람이 자기 앞에 무서운 죽음이 기다리고 있다면 어떻게 해서든지 그 죽음을 피하려고 할 것입니다. 그러나 예수님은 자기 앞에 무엇이 기다리고 있는지 알고 계셨습니다. 왜냐하면 예수님은 하나님이시기 때문에 과거와 현재와 미래의 모든 것을 아십니다. 예수님은 자기 앞에 너무나 끔찍한 죽음이 기다리고 있는 줄 알면서도 죽음을 피하지 않고 죽음을 향해 걸어가셨습니다.

> "예수께서 열두 제자를 데리시고 이르시되 보라 우리가 예루살렘으로 올라가노니 선지자들로 기록된 모든 것이 인자에게 응하리라 인자가 이방인들에게 넘겨져 희롱을 받고 능욕을 받고 침뱉음을 받겠으며 저희는 채찍질하고 죽일 것이니 저는 삼 일 만에 살아나리라 하시되" (31-33절)

예수님은 자신이 예루살렘에 올라가셔서 당할 일을 크게 두 가지로 설명하셨습니다. 먼저는 전체적인 개관을 설명하신 것입니다. 예수님은 지금 자신이 예루살렘에 올라가서 당할 일이 구속사에서 어떤 부분에 해당하는지 먼저 보여주셨습니다. 사람들은 전체적인 흐름은 보지 못하고 자꾸 세부적인 사항만 가지고 따지기 때문에 큰 그림을 놓칠 때가 많습니다. 예수님은 그렇게 하지 않으셨습니다. 지금 예수님과 제자들이 예루살렘에서 겪게 될 일은 하나님의 전체적인 계획으로 보면 최고의 절정에 해당하는 것입니다. 그리고 만일 이 일이 생략된다면 하나님의 모든 구원 계획이 무너지게 됩니다.

또한 예수님은 아주 세부적이고 구체적인 부분을 말씀해 주셨습니다. 그것은 예수님이 유대인들에게 직접적으로 고난을 받는 것이 아니라 이방인인 로마인들에게 넘겨져서 무자비한 고문을 당한다는 것입니다. 예수님이 희롱을 받고 능욕을 당하고 침뱉음을 받겠고 나중에는 채찍질을 당한 후에 죽임을 당하는 것입니다. 예수님은 아주 세부적인 사항을 다 알려 주셨습니다.

그리고 가장 중요한 것이 맨 마지막에 남아 있습니다. 그것은 바로 '그러나' 입니다. 사람들은 예수님을 고문하고 죽일 것이지만 예수님은 삼 일 만에 죽음에서 다시 살아나셔서 인간의 모든 운명을 바꾸는 대승리를 가져오는 것입니다.

첫 번째로, 우리가 알아야 할 것은 예수님의 십자가 사건의 위치가 어디냐는 것입니다. 예수님은 말씀하시기를 '선지자들로 기록한 모든 것이 인자에게 응하리라' 고 하셨습니다.

우리 인류의 역사는 뼈대가 있습니다. 사람의 뼈대는 눈에 보이지 않지만 사람의 골격을 유지해 줍니다. 마찬가지로 역사에도 뼈대가 있습니다. 그 뼈대는 바로 '하나님의 구원 계획' 입니다. 인류를 죄에서 구원하시는 하나님의 계획은 인류 역사의 시작에서부터 이루어지고 있었습니다.

처음에는 이 구원 계획이 너무 희미해서 사람들에게 잘 보이지 않았습니다. 이 구원 계획이 구체적으로 드러나기 시작한 것은 아브라함때부터였습니다. 그가 하나님을 믿은 때로부터 인류에 대한 하나님의 계획이 한 가족을 중심으로 나타나기 시작했습니다. 그러다가 이스라엘 자손들이 애굽에서 집단적으로 탈출해서 한 나라가 되었을 때 성전과 제사를 통해 아주 구체적으로 나타나기 시작했습니다. 결국은 이스라엘 역사 전체가 하나님의 구원 계획을 큰 그림으로 보여주는 것이었습니다.

그런데 놀라운 것은 이스라엘 자손들이 신앙적으로 쇠퇴하는 단계에서 그리스도에 대한 더 많은 약속이 있었다는 것입니다. 즉 장차 오실 그리스도는 하나님의 아들이신데 고난의 종이며 그가 이스라엘의 구원을 이루시며 땅끝까지 구원을 이루신다는 것입니다.

그러기에 예수님의 십자가 사건은 구원의 오랜 역사를 통해 보면 최고의 클라이맥스에 해당하는 부분입니다. 결국 이 하나의 사건을 위해 이스라엘의 그 긴 역사가 필요했고 바로 이 한 순간을 위해서 오랜 성전 제도나 제사 제도가 필요했던 것입니다. 만약 이 한 순간이 이루어지지 않으면 하나님의 영원한 구원 계획은 모두 무효가 됩니다. 예수님은 이것을 성취하기 위해 자진해서 예루살렘으로 올라가시는 것입니다.

예수님의 십자가 사건을 구속사적으로 잘 설명한 독일의 신학자 '오스카 쿨만'은 예수님의 십자가가 구원 역사의 중심에 있다고 했습니다. 그 전에는 모든 것을 준비하는 단계였고 그 후는 이 구원을 확장하는 것이라고 했습니다.

예수님은 자신이 예루살렘에서 겪으실 일의 중요성을 아셨을 뿐 아니라 그것을 하나씩 이루어 가셨습니다. 예수님은 하나님의 뜻이 이루어지도록 가만히 계신 것이 아니라 구약 성경의 주체로서 자신이 직접 하나씩 성취하셨습니다. 그래서 예루살렘에 입성하실 때에도 나귀를 타고 입성하셨고 체포되실 때에도 자진해서 체포되셨습니다. 예수님은 성경이 성취되는 것을 다른 어떤 일보다 중요하게 생각하셨습니다.

구약의 제사 제도나 율법은 모두 앞으로 오실 그리스도를 보여주는 안내판이었습니다. 우리가 어떤 목적지에 가까이 다가갈수록 안내판은 그곳을 더 자세하게 알려줍니다. 마찬가지로 예수님의 십자가가 가까워질수록 구약 성경은 더 자세하고 구체적으로 예수님이 당하실 일들을 기록하고 있습니다.

구약 선지자들이 예언한 것이 무엇입니까? 앞으로 오실 메시야는 고난의 종으로 와서 고통을 당하게 된다는 것입니다. 왜 하나님의 아들이 이 세상에 와야 합니까? 그가 왜 우리 때문에 고난을 받아야 합니까? 그것은 하나님의 아들이 오시지 않고는 인간의 죄를 해결할 수 없기 때문입니다. 인간의 죄는 오직 우리를 창조하신 하나님이 직접 오셔서 책임을 지셔야 용서받을 수 있습니다.

두 번째로, 예수님은 자신이 예루살렘에서 당하실 일들을 아주 구체적으로 말씀하셨습니다.

"인자가 이방인들에게 넘기워 희롱을 받고 능욕을 받고 침 뱉음을 당하겠으며 저희는 채찍질하고 죽일 것이니 저는 삼 일 만에 살아나리라 하시되"
(32-33절)

예수님은 자신이 예루살렘에서 당하실 일들을 아주 상세하게 알고 계셨습니다. 자신은 이방인인 로마 군인들에게 넘겨질 것이며 그들이 예수님을 희롱하고 얼굴에 침을 뱉고 채찍질하고 죽일 것을 아셨습니다. 예수님은 이렇듯 예루살렘에서 자기를 기다리고 있는 일이 어떤 것인지 세부적으로 다 알고 계셨습니다.

요즘 의사들은 환자들이 수술을 받는 과정에서 겪게 되는 일들을 상세하게 알려 줍니다. 그래서 환자는 수술의 과정과 부작용에 대해 어느 정도는 압니다. 심장 수술의 경우에는 가슴을 가르고 뼈를 벌리거나 자른 후에 수술할 것입니다. 뇌수술의 경우에는 우선 머리를 깎고 드릴이나 톱으로 머리뼈를 뚫은 후에 두개골을 열고 수술할 것입니다. 그리고 상당한 시간 의식이 없다가 의식이 돌아올 때에 큰 고통을 경험할 것입니다. 그리고 완전히 회복하려면 몇 주나 몇 달이 걸릴 것입니다. 그것을 알고도 수술을 받는 이유가 무엇입니까? 그래야 병이 나을 수 있기 때문입니다.

산모의 경우에도 진통이 시작되면 고통을 경험하게 될 것을 압니다.

그래도 힘을 써서 아기를 낳아야 하는 이유는 그래야 자기도 살고 아기도 살 수 있기 때문입니다. 예수님의 죽으심은 단순히 죽음으로 끝나는 사건이 아니라 우리의 죄를 치료하는 수술이요 우리의 영혼을 분만하는 출산과 같습니다. 그래서 예수님은 자신이 당할 것이 무엇인지 다 아시면서도 예루살렘에 올라가셔서 십자가를 지신 것입니다. 그리고 예수님은 죽은 지 삼 일 만에 다시 살아나실 것입니다. 예수님이 다시 살아나심으로 모든 십자가의 고통을 극복하신 것입니다.

그런데 제자들은 이것을 전혀 깨닫지 못했습니다.

"제자들이 이것을 하나도 깨닫지 못하였으니 그 말씀이 감추였으므로 저희가 그 이르신 바를 알지 못하였더라" (34절)

예수님은 제자들이 충분히 알아들을 수 있도록 말씀하셨는데도 그들이 전혀 알아듣지 못한 이유가 무엇입니까? 제자들은 예수님이 예루살렘에 올라가셔서 고난을 받고 죽으신다는 것을 믿을 수 없었기 때문입니다. 제자들은 이것이 도저히 있을 수 없는 일이라고 생각했습니다. 예수님이 무슨 죄를 지었다고 죽으며 예수님이 하나님의 아들이신데 어떻게 죽을 수 있습니까? 그러나 모든 것은 성경의 말씀대로 되었습니다. 그러므로 우리는 우리의 생각을 믿으면 안 되고 성경을 믿어야 합니다. 왜냐하면 모든 것이 성경의 말씀대로 이루어지기 때문입니다.

사람들은 이 세상에 살다가 모두 죽게 됩니다. 구체적으로 언제 어떻게 죽느냐는 것은 사람마다 다르지만 언젠가는 죽고 죽은 후에는 하나님의 영원한 심판이 기다리고 있습니다. 이 심판에서 유죄 판정을 받으면 영원한 지옥의 저주가 기다리고 있습니다. 이것이 모든 인간들의 운명입니다. 그리고 세부적으로 이 세상에서 자기 능력껏 모든 것을 누리면서 살다가 죽을 때에는 엄청난 고통이 따를 것입니다.

그러나 예수 믿는 우리들은 어떻습니까? 물론 세부적인 사정들은 사람들마다 다르지만 우리는 예수 믿는 순간 하나님 앞에서 죄를 용서받고 의롭다는 판단을 받습니다. 그리고 하나님이 주시는 능력으로 이 세상을 살게 됩니다. 그러므로 우리는 자기 욕심을 위해 살지 않고 하나님의 영광을 위해 살게 되며 죽음을 두려워하지 않습니다. 왜냐하면 우리 성도들에게도 죽음의 고통은 있지만 그 후에 영원한 천국의 상급이 있기 때문입니다.

우리도 자신의 인생을 개괄적으로 먼저 볼 수 있어야 합니다. 그림을 그릴 때에도 밑그림을 잘 그려야지 세부적인 그림을 잘 그릴 수 있습니다. 우리 인생의 밑그림은 이미 예수님이 그려 놓으셨습니다. 우리는 다만 하루하루를 성실하게 살아가면 전체적인 그림이 완성될 것입니다.

예수님은 십자가에 자기 자신을 쳐 복종시켰습니다. 그래서 사망 권세를 깨트리고 다시 살아나실 수 있었던 것입니다. 우리도 자신의 욕심을 죽이면 죽일수록 하나님의 능력이 나타나게 됩니다.

여리고 성의 소경

예수님은 예루살렘에 그냥 올라가신 것이 아니라 미리 사도들을 보내셔서 자신이 지나가신다는 것을 사람들에게 알리셨습니다. 그래서 사람들이 여러 곳에서 예수님을 만나기 위해 기다리고 있었습니다. 그 중에 열 명의 문둥병자도 있고 바디매오라는 소경도 있고 삭개오라는 세리장도 있었습니다. 이 사람들이 가지고 있는 신앙은 장차 다윗의 자손이 오시면 사람들의 모든 병을 치료하시고 천국 백성으로 만들어

주신다는 것이었습니다. 예수님이 여리고 성을 지나가실 때 소경은 예수님이 지나가신다는 소식을 듣고 소리를 질렀습니다.

"여리고에 가까이 오실 때에 한 소경이 길가에 앉아 구걸하다가 무리의 지남을 듣고 이 무슨 일이냐고 물은대 저희가 나사렛 예수께서 지나신다 하니 소경이 외쳐 가로되 다윗의 자손 예수여 나를 불쌍히 여기소서 하거늘"
(35-38절)

이 당시의 소경들은 항상 사람들의 동향에 대해 관심이 많았습니다. 왜냐하면 사람들의 동향을 알아야 돈을 구걸할 수 있기 때문입니다. 여리고에 오래 전부터 예수님의 동향에 관심이 많은 한 소경이 있었습니다. 이 사람이 예수님의 동향에 관심이 많았던 것은 돈을 구걸하기 위해서가 아니었습니다. 그의 관심은 구약 성경의 내용과 다윗의 자손에게 있었습니다. 구약에 그리스도가 오시면 소경이 눈을 뜬다고 약속하신 말씀이 있기 때문입니다.

예수님이 소경의 눈을 뜨게 하신 것은 두 가지 의미가 있었습니다. 첫 번째는 이 당시에는 소경이 눈을 뜨게 하는 것이 가장 어려운 치료였기에 하나님만 하실 수 있다고 믿었습니다. 요즘은 안과 의사들이 개안 수술을 하지만 유대 당시에는 메시야만 하실 수 있는 전매특허의 기적이었습니다. 즉 어떤 사람이 소경의 눈을 뜨게 했다면 그는 메시야인 것입니다.

두 번째는 영적인 소경들의 눈을 뜨게 한다는 의미가 있었습니다. 모든 사람들은 영적으로 눈이 멀어 하나님을 모를 뿐만 아니라 하나님의 진리를 깨닫지 못했습니다. 그런데 예수님이 오셔서 진리에 눈을 뜨게 하시는 것입니다.

예수님을 믿으면 하나님을 알게 됩니다. 예전에 알고 있던 그 무섭고 두려운 하나님이 아닙니다. 사랑의 하나님이요 아바 아버지이신 하나님을 만나게 될 것입니다. 그리고 자기 자신을 발견하게 됩니다. 잃어버렸던 자기 자신의 소중한 가치를 되찾게 됩니다. 그리고 그 다음에는 진리를 따라 살아가게 됩니다. 이것이 소경이 눈을 뜨는 것입니다.

그런데 여리고 성의 이 소경은 예수님이 다윗의 자손 메시야이기 때문에 자기 눈을 뜨게 하실 것을 기대했습니다. 그는 다윗의 자손이 오시면 자기 백성들의 눈을 뜨게 하신다는 약속을 들었고 또 믿었습니다. 그래서 예수님께 눈을 뜨게 해 달라는 것이 하나님의 백성인 자기가 요구할 당연한 권리라는 것을 알았습니다.

보통 소경이 구걸을 하려면 슬픈 목소리로 해야 할 것입니다. 그런데 그는 예수님을 향하여 크게 소리질렀습니다. 사람들이 조용히 하라고 하니까 가만히 있었습니까? 아닙니다. 더욱 크게 소리를 질렀습니다.

소경의 이런 행동은 이유가 있습니다. 첫 번째, 그는 예수님이 자기 가까이 지나가신다는 것을 알고 있습니다. 그러나 예수님이 어디 계신지는 알 수 없습니다. 아마 그가 소리지르지 않는다면 예수님은 자기가 어디 있는지도 모르고 그냥 지나가실지도 모릅니다. 그래서 예수님이 자기를 불러 주시도록 소리를 질렀던 것입니다.

'화니 크로스비' 라는 여자는 맹인이었습니다. 그는 주님이 자기 가까이 오셨는데 자기가 앞을 보지 못해서 주님을 놓칠 것을 두려워했습니다. 그래서 '주여 주여 내 말 들으사 죄인 오라 하실 때에 날 부르소서' 라는 찬송가를 지었습니다. 비록 앞을 볼 수 없지만 내가 소리지르면 주님이 나를 보시고 나를 불러주신다는 믿음을 가졌던 것입니다.

두 번째, 이 사람이 소리를 지른 것은 예수님에 대한 믿음이 있었기 때문입니다. 그는 예수님이 바로 다윗의 자손이며 메시야이기 때문에 소경의 눈을 뜨게 하실 것을 믿었습니다. 그리고 자신은 예수님의 백성이기 때문에 이것을 요구하는 것을 당연한 권리로 생각했습니다. 그래서 이 소경은 다른 사람들이 시끄럽다고 책망을 해도 부끄러워하지 않았습니다. 왜냐하면 이것은 다른 사람들이 상관할 일이 아니라 다윗의 자손과 그 백성 사이의 일이라는 것을 알았기 때문입니다. 다른 사람들은 자기를 무시하고 업신여겨도 다윗의 자손은 절대로 자기를 거절하지 않는다는 것을 믿었습니다.

"앞서 가는 자들이 저를 꾸짖어 잠잠하라 하되 저가 더욱 심히 소리 질러 다윗의 자손이여 나를 불쌍히 여기소서 하는지라"(39절)

사람들이 이 소경을 꾸짖은 것은 너무 시끄러웠기 때문입니다. 그리고 사람들은 이 사람이 예수님을 귀찮게 할 자격이 없다고 생각했습니다. 그러나 그는 더욱 소리질렀습니다. 왜냐하면 이것은 나와 예수님의 관계이지 너희들이 상관할 문제가 아니라는 것입니다. 사실 우리가 예수님을 만나려면 무리 속에 숨어 있으면 안 됩니다. 사람들 속에서 빠져 나와서 일대일로 예수님을 만나야 합니다. 그러기 위해서는 모든 부끄러움을 버리고 예수님을 향해 소리질러야 하는 것입니다.

무엇을 원하느냐?

예수님은 이 소경을 부르셨습니다. 예수님은 예루살렘으로 죽으러 가시면서도 하나님의 택한 백성들을 한 명이라도 더 만나기를 간절히 원하셨습니다.

"예수께서 머물러 서서 명하여 데려오라 하셨더니 저가 가까이 오매 물어 가라사대 네게 무엇을 하여 주기를 원하느냐 가로되 주여 보기를 원하나이

다"(40-41절)

예수님이 이 소경을 부르셨을 때 다른 성경에 보면 그가 겉옷을 버리고 예수님을 향해 달려왔다고 되어 있습니다. 그는 예수님이 부르셨을 때 생명의 마지막 기회인 줄 알고 필사적으로 예수님께 나왔던 것입니다. 그는 외투 같은 것을 챙기지 않았습니다. 오직 메시야를 만나기 원했습니다. 예수님은 그 사람에게 물어 보셨습니다. '네게 무엇을 하여 주기를 원하느냐.'

우리가 생각하기에 예수님은 너무나 뻔한 질문을 하시는 것 같습니다. 소경이 무엇을 원하겠습니까? 눈이 뜨기를 원하는 것 아닙니까? 그러나 그렇지 않습니다. 이 당시에는 소경이 눈을 뜨는 것을 불가능한 일로 믿고 있었습니다. 그래서 막상 예수님 앞에 나온 후에 눈을 뜨게 해 달라고 말하지 못하는 경우도 있을 수 있습니다.

그러나 이 사람은 오직 하나님의 메시야가 오시면 고쳐 주신다는 믿음이 있었습니다. 그래서 예수님이 이 소경에게 무엇을 원하느냐 물으신 것은 너는 내가 누구라고 믿느냐는 질문과 같은 것입니다. 그는 담대히 말하기를 '주여 보기를 원하나이다'라고 대답했습니다. 이 말은 '당신은 하나님의 메시야이기 때문에 성경의 약속대로 능히 내 눈을 뜨게 하실 수 있습니다'라는 뜻입니다.

"예수께서 저에게 이르시되 보아라 네 믿음이 너를 구원하였느니라 하시매 곧 보게 되어 하나님께 영광을 돌리며 예수를 좇으니 백성이 다 이를 보고 하나님을 찬양하니라"(42-43절)

예수님은 그의 병을 치료하기 이전에 그의 믿음을 받으시고 인정해 주셨습니다. '네 믿음이 너를 구원하였느니라'고 선포하신 것은 그의 죄가 용서되었으며 이제 하나님의 백성이 되었다는 뜻입니다. 그리고 그 말씀과 동시에 그를 잡아매고 있던 질병의 올무가 풀리면서 자유케 되었습니다. 소경은 예수님께 돈을 요구하지 않았습니다. 그는 자신을 비참하게 만든 원인을 치료해 주시기를 구했고 그 즉시 응답을 받았습니다.

예수님은 우리의 모든 고통과 질고를 책임지셨습니다. 그러므로 나를 비참하게 하는 것은 담대하게 예수님께 부르짖음으로 고침을 받아야 합니다. 여러분의 삶을 풍성하지 못하게 하는 것이 무엇입니까? 예수님께 당당히 요구하십시오. 다른 사람들이 조롱하거나 비웃는 것은 중요하지 않습니다. 왜냐하면 그 사람이 나의 고통을 책임질 수 없기 때문입니다. 그러므로 은혜를 받을 때 은혜를 받아야 합니다.

우리가 예수님께 기도하러 나왔으면서도 무엇을 기도해야 할지 모르는 경우가 많습니다. 오늘 아침에 예수님이 무엇을 해주기를 원하느냐고 나에게 물으실 때 답이 준비되어 있어야 합니다. 그냥 우물쭈물하다가는 예수님은 우리를 지나칠 것입니다. 그래서 예배를 드릴 때마다 그리고 기도할 때마다 내가 이번에 꼭 응답받아야 할 것이 무엇인지 준비하고 기도하기 바랍니다. 다른 사람들이 뭐라고 하든지 그것은 중요하지 않습니다. 가장 중요한 것은 하나님과 나와의 일대일의 관계입니다.

오늘도 예수님이 나에게 무엇을 원하느냐고 물으실 것입니다. 이때 예수님께 시시한 것을 구하지 말고 근본이 되는 가장 중요한 것을 구하여 응답받는 성도들이 되길 바랍니다.

62

뽕나무에 올라간 삭개오

[눅 19:1-10]

신앙이라는 것은 죄인인 사람이 하나님을 개인적으로 만나는 것입니다. 이것은 마치 어려움에 처한 사람이 구조대를 만나는 것과 같습니다. 전에 텔레비전에서 하수구에 빠진 아이를 구조대원이 구하는 것을 보았습니다. 어린 아이가 혼자 길을 가다가 열어 놓은 맨홀에 떨어졌는데 구멍을 찾다보니 남의 집 하수구 밑에까지 가게 된 것입니다. 그 집 아줌마가 물을 붓는데 하수구에서 아이 우는 소리가 나서 119구조대에 신고한 것입니다. 일단 구조대는 아이의 위치를 파악하고 조심스럽게 땅을 파고 들어가서 하수구를 깨고 그 아이를 극적으로 건져낸 것입니다.

이 세상에 사는 사람들은 자기가 어떤 처지에 있는지도 모르면서 세상 욕심을 위해 살아갑니다. 그러나 아무리 몸부림을 쳐도 결국 채워지지 않는 부분이 자신을 집요하게 괴롭히게 됩니다. 이런 경우 사람의 마음은 불안으로 가득 차게 되거나 강퍅하게 될 수 있습니다.

그런데 어느 날 우연히 예수님에 대한 소문을 듣고 예수님에 대해 관심을 갖게 됩니다. 하지만 예수님을 만날 수 없는 여러 가지 장애가 생깁니다. 그럼에도 불구하고 이 모든 장애를 이기고 예수님을 찾아갔을 때 이미 예수님은 오래 전부터 그를 알고 계셨고 그를 기다리고 계셨다는 것을 알게 됩니다. 그리고는 마음 문을 활짝 열고 예수님을 받아들이게 되는데 그 순간 준비되었던 하나님의 축복이 이 사람과 가정에 넘치게 됩니다.

한 사람이 하나님을 만나게 되는 과정은 마치 거대한 파노라마와 같습니다. 하나님은 우리가 가장 방황하며 무서운 탐욕의 죄에 빠져 있을 때에도 우리 가까이에서 지켜보고 계시며 보호해 주십니다. 그러면서 서서히 우리에게 접근하셔서 결정적인 순간에 예수님을 만나게 하십니다.

그런데 왜 하나님은 처음부터 우리에게 바로 찾아오셔서 단도직입적으로 하나님을 나타내시면서 예수를 믿으라고 하지 않으실까요? 그것은 우리 인간의 마음이 너무 간사해서 처음부터 좋은 것을 주면 절대로 받아들이려고 하지 않기 때문입니다. 자기 나름대로 실컷 방황하다가 도저히 다른 길이 없을 때 결정적인 궁지에서 마음 문을 열고 예수님을 믿는 것입니다. 그래서 하나님은 우리가 아무것도 모를 때 오래 전부터 우리에 대한 계획을 세우시고 구원을 향해 우리를 몰아가시는 것입니다.

본문 말씀은 예수님이 여리고 성에서 한 사람을 극적으로 만나시는 것을 보여줍니다. 그 사람은 세리장이었고 키가 아주 작았습니다. 성경은 이 사람의 개인적인 배경에 대해 자세한 말을 하지 않습니다. 그러나 우리는 이 사람이 최악의 조건에 있었다는 것을 알 수 있습니다.

이 사람은 예수님에 대한 소문을 듣고 예수님을 만나기를 원했습니다. 그러나 예수님을 만날 수 없었습니다. 왜냐하면 키가 너무 작았기 때문입니다. 또한 많은 사람들로 인해 예수님께 나갈 수 없었습니다. 결국 이 사람은 근처에 있는 뽕나무에 올라갈 정도로 예수님을 보기 원했는데 예수님은 나무 밑에서 위를 쳐다보시면서 삭개오의 이름을 부르셨습니다. 예수님은 이미 삭개오를 알고 계셨습니다.

여리고 성의 세리장

"예수께서 여리고로 들어 지나가시더라 삭개오라 이름하는 자가 있으니 세리장이요 또한 부자라"(1-2절)

예수님은 마지막으로 예루살렘으로 올라가실 때 그 곳을 지나가신다는 사실을 제자들을 통해서 알리셨습니다. 그래서 예수님을 만나기를 원하는 자들은 예수님이 지나가는 곳에서 예수님을 기다리고 있었습니다. 예수님을 만나기 원하는 사람들 중에는 우리가 앞에서 찾아본 소경 바디매오가 있었습니다. 그는 메시야가 소경의 눈을 뜨게 할 수 있다는 것을 믿고 기다렸습니다. 그리고 또 다른 사람이 있었는데 그 사람은 세리 삭개오였습니다.

여리고는 요단 동편에서 예루살렘으로 들어가려고 할 때 첫 번째로 지나가야 하는 관문입니다. 그래서 거기에 세관이 있었고 세리들이 살고 있었던 것 같습니다. 삭개오는 바로 그 세관의 세리장으로 일하고 있는 사람이었습니다. 우리는 이 사람의 직업이 세리이기 때문에 돈이 많겠다고 쉽게 추측할 수 있습니다. 그러나 유대의 세리들은 돈이 많았지만 어느 누구도 그들을 사람으로 상대해 주지 않았습니다. 요즘으로 말하자면 세리는 돈이 많은 깡패 같은 사람들이라고 말할 수 있습니다.

우리 사회에서도 도박을 하거나 유흥가에서 나쁜 짓을 해서 돈을 버는 건달들은 다른 사람들이 사귀려고 하지 않을 것입니다. 그러기에 이런 사람들의 마음속에는 늘 다른 사람들로부터 인정받지 못하는 허전함과 외로움이 있었던 것입니다.

유대 사회의 세리는 정해진 세금을 거두어 로마에 주는 사람이었습니다. 그런데 이것이 일종의 납입세와 같은 것이었습니다. 즉 정해진 돈만 입금시키고 남은 돈은 전부 자기 몫이었습니다. 세리들은 자기 민족이라고 봐주는 것이 아니라 정해진 세금의 세네 배의 돈을 받았습니다. 이것을 유대인들은 다 알았습니다. 그래서 유대인들은 세리들을 도둑질하지 말라는 율법을 어긴 자로 정죄했고 창녀들과 똑같이 취급했습니다. 즉 창녀들이 간음하지 말라는 율법을 범했다면, 세리들은 도둑질하지 말라는 계명을 범한 자들이었습니다. 그래서 유대 사람들은 세리 집단 전체를 범죄자로 취급하여 절대로 상종하지 않았습니다.

그런데 삭개오라는 이 세리가 예수님에 대한 소문을 듣고 예수님을 보고 싶어했습니다.

"저가 예수께서 어떠한 사람인가 하여 보고자 하되" (3절 상)

신앙이라는 것은 무슨 거창한 체험에서 시작하는 것이 아닙니다. 삭개오의 신앙은 예수님에 대한 소문을 듣고 관심을 갖는 데서부터 시작됩니다. 삭개오가 예수님에 대해 들은 소문은 그가 많은 병자들을 고치고 귀신을 쫓아냈는데, 특히 자신과 같은 세리들의 친구가 되어 주신다는 것이었습니다. 그 증거로 예수님의 제자 중에 세리가 한 명 있다는 것입니다.

삭개오는 아무도 상대해 주지 않는 세리의 친구가 되어 주시는 하나님의 선지자가 나타났다는 소문을 들었습니다. 이것은 자신과 같은 세리들에게도 구원의 가능성이 있다는 것을 보여줍니다. 그래서 삭개오도 자기도 구원받을 수 있는지 예수님을 만나고 싶어졌습니다. 이처럼 구원은 예수님에 대한 작은 관심에서부터 시작되고 하나님은 이런 사람들을 초청하고 만나 주십니다.

그러면 왜 돈이 많은 세리가 예수님을 만나고 싶었을까요? 그의 마음속에 돈으로 채워지지 않는 허전함이 있었기 때문입니다. 그는 돈을 많이 벌면 사람들이 자기를 무시하지 못하고 또 행복하게 살 줄 알았습니다. 그러나 돈은 많이 벌었지만 그의 영혼은 여전히 만족함이 없었습니다. 그 이유가 무엇입니까? 그것은 이미 하나님이 이 사람의 마음속에 진실한 마음을 주셨기 때문입니다. 우리 안에 있는 진실한 마음은 하나님을 만나기 전에는 절대로 만족할 수 없는 갈급함으로 나타나게 되어 있습니다. 돈으로도, 공부로도 만족이 되지 않으며 세상의 사랑으로도 만족할 수 없는 허전함이 남아 있습니다. 이것이 바로 하나님이 주신 목마름입니다.

예수님은 '누구든지 목마른 자는 내게로 오라' 고 말씀하셨습니다. 이 목마름이라는 것은 바로 영적인 목마름입니다. 무엇을 하더라도 마음속에 만족할 수 없는 허전함이 있습니다.

삭개오는 영혼이 병든 사람이었습니다. 그래서 그는 부자였지만 만족함이 없었고 자존감도 낮았습니다. 즉 자기가 얼마나 소중한 사람인가 하는 의식이 없었습니다. 오직 돈으로 다른 사람들을 무시하고 업신여기는 것이 그의 복수하는 방법이었을 뿐입니다. 그런데 어느 날 이런 세리들을 인격적으로 대해 주시고 친구가 되어 주시는 선지자가 있다는 말을 듣게 되었습니다.

기독교는 결코 고상한 사람의 종교가 아닙니다. 오히려 하나님은 마음이 갈급한 사람을 찾고 계십니다. 이런 사람 중에는 깡패도 있고 부자도 있습니다. 그리고 세상적으로 출세한 사람들도 있습니다. 누구든지 하나님이 갈급한 마음을 주시면 예수님께로 나오지 않을 수 없는 것입니다.

삭개오의 장애

삭개오는 예수님이 자기가 사는 여리고로 지나가신다는 소식을 듣고 너무 반가웠습니다. 그래서 삭개오는 예수님을 만나려고 기다렸는데 막상 예수님이 오셨을 때 예수님을 만날 수 없었습니다. 만나는 것은 고사하고 예수님의 얼굴조차 볼 수가 없었습니다. 너무 많은 사람들이 예수님을 에워싸고 있었기 때문입니다. 그러면 어떻게 해야 합니까? 보통 사람들 같으면 예수님을 만나는 기회를 다음으로 미루려고 했을 것입니다. 그러나 이 사람은 그렇게 할 수 없었습니다. 예수님을 만나지 않으면 안 되는 마음의 갈급함이 컸기 때문입니다.

앞 장에서 살펴 본 소경의 경우에는 앞을 보지 못하기 때문에 주님이 지나가는 것을 볼 수 없었습니다. 그 대신 이 소경은 예수님을 향해 소리를 질렀습니다. 그런데 삭개오의 경우에는 키가 작고 사람들이 너무 많아 예수님을 볼 수 없었습니다. 아마 삭개오의 키는 사람들 속에 들어가면 완전히 파묻혀 버리는 정도였던 것 같습니다.

이때 삭개오는 자존심을 버리고 예수님이 지나가는 길목에 있는 뽕나무 위로 올라가서 예수님을 보려고 했습니다. 삭개오는 아마 예수님이 지나가시는 길에 먼저 뛰어가서 사람들이 밀려오기 전에 나무 위에 올라가서 자리를 잡고 예수님을 기다리고 있었을 것입니다.

이것을 통해 우리는 삭개오의 열심을 볼 수 있습니다. 어떻게 해서든 예수님을 만나겠다는 것입니다. 그가 예수님을 보았을 때 무엇을 하려고 했겠습니까? 아마도 그는 소경처럼 예수님을 향해 소리질렀을 것입니다. '예수님, 예수님 제발 저를 만나 주세요!' 만일 삭개오가 이렇게 소리를 질렀다면 모든 사람들이 삭개오를 욕하면서 너는 예수님을 부를 자격도 없는 놈이라고 욕했을 것입니다.

"키가 작고 사람이 많아 할 수 없어 앞으로 달려가 보기 위하여 뽕나무에 올라가니 이는 예수께서 그리로 지나가시게 됨이러라"(3절 하- 4절)

우리가 여기서 알 수 있는 것은 예수님을 만나서 은혜를 받는 데에 여러 가지 장애가 있다는 것입니다. 역시 가장 큰 장애는 다른 사람들이었습니다. 다른 사람들이 예수님을 에워싸고 있었기 때문에 삭개오는 예수님을 만날 수 없었습니다. 그러나 만일 삭개오가 뽕나무 위에 올라갔다 하더라도 자신의 자격지심 때문에 입을 다물고 가만히 있었다면 삭개오는 예수님의 얼굴을 보는 것만으로 만족해야 했을지도 모릅니다. 그러나 삭개오는 예수님의 이름을 부를 필요가 없었습니다. 왜냐하면 예수님이 먼저 삭개오의 이름을 불러 주셨기 때문입니다.

우리가 성경에서 볼 수 있는 은혜를 받은 사람들의 공통적인 특징이 있습니다. 그들은 모두 자신의 장애를 극복하고 예수님께로 나와 자신의 문제를 분명히 이야기했습니다. 그들은 신체적인 장애를 가지고 있었고 또 자격지심이나 열등감이 많은 사람들이었습니다. 그리고 다른 사람들의 비판의 눈총도 있었습니다. 그러나 다른 것은 생각하지 않고 예수님을 향해 첫걸음을 옮기는 것이 중요합니다. 우리가 첫걸음을 떼면 예수님은 우리를 향해 여러 걸음으로 다가오십니다.

삭개오가 예수님을 보기 위해 나무 위에 올라간 것 자체가 그에게는 큰 결단이었습니다. 우리가 어려움과 시련 가운데 있을 때 예수님을 바라볼 생각을 하는 것이 얼마나 큰 축복인지 모릅니다. 어떤 사람은 어려움 가운데 갑자기 기도하고 싶은 생각이 드는 것입니다. 그것이 바로 예수님을 바라보는 것입니다. 어떤 사람은 마음이 답답한 중에 예배에 참석하고 싶은 생각이 들었습니다. 그러나 그 동안 기도도 하지 않고 예배도 잘 드리지 않았는데 예배를 드리는 것이 얼마나 귀찮은 일이겠습니까? 그런데 만일 귀찮다고 그 자리에 주저 앉으면 그냥 넘어지는 것입니다. 그런데 그 귀찮은 마음을 이기고 예배에 참석했더니 예수님을 만나게 되는 것입니다. 왜냐하면 그 날 설교가 완전히 자신에게 하는 설교였기 때문입니다. 마치 자기 한 사람을 위해 설교를 하고 예배드리는 것 같았던 것입니다.

  우리가 무엇인가 볼 때에 두 종류의 방식으로 본다고 생각합니다. 하나는 무심코 보는 것입니다. 눈에 보이니까 아무 생각 없이 보는 것입니다. 다른 하나는 성경에서 '본다' 는 것인데, 무엇인가 관심을 갖고 의도적으로 보는 것입니다. 우리의 삶에 가장 큰 축복은 주님을 의도적으로 바라보는 것입니다. '나는 이렇게 실패했습니다. 나는 이런 고통 가운데 있는데 제 힘으로는 해결할 수 없습니다.. 저는 그냥 주님을 바라 볼 뿐입니다.'

  병이 중한 환자가 의사를 찾아와서 의사를 쳐다봅니다. 환자의 눈빛에는 '이제 제 병은 너무 깊었습니다. 이제 저의 살 길은 의사 선생님의 도움을 받는 것밖에 없습니다' 라는 간절함이 있습니다. 그렇게 진지하고 간절한 눈으로 예수님을 보았던 사람들은 모두 응답을 받았습니다.

예수님의 반응

  삭개오는 길가에 있는 나무 위에까지는 올라갔지만 다시 한 번 용기가 필요했습니다. 그것은 예수님을 부르는 것입니다. 그리고 예수님께 자기 죄를 고백하는 것입니다. 그러나 삭개오는 그렇게 할 필요가 없었습니다. 왜냐하면 예수님이 먼저 삭개오의 이름을 불러 주셨기 때문입니다.

"예수께서 그곳에 이르사 우러러보시고 이르시되 삭개오야 속히 내려오라 내가 오늘 네 집에 유하여야 하겠다 하시니" (5절)

예수님은 삭개오를 알고 계셨으며 그의 이름을 부르셨습니다. 만일 예수님이 삭개오의 이름을 부르지 않았다면 어떻게 되겠습니까? 아마 삭개오는 예수님의 얼굴만 보고 예수님을 만나는 것을 포기했을 것입니다. 우리 역시 이런 경우가 많습니다. 어떤 사람을 만나기 위해 그 사람의 집 앞까지 갔다가 용기가 없어서 결국 발걸음을 돌리고 돌아오는 것입니다.

그러나 예수님이 먼저 삭개오의 이름을 불러 주셨습니다. 이것은 하나의 기적입니다. 왜냐하면 어느 누구도 삭개오 이야기를 예수님께 했을 리가 없기 때문에 예수님은 삭개오의 이름을 알 수가 없었습니다. 그럼에도 불구하고 예수님이 삭개오의 이름을 부르신 것은 예수님이 하나님의 아들이심을 보여줍니다. 나아가 예수님은 삭개오를 오래 전부터 알고 계셨으며 그의 모든 형편을 다 아신다는 것을 말해주는 것입니다.

하나님은 이 세상의 수많은 사람들 중에 복음을 듣고 예수님에 대해 마음 문을 여는 사람을 알고 계십니다. 그래서 그 사람의 이름을 불러 주십니다. 하나님은 자기의 지은 죄에 대해 가슴 아파하며 하나님 앞에 회개하는 마음으로 나오는 자를 알고 계십니다. 하나님은 이런 사람을 만나 주십니다.

예수님은 단순히 삭개오의 이름만 불러 주셨을 뿐 아니라 그의 집에 가서 유해야 하겠다고 말씀하셨습니다. 이것은 삭개오와 개인적인 이야기를 많이 나누시겠다는 뜻입니다. 예수님은 삭개오의 집에 가셔서 그의 영접을 받으시고 그와 함께 사랑의 교제를 나누셨습니다.

지금까지 삭개오의 집은 부잣집이었지만 언제나 추운 겨울이나 마찬가지였습니다. 왜냐하면 아무도 삭개오의 집에 오지 않았기 때문입니다. 그런데 예수님이 삭개오의 집을 방문하심으로 오랫동안 닫혀 있었던 그 집에 하나님의 은혜가 넘치게 되었습니다.

"급히 내려와 즐거워하며 영접하거늘 뭇 사람이 보고 수군거려 가로되 저가 죄인의 집에 유하러 들어갔도다 하더라"(6-7절)

삭개오는 예수님이 자기 집으로 가기를 원하신다는 말을 들었을 때 기쁨으로 영접했습니다. 이것이 결코 쉬운 일이 아닙니다. 왜냐하면 삭개오의 집은 부정과 부패의 온상이었습니다. 어떻게 보면 도둑의 소굴과 같은 곳이었습니다. 그런데 자기 집에 예수님을 모시면 어떻게 됩니까? 자신의 모든 죄가 들통날 것입니다. 그러나 삭개오가 예수님을 기쁨으로 모신 것은 예수님을 모심으로 드러날 것은 드러나고 깨질 것은 깨지고, 이제는 부정한 과거를 다 청산하고 완전히 새로운 삶을 시작하겠다는 의지가 담겨 있는 것입니다.

구약 성경에 보면 엘리야가 찾아갔던 사렙다 과부의 집이 나옵니다. 엘리야가 과부의 집에 찾아갔기 때문에 그 집의 식량은 떨어지지 않고 공급되어 목숨을 건질 수 있었습니다. 그런데 어느 날 갑자기 그 과부의 아들이 머리가 아프다고 하면서 죽었을 때 그 이방인 과부는 '왜 하나님의 선지자가 내 집에 오셔서 나의 지은 죄를 생각나게 하십니까?' 라고 말합니다.

그것은 하나님의 선지자를 모심으로 자신의 과거의 죄가 드러나면서 하나님이 자기 집을 치셨다는 것입니다. 이 과부는 과거에 죄를 지었던 적이 있었던 것 같습니다. 그는 그 죄를 묻어두고 살려고 했는데 갑자기 선지자가 찾아오면서 자기 집에 하나님의 심판이 임하게 되었다는 뜻입니다. 그러나 이것은 과부의 회개의 말이었고 하나님은 죽은 아이를 다시 살리심으로 그 집에 더 큰 은혜를 주셨습니다.

삭개오는 죄악의 온상인 자기 집에 하나님의 아들을 영접했습니다. 이것은 그가 기꺼이 예수님의 심판을 받고 이제라도 새로운 삶을 살겠다는 것입니다. 유대인들은 어떻게 했습니까? 자기 집의 문을 닫고 예수님을 몰아냈습니다. 그리고 끝내 예수님을 영접하지 않았습니다.

예수님은 '볼지어다 내가 문밖에 서서 두드리노니 누구든지 내 음성을 듣고 문을 열면 내가 그에게로 들어가 그로 더불어 먹고 그는 나로 더불어 먹으리라'(계 3:20)고 말씀하셨습니다. 여기서 예수님과 함께 음식을 먹는 것은 죄를 용서받고 하나님과 화평하는 것을 의미합니다. 우리는 예수님을 우리 집의 주인으로 영접해야 합니다. 또한 예수님이 우리 교회의 주인이 되시게 해야 합니다. 그래야 하나님의 축복이 우리 교회와 가정에 넘치게 됩니다.

예수님이 삭개오의 집에 가시는 것을 보고 사람들은 수군거리면서 예수님을 비난했습니다. 왜냐하면 삭개오는 도둑과 같은 사람이었기 때문입니다. 만일 어떤 목사님이 깡패 두목의 초청을 받아서 그 집에 식사하러 간다면 사람들은 그 목사님을 비난할 것입니다. 그러나 아무리 깡패 두목이라 하더라도 하나님이 필요한 사람입니다. 아무리 이 세상에서 타락한 사람이라 하더라도 그가 하나님을 필요로 할 때에는 찾아가서 만나야 합니다.

예수님이 삭개오의 집에 유하려 가신 것은 단지 그가 부자였기 때문에 경제적인 도움을 받으려고 가신 것이 아니었습니다. 예수님은 삭개오의 집에 회개의 역사와 부흥의 역사가 일어날 줄 아셨습니다. 예수님은 그 집에 가심으로 그 집의 온 식구들이 믿음으로 새 사람이 될 것을 아셨습니다.

그러나 한 영혼의 소중함을 모르는 사람들은 예수님을 비난했던 것입니다. 예수님은 이런 사람들을 상대하지 않고 무시하셨습니다. 왜냐하면 어차피 그 사람들은 하나님 나라의 백성이 될 사람들이 아니기 때문입니다. 우리가 신앙 생활을 하는 데 수군거리는 것보다 더 자신에게 해로운 것이 없다는 것을 기억해야 합니다. 그것은 아직 진리를 받아들이지 않고 있다는 증거가 될 수 있습니다.

삭개오의 회개

삭개오는 예수님을 집에 모신 후에 자기가 먼저 예수님께 자백했습니다.

> "삭개오가 서서 주께 여짜오되 주여 보시옵소서 내 소유의 절반을 가난한 자들에게 주겠사오며 만일 뉘 것을 토색한 일이 있으면 사 배나 갚겠나이다"(8절)

삭개오는 자기 집의 많은 재물들이 하나님의 축복으로 받았다고 말하지 않았습니다. 그는 예수님께 이 재물들을 부정한 방법으로 모았으며 이제는 더 이상 그렇게 살지 않고 하나님의 율법의 말씀대로 살겠다고 고백했습니다.

회개는 단지 감정적으로 자신의 처지를 슬퍼하는 것이 아닙니다. 회개는 의지적으로 결단하여 자신의 삶을 바꾸는 것입니다. 즉 지금까지 정욕적으로 살던 삶을 버리고 하나님의 말씀에 순종하는 새로운 삶을 시작하는 것입니다. 이 세상에서 이런 결단보다 더 위대한 것은 없습니다. 하나님이 가장 기뻐하시는 것이 바로 이러한 결단입니다.

삭개오는 예수님을 집에 모심으로 재산의 반 이상을 잃었습니다. 어떻게 보면 그는 예수님 때문에 망한 사람이었습니다. 그러나 그는 그렇게 철저하게 회개했기 때문에 영혼을 치료받게 되었으며 하나님의 자녀가 되는 특권을 누리게 되었습니다.

우리가 생각하기에 예수님을 나의 삶 가운데 모시면 예수님이 나의 삶 가운데서 썩은 부분을 마구 도려내실 것 같습니다. 그러나 예수님은 아무것도 손대지 않으시고 삭개오 자신이 버릴 것은 버리고 자를 것은 자르는 결단을 내렸습니다. 삭개오가 재산의 절반을 포기한 것을 보면 그 많은 재산들이 결코 그를 기쁘게 하지 못했다는 것을 알 수 있습니다. 그 재산들은 삭개오의 마음을 무겁게 내리 누르던 짐이었던 것입니다. 이제 삭개오는 그 무거운 욕심의 짐을 벗어버리고 새로운 양심을 얻었습니다.

회개는 세상 욕심으로 살던 삶을 버리는 것을 의미합니다. 그리고 하나님의 말씀에 순종하여 하나님의 방법대로, 하나님이 주신 것에 만족하여 사는 것을 뜻합니다. 그냥 예수님을 만나서 식사 한 끼 잘 대접하고 끝나는 것이 아닙니다. 가끔 보면 예수님께 식사 한 끼로 때우려는 사람들이 있습니다. 예수님은 우리가 하나님의 말씀에 순종하는 삶으로 돌아오기를 원하십니다. 우리가 죄를 버렸을 때 손해 본 돈과 비교할 수 없는 만족함과 기쁨이 있습니다. 삭개오는 자기 죄를 회개했을 때 영혼을 내리 누르던 답답함이 사라지고 큰 기쁨을 누리게 되었습니다.

"예수께서 이르시되 오늘 구원이 이 집에 이르렀으니 이 사람도 아브라함의 자손임이로다 인자의 온 것은 잃어버린 자를 찾아 구원하려 함이니라"(9-10절)

예수님은 삭개오의 이 고백으로 죄 사함을 받고 하나님의 자녀가 된 것을 선포하셨습니다. 그는 믿음으로 의롭다 함을 얻었으며 예수님으로부터 의롭게 살 수 있는 권세를 받았습니다. 재물은 잃었지만 하나님의 아들의 특권을 얻었습니다. 그가 '아브라함의 자손이라' 는 것은 혈통을 말씀하시는 것이 아닙니다. 말씀에 순종하는 자세를 뜻하는 것입니다. 누구든지 하나님의 말씀 앞에 굴복하고 믿음으로 받아들이는 사람은 아브라함의 자손이며 구원을 받은 것입니다. 예수님이 오신 목적은 잃은 자를 구원하는 것입니다.

예수님은 이 세상에서 하나님의 택한 백성들을 알고 계십니다. 그래서 우리는 모르지만 오래 전부터 하나님은 함께 하시면서 어느 순간부터 이 세상 것으로는 만족할 수 없는 답답한 마음을 주십니다. 그리고 결정적일 때 코너로 몰고 가서 예수님 앞에 무릎을 꿇지 않을 수 없게 하십니다. 이것이 인간적으로는 얼마나 손해이고 마이너스인지 모릅니다. 그러나 이것이야말로 하나님의 아들의 특권을 얻는 것이며 믿음으로 의롭다 함을 받는 것입니다.

삭개오는 예수님을 만나기 전에는 돈을 위해 살았는데 예수님을 만난 후에는 하나님의 말씀을 위해 살았습니다. 이것이 구원받은 백성의 특징입니다. 오늘도 하나님은 영적으로 갈급한 사람들을 서서히 진리로 인도하고 계십니다. 우리는 이 세상에 진리가 더욱 밝혀져 많은 사람들의 마음속에 영적인 갈급함이 생기도록 기도해야 되겠습니다.

63

므나 비유

[눅 19:11-27]

요즘은 전문 경영인의 시대라고 합니다. 대기업은 오너가 모든 것을 맡아서 경영할 수 없습니다. 그래서 기업의 경영만 전문적으로 하는 경영인을 고용합니다. 이런 최고 경영자들은 거액의 연봉을 받으면서 회사를 경영합니다. 그러나 회사에 큰 손해를 끼치거나 오너와 의견이 대립되어 마찰이 생기면 옷을 벗을 수밖에 없습니다. 얼마 전에 신문에서 세계적인 최고 경영자들 중 몇 명이 정책의 실패나 오너와의 마찰로 그 자리에서 물러난 기사를 보았습니다.

예수님이 선포하신 하나님 나라의 특징은 '이미'와 '아직'으로 말할 수 있습니다. 즉 '이미' 하나님의 나라는 시작되었습니다. 누구든지 예수를 믿으면 하나님의 백성이 되며 하나님으로부터 오는 신령한 은혜를 무한대로 받을 수 있습니다. 그러나 이 하나님의 나라는 고정된 나라가 아닙니다. 믿는 사람들을 통해 계속 확장되는 나라이며 '아직' 완성된 나라가 아닙니다. 그러므로 중요한 것은 하나님 나라의 일꾼들이 어떤 자세로 일해야 하느냐는 것입니다. 하나님 나라의 종들은 이 세상에서 모든 영광을 차지하려고 해서는 안 되며 마치 기업의 최고 경영자들이 자신의 실적에 대해 오너나 주주들의 평가를 받아야 하는 것처럼 주님 앞에서 평가를 받아야 합니다.

예수님이 예루살렘에 입성하실 때 예수님과 제자들 사이에는 상당한 생각의 차이가 있었습니다. 예수님은 지금 십자가에 못 박혀 죽으시려고 예루살렘에 올라가시는데, 제자들은 예수님이 예루살렘에 올라가시면 당장 하나님의 나라가 임하고 예수님이 유대의 왕이 되실 줄로 생각했습니다. 그래서 제자들은 서로 높은 자리에 앉으려고 다투는 상황입니다. 예수님은 제자들에게 하나님 나라의 종들이 어떤 자세로 일해야 하는지에 대해 예화로 말씀하셨습니다.

그것은 어느 먼 곳에 왕위를 받으러 가는 귀인의 비유였습니다. 이 귀인은 당장 왕위를 받는 것이 아니라 먼 곳에 가서 왕위를 받아와야만 했습니다. 그 동안 이 귀인들은 종들에게 자기 이름으로 장사를 하라고 돈을 주고 떠났습니다. 그런데 주인이 떠나 있는 동안 종들의 자세는 각각 달랐습니다. 어떤 종은 주인이 없는 동안에도 열심히 장사를 해서 많은 이익을 남겼습니다. 그런데 어떤 종은 전혀 장사를 하지 않고 주인이 왔을 때 그대로 돌려 주었습니다. 주인은 이 종을 심판했습니다. 이 주인이 왕이 되는 것을 원치 않아서 반대하는 자들과 함께 처형했다고 하십니다.

먼 곳으로 떠나는 귀인

"저희가 이 말씀을 듣고 있을 때에 비유를 더하여 말씀하시니 이는 자기가 예루살렘에 가까이 오셨고 저희는 하나님의 나라가 당장에 나타날 줄로 생각함이러라"(11절)

예수님 당시 유대는 로마의 관할 하에 있었기 때문에 누구든지 왕이 바로 될 수 없었습니다. 왕이 될 사람은 로마에 가서 로마 황제의 허락을 받아야 왕이 될 수 있었습니다. 예수님은 예루살렘에 가까이 오면서 제자들이 하나님의 나라에 대해 조급하게 생각하는 것을 아셨습니다. 제자들은 하나님의 나라가 당장 임할 줄로 생각한 것입니다. 제자들이 그렇게 생각한 것은 전혀 무리가 아니었습니다. 왜냐하면 예수님이 예루살렘으로 가시는 길이 부흥의 연속이었기 때문입니다.

예수님이 가시는 곳마다 수많은 사람들이 예수님 앞에 나와서 말씀으로 은혜를 받고 병을 치료받았습니다. 예수님이 말씀을 전한 어떤 곳에서는 얼마나 많은 사람들이 모였는지 사람들이 밟혀 죽을 정도였습니다. 제자들은 이런 식으로 계속 나간다면 결국 예루살렘에서 폭발적인 성령의 역사가 나타날 것으로 생각한 것입니다.

예를 들어 대통령 선거를 하는데 한 지역에서 압도적으로 지지를 하면 그 여세를 몰아 서울로 올라옵니다. 그러면서 이런 여세를 몰아 서울에서 압승하면 틀림없이 대통령에 당선될 것이라고 기대하는 것과 같습니다. 그때 성격이 조급한 어떤 사람들은 벌써 장관 자리나 하나 차지하려고 후보에게 눈도장을 찍고 아첨하려고 합니다.

지금 제자들은 예수님이 예루살렘으로 올라가는 길이 너무나 큰 부흥의 연속이었기 때문에 결국 예수님이 예루살렘에서 왕이 되시고 그들은 이스라엘의 장관이 될 것이라고 기대한 것입니다.

그러나 예수님이 생각하는 나라는 이런 나라가 아니었습니다. 예수님은 예루살렘에서는 부흥을 일으키지 못하십니다. 오히려 예수님은 십자가에 죽으시고 죽음에서 다시 살아나셔야 합니다. 그리고 성령을 보내셔서 이 땅에 하나님의 나라가 이루어지게 하십니다. 그리고 제자들은 성령의 능력을 받아서 땅끝까지 복음을 전해야 최종적으로 하나님의 나라가 이루어지는 것입니다. 그래서 예수님은 왕위를 받기 위해 먼 곳으로 가는 한 귀인의 예를 들어 말씀하셨습니다.

"가라사대 어떤 귀인이 왕위를 받아 가지고 오려고 먼 나라로 갈 때에 그 종 열을 불러 은 열 므나를 주며 이르되 내가 돌아오기까지 장사하라 하니라" (12-13절)

어떤 귀인이 있었는데 이 귀인은 다른 나라에 가서 왕위를 인정받고 와야만 했습니다. 그런데 그 사람이 왕위를 받으려면 몇 달이 걸릴지 몇 년이 걸릴지 알지 못했습니다. 그래서 이 귀인은 자기가 없는 동안에 자기 종들에게 장사를 알아서 하라고 하면서 돈을 한 므나씩 나누어 주었습니다. 한 므나는 당시에 상당히 큰 돈이었습니다. 그런데 문제가 있었습니다.

"그런데 그 백성이 저를 미워하여 사자를 뒤로 보내어 가로되 우리는 이 사람이 우리의 왕 됨을 원치 아니하노이다 하였더라" (14절)

백성들 중에는 이 사람이 왕이 되는 것을 원치 않는 사람들이 있었습니다. 그래서 이 사람들은 대표를 그 나라에까지 보내어 이 귀인이 왕이 되지 못하도록 방해 공작을 했습니다. 그럼에도 이 귀인은 왕위를 얻고 자기 나라로 돌아왔습니다. 그리고는 제일 먼저 자기 종들을 불러서 결산했습니다.

첫째 종은 주인의 한 므나로 열심히 장사를 해서 열 므나를 남겼습니다. 이 종은 주인이 없어도 열심히 장사를 한 것 같습니다.

"그 첫째가 나아와 가로되 주여 주의 한 므나로 열 므나를 남겼나이다 주인이 이르되 잘하였다 착한 종이여 네가 지극히 작은 것에 충성하였으니 열

고을 권세를 차지하라 하고"(16-17절)

주인이 장사를 시킬 때에는 종들을 놀리기 싫어서 억지로 일을 시키는 줄 알았습니다. 그런데 알고 보니까 주인은 종들의 신실함을 시험하기 위해서 장사하게 한 것이었습니다. 그래서 열 므나를 남겼을 뿐인데 열 고을을 다스리는 자로 삼았습니다. 두 번째 종은 주인에게 와서 주인의 한 므나로 다섯 므나를 남겼다고 보고했습니다. 주인은 잘했다고 하면서 다섯 고을의 권세를 주었습니다.

그런데 중요한 것은 세 번째 종이었습니다.

"또 한 사람이 와서 가로되 주여 보소서 주의 한 므나가 여기 있나이다 내가 수건으로 싸두었었나이다 이는 당신이 엄한 사람인 것을 내가 무서워함이라 당신은 두지 않은 것을 취하고 심지 않은 것을 거두나이다"(20-21절)

이 종은 주인에게 불평을 했습니다. 당신은 지독한 사람이라는 것입니다. 그냥 멀리 가면 우리를 좀 편하게 둘 것이지 없을 때에도 달달 볶아서 사람을 못살게 구느냐고 불평하는 것입니다. 그때 주인은 이 종을 심판했습니다.

"주인이 이르되 악한 종아 내가 네 말로 너를 판단하노니 너는 내가 두지 않은 것을 취하고 심지 않은 것을 거두는 엄한 사람인 줄을 알았느냐 그러면 어찌하여 내 은을 은행에 두지 아니하였느냐 그리하였으면 내가 와서 그 변리까지 찾았으리라 하고 곁에 섰는 자들에게 이르되 그 한 므나를 빼앗아 열 므나 있는 자에게 주라 하니"(22-24절)

충성 되지 못한 종은 주인을 지독한 사람이라고 하면서 장사를 전혀 하지 않고 주인에게 받았던 돈을 도로 내어 놓았습니다. 그러자 주인은 그가 가진 모든 것을 빼앗고 그를 감옥에 가두고 이 귀인이 왕이 되는 것을 반대한 자들과 함께 죽게 했습니다.

당장 오지 않는 하나님의 나라

이 비유에서 가장 중요한 것은 귀인이 당장 왕이 되는 것이 아니라 왕위를 받으러 타국에 가야 하고 다시 돌아올 때까지 상당한 시간이 필요하다는 것입니다. 그리고 그 동안에 종들은 높은 자리에 앉으려고 할 것이 아니라 자기에게 맡겨진 일을 열심히 해야 한다는 것입니다. 바로 이것이 이 비유의 가장 중요한 핵심입니다.

예수님은 예루살렘에 올라가심으로 당장 왕이 되는 것이 아니었습니다. 물론 예수님이 왕위를 받기 위해 로마에 가서 로마의 승인을 받아야 하는 것은 아니었습니다. 그러나 예수님이 왕이 되시려면 매우 중요한 한 가지 조건이 충족되어야만 했습니다. 그것은 예수님이 우리 모두를 대신해서 십자가에서 못 박혀 죽으시는 것입니다. 왜냐하면 예수님이 십자가에서 죽지 않으시면 아무도 구원받지 못하기 때문입니다. 그러면 예수님은 백성이 없는 왕이 되시는 것입니다. 그래서 예수님께 중요한 것은 왕이 되는 것보다 우리의 죄를 용서받게 하시는 것이 더 중요했습니다.

그러면 예수님이 십자가에서 죽으시고 다시 살아나시면 어떻게 됩니까? 예수님은 하나님의 보좌 우편에서 왕이 되십니다. 그러나 이것으로 이 세상의 모든 것이 끝나는 것은 아닙니다. 왜냐하면 아직 이 세상에서 예수님을 아는 사람이 적기 때문입니다. 그래서 하나님은 그리스도에게 모든 역사를 맡기셨습니다. 즉 우리 믿는 사람들을 통해서 얼마든지 구원할 자들을 구원하라고 하시는 것입니다. 그러므로 이제 중요한 것은 그리스도의 종들이 하나님이 주시는 능력으로 온 세상에 복음을 전함으로 건질 수 있는 영혼들은 다 건지는 것입니다. 이것을 본문에서는 종들이 장사하는 것으로 비유했습니다.

예수님은 왕이 되지 못해 오시지 않는 것이 아니라 우리로 하여금 하나님 나라를 충분히 실현시킬 시간을 주시기 위해서 더디 오시는 것입니다. 그 동안 예수님은 보좌 우편에서 우리를 위해 기도하시며 우리에게 필요한 능력을 한없이 공급해 주십니다.

예수님은 지금까지 자신이 예루살렘에 올라가시면 죽는다고만 말씀하셨지 제자들이 무엇을 해야 하는지는 말씀하지 않으셨습니다. 제자들은 성령이 임하실 때까지는 할 일이 아무것도 없었습니다. 단지 믿음을 잃지 않고 끝까지 주님을 의지하면 되는 것입니다. 그러나 성령이 임하신 후에는 땅끝까지 복음을 전해야 할 책임이 있는 것입니다. 이것이 복음을 가지고 장사하는 것입니다.

마태복음에도 비슷한 비유가 나오는데, '달란트 비유' 입니다. 주인이 종의 능력에 따라 각각 다른 달란트를 준 것입니다. 그런데 본문에는 모두 같은 므나를 주었습니다.

여기서 우리는 달란트 비유와 므나 비유의 차이가 무엇인가 생각해 볼 필요가 있습니다. 달란트 비유는 각자에게 주어진 능력이나 은사에 차이가 있다는 것을 말씀하시는 것입니다. 그러나 므나 비유는 모두에게 똑같이 주셨습니다.

제자들에게 모두 똑같이 주셨다면 이것은 기회이든지 아니면 믿음일 것입니다. 우리 모두에게는 기회가 있습니다. 물론 빨리 죽는 사람도 있고 오래 사는 사람도 있겠지만 누구든지 이 세상에서 단 한 번 살 수 있는 기회를 주신 것입니다. 우리는 이 단 한 번의 기회를 잘못 사용하면 안 됩니다.

우리의 믿음도 똑같습니다. 모두 같은 믿음을 받았는데 이 믿음을 어떻게 사용하느냐에 따라서 그 결과는 엄청난 차이가 있습니다. 믿는다고 해서 그 믿음이 다 똑같은 것이 아닙니다. 믿음은 같은 것이지만 얼마나 말씀을 붙들고 성령의 능력을 의지하느냐에 따라 백 배 천 배의 차이가 나타나게 됩니다.

예수님은 십자가에 죽으신 후에 제자들이 서로 높은 자리에 앉으려고 다툴 것이 아니라 주신 기회와 믿음을 사용하여 효율적인 복음의 장사를 하라고 말씀하십니다.

그런데 문제는 사람들이 이 귀인이 왕이 되는 것을 원치 않는 데 있습니다. 사실 예수님의 이 비유는 실제로 있었던 일을 예화로 사용하신 것입니다. 헤롯왕이 죽었을 때 헤롯왕의 아들 아켈라오는 아버지의 뒤를 이어서 유대의 왕이 되려고 했습니다. 그래서 아켈라오는 로마의 허락을 받기 위해 로마로 갔습니다. 그러나 아켈라오는 성격이 워낙 포학해서 유대 사람들은 그가 왕이 되는 것을 원치 않았습니다. 그래서 유대 사람들은 로마에 대표를 보내어 아켈라오가 왕이 되지 못하도록 공작을 했습니다. 그러니 아켈라오는 아켈라오대로 얼마나 이 유대인들이 미웠으며 또 유대에서 아켈라오의 이름으로 장사하는 종들은 장사하기가 얼마나 어려웠겠습니까? 그러나 결국 아켈라오는 유대의 분봉왕이 되어 자기를 반대하던 유대인들을 많이 죽였습니다.

그런데 여기서 심각한 것은 왜 예수님은 자신을 성질이 고약한 아켈라오에 비유하느냐는 것입니다. 예수님은 결코 아켈라오같이 성격이 포학한 사람이 아닙니다. 그런데도 놀라운 것은 많은 사람들이 아켈라오가 왕이 되는 것을 싫어하듯이, 예수님이 우리의 왕이 되는 것을 아주 싫어한다는 뜻입니다. 그리고 우리가 이 세상에 복음을 전하고 예수님을 전하는 것을 이 세상 사람들은 너무 싫어한다는 것입니다.

사람들이 예수님을 그토록 싫어하는 이유가 무엇입니까? 그것은 예수를 믿으면 자기 욕심대로 살 수 없기 때문입니다. 예수를 믿으면 자기 야망을 버리고 오직 하나님의 말씀대로 살아야 합니다. 사람들은 이것이 자기를 죽이는 것이라고 생각합니다. 그래서 그토록 예수를 싫어하고 예수 믿는 사람들도 싫어합니다.

예를 들어 유대에는 아켈라오가 왕이 되기를 싫어하는 사람들이 그토록 많은데 아켈라오의 이름으로 장사를 하면 사람들이 좋아할 리가 없습니다. 아마도 많은 방해도 하고 핍박도 할 것입니다. 그러나 그런 중에도 아켈라오의 이름으로 장사를 하는 자가 충성 된 자이면 나중에 주인이 왕이 되어 왔을 때에는 이런 사람이 자기를 배반하지 않은 자라고 해서 여러 고을의 권세를 주는 것입니다. 충성 된 종들은 그 많은 어려움 가운데서도 주인의 이름으로 장사를 해서 많은 이익을 남겼습니다. 이렇게 하려면 이 사람이 얼마나 부지런하며 겸손하고 정직하게 일했어야 하는지 짐작할 수 있습니다.

죽음에서 부활하시고 하늘에 올라가신 예수님은 우리가 모든 것을 주님의 이름으로 하기를 원하십니다. 주님의 이름으로 복음을 전하고 주님의 이름으로 구제를 하고 주님의 이름으로 열심히 봉사하기를 원하십니다.

그러나 사람들은 예수 믿는 사람들을 좋아하지 않습니다. 왜냐하면 자기들과 근본적으로 다르다는 것을 알기 때문입니다. 그래서 예수 믿는 사람들이 장사를 하면 불매 운동을 하기도 하고 또 마을에 교회가 들어서면 폭력을 행사해서 교회가 들어서지 못하게도 합니다. 그러나 우리 믿는 사람들은 그런 것에 굴복하면 안 됩니다. 아무리 사람들이 반대하고 핍박을 한다 하더라도 겸손하고 정직하게 섬기면 결국 사람들이 그리스도인들을 신뢰하고 좋아하게 됩니다. 바로 이것이 장사를 잘 하는 비결입니다.

다른 사람이 욕하고 덤벼든다고 해서 나도 멱살을 잡고 싸운다면 아무도 예수 믿는 사람들을 좋아하지 않을 것입니다. 예수 믿는 사람들이 세상을 이길 수 있는 방법은 정직한 것과 겸손한 것과 부지런한 것입니다. 우리가 이 세상에서 인간적인 방법으로 얼마든지 성공할 수 있겠지만 그것은 주님이 기뻐하시는 것이 아닙니다.

주님은 우리들이 모든 것을 주님의 이름으로 하기를 원하십니다. 이 세상에서 믿음으로 하면 처음에는 잘 되지 않습니다. 주님의 방법으로 하면 목회가 잘 되지 않습니다. 공부도 별로 성과가 없는 것 같습니다. 어떤 공부를 해야 할지 잘 모르고 또 꼭 해야 하는지 회의가 생길 때가 많습니다. 또 주님의 방법으로 결혼이 잘 되지 않습니다. 그래도 우리는 최선을 다해 노력해야 합니다. 머리로 생각할 때에는 도무지 되지 않을 것 같았는데 기도하면서 노력하면 길이 조금씩 열리게 됩니다. 주님은 우리가 그렇게 하기 원하십니다.

지금은 하나님 나라를 확장시키는 일이 전적으로 우리에게 맡겨져 있습니다. 이 세상에서 하나님의 나라를 전한다는 것이 결코 쉬운 일이 아닙니다. 왜냐하면 좋은 것이 모두 이 세상에 있는데 세상을 버리고 하나님만 의지하라는 이야기를 사람들이 좋아할 리가 없기 때문입니다. 그런데 놀라운 것은 열심히 하면 결국은 하나님의 축복이 임하게 됩니다.

불충성한 종의 처벌

"또 한 사람이 와서 가로되 주여 보소서 주의 한 므나가 여기 있나이다 내가 수건으로 싸두었나이다 이는 당신이 엄한 사람인 것을 내가 무서워함이라 당신은 두지 않은 것을 취하고 심지 않은 것을 거두나이다" (20-21절)

여기 한 종은 아예 장사를 하지 않았습니다. 그는 주인이 준 돈을 그대로 수건에 싸서 땅속에 묻어 두었다가 다시 주인에게 가지고 왔습니다. 그러면서 말하기를 주인의 이름으로 장사하려고 하니 너무 주인의 인심이 나빠서 장사를 하지 않았다고 합니다.

이 종이 '두지 않은 것을 취하며 심지 않은 것을 거둔다' 고 주인을 비난한 것은 주인의 인심이 너무 사나워서 도저히 장사할 수 없더라는 말입니다. 그래서 장사를 시키려면 장사할 수 있도록 좀 해 놓고 장사하게 해야지, 전혀 장사할 수 없는 척박한 땅에서 무턱대고 장사하라고 한다고 불평했습니다. 그래서 이 사람은 장사하지 않았습니다. 그러면 이 사람은 그 동안 무엇을 했겠습니까? 자기 장사를 한 것입니다. 주인의 종이면서도 주인이 없으니까 주인을 우습게 알고 주인의 돈을 땅에 파묻고 자기 장사만 했습니다.

이 사람이 주인의 돈을 수건에 싸둔 것은 혹시 주인이 올 경우에 변명을 하려고 그냥 둔 것이었습니다. 결국 이 종은 주인이 오지 않을 것으로 생각해서 주인에게 충성하지 않은 것입니다. 주인은 이 종에게 무엇이라고 말합니까?

"주인이 이르되 악한 종아 내가 네 말로 너를 판단하노니 너는 내가 두지 않을 것을 취하고 심지 않은 것을 거두는 엄한 사람인 줄을 알았느냐 그러면 어찌하여 내 은을 은행에 두지 아니하였느냐 그리하였으면 내가 와서 그 변리까지 찾았으리라 하고"(22-23절)

종은 주인이 지독한 사람이어서 장사를 할 수 없었다고 변명을 하니까 주인은 내가 그렇게 지독한 사람인 줄 알았으면 왜 나와 결산할 것은 준비하지 않았냐고 합니다. 주인이 그렇게 지독한 줄 알았으면 네가 종으로서 최소한 이자라도 가지고 와야지 빈손으로 오면서 내가 지독하게 인색하다고 하면 말이 되느냐는 것입니다.

  이 종은 주인이 눈에 보이지 않았기에 자기 멋대로 주인 행세를 하면서 산 것입니다. 또한 주인이 금세 오지 않으니 아예 오지 않을 줄 알고 있었던 것입니다. 이 종이 주인이 왕이 되어 올 줄 알았다면 빈손으로는 그 앞에 설 수 없는 것입니다. 그는 할 수 있는 대로 최선을 다한 흔적을 가지고 왔어야 합니다. 그것이 바로 은행의 이자입니다. 너무 경기가 어렵고 주인의 평판이 좋지 못해서 장사를 할 수 없었으면 은행의 이자라도 남겼어야 하는 것이 아니냐는 것입니다. 그러나 이 종은 주인이 왕이 못되어 돌아오지 않을지도 모른다고 생각했기 때문에 아무것도 하지 않고 놀기만 했던 것입니다.

  다윗이 압살롬의 반란으로 도망칠 때 그가 상에서 돌보던 요나단의 아들 므비보셋이라는 사람이 있었는데 그는 다윗 왕과 함께 도망가지 않았습니다. 그는 두 다리가 온전치 못해 다윗을 따라갈 수 없었습니다. 그러나 그는 다윗이 돌아올 것과 자기의 충성심을 확인할 것을 알았습니다. 그래서 다윗이 떠난 후부터 올 때까지 얼굴을 씻지 않고 수염을 깍지 않았습니다. 다윗은 돌아오자마자 므비보셋에게 '왜 너는 나와 함께 달아나지 않았느냐?'고 물었습니다. 이것은 '네가 사울의 손자이기 때문에 반역한 것이 아니냐?'는 질문과 같습니다. 그때 므비보셋은 자기는 절대로 왕을 배반한 것이 아니며 왕이 오실 줄 알고 왕이 떠난 후에 얼굴을 씻지 않고 수염도 깍지 않고 기다렸노라고 대답했습니다. 다윗은 이에 므비보셋의 말을 믿어 주었습니다.

  사람의 충성심은 주님이 없을 때 나타나는 것입니다. 어떤 사람은 주님이 없다고 해서 자기 멋대로 살 것입니다. 세상 사람과 어울리고 그들이 싫어할 말은 하지 않으면서 현실에 타협하는 자들이 있습니다. 그런 사람은 장사하지 않는 사람입니다. 우리는 주님이 안 계실 때 부지런히 장사해야 합니다.

우리는 주님의 이름으로 장사하는 사람들입니다. 장사하는 사람들은 이윤이 있으면 어디든지 갑니다. 그리고 할 수 있는 대로 효과적으로 복음을 전해야 합니다. 가장 효과적으로 복음을 전할 수 있는 길을 생각해야 하고 그곳에 전적으로 투자해야 합니다. 사람들에게 칭찬받고 인정받는 것은 아무것도 아닙니다. 왜냐하면 칭찬과 상급은 오직 주님으로부터 오기 때문입니다.

"주인이 가로되 내가 너희에게 말하노니 무릇 있는 자는 받겠고 없는 자는 그 있는 것도 빼앗기리라" (26절)

주인이 종들에게 장사를 시킨 것은 주인의 재산을 늘리기 위해서가 아니었습니다. 오히려 종들을 위해서였습니다. 주인은 큰 나라를 받아 가지고 오게 되는데 그 나라를 함께 다스릴 충성 된 종을 찾고 싶었습니다. 그래서 자기가 없는 동안에도 자기가 있는 것 이상으로 충성한 종들에게 그들이 남긴 돈도 돌려주고 고을들을 다스리는 특권도 주었습니다. 그리고 주인이 준 것을 사용하지 않고 그대로 두었던 자는 있던 것을 빼앗아서 가장 많이 가진 자에게 주라고 했습니다.

믿음은 고정된 것이 아닙니다. 자꾸 쓰는 사람은 믿음이 자라게 되고 능력도 더 받게 됩니다. 그러나 믿음으로 살 수 있는데 그 기회를 포기하는 사람은 그 있는 믿음마저도 빼앗기게 됩니다. 그러므로 계속적으로 믿음으로 나가야 승리할 수 있습니다. 믿음에 있어서는 절대로 다른 사람들에게 지지 마십시오. 주님을 사랑하고 충성하는 데 있어서는 절대로 다른 사람들에게 뒤지지 않길 바랍니다.

"그리고 나의 왕 됨을 원치 아니하던 저 원수들을 이리로 끌어다가 내 앞에서 죽이라 하였느니라" (27절)

예수님은 이 세상에서 자신이 왕이 되는 것을 원치 않고 하나님의 말씀에 불순종하고 자기 정욕대로 산 사람들을 심판하십니다. 그때가 바로 하나님의 나라가 최종적으로 완성될 때이며 제자들이 상급을 받을 때입니다. 그러므로 결국에는 온 세상이 예수님의 이름 앞에 무릎을 꿇게 되어 있습니다. 즉 먼저 믿어서 충성 된 종이 되는 방법이 있는가 하면 나중에 최종적으로 심판을 받음으로 복종하는 방법도 있는 것입니다.

오늘날 많은 그리스도인들은 예수님이 다시 오시지 않을 줄 알고 믿음을 사용하지 않고 세상의 방법으로 사는 것을 택합니다. 그러면 주님이 갑자기 오셨을 때 주님 앞에서 악한 종이라고 책망받게 될 것입니다. 지금도 하나님의 나라는 우리를 기다리고 있습니다. 무엇이든지 최선을 다하면 열 므나를 남길 수 있습니다. 끝까지 충성을 다하는 성도들이 되길 바랍니다.

64

예루살렘 입성

[눅 19:28-48]

홍콩이 90년 만에 영국 조차가 끝나고 중국에 반환될 때 홍콩에 가장 먼저 입성한 것은 중국 군대였습니다. 어느 도시에 새로운 군대가 입성하면 구질서는 완전히 물러가고 새로운 사회가 건립됩니다. 예를 들어 한국 전쟁 때 공산 치하에 있던 서울에 국군이 입성했을 때 이제 공산주의 통치는 끝나고 자유 민주주의 통치가 회복된다는 것을 의미합니다. 이처럼 새로운 왕이 군사들을 이끌고 입성을 하면 구질서는 모두 물러가고 이제 새로운 왕의 통치가 이루어지게 되는 것입니다.

그런 의미에서 예수님의 예루살렘 입성은 오래된 옛 질서는 물러가고 새로운 시대가 시작됨을 선포하는 것입니다. 그런데 예수님은 다른 정복자처럼 말에 올라타고 군대를 이끌고 입성하신 것이 아니라 나귀 새끼를 타고 입성하셨습니다. 그것도 다른 사람의 나귀를 빌린 것이었습니다. 그러나 예수님은 공개적으로 예루살렘에 입성하셨고 무리들의 환영을 받으셨습니다. 또한 평화의 왕으로 입성하셨습니다. 그리고 예루살렘에서 십자가의 처형을 당하셨습니다.

그러면 예수님의 예루살렘 입성이 우리에게 주는 의미가 무엇일까요? 첫째로 이 입성이 예수님의 공식적인 입성이라는 사실입니다. 이미 예수님은 여러 번 예루살렘을 방문하셨습니다. 그러나 이번은 예수님이 하나님의 아들 메시야로서 공식적인 방문이었습니다. 두 번째로, 예수님은 예루살렘에서 결코 무력을 사용하지 않으셨다는 것입니다. 예수님은 자신이 원하기만 하시면 얼마든지 예루살렘을 심판하실 수 있었지만 오히려 자기 자신을 죽게 하셨습니다. 세 번째로, 예수님은 예루살렘에 입성하셔서 성전의 기능을 회복하기를 원하셨습니다. 그래서 성전에서 장사하는 자들을 내어 쫓으시고 성전을 청결케 하셨습니다.

나귀를 타고 입성하심

우리가 알아야 할 것은 예수님이 예루살렘에 입성하신 것이 처음은 아니라는 사실입니다. 사실 예수님은 거의 절기마다 예루살렘에 입성하셨습니다. 그러나 그 어느 때에도 나귀를 타고 입성하신다거나 많은 사람들의 환영을 받으신 적이 없었습니다. 그런데 예수님은 십자가를 지러 가시는 길에 다른 때와 분명히 다른 태도를 취하셨습니다. 예수님은 나귀를 타고 입성하셨고 많은 군중들의 열렬한 환영을 받으셨습니다. 이것은 다른 때의 입성과는 근본적으로 다르다는 것을 보여주는 것입니다.

우선 예수님은 예루살렘에 입성하시면서 나귀 새끼를 타셨습니다.

"감람원이라는 산의 벳바게와 베다니에 가까이 왔을 때에 제자 중 둘을 보내시며 이르시되 너희 맞은편 마을로 가라 그리로 들어가면 아직 아무 사람

도 타 보지 않은 나귀 새끼의 매여 있는 것을 보리니 풀어 끌고 오너라"(29-30절)

나귀는 작지만 아주 힘이 센 짐승입니다. 어른이 나귀 새끼를 타면 발이 땅에 닿게 되어 나귀를 타는 의미가 없게 됩니다. 마태복음에 보면 나귀와 나귀 새끼가 있는데 예수님은 일부러 나귀 새끼를 타셨다고 되어 있습니다. 나귀 새끼는 어미와 떨어져서는 움직이지 않으니까 어미도 같이 데리고 왔는데 예수님은 일부러 새끼를 타신 것입니다.

이것은 분명히 예수님이 무엇인가를 보여주려는 의도가 있으신 것입니다. 그것은 바로 구약 성경의 성취입니다. "시온의 딸아 크게 기뻐할지어다 예루살렘의 딸아 즐거이 부를지어다 보라 네 왕이 네게 임하나니 그는 공의로우며 구원을 베풀며 겸손하여서 나귀를 타나니 나귀의 작은 것 곧 나귀 새끼니라"(스가랴 9:9).

예수님이 태어나셨을 때 바리새인과 서기관들은 메시야가 베들레헴에 태어나실 것을 알았습니다. 왜냐하면 미가 선지자가 베들레헴에서 이스라엘의 목자가 태어날 것이라고 예언했기 때문입니다. 미가서의 예언만큼이나 유명한 것이 메시야가 예루살렘에 입성하실 때 나귀 곧 나귀의 새끼를 타고 입성하신다는 것입니다. 예수님은 예루살렘에 올라가시면서 자신이 누구신지 분명히 알 수 있도록 공개적으로 올라가신 것입니다.

누구든지 성경을 아는 사람이라면 나귀 새끼를 타고 우스꽝스러운 모습으로 입성하시는 이 분이 하나님의 메시야라는 사실을 알았을 것입니다. 정상적인 경우라면 어른이 나귀 새끼를 타지 않습니다. 왜냐하면 나귀 새끼에게는 힘이 없기 때문입니다. 그리고 나귀 새끼를 타봐야 도움이 되지도 않습니다. 발이 땅에 닿는데 어떻게 타고 가겠습니까? 그러니 나귀 새끼를 타고 입성하시는 분은 정신병자가 아니면 하나님의 메시야인 것입니다.

그래서 예수님이 나귀 새끼를 타고 입성하신 것은 유대인들에게 큰 시험이었습니다. 즉 그들이 성경을 믿는다면 하나님의 메시야 앞에 나와 무릎을 꿇고 복종하라는 표시인 것입니다. 그러면 예수님은 지금까지의 구질서는 물러가게 하시고 새로운 세계를 창조하실 것입니다. 그러나 그들이 하나님의 메시야를 거부하면 예루살렘은 심판을 받을 수밖에 없는 것입니다.

두 번째로, 예수님은 나귀를 데리고 오는 과정에서 탁월한 지각을 보여주셨습니다. 예수님은 보지 않고서도 맞은 편 마을에 아무도 타 보지 않은 나귀 새끼가 있다는 것을 아셨습니다. 이것은 예수님의 전지전능하신 능력을 보여줍니다. 예수님은 보지도 않고 어디에 무엇이 있다는 것을 다 알고 계시고 정확하게 그곳으로 제자들을 보내셨습니다. 이것은 나중에 제자들이 주님의 일을 하는 데 아주 큰 힘이 되었을 것입니다. 예수님이 제자들을 보내실 때에는 이미 준비해 놓고 보내시는 것입니다. 그래서 우리는 무에서 유를 창조하려고 애쓸 필요가 없습니다. 우리는 다만 예수님이 이미 준비해 놓으신 것을 가져오기만 하면 됩니다.

예수님은 제자들이 나귀를 풀어올 때 주인이 왜 푸느냐고 물으면 이렇게 대답하라고 가르쳐 주셨습니다.

"만일 누가 너희에게 어찌하여 푸느냐 묻거든 이렇게 말하되 주가 쓰시겠다 하라 하시매" (31절)

예전에 나귀는 자가용이나 마찬가지였습니다. 물론 좋은 차가 아니어서 요즘으로 말하면 티코 정도인 것 같습니다. 그러나 티코라고 아무에게나 공짜로 줄 수 있는 것은 아니지 않습니까? 제자들이 나귀를 푸는데 주인이 물었습니다. 왜 남의 나귀를 푸느냐고 했을 때 제자들은 간단하게 '주께서 쓰신다' 라고 대답한 것입니다. 길게 설명한 것이 아니라 오직 '주님이 쓰신다' 라고 말했는데 그 나귀 주인은 알아듣고 나귀와 새끼를 주더라는 것입니다. 이것은 나귀 주인이 주님이 누구를 지칭하는지 알았다는 것입니다. 그리고 그는 주님이 쓰시는 것에 대해서는 조금도 아까워하지 않았습니다.

이것이 바로 향유 옥합을 예수님의 발에 부은 막달라 마리아의 심정과 같은 것입니다. 예수님을 위해서라면 무엇이든지 아끼지 않고 기꺼이 드릴 수 있는 사람들이 있었습니다. 결국 이 사람들이 성경을 성취하게 한 사람들이며 예수님의 십자가의 길을 도운 사람들이었습니다.

예수님은 나의 모든 것을 가져가실 수 있습니다. 재산을 가져가실 수도 있고 학벌을 가져가실 수도 있으며 건강을 가져가실 수도 있습니다. 또한 내 몸을 가져가실 수도 있으며 내 생명을 가져가실 수도 있습니다. 그럼에도 나의 것을 드리는 것은 결코 헛된 것이 아닙니다. 또한 때로 의미도 모르고 바쳤을지라도 그것은 모두 영원히 없어지지 않는 보석이 되는 것입니다.

세 번째로, 예수님은 나귀 새끼를 타심으로 겸손한 왕이심을 보여주셨습니다. 나귀 새끼를 탄 왕은 공격적이지 않습니다. 왜냐하면 나귀 새끼를 타고는 전쟁을 할 수 없기 때문입니다. 그리고 높은 자리에 앉으신 것도 아니기 때문에 우러러 볼 필요가 없습니다. 누구든지 가까이 가서 예수님을 만질 수도 있고 바로 앞에서 예수님의 얼굴을 볼 수도 있습니다.

사실 예수님은 나귀 새끼를 타고 입성하시는 바람에 어린이들에게 인기가 많았습니다. 새끼 나귀를 타는 것은 마치 왕이 어린이의 세발자전거를 타고 입성하는 것과 같습니다. 어린이들은 예수님을 굉장히 좋아했고 또 예수님을 찬양했습니다. 예수님은 이 세상의 어느 누구도 공격하지 않으셨습니다. 단지 겸손하게 복음을 전하셨습니다. 복음을 받아들이고 믿으면 생명을 얻는 것이며 그것을 거부하면 멸망하는 것입니다.

군중들의 환호를 받으심

예수님은 예루살렘에 입성하시면서 이례적으로 군중들의 열렬한 환호를 받으셨습니다.

"그것을 예수께로 끌고 와서 자기들의 겉옷을 나귀 새끼 위에 걸쳐 놓고 예수를 태우니 가실 때에 저희가 자기의 겉옷을 길에 펴더라" (35-36절)

원래 왕은 말을 탈 때에 화려한 말안장에 올라앉아서 붉은 양탄자가 깔려 있는 길에 행진하게 되어 있었습니다. 그러나 예수님을 따르는 자들에게는 말안장도 없었고 길에 깔 양탄자도 없었습니다. 그래서 그들은 엉겁결에 자기들이 입고 있던 겉옷을 벗어서 나귀 새끼 등에 깔고 예수님이 진행하시는 길에 깔았습니다. 이것은 그들의 수준에서 할 수 있는 최고의 예의였습니다. 그리고 예수님은 그들의 부족한 예의를 왕을 영접하는 것으로 받아주셨습니다.

군중들은 예수님의 일행이 예루살렘 입구 가까이 오게 되었을 때 환호하기 시작했습니다.

"이미 감람산에서 내려가는 편까지 가까이 오시매 제자의 온 무리가 자기의 본 바 모든 능한 일을 인하여 기뻐하며 큰 소리로 하나님을 찬양하여 가로되 찬송하리로다 주의 이름으로 오시는 왕이여 하늘에는 평화요 가장 높

은 곳에는 영광이로다 하니"(37-38절)

예수님은 평소에는 군중들의 환호를 받지 않으셨고 언제나 모든 영광이 하나님께 돌려지기를 원하셨습니다. 그러나 예루살렘에 입성하시면서는 무리들의 뜨거운 환호를 받으셨습니다. 바리새인들이 제자들에게 소리를 지르지 못하게 하라고 요청했을 때 예수님은 '만일 이 사람들이 잠잠하면 돌들이 소리를 지를 것이다' 라고 말씀하시면서 이들의 환호가 옳다고 하셨습니다.

이것은 예수님이 십자가를 준비하신 것입니다. 사실 예수님의 십자가는 엄청난 승리입니다. 십자가는 6·25때의 인천 상륙작전과 같고 2차대전 때의 노르망디 상륙 작전과 같습니다. 한마디로 사상 최대의 작전인 것입니다.

예수님의 십자가로 마귀의 세력들은 완전히 힘을 잃고 도망치기 시작합니다. 그리고 사탄의 세력에 붙들려 있던 사람들은 모두 죄에서 해방되어 능력 있는 새로운 삶을 시작하게 됩니다. 이것은 모든 백성들이 크게 환호해야 할 놀라운 일입니다.

그러나 실제로 이 사람들 앞에 나타난 예수님은 완전히 패배한 모습이었습니다. 예수님은 십자가에서 비참하게 못 박혀 죽으셨기에 사탄의 무리들이 승리한 것 같습니다. 그리하여 제자들은 큰 절망과 좌절에 빠지게 됩니다. 그래서 예수님은 제자들로 하여금 미리 십자가의 승리를 환호하게 하시는 것입니다. 이미 예수님은 십자가를 지시기로 작정하셨기 때문에 모든 믿는 자들이 구원받는 것은 틀림없는 사실입니다. 그러기에 예수님이 입성하실 때 미리 승리의 환호를 외치라는 것입니다.

예수님이 입성하실 때 환영하던 많은 사람들이 나중에는 마음이 변하여 예수님을 십자가에 못 박으라고 했다고 생각하는데 사실은 이 사람들은 다른 사람들이었습니다. 예수님을 환영한 사람들은 예수님의 십자가는 내다보지 못했을지 몰라도 분명히 예수님을 하나님의 아들로 믿는 사람들이었습니다. 그리고 나중에 예수를 십자가에 못 박으라고 소리를 지른 사람들은 다른 사람들입니다. 예수님을 환영한 사람들은 예수님에 대해 '주의 이름으로 오시는 이여 하늘에는 평화요 가장 높은 곳에서는 영광이로다' 라고 찬송했습니다.

예수님은 하나님의 이름으로 이 세상에 오셨습니다. 그는 하나님의 사자로 예루살렘에 입성하시는 것입니다. 그가 오신 것은 하나님과 이 세상을 화평케 하기 위해서입니다. 하나님과 화해하는 것이 인간의 문제를 근본적으로 해결하는 방법입니다. 다른 것들은 모두 피상적인 해결책에 불과합니다. 그리고 진정으로 하나님과 화해한 사람들은 모든 영광을 하나님께 돌려보냅니다. 즉 가장 높은 곳에 영광입니다.

왜 예수님은 이 사람들이 입을 다물면 돌들이 소리칠 것이라고 하셨습니까? 그것은 돌들이 너무나 답답했기 때문입니다. 하나님의 아들이 오신 것을 돌들도 알고 있는데 인간들이 그것을 인정하지 않는 것입니다. 지금 사람들의 반응이 너무 답답해서 모든 피조물들이 가슴을 치는 것입니다.

보통 왕은 입성하면 환호하는 백성들에게 선물을 줍니다. 예수님은 환호하는 무리들에게 무엇을 선물로 주셨습니까? 죄의 용서와 성령의 능력을 선물로 주셨습니다. 이것이 바로 하나님의 아들이 우리에게 주시는 최고의 선물입니다.

어떤 사람도 백성이 왕에게 찬송하는 것을 막을 수 없습니다. 이것을 막으면 돌들이 소리를 치게 됩니다. 하나님의 말씀이 바르게 선포되는 것을 아무도 막을 수 없습니다. 그러면 하나님의 진노의 심판이 임할 것입니다. 진정한 평화는 사람의 눈치를 보는 데 있지 않습니다. 이것은 온 힘을 다하여 하나님을 찬양하고 높여드리는 데 있습니다. 찬송은 선포이기 때문에 하나님의 구원을 선포하면 마귀의 세력은 당황하게 됩니다.

본문에 보면 바리새인들이 제자들이 소리를 지르지 못하도록 예수님께 압력을 넣습니다. 그러나 예수님은 너희들은 돌보다도 깨닫지 못하느냐고 책망하십니다. 인류의 평화는 다른 나라의 눈치를 보는 데 있지 않습니다. 하나님을 높이고 선포하면 평화가 오게 됩니다.

예루살렘에 대한 탄식

예수님은 예루살렘에 입성하신 후 예루살렘에 대해 매우 비통해 하셨습니다. 그 이유는 하나님의 아들이 오신 것을 알지 못하고 그를 배척하여 십자가에 못 박는 장본인들이 바로 이 예루살렘 사람들이기 때문입니다. 예수님은 위대한 구원을 이루시지만 그들은 이 구원을 누리지 못하고 하나님의 무서운 심판을 당하게 될 것입니다.

"가까이 오사 성을 보시고 우시며 가라사대 너도 오늘날 평화에 관한 일을 알았더면 좋을 뻔하였거니와 지금 네 눈에 숨기웠도다 날이 이를지라 네 원수들이 토성을 쌓고 너를 둘러 사면으로 가두고 또 너와 및 그 가운데 있는 네 자식들을 땅에 메어치며 돌 하나도 돌 위에 남기지 아니하리니 이는 권고받는 날을 네가 알지 못함을 인함이니라 하시니라"(41-44절)

예수님은 예루살렘을 보시면서 우셨습니다. 왜냐하면 그들은 예수님이 분명히 모든 사람들이 알아볼 수 있도록 자신의 신분을 밝히고 예루살렘에 입성하셨는데도, 예수님을 환영하며 그 발 앞에 무릎을 꿇은 자는 너무나 적었기 때문입니다. 오히려 대부분의 사람들은 예수님의 입성을 구경거리 정도로 생각했고 소음으로 생각하는 자들도 있었습니다.

　예루살렘 사람들이 예수님에 대해 무관심했던 이유가 무엇입니까? 예수님이 평화의 왕으로 오셨기 때문입니다. 만일 예수님이 무장하시고 군인들을 대동하고 오셨더라면 그들이 절대로 그렇게 무관심했을 리가 없습니다. 당장 무릎을 꿇고 예수님 앞에 나와 절을 했을 것입니다. 그들은 평화에는 관심이 없었습니다. 그들은 하나님의 영광에도 관심이 없었습니다. 오직 자기들의 욕심에만 관심이 있었습니다.

　평화의 복음에 무관심하면 그것으로 끝나는 것이 아닙니다. 그 후에는 하나님의 무서운 심판이 있게 됩니다. 예수님의 평화의 복음은 단순한 권면이 아닙니다. 그것은 하나님의 명령이며 이 평화의 복음을 거부하는 자는 하나님의 가장 무서운 심판을 받게 됩니다.

　예루살렘 사람들은 교만에 가득 차서 평화의 왕이 오신 것을 거부하고 오히려 그를 십자가에 못 박아 죽였습니다. 그 대가가 무엇입니까? 성이 로마 군인들에게 에워싸이고 자식들은 땅에 메어침을 당하며 성은 돌 위에 돌이 하나도 남지 않고 다 파괴되는 것입니다. 그 이유는 하나님의 권고받는 날을 몰랐기 때문입니다. 여기서 권고는 기억 또는 방문의 의미가 있습니다. 그들은 하나님의 아들이 방문하셔서 권면하시는 것을 무시했습니다.

　평화의 복음은 단순한 전도로 끝나는 것이 아닙니다. 이것은 바로 하나님의 무서운 심판의 시작인 것입니다. 어느 곳에 폭동이 일어났을 때 정부에서는 평화의 메시지로 설득합니다. 무기를 반납하고 평화를 되찾기를 바란다는 것입니다. 그 메시지를 받아들이면 모든 것이 회복되지만 끝까지 거부하면 전쟁이 시작되는 것입니다.

　그래서 예수님이 예루살렘에 입성하신 자체가 하나님의 심판의 경고였습니다. 즉 하나님의 아들이 나귀 새끼를 타고 입성할 때 알아서 복음을 믿고 회개하라는 것입니다. 예수님은 울면서 그들에게 '평화에 관한 일을 알았다면 좋을 뻔했다'고 하셨습니다. 그 이유는 이 입성이 예루살렘 사람들에게는 마지막 회개의 기회였기 때문입니다. 그러나 그들의 눈에는 이 모든 것이 숨겨졌습니다. 왜냐하면 욕심이 그들의 눈을 가렸기 때문입니다.

하나님의 아들을 거부한 예루살렘은 예전에 예루살렘이 바벨론에 의해 망한 것처럼 망하게 됩니다. 원수들이 토성을 쌓고 사면을 둘러 가두고 자식들을 땅에 메어칠 것이라고 했습니다. 그리고 돌 하나도 돌 위에 그대로 남지 않고 철저하게 파괴될 것이라고 말씀하셨습니다. 예수님의 이 예언은 주후 70년 로마의 디도 장군에 의해 그대로 이루어졌습니다. 바로 이것이 평화의 왕을 거부한 죄의 대가입니다.

예루살렘 성전을 정결케 하심

예수님은 예루살렘에서 가장 상징적인 일을 하셨습니다. 그것은 예루살렘 성전을 청결케 하신 것입니다.

"성전에 들어가사 장사하는 자들을 내어 쫓으시며 저희에게 이르시되 기록된 바 내 집은 기도하는 집이 되리라 하였거늘 너희는 강도의 굴혈을 만들었도다 하시니라"(45-46절)

예수님은 성전을 한 번만 청결케 하신 것이 아니었습니다. 예수님은 초기에도 성전에 오셔서 장사하는 자들과 짐승들을 내어 쫓으신 적이 있었습니다. 그러나 이번에는 예수님의 공식적인 예루살렘 방문이었던 것입니다. 대개 왕들이 입성하면 행정 관청을 접수하는 일을 합니다. 우리나라에서도 대통령 선거에 당선된 사람은 정권을 인수하는 인수위원회부터 만들어서 정권을 인수할 준비를 합니다.

그런데 예수님이 예루살렘에서 인수하신 것은 성전이었습니다. 즉 사람들이 더럽혀 놓고 왜곡한 성전의 기능을 회복시키는 것이었습니다. 예수님은 구약 시대의 성전으로 돌려놓은 것이 아니라 능력 있는 새로운 성전으로 바꾸신 것입니다.

원래 성전은 죄인들이 기도하는 곳이었습니다. 하나님 앞에 나와 회개의 기도를 하고 죄의 용서를 받는 곳이 성전이었습니다. 그러나 이 성전은 예수님이 오실 때까지만 존속하는 임시적인 것이었습니다.

그런데 유대 지도자들은 성전을 장사하는 곳으로 만들어서 엄청난 돈을 벌고 있었습니다. 성전에 하나님의 영광이 있는 것이 아니라 돈 욕심에 눈이 충혈된 강도들이 가득했습니다. 결국 이 강도들이 자기 권리를 빼앗기지 않으려고 예수님을 십자가에 못 박아 죽인 것입니다.

놀라운 것은 그들이 예수님을 죽였지만 놀랍게도 하나님의 구원이 이루어졌다는 것입니다. 그들은 결국 하나님의 뜻만 이루어지게 했습니다. 사실 그 악한 강도들이 아니면 누가 감히 예수님을 십자가에 못 박게 할 수 있겠습니까? 이처럼 이 세상의 악한 사람들도 다 용도가 있는 것입니다.

예수님이 우리에게 주신 것은 하나님의 성전의 축복입니다. 우리는 기도할 때 하나님의 지성소에서 기도합니다. 하나님은 우리의 모든 기도에 귀를 귀기울이시고 응답해 주실 것입니다. 그러나 성전이 사람들의 탐욕의 수단이 되어서는 안 됩니다. 오직 죄인들이 하나님께 나와 회개할 수 있도록 문을 활짝 열어 놓아야 합니다. 죄인들이 주님께 나오는 데 걸림돌이 있어서는 안 됩니다.

우리는 예수님을 우리 마음의 왕으로 영접해야 합니다. 평화의 복음을 받아들이면 이 세상에서도 전쟁은 없어지게 될 것입니다. 우리는 이 놀라운 복음을 외치고 부르짖어야 합니다. 그렇지 않으면 돌들이 답답해서 소리를 지를 것입니다.

예루살렘의 지도자들은 예수님을 영접하지도 않고 오히려 적대시했습니다.

"예수께서 날마다 성전에서 가르치시니 대제사장들과 서기관들과 백성의 두목들이 그를 죽이려고 꾀하되 백성이 다 그에게 귀를 기울여 들으므로 어찌할 방침을 찾지 못하였더라"(47-48절)

놀라운 것은 예수님의 이 놀라운 겸손과 성경적인 증거에도 불구하고 예수님을 싫어할 뿐 아니라 심지어 죽이려고 하는 유대의 지도자들이 있었다는 것입니다. 예수님의 말씀이 얼마나 옳습니까? 그리고 얼마나 좋습니까? 그러나 마음이 교만한 자들은 예수님을 업신여기고 그의 증거를 받아들이지 않았습니다.

이 세상에서 가장 어리석은 사람들은 겸손한 자를 알아보지 못하는 것입니다. 사람이 진정으로 겸손한 이유는 하나님을 알기 때문입니다. 감히 하나님 앞에서 자기를 높일 수 없어서 낮추는 것입니다. 그런데 교만한 사람은 겸손한 사람이 무능하고 자신감이 없어서 그런 줄 알고 무시하고 짓밟다가 결국 하나님의 심판을 받게 됩니다.

본문을 보면 사람을 두려워하는 자와 하나님을 두려워하는 자가 분명하게 나뉘게 됩니다. 하나님을 두려워하는 자들은 사람을 두려워하지 않습니다. 그러나 사람들을 두려워하는 사람들은 사람의 눈치를 보고 있습니다. 결국 이 사람들은 마귀의 하수인들이 되어 돌이킬 수 없는 죄를 지었습니다.

우리는 진정한 평화가 그리스도 안에 있다는 것을 알아야 합니다. 평화의 왕이신 예수님을 영접하는 자들은 전쟁이 하나님의 손에 있다는 것을 압니다. 그래서 사람을 두려워하지 않습니다. 왜냐하면 전쟁도 하나님의 심판의 한 방법이기 때문입니다. 그러나 하나님을 두려워하지 않는 자들은 로마에만 잘 보이려고 하다가 결국 전쟁에 휘말려 모두 멸망하고 말았던 것입니다.

65
하늘로부터 온 권세
[눅 20:1-16]

요즘은 자격증의 시대라고 합니다. 우리 사회에서는 국가나 단체에서 인정하는 자격증이 있어야 합니다. 예를 들어 부동산을 중개하는 일을 하려면 공인 중개사 자격을 취득해야 부동산 중개업을 합법적으로 할 수 있습니다. 의사들은 의사 자격증이 있어야 하며 회계 업무를 전문적으로 하는 사람은 공인 회계사 자격이 있어야 합니다. 또 법적인 소송의 변호를 맡으려면 변호사 자격이 있어야 합니다. 그리고 중학교나 고등학교에서 가르치려면 중등교사 자격이 있어야 하고 대학 강단에서 대학생을 가르치려면 전공 과목의 박사학위가 있거나 그에 준하는 실력을 인정받아야 합니다.

지난번에 어느 일간 신문에는 자격증을 열 개 이상 가지고 있는 사람이 소개되기도 했는데, 국가나 사회에서 자격을 인정하는 사람들은 그들의 실력이 어느 정도 공인된 것이기에 그 사람을 잘 몰라도 믿고 일을 맡길 수 있습니다. 그런데 아무런 공인된 자격도 없는 사람이 나타나서 환자를 수술하겠다고 하거나 법적인 소송의 변호를 맡겠다고 하면 그것 자체가 이미 불법인 것입니다.

그러나 신앙에 대한 것은 눈에 보이는 영역이 아니기 때문에 옳고 그른 것을 분별하기가 어렵습니다. 그래서 어떤 사람이 혜성같이 나타나서 자기는 하나님으로부터 계시를 받았다고 하면서 많은 사람들을 모아서 집회를 하면 사회적인 범죄 행위를 하지 않는 한 법적인 제재를 할 수 없습니다.

얼마 전에 방송에서는 모 이단 집단의 젊은 교주가 많은 여성들을 성적으로 추행한 것을 특집으로 다루었습니다. 많은 여성이 한결같이 피해를 입었다고 주장하는데도 본인은 아니라고 부인하면서 아직도 활동을 하고 있습니다.

이처럼 신앙에 대한 것은 개개인이 정신을 똑바로 차리고 분별력 있게 판단해서 받아들일 것은 받아들이고 거부할 것은 거부하는 수밖에 없습니다. 가까운 친척이나 친구가 이단에 빠져 어떻게 하느냐고 물으면 잘못된 것이라고 하면서 빼내는 수밖에 없습니다.

하나님은 믿는 자들에게 하나님의 진리를 분별하는 능력을 주셨습니다. 그래서 하나님의 백성들이 하나님의 말씀이 아닌 것을 들으면 이상하게 머리가 복잡해지고 도대체 분별이 되지 않습니다. 그러나 하나님의 말씀을 들으면 마음이 뜨거워지고 선명하게 깨닫게 되면서 새로운 힘이 생깁니다.

그러나 믿지 않는 자들에게는 아무리 하나님의 진리를 들어도 이것이 진짜 하나님의 말씀인지 분별할 수 있는 능력이 없습니다. 그래서 구약 시대에 믿음이 없는 자들에게 믿음을 주시기 위해 기적을 베풀어 주셨습니다. 그래서 모세에게는 지팡이가 변하여 뱀이 되는 기적을 행하셨고 엘리야에게는 하늘에서 불이 떨어지는 기적을 허락하신 것입니다. 그것은 그들이 하나님의 말씀을 믿지 않기 때문에 억지로라도 믿게 하기 위해 눈에 보이는 기적을 주신 것입니다.

이것은 오늘날도 마찬가지입니다. 정상적인 하나님의 백성들은 하나님의 말씀을 들으면 은혜를 받고 힘을 내게 됩니다. 그러나 믿음이 부족한 사람들에게는 말씀만으로는 부족하기 때문에 많은 경우 병이 낫는 기적들을 통해 하나님의 은혜를 체험하게 하십니다.

예수님이 예루살렘 성전에서 백성들에게 하나님의 말씀을 가르치실 때 유대의 지도자들은 예수님이 사람들에게 말씀을 전할 자격이 없다고 하면서 예수님에게 도전을 했습니다. 즉 당신이 무슨 자격으로 하나님의 말씀을 가르치느냐고 하면서 그 권세를 준 자가 누구인지 말하라고 했습니다.

이스라엘 백성들은 하나님을 믿는 사람들입니다. 그래서 그들에게는 사회가 인정하는 권위보다 더 높은 것이 하나님이 인정하는 권위였습니다. 여기서 중요한 것은 유대의 지도자들이 하나님이 보내신 권위를 인정하느냐, 인정하지 않느냐는 것입니다.

예수님의 권위에 대한 도전

"하루는 예수께서 성전에서 백성을 가르치시며 복음을 전하실새 대제사장들과 서기관들이 장로들과 함께 가까이 와서 말하여 가로되 당신이 무슨 권세로 이런 일을 하는지 이 권세를 준 이가 누구인지 우리에게 말하라"(1-2절)

예수님은 하나님의 말씀을 가르치고 복음을 전하는 것을 아주 중요하게 생각하셨습니다. 왜냐하면 말씀을 전하는 것은 바로 천국의 씨를 뿌리는 것이기 때문입니다. 일단 씨를 뿌려 놓으면 당장 결실하지는 않는다 하더라도 온도와 습도만 맞으면 언제든지 싹이 틀 수 있기 때문입니다.

예수님이 예루살렘에 올라가셨을 때에는 전 세계에서 몰려든 많은 이스라엘 자손들이 있었습니다. 이 사람들은 예수님이 누구신지도 모르고 한 번도 예수님의 말씀을 들어본 적도 없는 사람들이었습니다. 이 사람들은 한 평생 모은 돈을 가지고 예루살렘에 가서 성전에서 제사를 드리는 것이 소원인 사람들이었습니다.

이들을 상대로 해서 예수님과 유대 지도자들 사이에는 치열한 경쟁이 있었습니다. 예수님은 한 번도 예수님을 만난 적이 없는 이들에게 직접 하나님의 말씀을 전하셨습니다. 예수님이 이렇게 하신 것은 이들에게 씨를 뿌리시는 것입니다. 당장은 예수님을 믿지 않더라도 예수님이 죽음에서 부활하시고 성령이 제자들에게 임하시면 그때 다시 예수님을 기억하게 될 것이기 때문입니다. 그들은 주님이 죽으시기 전에 직접 그분의 말씀을 들었다고 하면서 기뻐할 것입니다.

그러나 예루살렘을 주장하고 있는 유대의 지도자들은 유월절에 예루살렘에 몰려든 많은 유대인들이 성전에서 제사를 드리기 원했습니다. 물론 이 많은 사람들이 고향에서 양이나 소를 끌고 올 수 없었기 때문에 그들은 예루살렘에서 제사용 짐승들을 팔았습니다. 그리고 이방인의 돈은 하나님께 바칠 수 없기 때문에 돈도 환전해 주었습니다. 그러면서 유대의 지도자들은 성전 제사로 엄청난 수익을 올릴 수 있었던 것입니다. 한꺼번에 이백만 명이 넘는 사람들이 예루살렘으로 몰려드니 얼마나 돈 벌기가 좋겠습니까?

그런데 예수님은 성전에서 장사하는 자들을 내어 쫓으시며 '너희가 성전을 강도의 소굴로 만들었도다' 라고 하시면서 장사를 못하게 하시고 그 대신에 사람들에게 하나님의 복음을 전하신 것입니다. 이것은 지금까지의 예루살렘의 권위를 전적으로 부정하는 것이었으며 그들의 위치를 완전히 흔들어 놓는 것이었습니다. 그래서 그들은 예수님에게 무슨 권세로 성전을 뒤엎고 사람들을 가르치는지 물었습니다.

여기 대제사장들과 서기관들과 장로들은 유대 사회의 최고 지도자들을 뜻합니다. 그들은 예루살렘 성전은 우리가 관할하고 있으며 우리의 허락 없이는 함부로 사람들을 가르칠 수 없다고 주장했습니다. 다시 말해서 유대의 지도자들의 생각은 우리는 지금 지극히 높으신 하나님의 성전을 관할하고 있다는 것입니다. 그리고 도대체 누가 성전보다 더 높을 수 있느냐는 뜻입니다. 즉 성전보다 더 높은 분은 하나님 한 분밖에 없다는 것입니다.

그런데 여기서 우리는 몇 가지를 생각해 보아야 합니다. 첫째로, 성전은 하나님이 허락하신 최고의 기관인 것은 분명했습니다. 그러나 성전을 성전답게 섬기는 것과 성전의 권위를 악용해서 자기 욕심을 채우는 것은 다른 것입니다.

진정한 성전의 권위는 성전에서 사람들이 죄를 용서받고 변하여 새 사람이 되게 하는 데 있습니다. 그러므로 정말로 성전을 섬기는 자들이라면 자신들의 권위는 어떻게 되든지 사람들의 죄를 깨닫게 하고 하나님 앞에서 바른 사람이 되게 하는 데 최선의 노력을 다 했을 것입니다. 그러나 성전을 섬긴다고 하면서 짐승을 팔아서 많은 돈을 버는 것은 진정한 권위가 아니었습니다. 오히려 그들은 하나님의 권위를 도적질하는 것이었습니다. 그런데 사람들은 이 문제가 하나님의 이름과 관계가 있기 때문에 감히 지적하지 못하고 있었을 뿐입니다.

병원에서 의사의 권위는 무엇입니까? 물론 큰 병원에 있는 것도 권위가 될 수 있겠지만 병자를 잘 고치는 것이 의사의 진정한 권위입니다. 마찬가지로 제사장이나 서기관의 권위는 죄인들이 변하여 새로운 사람이 되게 하는 데 있습니다. 그것을 위해서 사람들에게 바른 말씀을 전하고 그들이 하나님 앞에서 새로운 삶을 살 수 있도록 겸손히 섬겨야 하는 것입니다.

사실 예루살렘 성전의 장사는 하나님 앞에서 가장 큰 죄였고 반역이었습니다. 예루살렘이 망할 수밖에 없었던 것은 바로 이것 때문이었습니다. 하나님을 가장 가까이에서 섬겨야 할 자들이 하나님의 이름을 도용하여 장사를 했기 때문입니다. 하나님은 이 도적들을 몰아내시기 위해 로마의 디도 장군을 사용하신 것입니다.

둘째로, 성전이 아무리 높은 권위를 가지고 있다고 하더라도 성전보다 더 높은 권세를 가지신 분이 있다는 것입니다. 그는 바로 하나님의 아들입니다. 예수님이 나귀 새끼를 타고 입성하셔서 바로 성전을 뒤엎으신 것은 그가 하나님의 아들이신 것을 보여주는 증거였습니다.

그러나 그들은 예수님을 인정하지 않았습니다. 단지 갈릴리 출신의 겁 없는 반체제 인사 정도로 생각했던 것입니다. 이들이 예수님에게 요구한 것은 '네가 하나님의 아들인 증거를 보여달라' 는 것입니다. 그러면 과연 이들이 예수님을 믿기 위해 하나님의 아들인 증거를 요구했을까요? 결코 그렇지 않습니다.

만일 예수님이 하나의 기적을 보이면 그들은 또 다른 기적을 요구할 것입니다. 예수님은 믿는 자들에게는 기적을 행하시지만 믿지 않고 시험하는 자들에게는 기적을 행하지 않으셨습니다. 왜냐하면 기적이 예수님을 믿게 하는 것은 아니기 때문입니다. 예수님을 하나님의 아들로 믿게 하는 것은 말씀의 증거이지 기적이 아닙니다.

셋째로, 이미 구약 선지자들이 제사보다 하나님의 말씀을 듣는 것이 더 중요하다고 여러 번 이야기했다는 점입니다. 성전은 하나님의 말씀이 있는 곳입니다. 제사를 드리는 이유도 궁극적으로는 하나님의 말씀을 듣기 위해서입니다.

하나님은 죄인에게는 말씀을 주시지 않기 때문에 죄를 자복하고 제사를 드릴 때 하나님의 죄를 용서받은 후 하나님의 말씀이 임하는 것입니다. 유대 지도자들에게 맡겨진 것은 제사 드리는 일을 돕는 것입니다. 그런데 오랫동안 하나님의 말씀이 없었기 때문에 유대 지도자들은 성전의 권위를 자기들이 만들어내는 줄 알고 있었습니다. 즉 자기들이 인정하는 것은 진리이며 자기들이 인정하지 않는 것은 거짓으로 알고 있었습니다.

참으로 놀라운 것이 바로 이것입니다. 거짓이 오랫동안 관행이 되면 진짜가 나타났을 때 거짓으로 몰리는 것입니다. 하나님의 진리는 세상적으로 인정받는 것이 아니기 때문에 사람들이 무시하고 업신여긴다는 것을 알아야 합니다. 그러나 하나님의 진리는 사람이 인정하든 인정하지 않든 진리입니다. 그리고 진리를 믿으면 사는 것이며 믿지 않으면 멸망하는 것입니다. 그러므로 사람은 자기 자신이 진리에 맞추어야지 진리가 자신에게 맞기를 바라면 버림받을 가능성이 많습니다.

세례 요한의 권세

유대 지도자들이 예수님의 권위에 대해 물으셨을 때 예수님은 직접적으로 대답하지 않으시고 우회적인 질문을 하셨습니다.

"대답하여 가라사대 나도 한 말을 너희에게 물으리니 내게 말하라 요한의 세례가 하늘로서냐 사람에게로서냐"(3-4절)

예수님은 자신이 하나님으로부터 보냄을 받은 하나님의 아들이라고 증거하실 수 있습니다. 우리 생각에 그 많은 사람들 앞에서 그렇게 증거를 하시면 훨씬 효과가 있을 것 같은데 예수님은 결코 그렇게 하지 않으셨습니다.

예수님은 갑자기 세례 요한의 권위를 말씀하셨습니다. 즉 세례 요한의 세례가 어디서 왔느냐는 것입니다. 이 당시 세례 요한의 세례는 유대 사회의 뜨거운 감자였습니다. 왜냐하면 요한의 설교는 성령의 능력으로 하는 설교였기 때문입니다. 그의 설교를 듣고 애통하지 않는 사람이 없었고 회개하지 않는 사람이 없었습니다.

그런데 문제는 그의 세례에 있었습니다. 요한은 설교만 하고 끝난 것이 아니라 유대인들 중에서 회개하는 자들에게 세례를 받게 했습니다. 이것은 구약 성경의 근거가 없는 것이며 요한에게서 시작된 특별한 것이었습니다. 그래서 사람들은 요한에게 무슨 근거로 세례를 주느냐고 물었을 때 하나님이 자기에게 세례를 주라고 하셨고 자기 뒤에 성령으로 세례를 주실 분이 오신다고 대답했습니다. 그래서 많은 유대인들이 요한의 세례를 받았습니다. 세례를 받는다는 것은 자기가 죄인이라는 것을 인정하는 것이기 때문에 유대의 지도자들은 요한의 세례를 받지 않았습니다. 그냥 다른 사람들이 세례 받는 것을 구경만 했지, 자신들은 세례를 받지는 않았던 것입니다.

그래서 유대 지도자들에게는 요한의 세례가 아주 뜨거운 감자와 같은 어려운 문제였습니다. 요한의 설교에는 능력이 나타나는데 그의 세례는 받기 싫었기 때문입니다. 그래서 유대 지도자들은 요한의 세례를 인정하지도 않고 부정하지도 않고 내버려 두었던 것입니다.

유대 지도자들은 요한의 설교를 이단이라고 정죄하지 못했습니다. 왜냐하면 그의 설교에는 하나님의 능력이 나타났기 때문입니다. 그러나 요한의 세례는 받지 않았습니다. 왜냐하면 요한의 세례를 받으면 자기들의 죄를 회개해야 했기 때문입니다.

여기서 왜 예수님은 하나님의 아들의 권위를 바로 말씀하지 않고 요한을 끌어들이시는 것일까요? 그것은 거기에 있는 다른 사람들을 시험에 들지 않게 하기 위해서였습니다. 만일 예수님이 처음 보는 사람들에게 자신이 하나님의 아들이라고 증거한다면 예수님이 신성모독을 한다고 오해할 것입니다. 그리고 그들에게 하나님의 능력을 보여준다면 오병이어의 기적이 일어났을 때와 같이 예수님을 바로 왕으로 모시려고 할지도 모릅니다. 그러면 예수님은 십자가에 못 박히지 못하실 것입니다.

그러나 당시에 흩어져 있는 대부분의 유대인들에게도 요한은 하나님의 참 선지자로 알려져 있었습니다. 그래서 누구든지 요한을 믿으면 예수님을 믿게 되는 것이고 요한을 거부하는 자는 결국 예수님을 믿지 않을 것이기 때문에 요한의 세례를 말씀하신 것입니다. 다시 말해서 요한은 진리로 들어가는 문이었던 것입니다.

요즘으로 말하자면 진리로 들어가는 바른 문은 죄에 대한 설교입니다. 사람들은 여러 가지 동기로 교회에 옵니다. 어떤 사람은 사람을 사귀기 위해 오고 또 어떤 사람은 종교적인 체험이나 지식을 위해 오기도 합니다. 그러나 이 모든 것은 바른 문으로 들어가는 것이 아닙니다. 오직 자신의 죄성 때문에 고민하고 방황하다가 예수님을 만난 사람은 제대로 예수님을 만난 사람이며 반드시 성령을 받게 되고 구원받게 됩니다.

많은 사람들이 성경의 일부 진리만 받아들이려고 합니다. 어떤 사람은 윤리 부분만 받아들입니다. 어떤 사람은 형제 사랑이나 자기희생만 받아들입니다. 그리고 죄나 죄에 대한 심판은 믿지 않습니다. 많은 사람들이 죄에 대한 회개 설교를 싫어하며 자기들에게 맞는 설교를 해달라고 합니다. 그것은 하나님의 진리를 받아들이는 자세가 아닙니다.

그러면 요한의 세례의 권위는 어디서 온 것입니까? 이것은 사람들이 인정한 것이 아니라 하나님이 주신 권위였습니다. 요한은 모든 사람이 하나님 앞에 죄인이라고 선포했습니다. 그 말을 믿고 요한의 세례를 받은 사람은 대부분 예수님을 믿었습니다. 그만큼 요한의 설교가 중요했던 것입니다.

니고데모가 예수님을 찾아왔을 때 예수님은 '물과 성령으로 거듭나지 아니하면 하나님의 나라를 볼 수 없다'고 하셨습니다. 여기서 물은 바로 요한이 증거했던 죄의 회개인 것입니다.

사람들의 죄는 겉으로 나타난 행동의 문제가 아닙니다. 사람은 마음이 썩어 부패했기 때문에 마음으로 더 많은 죄를 짓습니다. 예수님이 주시는 성령은 우리 마음을 깨끗하게 합니다. 물론 우리가 회개한다고 해서 우리의 부패한 생각이 완전히 없어지는 것은 아닙니다. 그러나 우리 안에 성령의 생각이 들어오게 되어 성령의 생수가 더러운 마음의 생각들을 밀어내는 것입니다.

예수님의 가르침의 권위는 하나님으로부터 왔습니다. 하나님은 예수님을 전권대사로 보내셨습니다. 그래서 예수님이 하나님이 보내신 분이신 것을 믿는 것이 바로 영생입니다. 그 분을 믿고 예수님의 말씀을 따라가면 생명을 얻고 풍성한 삶을 얻게 됩니다. 그러나 예수님을 믿지 않는 사람들은 자기 안에 있는 죄가 중요하지 않다고 생각하는 사람들이어서 하나님께로부터 오시는 분이 필요 없었습니다. 그러기에 괜히 트집을 잡으려고 누구의 권세냐고 묻는 것입니다.

큰 병이 들어 고통받는 사람에게 의사가 찾아와서 '내가 의사입니다'라고 하면 고마워하면서 의사를 믿습니다. 그러나 병들지 않은 사람은 의사 자격증을 보자고 하고 어느 의대를 나왔느냐고 하면서 트집을 잡는 것입니다. 그럴 때는 '지난번에 찍은 엑스레이 사진이나 봅시다'라고 하면서 당신들의 상태나 보자고 해야 합니다.

정직하지 않은 지도자들

"저희가 서로 의논하여 가로되 만일 하늘로서라 하면 어찌하여 저를 믿지 아니하였느냐 할 것이요 만일 사람에게로서라 하면 백성이 요한을 선지자

로 인정하니 저희가 다 우리를 돌로 칠 것이라 하고 대답하되 어디로서인지 알지 못하노라 하니"(5-7절)

유대 지도자들은 예수님을 코너로 몰려다가 오히려 자기들이 몰리게 되었습니다. 그들은 예수님이 하나님의 아들이라고 말하면 기적을 행하라고 말하려 했는데 예수님은 세례 요한의 권위를 이야기하면서 빠져나가셨기 때문입니다. 이것을 보면 예수님은 논쟁에도 뛰어나심을 알게 됩니다. 예수님은 진리가 공격당할 때에 성령께서 우리에게 지혜를 주실 것이라고 말씀하셨습니다.

지금 유대 지도자들은 많은 유대인들이 보는 앞에서 요한에 대해 답변해야만 했습니다. 왜냐하면 전 세계에서 온 유대인들이 요한은 참 선지자라고 믿었기 때문입니다. 그런데 만일 요한을 이단이라고 하면 사람들이 돌로 칠 것이며 선지자라고 하면 왜 그를 믿지 않았느냐, 즉 왜 세례를 받지 않았느냐고 물을 것입니다. 그래서 유대 지도자들은 '모르겠다'는 대답을 했습니다. 이것 자체가 이미 그들이 진 것이었습니다. 왜냐하면 백성들은 다 선지자로 알고 있는 사람을 지도자들이 모르고 있다면 도대체 그들은 그 동안 무엇을 했느냐는 의문을 갖게 합니다. 지도자들은 예수님을 곤경에 빠트리려고 하다가 자기들이 큰 곤경에 처하게 되었습니다.

유대 지도자들이 모르겠다고 말한 이유는 그들은 하나님의 참된 진리에 대한 관심보다는 자신들의 세력을 지키는 데 더 관심이 많았기 때문입니다. 이런 그들에게 있어서 요한의 설교는 그리 중요하지 않았던 것입니다. 이 사람들은 진리에 관심이 없는 사람들이었습니다. 그러나 요한은 광야에서 설교했기 때문에 자기들에게 해가 되지 않았습니다. 그렇지만 예수님은 성전에서 외치셨기 때문에 자신들의 권위에 위협을 느꼈던 것입니다.

"예수께서 이르시되 나도 무슨 권세로 이런 일을 하는지 너희에게 이르지 아니하리라 하시니라"(8절)

예수님은 자신의 권위에 대해 말씀하지 않으셨습니다. 그 이유는 너희는 더 이상 진리와 상관이 없다는 뜻입니다. 하나님의 말씀은 하나님의 말씀이라고 증명할 필요가 없습니다. 왜냐하면 말씀 자체가 능력이 있기 때문입니다. 그리고 그 말씀이 선포되는 곳에는 능력이 나타납니다. 말씀을 믿는 사람에게는 하나님에 대한 깊은 신뢰가 생깁니다. 그리고 사탄의 세력이 굴복합니다. 그러나 알면서도 거부하는 자에게는 하나님의 심판이 있을 뿐입니다. 그래서 더 이상 그들을 설득하지 않고 포기하셨습니다.

악한 농부 비유

유대 지도자들의 상태와 앞으로 어떻게 될 것인지 잘 보여주는 말씀이 악한 소작인 비유입니다.

예를 들어 빌딩 건물주가 다른 사람들에게 무료로 건물을 사용하게 했다면 큰 호의를 베푼 것입니다. 그런데 집을 빌려 쓰는 사람들이 악한 마음으로 그 집을 빼앗기 위해 음모를 꾸몄다면 그것은 대단히 나쁜 것입니다. 자기 집이라고 주장하고 또 주인 쪽의 사람들을 때리고 심지어는 주인의 아들을 죽였다면 그들은 큰 범죄자입니다.

마찬가지로 예수님은 '포도원의 주인' 비유로 말씀하셨습니다. 한 포도원 주인이 포도원을 어떤 농부들에게 임대해 주었습니다. 그리고 때가 되어 포도원 소출을 세로 바치게 하려고 종을 보냈는데 이들은 아예 포도원을 빼앗기 위해 종을 때리고 능욕하여 보냈습니다. 주인은 한두 번 다른 종들을 보냈는데 반응은 마찬가지였습니다. 그래서 주인은 종을 보내니 이 사람들이 무엇인가 오해한 것으로 생각하고는 이제 주인과 똑같이 닮은 아들을 보냈습니다. 그랬더니 농부들은 아들인 것을 알고는 영구적으로 포도원을 빼앗기 위해 아들을 포도원 밖으로 끌고 나가서 죽였던 것입니다.

이 비유의 핵심이 무엇입니까? 예수님이 이 세상에 오신 목적과 유대인들의 예수님에 대한 반응입니다. 원래 포도원이라고 하면 구약 성경에서 이스라엘을 의미했습니다. 또한 좁은 의미로는 성전이라고 할 수 있습니다. 이스라엘 백성들은 하나님의 포도원이었습니다. 다시 말해서 하나님의 특별한 은혜가 있는 곳이며 그 은혜의 열매를 나타내는 곳이었습니다.

그런데 무엇 때문에 아들이 이 포도원을 찾아왔습니까? 아버지의 소유권을 주장하기 위해서 온 것입니다. 즉 아버지가 이 포도원의 주인이기 때문에 이제부터 아버지가 직접 포도원을 관할하겠다는 것입니다. 그런데 농부들은 포도원에 대한 경영권을 빼앗기기 싫어서 아들을 죽인 것입니다.

예수님은 유대 지도자들이 자기를 죽일 줄 알았습니다. 여기서 포도원 밖이라는 것은 바로 예루살렘 밖 골고다 언덕을 의미합니다. 지금 유대 지도자들은 하나님을 잘 섬기는 것 같고 또 하나님의 말씀을 가르치지만 실제로는 자기 장사만 하고 있었습니다.

하나님은 여러 차례 선지자들을 보냈지만 예루살렘 사람들은 선지자를 거부하고 죽였고 이번에는 하나님의 아들도 죽이려고 하는 것입니다. 무엇 때문에 이들이 이런 짓을 합니까? 하나님의 은혜는 너무 좋은데 그렇게 살기는 싫은 것입니다. 은혜만 차지하고 말씀대로 살기가 싫어 바른 설교를 하는 종들을 죽일 수밖에 없는 것입니다.

예수님은 유대 지도자들에게 주인이 이 농부들을 어떻게 하겠느냐고 물어 보셨습니다.

"와서 그 농부들을 진멸하고 포도원을 다른 사람들에게 주리라"(16절 상)

예수님은 분명하게 말씀하셨습니다. 은혜만 받고 순종하지 않는 자들은 포도원을 빼앗기게 됩니다. 그러므로 그들이 말하기를 '그렇게 되지 말아지이다' 라고 대답했습니다. 이것은 그들이 예수님의 말을 알아들었다는 뜻입니다. 그들은 이 성전의 특권, 하나님의 백성들의 특권을 빼앗기기 싫었다는 것입니다.

하나님은 유대인들에게 빼앗으셔서 이방인인 우리에게 포도원을 맡기셨습니다. 오늘날은 교회가 하나님의 포도원입니다. 우리는 이 포도원을 내 것으로 만들면 안 됩니다. 결국 교회의 특권이 말씀과 기도인데 우리는 하나님의 말씀을 묶어 놓으면 안 됩니다. 하나님의 말씀을 붙들어서 전혀 오염되지 않게 할 뿐 아니라 진리를 계속 밝혀 나가야 합니다. 우리 성도들은 이 일에 부름 받은 동역자들입니다. 그러면 이 촛대가 우리에게서 옮겨지지 않을 것입니다.

66

두 나라의 시민

[눅 20:17-26]

직장에서 때로는 자기가 소속된 부서가 아닌 다른 부서에 파견되어 근무하는 사람들이 있습니다. 이런 사람들은 소속이 두 곳으로 되어 있기 때문에 애매할 때가 많습니다. 물론 일단은 자기가 파견되어 있는 곳의 일을 열심히 해야 하겠지만 그곳은 일시적으로 일하는 곳으로 언젠가는 원래 소속한 곳으로 돌아가야 합니다. 이렇게 파견되어 근무하는 사람들은 두 부서에 소속되어 있기 때문에 두 부서의 명령을 모두 받게 되고 또 두 부서에 모두 충성해야 합니다. 그런데 가끔 두 부서의 명령이 상반될 경우에는 어느 명령을 따라야 하는지 고민하게 될 것입니다.

지금 우리나라에는 많은 외국 근로자들이 있습니다. 그들 중에는 자신들의 나라에서 대학까지 졸업한 지식인들이 많습니다. 그러나 우리나라에서는 그런 것을 전혀 인정해 주지 않습니다. 단지 적은 봉급을 받으며 일하는 노동자에 불과합니다. 이처럼 외국에 사는 사람은 그들과 하나가 될 수도 없고 그곳에 뿌리를 내릴 수도 없습니다. 그리고 그 나라 정부가 떠나라고 하면 떠날 수밖에 없습니다. 그러면서도 그 나라의 법은 지켜야 합니다.

유대 지도자들은 예수님과 그들이 도저히 조화될 수 없다는 것을 알았습니다. 그 이유는 예수님이 유대 지도자들을 전혀 두려워하지 않았기 때문입니다. 지금까지는 유대 지도자들이 성전의 권위로 사람들을 억압했는데 예수님은 성전의 권위로도 통하지 않았습니다.

예수님은 자신이 하나님으로부터 직접 보냄을 받은 아들이라고 말씀하시면서 결국 성전보다 더 높은 권위를 주장하셨습니다. 그래서 유대인들은 예수님을 하나님이 보내신 아들로 인정하거나 그를 제거하는, 둘 중의 하나를 선택해야 했습니다. 그래서 그들은 예수님을 제거하기로 결정했습니다. 그들은 예수님의 말을 책잡아서 로마에 반역한 사람으로 만들거나 하나님을 모독하는 이단으로 몰아서 죽이도록 한 것입니다.

이 당시에 유대인들에게 가장 뜨거운 논쟁거리는 로마에 세금을 바치는 문제였습니다. 유대 지도자들은 예수님이 하나님의 나라가 왔다고 하셨기에 로마에 세금을 바쳐야 하느냐고 물었습니다. 이것은 예수님을 걸고 넘어지게 하려는 의도였습니다. 만약 예수님이 로마에 세금을 바치라고 한다면 로마의 앞잡이라고 해서 유대인들을 선동할 것입니다. 또 로마에 세금을 내지 말라고 하면 로마에 반역하는 자로 고소할 생각이었습니다. 그때 예수님은 하나님 나라의 사람들은 두 나라에 속했기 때문에 로마에 세금도 내야 하고 성전에 헌금도 내야 한다고 대답하셨습니다.

예수님과 구원의 관계

"저희를 보시며 가라사대 그러면 기록된 바 건축자들의 버린 돌이 모퉁이의 머릿돌이 되었느니라 함이 어찜이뇨 무릇 이 돌 위에 떨어지는 자는 깨어지겠고 이 돌이 사람 위에 떨어지면 저로 가루를 만들어 흩으리라 하시니라"(17-18절)

예수님은 자신을 '건축자의 버린 돌'이라고 말씀하셨습니다. 이것은 시편 말씀(118:22)의 인용입니다. '건축자의 버린 돌'이라는 것은 건축장에서 어떤 돌이 있는데, 너무 못생겼고 사용하기가 적합하지 않아 버려진 돌을 뜻합니다. 그런데 이상하게 건물이 완성된 후에 보니 그 버렸던 돌이 가장 중요한 건물의 모퉁이 돌이 되어 있는 것입니다.

이것은 바로 하나님의 아들이 이 세상에서 당하실 일을 예언한 것입니다. 하나님의 아들은 외모가 볼품이 없어서 사람들로부터 무시당하고 결국 버림받았습니다. 그리스도는 이 세상에 오실 때 비천한 모습으로 오셨습니다. 그래서 사람들은 그를 환영하지 않았고 무시했으며 자기 생각과 맞지 않다고 해서 결국 십자가에 못 박아 죽였습니다.

그런데 하나님은 바로 그 비참하게 죽은 아들을 다시 살리셔서 천국의 기초를 삼으셨습니다. 그래서 누구든지 구원받고자 하는 자는 버림받은 이 예수를 믿어야 하는 것입니다. 하나님의 아들은 모퉁이 돌이 되기 전에 버림받은 것입니다. 우리의 죄 때문에 버림받으신 것입니다.

"무릇 이 돌 위에 떨어지는 자는 깨어지겠고 이 돌이 사람 위에 떨어지면 저로 가루를 만들어 흩으리라 하시니라"(18절)

사람들은 이 돌을 피할 수 없습니다. 아무리 이 돌을 무시하고 업신여겨도 하나님이 이 돌을 통하지 않고는 구원받을 수 없게 하셨기 때문에 사람들은 이 못생긴 돌을 만나야 합니다. 그러나 이 돌 위에 떨어지는 자는 돌과 부딪쳐서 깨질 것입니다. 반대로 돌이 그 사람 위에 떨어지면 그 사람을 박살내고 말 것입니다.

그러므로 예수라는 이 못생긴 돌은 사람들이 아무리 피하려고 해도 절대로 피할 수 없는 돌입니다. 아무리 이 돌과 싸워도 이 돌을 이길 수 없습니다. 왜냐하면 이 돌은 그 뿌리가 하나님의 능력에 연결되어 있기 때문입니다. 사람들이 살 수 있는 길은 이 돌과 부딪치는 것이 아니라 이 돌을 의지하고 믿는 것입니다.

오늘날 많은 사람들은 할 수만 있으면 하나님의 진리를 피하려고 합니다. 그러나 하나님의 진리는 절대로 피할 수 없습니다. 또한 하나님의 진리와 싸워 이기려고 해도 하나님의 진리를 이길 수 없습니다. 사람들이 살 수 있는 길은 진리를 끌어안고 진리대로 사는 것입니다.

이 세상의 어느 누구도 하나님의 진리를 거스르고 이길 수 없습니다. 겉으로 보면 하나님의 진리가 아무 힘이 없는 것 같고 초라해 보입니다. 그러나 그 뒤에는 하나님의 무한한 능력이 있습니다. 사람이 돌 위에 떨어진다는 것은 진리를 대적하는 것입니다. 진리를 대적하면 부서지게 됩니다. 또한 돌이 그 사람 위에 떨어지는 것은 하나님의 심판이 시작된 것을 뜻합니다. 하나님이 심판하시면 어떤 이론이나 주장도 가루가 되어 아무것도 남지 않습니다. 나라가 없어지고 세상도 사라질 것입니다. 오로지 그리스도를 의지하고 진리를 붙드는 자만이 영원히 남을 수 있습니다. 그래서 우리가 영원히 살 수 있는 길은 이 돌을 붙드는 것입니다.

강한 태풍에도 살아남을 수 있는 방법은 튼튼한 곳에 자기 몸을 의지하여 매달리는 것처럼 우리가 죄악의 이 세상에서 끝까지 살아남는 방법은 예수 그리스도의 반석과 진리에 나를 매는 것입니다.

유대 지도자들의 반응

사람들이 이길 수 없는 싸움을 싸우려고 할 때 우리는 그 사람들을 어리석다고 합니다. 예를 들어 이라크의 사담 후세인과 북한의 김정일이 미국을 상대로 싸우려고 한다면 그것은 어리석은 것입니다. 그 작은 나라들은 미국을 상대로 싸움이 되지 않습니다. 마찬가지로 이 세상에서 가장 어리석은 사람들이 그리스도나 하나님의 백성들을 대상으로 싸우려는 것입니다. 왜냐하면 우리 뒤에는 절대적인 하나님의 능력이 있기 때문입니다.

유대 지도자들은 예수님이 그렇게 말씀하셨는데도 예수님을 무시하고 대적하기로 결정했습니다.

"서기관들과 대제사장들이 예수의 이 비유는 자기들을 가리켜 말씀하심인 줄 알고 즉시 잡고자 하되 백성을 두려워하더라"(19절)

놀라운 것은 유대 지도자들이 예수님의 말씀을 알아듣지 못한 것이 아니라는 사실입니다. 그들은 예수님의 악한 농부 비유가 자기들에 대한 말씀인 줄 알았습니다. 하나님이 유대인들에게 자기 아들을 보내신 것입니다. 그것은 모세가 이스라엘 백성들을 애굽에서 건져낸 것처럼 이스라엘 자손들을 이 죄악의 세상에서 건져내기 위한 것입니다. 그리고 예수님은 자신이 못생긴 돌이지만 이 돌과 싸우면 절대로 이길 수 없으며 심판을 면할 수 없음을 말씀하셨습니다. 그러나 유대 지도자들은 예수님을 대적하기로 결정한 것입니다.

그 이유는 무엇입니까? 무엇보다 이들의 마음이 교만하여 하나님을 두려워하지 않았기 때문입니다. 하나님을 조금이라도 두려워하는 사람은 절대로 진리를 대적하지 않습니다. 이 사람들은 하나님을 두려워하지 않을 정도로 마음이 강퍅해져 예수님의 말씀을 알아듣고도 끝까지 대적하기로 결정한 것입니다.

이것은 절대로 한 순간에 되는 것이 아닙니다. 이들은 평생 양심을 속이고 하나님의 말씀을 대적하는 생활을 해 왔습니다. 그러기에 어느 한 순간 하나님의 진리를 들었다고 돌아설 수 없는 것입니다. 왜냐하면 지금 그들이 돌아서면 지금까지 살아온 길을 다 돌이켜야 하기 때문입니다. 그래서 진리를 떠나서 오래 살면 나중에는 바른 진리를 들어도 돌아오기가 쉽지 않습니다.

"이에 저희가 엿보다가 예수를 총독의 치리와 권세 아래 붙이려 하여 정탐들을 보내어 그들로 스스로 의인인 체하며 예수의 말을 책잡게 하니 그들이 물어 가로되 선생님이여 우리가 아노니 당신은 바로 말씀하시고 가르치시며 사람을 외모로 취치 아니하시고 오직 참으로서 하나님의 도를 가르치시나이다"(20-21절)

유대 지도자들은 예수님을 죽이기를 원했습니다. 그러나 유대인들에게는 사람을 사형시킬 수 있는 권한이 없었습니다. 그래서 유대인들이 예수님을 합법적으로 죽일 수 있는 방법을 모색했습니다. 그들이 예수님을 죽일 수 있는 방법은 예수님을 로마인의 손에 맡기는 것이었습니다. 그래서 로마에 세금을 바치는 문제로 예수님을 트집 잡으려고 한 것입니다.

유대 지도들은 예수님을 시험하기 위해 몇 사람을 보냈습니다. 그런데 보냄을 받은 이 사람들은 스스로 의인인 체했습니다. 여기서 의인인 체했다는 것은 그들이 아주 신앙적이며 하나님의 말씀에 관심이 많고 말씀대로 살려고 애쓰는 자처럼 보이려 했다는 것입니다. 사실 설교자가 가장 좋아하는 사람은 하나님의 말씀에 관심을 갖고 의롭게 살려고 애를 쓰는 사람입니다. 이런 사람들을 보면 그렇게 반가울 수가 없으며 무조건 마음을 열게 됩니다.

지금 유대 지도자들이 보낸 사람들은 예수님에게 와서 말꼬리를 잡으려고 합니다. 그런데 지금까지 보였던 그런 적대적인 태도가 아니라 너무나 하나님의 말씀을 좋아하며 말씀대로 살려고 애쓰는 의인처럼 보이려고 했습니다. 그러나 그들은 사람을 잘못 고른 것입니다. 왜냐하면 예수님은 그런 외모로 속지 않으시기 때문입니다.

예전에 스펄전 목사의 교회에 어떤 사람이 찾아와서 성령님께서 오늘 밤에 자기로 하여금 이 교회에서 설교하게 했다고 말했습니다. 그러면서 스펄전에게 성령님의 뜻에 순종할 것을 요구했습니다. 그때 스펄전은 말하기를 그 성령님께서 왜 당신에게만 말하고 이 교회의 목회자인 나에게 말씀하지 않았겠느냐고 하면서 그를 쫓아버렸던 적이 있다고 합니다.

우리에게 가장 위험한 사람은 나를 믿고 나의 말에 무조건 순종하는 사람입니다. 그런 사람이 위험한 이유는 그 사람에 대한 경계심을 늦추기 때문입니다. 그러므로 성도들은 아무리 친하고 믿는 사람이라 하더라도 어느 정도는 조심해야 합니다. 왜냐하면 사람은 너무나 약해서 언제든지 사탄의 유혹에 넘어갈 수 있기 때문입니다.

사탄은 우리에게 두 종류의 밀사를 보냅니다. 하나는 못된 마음으로 노리고 있다가 약점을 정확하게 찾아내서 공격하고 참소합니다. 그래서 우리는 그런 사람에게 걸려들면 마음의 큰 상처를 받게 되고 인격적인 손상을 입게 됩니다. 그런데 이런 사람보다 더 무서운 사람은 너무나 나를 좋아해서 맹목적으로 나를 믿는 사람입니다. 그런 사람은 우리로 하여금 방심하게 합니다. 하나님의 종들이 방심하게 되면 결국 죄에 빠지기 쉽고 나중에는 비참하게 멸망하게 됩니다.

우리는 누군가가 나를 추켜 세워줄 때 은근히 기분이 좋은 것은 사실입니다. 그러나 그때는 오히려 긴장해야 합니다. 본문에서 유대 지도자들이 예수님을 굉장히 추켜 세우는 것을 보게 됩니다. 그들은 예수님에게 예수님은 '바로 말씀하시고 가르치며 사람을 외모로 취하지 않고 오직 참으로서 하나님의 도를 가르치시나이다' 라고 하면서 추켜 세웠습니다.

공산권에서는 기독교 조직을 뿌리 뽑기 위해 때로는 성경을 배우는 자로 잠입하는 첩보원이 있습니다. 그들은 열심히 성경을 배우고 헌신하려고 애를 쓰는데 실제로는 지하 기독교인들의 소재를 다 알아내어 일망타진하려는 것입니다. 실제로 중국에서 이런 식으로 많은 기독교인들이 붙들려 간 적이 있습니다. 그러므로 지나치게 열심이 많은 것도 좋은 것은 아닙니다. 언제나 성령 안에서 사랑으로 믿고 교제하며 있는 그대로 받아주고 인정하는 것이 정직한 것입니다.

가이사에게 세금을 내어야 하느냐?

당시 유대인들에게 가장 예민한 문제는 로마에 바치는 세금이었습니다. 유대인들은 로마에 세금을 바치는 것 자체가 민족의 자존심이 짓밟히는 문제로 생각했습니다. 그리고 실제로 로마에 세금으로 바치는 돈이 적지 않았습니다. 그리하여 모든 유대인들은 언젠가는 로마에 대항해 독립해야 한다고 생각했습니다. 사실 유대인들에게 로마에 세금을 내지 않는 것은 바로 독립 전쟁을 의미했습니다.

"우리가 가이사에게 세를 바치는 것이 가하니이까 불가하니이까 하니 예수께서 그 간계를 아시고 가라사대" (22-23절)

유대인들이 생각한 것은 예수님이 '하나님의 나라가 왔다' 고 전파하니까 분명히 어느 순간에는 로마에 세금을 내지 말라고 할 것이라고 생각한 것입니다. 그래서 그들은 열심히 예수님을 지지하는 사람들인 것처럼 하고서 로마에 세금을 내는 문제에 대한 예수님의 솔직한 의견이 무엇인지 물은 것입니다. 이 질문에는 함정이 있었습니다. 만약 예수님이 로마에 세금을 내지 말라고 하면 반역자라고 고발할 것이고 세금을 내라고 하면 그의 하나님의 나라는 엉터리 나라라고 선전할 것입니다.

이것은 그들이 하나님의 나라를 잘못 생각한 데서 나온 것입니다. 하나님의 나라는 유대인들이 생각하는 것과 같은 눈에 보이는 나라가 아닙니다. 하나님의 나라는 눈에 보이지 않는 나라라는 것을 그들은 이해하지 못했습니다. 예수님은 이들의 간계를 아셨습니다. 그러면서도 전혀 당황하지 않으시고 그들이 사용하는 돈을 하나 가져오라고 하셨습니다.

"데나리온 하나를 내게 보이라 뉘 화상과 글이 여기 있느냐 대답하되 가이사의 것이니이다" (24절)

데나리온은 로마의 화폐였기에 로마 황제의 얼굴이 그려져 있었습니다. 유대인들은 로마 황제의 얼굴이 그려진 돈은 형상을 만들지 말라는 2계명을 어기는 것으로 생각해서 그 돈으로는 성전에 바치지 않았습니다. 성전에 돈을 바칠 때에는 성전에서만 사용하는 형상이 없는 돈으로 바꾸어서 바쳤습니다.

사람들이 가져온 돈에는 로마 황제의 얼굴이 그려져 있었습니다. 예수님은 대답하셨습니다.

"가라사대 그런즉 가이사의 것은 가이사에게, 하나님의 것은 하나님께 바치라 하시니"(25절)

데나리온에 가이사의 얼굴이 새겨져 있으니 가이사의 돈은 가이사에게 바치라는 것입니다. 그리고 성전 돈은 성전에 바치라고 말씀하셨습니다. 그러니까 자기 황제에게 돈을 바치면 된다는 것입니다.

예수님이 돈을 가져오라고 하신 이유가 무엇입니까? 예수님의 말씀은 말로만 전하는 것이 아니라 눈으로 볼 수 있고 손으로 만질 수 있는 실제적인 것이었습니다. 예수님의 말씀의 핵심은 두 가지 세금을 다 내야 한다는 것입니다. 그 이유는 하나님의 백성들은 한 편으로는 하나님 나라에 속했지만 다른 한 편으로는 이 세상의 나라에 속해 있기 때문입니다.

하나님의 백성들은 마치 파견 근무하는 사람과 같습니다. 이 부서에 속해 있는데 다른 부서에 파견되어 근무하면 어떻습니까? 두 부서의 법을 다 지켜야 합니다. 만약 한 쪽의 지시만 들으면 결국 다른 한 쪽으로부터 거부를 당하게 될 것입니다.

우리나라가 일제 강점하에 있을 때 많은 사람들이 미국에 가서 살았습니다. 그들은 미국의 법을 지켜야 합니다. 그러나 한국 사람으로 독립 자금을 대어야 했습니다. 마찬가지로 우리 그리스도인들은 두 나라에 속한 사람들입니다. 우리는 이 세상에 살고 있기 때문에 일단 이 세상의 삶을 충실하게 살아야 합니다. 왜냐하면 우리가 이 세상의 일을 열심히 하지 않으면 결국 이 세상에서 살 수 없을 것입니다. 직장인이 직장 생활을 충실하게 하지 않으면 회사에서 견디지 못할 것입니다. 학생이 공부를 열심히 하지 않으면 대학에 들어가기 어려울 것입니다.

또한 우리는 하나님의 백성으로 열심히 신앙 생활을 해야 합니다. 열심히 예배를 드려야 하며 기도 생활도 해야 하고 교회 봉사도 해야 합니다. 신앙 생활을 소홀히 한다면 믿음이 자라지 않으며 심각하게는 신앙을 빼앗길지도 모릅니다. 그러므로 우리 그리스도인들은 세상 사람들이 하는 일도 열심히 하면서 또 신앙 생활까지 열심히 해야 하는 이중적인 부담이 있습니다. 그래서 그리스도인들은 게으를 수가 없습니다. 만일 그리스도인들이 다른 사람들처럼 놀 것 다 놀고 잠잘 것 다 자면서 일한다면 망하고 말 것입니다.

우리 그리스도인들의 고민이 바로 여기에 있습니다. 지금 세상 사람들은 이 세상의 일을 하는 데 목숨을 바칩니다. 그들은 놀면서 장사를 하거나 놀면서 공부를 하는 것이 아니라 온힘을 다 하여 일을 하고 있습니다. 그런데 우리는 무슨 재주로 신앙 생활을 하면서 다른 사람들처럼 장사를 하고 공부를 하겠습니까? 우리는 믿음으로 모든 것을 해야 합니다. 즉 나의 능력과 힘은 너무나 부족하지만 하나님이 나의 힘이 되어 주시고 나의 능력이 되어 주셔서 더 완전하게 하신다는 것을 믿어야 합니다. 우리가 믿음으로 하면 하나님이 나의 부족한 것을 채워주셔서 부족하지 않게 하십니다.

우리 그리스도인들이 알아야 하는 것은 우리가 이 세상을 살 때 세상 사람들의 방식으로 살면 절대로 성공할 수 없다는 것입니다. 왜냐하면 시간이 절대적으로 모지라기 때문입니다. 공부하는 학생들이나 직장인들은 늘 시간이 모자랍니다. 그리고 사업하는 사람들도 세상 사람들이 사용하는 방법 중에서 죄악의 방법은 사용할 수 없습니다. 그러므로 우리는 자신의 길을 잘 선택해야 합니다. 우리는 자신의 길을 발견하기까지가 어렵습니다. 그러나 그 길을 발견했을 때에는 하나님이 창조적인 능력을 주십니다.

우리가 알아야 할 것은 이 세상 사람들이 아무리 경쟁적으로 모든 것을 다 가지려고 해도 이상하게 나의 것은 절대로 가질 수가 없다는 사실입니다. 그것은 하나님이 우리의 길을 예비해 놓고 계시기 때문입니다. 우리와 함께 하시는 하나님은 엄청난 능력을 소유한 분이십니다. 하나님은 불가능한 것을 가능하게 하시는 분이십니다. 그러기에 우리는 하나님의 능력으로 내가 감당할 수 없는 어려움을 이기고 감당하는 것입니다. 우리가 기도하는 것은 시간을 낭비하는 것이 아니라 하나님의 도움을 받는 것입니다. 그리스도인들이 기도하지 않으면 절대로 이 세상에서 성공할 수 없을 것입니다.

가이사의 명령과 하나님의 명령이 충돌될 때

하나님의 백성들에게 가장 어려울 때는 이 세상의 법과 하나님의 말씀을 둘 다 지키는 것도 어려운데 이 세상의 명령과 하나님의 명령이 대치될 때입니다.

예를 들어 가이사는 어떤 일을 하라고 하는데 하나님은 하지 말라고 하시는 때입니다. 가이사는 우상에게 절을 하라고 하는데 하나님은 절을 하지 말라고 하십니다. 그럴 때 우리는 누구의 말을 들어야 합니까? 그때에는 가이사의 말을 들으면 안 됩니다. 원래 가이사도 하나님 밑에 있습니다. 그래서 세상의 권력자들도 하나님의 말씀을 거역하면 안 됩니다.

그러나 사탄은 이 세상 권력자들을 충동질하여 마치 자기가 절대적인 하나님인 것처럼 행세하게 합니다. 그때 이들이 가장 미워하는 사람이 하나님의 백성들입니다. 왜냐하면 하나님의 백성들은 절대로 우상에게 절하지 않기 때문입니다. 그리고 사람을 절대시하지 않습니다. 이럴 때 우리 그리스도인들은 핍박을 받을 수밖에 없습니다.

바로 이때가 어두움이 지배하는 때이고 환란의 때입니다. 우리가 환란의 때에는 많은 일을 하려고 해서는 안 됩니다. 자기 신앙을 지키기만 해도 성공하는 것입니다. 그리고 끝까지 죄를 짓지 않고 인내하면 성공한 것입니다.

한 청년이 어렵게 취직을 했는데 그 회사에서 회사일이 잘 되라고 고사를 지내면서 그 청년에게 절을 하라고 했습니다. 그는 회사를 그만두더라도 절을 할 수 없다고 말했습니다. 그 일이 있은 후 그 청년은 자기 회사에 너무 실망해서 나오겠다고 했습니다. 저는 절하지 않은 것은 잘 한 것이지만 회사 자체를 바꿀 수는 없다고 조언했습니다. 그는 그때를 잘 견디더니 직장 생활을 잘하고 있습니다.

어떤 청년은 기도하고 직장을 얻었는데 회사 사장이 너무 잘 봐서 회사의 비자금을 조성하는 일을 그에게 맡기려고 했습니다. 그는 사장에게 자기는 신앙의 양심으로 그 일을 맡을 수가 없노라고 정직하게 말했습니다. 그랬더니 사장은 다른 사람을 시키겠다고 하여 그 청년은 지금도 직장 생활을 잘 하고 있습니다.

우리는 두 나라에 속함으로 얻는 유익이 있습니다. 하나는 믿지 않는 상사나 권력 밑에 적응함으로 진정한 겸손을 배우게 됩니다. 결국 세상 사람들을 감동시킬 수 있는 진리가 진짜 진리입니다. 세상에서 이길 수 없는 이론적인 진리는 힘이 없습니다. 믿지 않는 사람 밑에서 고개를 숙이면서 우리는 진정으로 신앙이 성숙해지는 것입니다. 그리고 두 나라에 속해 있기 때문에 언제 쫓겨날지 모르기에 항상 긴장하게 되므로 죄를 분별하여 타락하지 않는 삶을 살게 되는 것입니다.

우리는 이 세상에서 최선을 다하지만 결코 세상 사람들을 만족시키지는 못할 것입니다. 왜냐하면 우리는 이 세상 사람들이 아니라 다른 나라에 속한 이방인들이기 때문입니다. 이 세상에서 믿지 않는 사람들과의 관계는 물과 기름 같습니다. 그래도 이 세상을 사는 동안에는 그들과 잘 지내려고 노력해야 합니다. 지나치게 현실을 부정하는 사람들은 이 세상에서 견디기 어려울 것입니다.

예수님은 우리로 하여금 일정 기간 동안 이 세상에 살도록 하셨습니다. 그 동안 우리는 이 세상에서 열심히 살면서 죄는 짓지 말아야 합니다. 세상에서 최선을 다하는 것은 좋은데 죄를 지으면 그 최선을 다한 것이 아무 소용이 없게 됩니다. 그리고 아무리 이 세상이 죄에 빠져 있다고 하지만 이 세상을 다스리는 분은 그리스도이시기 때문에 우리는 함부로 포기할 수 없습니다.

  또한 믿지 않는 자들에게도 하나님의 일반 은총이 있습니다. 이것은 오히려 우리를 더 풍성하게 하고 균형 잡힌 성도가 되게 할 것입니다. 그리고 이 세상은 여전히 우리가 그리스도의 사랑을 실천해야 하는 장입니다. 이 세상을 우리의 일터로 생각하고 교회에서 배운 신앙을 열심히 실천하는 성도들이 되길 바랍니다.

67

부활의 증거

[눅 20:27-44]

얼마 전 미국의 어느 사이비 종교 단체에서 사람을 복제하게 되었다고 발표해서 큰 충격이 되었습니다. 지금까지 우리 인간의 생명은 오직 신의 영역이라고 믿어왔습니다. 그러나 이제는 사람이 사람을 복제할 수 있다는 것입니다.

그러나 사람은 육체와 영혼으로 되어 있기에 비슷한 유전인자를 가진 쌍둥이들이 아무리 외모가 비슷하다 할지라도 성격은 다른 경우가 많습니다. 사람들이 유전공학을 이용해서 인간의 외모를 똑같이 만들 수 있을지 몰라도 사람의 영혼을 창조해낼 수는 없습니다. 사람의 영혼은 오직 하나님만이 만드실 수 있기 때문입니다.

이렇게 인간을 복제하는 시대에 살고 있어도 사람들은 사람이 죽으면 어떻게 되는지 분명히 말하지 못합니다. 어떤 사람들은 불교의 영향으로 사람의 영혼은 윤회한다고 생각합니다. 그래서 정신과 의사들 중에는 전생 요법이라는 것을 사용하기도 합니다. 환자들에게 최면을 걸고 질문을 하면 자신의 전생을 기억할 수 있다는 것입니다.

그러나 그것은 전생이 아닙니다. 사람의 잠재의식이 최면 상태에 있으면 그것이 의식 속에 살아나는 것입니다. 이것은 꿈과 비슷합니다. 우리가 의식이 있을 때에는 잠재의식을 누르고 있습니다. 잠재의식에는 우리의 모든 생각들과 욕망들이 들어 있어서 잠을 잘 때 의식 속에 나타나서 꿈이 되는 것입니다. 또 죽은 사람들의 영혼이 사랑하는 사람을 떠나지 못하고 주위를 맴도는 내용의 영화들도 동양적인 사상이 서양 사람들의 사상에 영향을 끼치게 되어 만든 영화입니다.

성경은 믿는 자들의 부활에 대해 분명하게 말씀하고 있습니다. 즉 믿는 자들은 주님이 오실 때 육체를 가지고 다시 살아나게 되는 것입니다. 그런데 궁금한 것이 죽은 자가 살아나면 과연 어떤 모습으로 부활하며 그 후에는 어떤 식으로 생활하느냐는 것입니다. 많은 사람들이 부활을 믿지 못하는 이유는 사람이 죽으면 시체가 썩기 때문입니다. 한편 살았을 때의 모습이나 죽을 때의 모습으로 부활한다는 것도 너무 비참할 것입니다. 예수님은 우리 영혼에 새로운 육체를 창조해 입혀 주십니다. 그 새로운 육체는 지금 우리의 육체와는 재질적으로 완전히 다를 것입니다.

본문을 보면 예수님 당시에 부활을 철저히 부인하는 사람들이 있었음을 알 수 있습니다. 그 사람들은 사두개인들인데 철저한 현실주의자들이었습니다. 그들은 만일 사람들이 부활하게 된다면 이런 골치 아픈 일이 일어날 것이라고 하면서 부활이 없을 것이라고 주장했습니다.

만일 부활이 있다면

"부활이 없다 주장하는 사두개인 중 어떤 이들이 와서 물어 가로되 선생님이여 모세가 우리에게 써 주기를 사람의 형이 만일 아내를 두고 자식이 없이 죽거든 그 동생이 그 아내를 취하여 형을 위하여 후사를 세울지니라 하

였나이다"(27-28절)

사두개파 사람들은 이 세상에서 잘 사는 것이 전부라고 생각한 것 같습니다. 그래서 예수님이 부활을 증거할 때 받아들이지 않았습니다. 그리고 놀랍게도 구약 성경으로 예수님을 반박했습니다. 구약 성경에 보면 형이 후사가 없이 죽었을 때 동생이 형수와 결혼해서 후사를 낳는 제도가 있었습니다. 사두개인들은 그것을 예로 들면서 만약 부활이 있다면 아주 골치 아픈 일이 일어날 것이라고 했습니다.

"그런데 칠 형제가 있었는데 맏이 아내를 취하였다가 자식이 없이 죽고 그 둘째와 셋째가 저를 취하고 일곱이 다 그와 같이 자식이 없이 죽고 그 후에 여자도 죽었나이다 일곱이 다 저를 아내로 취하였으니 부활 때에 그 중에 뉘 아내가 되리이까"(29-33절)

어느 집에 형제 일곱이 있었는데 큰 형이 결혼만 하고 자식이 없이 죽었습니다. 그래서 둘째가 그 형수와 살았는데 둘째도 자식이 없이 죽었습니다. 그리고 셋째가 큰 형수와 살았는데 셋째도 자식이 없이 죽었습니다. 이 집에 일곱 아들이 큰 형수와 차례로 살다가 죽었을 때 나중에 부활하면 이 여자는 누구의 부인이 되겠느냐는 것이 사두개인들의 질문이었습니다.

이것을 보면 사두개인들이 얼마나 성경에 대해 무지했는지 알 수 있습니다. 우선 동생이 죽은 형을 대신하는 이 제도는 의무적인 것이 아니었습니다. 그러기에 어디까지나 동생이 자원할 때 이루어지는 것이지 반드시 해야 하는 것은 아니었습니다. 그리고 동생이 형수와 완전히 결혼하는 것이 아니라 형의 역할을 대신하는 것뿐이었습니다. 그래서 형수는 여전히 법적으로 형의 아내요 그렇게 해서 낳은 아들도 동생의 아들이 아니라 형의 아들이었습니다. 그러므로 사두개인들이 말한 이런 경우는 실제적으로 일어날 수 없는 일이었습니다.

사두개인들이 주장하는 것이 사람은 죽으면 다시 살아날 수 없다는 것입니다. 만일 죽은 사람들이 살아난다면 이 세상과 저 세상이 뒤섞여서 너무나 혼란스러운 일이 일어나게 될 것이라는 것입니다.

사두개인들은 부활은 죽을 때의 상황이 그대로 연장되는 것이라고 생각한 것입니다. 병들었으면 병든 채로 다시 사는 것이고 늙었으면 늙은 채로 다시 사는 것으로 생각했습니다. 그러면 목 베어 죽은 사람은 없어진 목을 찾으러 돌아다녀야 할 것이며 불에 타 죽은 사람은 불에 탄 채로 살아나게 될 것입니다.

기독교인들 중에서도 어떤 사람들은 문자적인 부활을 믿지 않습니다. 그들은 부활이라는 것이 어떤 사람의 정신이나 사상이 후계자들에게 계승되는 것이라고 생각합니다. 반드시 죽은 사람이 다시 육체적으로 사는 것은 아니라는 것입니다.

예전에 군에 있을 때 일주일에 한 번씩 교도소에 가서 죄수들에게 전도를 했는데, 두 사람을 살인한 죄로 복역하는 죄수를 만났습니다. 그가 전도를 받고 예수를 믿게 되었는데 대법원에서 그에 대한 사형이 확정되었습니다. 그때 저와 함께 교도소에 전도하러 갔던 분은 문자적인 부활을 믿지 못했습니다. 그래서 그 죄수가 사형선고를 받게 되었을 때 굉장히 당황해 하면서 그 사람의 구명 운동을 해야겠다는 것입니다. 저는 이 사람은 사람을 죽였기에 법에 따라 사형을 받아야 하고 그는 다시 부활할 것이라고 말했습니다. 그때 그 사람은 자기는 육체의 부활을 믿지 않는다고 말했습니다.

사람들이 부활을 믿지 못하는 것은 조금도 이상한 것이 아닙니다. 왜냐하면 사람들은 누구나 죽으면 썩게 되고 썩으면 없어지기 때문입니다. 또한 성경의 기록 외에는 죽은 사람이 살아난 예를 아무도 본 사람이 없습니다. 그리고 성경에서 죽은 자들이 살아난 것도 예수님이 말씀하시는 완전한 부활은 아닌 것입니다. 완전한 부활의 예는 오직 예수님 한 분밖에 없습니다. 그래서 예수님이 부활의 첫 열매가 되십니다. 부활은 하나님이 우리 믿는 자들에게 약속하신 최후의 축복이고 구원의 완성입니다. 그래서 예수를 믿지 않는 사람들이 모르는 것은 조금도 이상한 일이 아닙니다. 부활은 우리 구원의 최종 단계에 해당되는 '영화' 된 상태를 뜻합니다.

부활은 새로운 창조이다

예수님은 죽은 자의 부활이 죽을 때의 모습의 연장이 아니라 완전한 새로운 생명의 창조임을 분명히 말씀하셨습니다.

"예수께서 이르시되 이 세상의 자녀들은 장가도 가고 시집도 가되 저 세상과 및 죽은 자 가운데서 부활함을 얻기에 합당히 여김을 입은 자들은 장가가고 시집가는 일이 없으며 저희는 다시 죽을 수도 없나니 이는 천사와 동등이요 부활의 자녀로서 하나님의 자녀임이니라"(34-36절)

우리가 부활에 대해 알아야 할 것은 부활은 죽을 때의 상태로 다시 사는 것이 아니라는 것입니다. 그것은 부활이 아니라 덜 죽은 것입니다. 예수님의 말씀하시는 부활은 사람이 덜 죽은 상태에서 다시 깨어나는 것이 아니라 완전히 죽은 상태에서 다시 살아나는 것입니다. 완전히 죽음 저편으로 건너갔다가 다시 살아나야 합니다. 그리고 살아날 때에는 다시는 죽지 않는 새로운 몸이어야 합니다. 성경에서 그런 몸으로 부활한 사람은 오직 예수님 한 분밖에 없습니다.

이 세상에도 부활과 비슷한 예들이 있습니다. 그 하나가 식물의 씨입니다. 식물의 씨는 미래의 모습을 담고 있습니다. 물론 씨마다 생긴 것이 조금씩 다르기는 하지만 씨만 보아서는 이것이 배나무가 될지 사과나무가 될지 알 수 없습니다. 그러나 하나님은 그 씨에 미래의 모습을 담아 배나무가 되게 하시고 사과나무가 되게 하십니다. 마찬가지로 하나님은 영혼에 육체의 모습을 주셔서 새로운 육체를 받게 하십니다. 그래서 예전의 육체는 전혀 필요가 없습니다.

두 번째는 생물들의 육체의 차이입니다. 이 세상에는 물고기도 있고 짐승들도 있고 새도 있고 사람도 있는데 몸이 다 다릅니다. 일단 물고기는 지느러미와 아가미가 있고 비늘이 있습니다. 육지에 사는 짐승들은 털이 있습니다. 새는 깃털이 있고 몸이 가볍습니다. 그리고 우리가 보지 못한 천사의 몸은 시간과 공간을 초월해서 움직이고 죽지 않습니다. 우리가 부활할 때에는 천사와 비슷한 몸으로 부활할 것입니다.

자연에서 부활과 비슷한 현상으로 배추벌레가 나비가 되는 것을 볼 수 있습니다. 배추벌레가 애벌레로 있다가 번데기가 되면 죽은 것 같습니다. 그러나 번데기가 살아날 때에는 다시 애벌레의 상태로 살아나는 것이 아니라 이전과는 전혀 다른 나비의 모습으로 살아납니다. 그리고 나비의 모습에서 과거 애벌레 때의 모습은 전혀 찾아볼 수 없습니다. 완전히 다른 모습입니다. 우리가 부활할 때에도 지금의 모습과는 전혀 다른 모습으로 다시 살아날 것인데 하나님이 완전히 새로운 모습을 창조하시는 것입니다.

부활할 때의 모습은 지금 우리 몸의 재질과도 다르고 모습도 다를 것입니다. 예수님은 부활했을 때 시집 가거나 장가 가지 않는다고 하셨습니다. 우리가 부활하면 지금처럼 남성과 여성의 구별은 없을 것입니다. 그러므로 부활한 사람들은 더 이상 성 생활이라는 것이 필요치 않는 몸으로 다시 살게 될 것입니다. 그리고 남성과 여성을 합친 것보다 더 아름다운 모습으로 나타날 것이며 더 아름다운 사랑을 나누게 될 것입니다. 그리고 죽을 수도 없다고 했으니 병들거나 늙지도 않습니다. 천사와 동등이라고 했는데 지금 천사와는 다른 모습으로 분명히 몸을 가질 것입니다. 그리고 우리의 몸에는 빛이 있고 공간과 시간의 제약을 받지 않을 것입니다.

예수님의 부활하신 모습을 보면 시간과 공간의 제약을 받지 않으셨습니다. 그리고 예수님이 변하셔서 제자들이 금세 알아보지 못할 때도 있었습니다. 어떤 때에는 태양과 같은 모습으로 빛나기도 하셨습니다.

그러면 의문스러운 것이 과연 그렇게 많이 변하면 우리가 서로 알아볼 수 있겠느냐는 것입니다. 충분히 알아 볼 수 있을 것입니다. 왜냐하면 하나님은 우리의 지각까지도 변하게 하시기 때문에 첫 눈에 그 사람이 누군지 알 수 있게 하시는 것입니다. 그래서 우리는 천국에서 서로를 소개할 필요도 없고 소개받을 필요도 없습니다. 왜냐하면 보기만 하면 누구인지 바로 알기 때문입니다.

그런데 누구나 부활하는 것이 아니라 '부활함을 얻기에 합당히 여김을 입은 자들'이 있다고 했습니다. 그러면 누가 이런 부활에 참여할 수 있습니까? 그들은 믿음으로 의롭다 함을 얻는 자들이며 이 세상에서 하나님의 뜻대로 산 자들입니다. 믿음으로 살지 않으면 이 의인의 부활에 참예하지 못할 것입니다. 그러기에 온 세상은 하나의 큰 행사를 기다리고 있습니다. 그것은 우리 믿는 성도들이 다 같이 부활한 영광의 모습으로 이 세상에 나타나는 것입니다. 이것을 어린 양의 혼인 잔치라고 말합니다. 그 부활에 참여하는 자가 진정으로 복이 있는 자입니다. 그렇게 부활하지 못한 자는 영원한 사망에 처하게 됩니다. 그것은 영원토록 하나님의 저주 아래 있는 것입니다. 짐승보다 더 비참한 처지에 있게 될 것입니다.

예수님은 부활에 대한 성경적인 증거를 제시하셨습니다.

"죽은 자의 살아난다는 것은 모세도 가시나무떨기에 관한 글에 보였으되 주를 아브라함의 하나님이요 이삭의 하나님이요 야곱의 하나님이시라 칭하였나니 하나님은 죽은 자의 하나님이 아니요 산 자의 하나님이시라 하나님에게는 모든 사람이 살았느니라 하시니"(37-38절)

예수님의 성경 이해는 너무나 놀라웠습니다. 전혀 부활과 상관이 없는 성경 구절인 것 같은데 부활의 의미를 찾아내셨습니다. 즉 모세가 불붙는 떨기나무 가운데서 하나님을 만났을 때 하나님은 자신을 '아브라함의 하나님이요 이삭의 하나님이요 야곱의 하나님' 으로 소개하셨습니다. 왜 성경이 하나님을 아브라함의 하나님과 이삭의 하나님으로 소개했습니까? 하나님이 단순히 죽은 지 오래되는 사람들의 이름을 말하는 것이 아닙니다. 그것은 아브라함이나 이삭이나 야곱이 하나님께는 살아 있다는 것입니다. 즉 하나님은 산 자와 죽은 자 모두의 하나님이 되십니다.

누구든지 그리스도 안에 있는 자들은 같은 하나님을 섬기고 있습니다. 단지 상태만 다를 뿐입니다. 우리는 이 세상에서 살아 있으니 육신을 가지고 하나님을 섬기고, 이미 죽은 성도들은 육신이 없는 상태에서 영혼으로 하나님을 섬기고 있으므로 모두 살아 있는 것입니다. 영혼이 있는 사람들은 육신의 제약이 없기 때문에 하나님을 더 가까이할 수 있고 하나님을 더 잘 섬길 수 있을 것입니다. 왜냐하면 육신이 없기 때문에 음식을 먹을 필요도 없고 잠을 잘 필요도 없고 마음껏 하나님을 찬양하고 섬길 수 있기 때문입니다.

죽은 자와 산 자가 다시 만날 때가 바로 부활의 순간입니다. 그래서 예수 믿는 사람들에게는 죽음은 상태만 달라지는 것뿐입니다. 모두 하나님을 섬기는 데는 다를 것이 없습니다. 마치 나무 벽이 가로 놓여 있어 서로 왔다 갔다 할 수 없을 뿐이지 모두 같은 하나님 아래 살아 있습니다.

　그러나 지금 하나님을 믿지 않는 자는 죽어 있습니다. 그리고 육체가 죽으면 영원히 하나님과의 관계가 끊어지게 됩니다. 그러므로 죽었느냐 살았느냐는 것보다 더 심각한 것이 예수 안에 있느냐 밖에 있느냐는 것입니다. 그리스도안에 있는 자는 죽었지만 살아 있고, 그리스도를 모르는 자는 살았지만 죽어 있는 것입니다.

부활을 믿는다면

　우리가 부활을 믿는다면 어떻게 살겠습니까? 첫 번째로, 이 세상에서 모든 것을 차지하려고 하지 않을 것입니다. 사람들이 이 세상의 삶에 집착하는 이유는 죽으면 모든 것이 끝난다고 생각하기 때문입니다. 그래서 어떻게든 죽기 전에 모든 것을 누리고 하고 싶은 것을 원 없이 해보는 것을 행복이라고 생각합니다.

　그러나 그것은 믿음이 없는 사람들의 삶입니다. 예수를 믿는 자들은 죽음을 두려워하지 않습니다. 왜냐하면 죽어도 살아 있기 때문입니다. 우리는 죽은 후에도 똑같은 하나님을 섬기게 될 것입니다. 죽으면 오히려 하나님을 더 가까이에서 영광스럽게 섬길 수 있습니다. 그러므로 죽음은 조금도 두려운 것이 아닙니다. 물론 죽음의 고통은 있겠지만 그 고통은 잠깐이고 그 뒤에 영원한 영광이 있습니다. 그래서 하나님을 믿는 사람들은 죽기 전에 이 세상의 모든 것을 누리려고 하지 않습니다. 왜냐하면 죽은 후에 훨씬 더 나은 것이 기다리고 있음을 알기 때문입니다.

　두 번째로, 이 세상에서 좀 불편한 것은 얼마든지 참을 수 있습니다. 예를 들어 신체적 장애가 있을 수도 있습니다. 혹은 키가 작을 수도 있고 얼굴이 못생겼을 수도 있습니다. 그러나 우리의 이런 것들은 부활에 전혀 영향을 주지 못합니다. '세상 고생 꿈에 본 듯 잊으리' 입니다. 이 세상의 삶이 마치 애벌레의 삶과 같은 것이라면 생활에 좀 불편한 것에 의미를 두지 않을 것입니다. 왜냐하면 우리는 곧 허물을 벗게 될 것이기 때문입니다.

물론 이 세상에 살면서 약간씩 불편한 것들은 얼마든지 고칠 수 있습니다. 그러나 요즘 유행하는 것처럼 성형 수술을 할 필요는 없을 것입니다. 왜냐하면 우리는 지금과 같은 얼굴이나 모습으로 부활하지 않기 때문입니다. 장애인이었던 사람들도 뛰어다니거나 날아다닐 수 있을 것입니다. 이 세상에서 키가 작거나 못생겼다고 미움을 받았던 사람들도 모두 빛난 모습으로 다시 살게 될 것입니다. 그러므로 이 세상에서의 조건을 절대적인 것으로 생각할 필요가 없습니다.

세 번째로, 모든 사람이 이런 부활에 참여할 수 있는 것이 아니라면 부활에 참여할 수 있도록 최선을 다해야 합니다. 부활에 참여할 수 있는 기회는 오직 이 세상에 있을 동안에만 주어집니다. 그러므로 다른 어떤 것보다 그 기회를 놓치지 말아야 합니다. 사업에 실패할 수도 있고 병에 걸려 죽을 수도 있습니다. 그렇지만 우리는 이런 부활에 참여할 수 있습니다. 우리에게 중요한 것은 부활의 첫 열매이신 예수님을 믿음으로 영생의 축복을 받는 것입니다.

그런데 예수님은 의인의 부활도 다 같지 않다고 말씀하십니다. 즉 말씀에 순종하여 산 것에 따라서 태양처럼 빛나는 부활도 있고 별처럼 희미한 영광도 있습니다. 그렇다면 이 세상에서 믿음으로 살려고 애를 써야 더 영광된 부활에 참여할 수 있을 것입니다.

예수님의 부활은 우리의 삶의 지평선을 죽음 너머까지 연장시켜 주셨습니다. 전에는 죽음 이후에는 무엇이 있는지도 몰랐고 죽음 이후를 감히 생각할 수도 없었습니다. 그러나 예수님의 부활은 우리로 하여금 죽음 이후의 우리의 모습을 보게 하셨고 또 이 세상의 삶과 죽음 이후를 연결해 주셨습니다.

이제부터 우리는 영원히 남는 것을 위해 투자해야 하는 것입니다. 지금 우리가 믿음으로 사는 것은 영원히 없어지지 않는 상급으로 남게 될 것입니다. 그러므로 썩어 없어질 것을 위해 살지 말고 영원한 상급을 위해 살아야 합니다. 자기를 위해 사는 것은 썩을 것이며 남을 위해 사는 것은 영원히 남을 것입니다.

그리스도의 정체

우리에게 부활의 축복이 주어지는 이유는 하나님의 아들 예수 그리스도가 우리를 위해 이 세상에 오셨기 때문입니다. 물론 처음 인간을 창조하셨을 때 하나님은 우리 인간들에게 부활의 약속을 주셨습니다. 즉 인간들이 백 퍼센트 하나님의 뜻에 순종하면 죽음을 통과하지 않고 부활로 갈 수 있었습니다. 그러나 인간이 죄를 범함으로 부활로 갈 수 있는 길을 잃었습니다. 그러나 그리스도가 이 세상에 오셔서 우리의 죄를 담당하심으로 영생의 길이 다시 열리게 되었습니다.

그러나 예수님이 사람의 모습으로 오셨기 때문에 사람들은 예수님의 정체를 알지 못했습니다.

"예수께서 저희에게 이르시되 사람들이 어찌하여 그리스도를 다윗의 자손이라 하느냐?" (41절)

'그리스도'라는 명칭은 예수님의 이름입니다. 그러나 예수님 자신은 그리스도라는 것을 인정하면서도 그리스도라는 호칭을 사용하는 것을 꺼리셨습니다. 그 이유는 그리스도라는 호칭에 대한 오해 때문이었습니다.

'그리스도' 라는 이름은 히브리어인 '메시야' 의 헬라식 번역입니다. '메시야' 는 '기름부음을 받다' 라는 뜻인데 구약 시대에는 하나님이 세우신 사람을 의미했습니다. 그래서 기름부음을 받은 사람은 사람이지만 하나님께 속했고 하나님의 명령을 직접적으로 받았습니다.

그런데 선지자 시대로 넘어오면서 메시야는 특별히 한 인물에 집중되고 있습니다. 그것은 제사장도 아니고 선지자도 아닌 다윗의 후손이었습니다. 더 놀라운 것은 그는 신성을 가지신 분이신데 고난의 종으로 오신다는 것입니다. 하나님의 말씀을 전하는 선지자들에게 가장 어려운 것이 어떻게 다윗의 자손이 하나님이 될 수 있느냐는 것과 그렇게 능력 있는 분이 왜 고난을 당해야 하느냐는 것이었습니다. 사실 이것을 정확하게 내다 본 사람은 다윗 자신이었습니다. 다윗은 그의 후손이 자기의 후손이 아니라는 것을 알았습니다.

"시편에 다윗이 친히 말하였으되 주께서 내 주께 이르시되"(42절)

두 분의 주가 등장하고 있는데 한 주께서 나의 주에게 말씀하시는 것입니다. 여기서 다윗은 신성을 가지신 주가 두 분이시며 그 중의 한 분이 그의 후손으로 불린 분이라는 것을 알았습니다. 그러므로 다윗의 후손이라는 것은 어디까지나 그리스도를 인식하는 표시에 불과했습니다. 그는 하나님이시며 고난의 종으로 오시는 것입니다.

그러나 유대인들은 그리스도가 다윗의 자손이기 때문에 이스라엘을 독립시키는 정치적인 지도자이어야 한다고 생각한 것입니다. 이스라엘을 독립시키는 데 하나님의 아들이 올 필요는 없습니다. 독립을 위해서는 여호수아나 다윗 같은 인물로 충분할 것입니다. 그러나 인간의 가장 치명적인 문제는 죄에 있고 죄를 해결하기 위해서는 하나님의 아들이 직접 오셔야만 했습니다.

예수님은 그 당시 그리스도라는 호칭이 거의 정치적인 지도자라는 의미로 사용되고 있었기 때문에 이 표현을 잘 쓰지 않으셨습니다. 그 대신 '인자'라는 표현을 많이 쓰셨습니다. 인자는 '사람의 아들' 또는 '그 사람의 아들' 이라는 칭호입니다. 여기서 인자는 두 가지 의미가 있습니다. 하나는 사람의 아들이기 때문에 연약해서 고난 받는 종이라는 의미입니다. 뛰어난 영웅도 아니고 많은 군대를 지휘하는 군인도 아닙니다. 그저 단순한 사람일 뿐입니다. 그러나 이 사람은 고난만 받으시는 것이 아닙니다. 다니엘서 7장에 보면 인자가 나오는데 그는 하늘에서 구름을 타고 오셔서 자기 백성을 다 구원하십니다. 종말적으로 자기 백성들을 구원하시는 주님이신 것입니다.

"내가 네 원수를 네 발의 발등상으로 둘 때까지 내 우편에 앉았으라 하셨도다 하였느니라"(43절)

그리스도는 이 세상에서 사람들과 칼로 싸워서 나라를 빼앗는 장군이 아니라 하나님 보좌 우편에서 하나님과 같이 앉을 분이십니다. 그러니 그는 사람일 수가 없습니다. 그리스도는 십자가에 못 박혀 죽었다가 부활하심으로 두 가지 지위를 얻으셨습니다. 하나는 우리 믿는 자의 머리가 되십니다. 우리와 그리스도는 한 몸으로 연합되어 있습니다. 그래서 부활하신 주님의 모든 것은 우리에게 전달되며 우리의 모든 것은 그리스도에게 전달됩니다. 그러기에 우리는 이 세상에서 하나님의 모든 능력을 공급받습니다. 또한 우리의 모든 고통과 답답함은 그리스도에게 그대로 전달됩니다.

그리고 또 하나의 지위는 온 세상의 심판주의 자격을 얻으셨습니다.

원수로 발등상이 되게 한다고 했는데 발등상은 발을 올리는 발판을 뜻합니다. 옛날에는 원수들을 정복하면 발로 밟아서 죽였습니다. 발로 목을 밟든지 머리를 밟으면 전쟁은 끝나는 것입니다.

주님이 죽음에서 부활하셔도 이 세상의 영적인 전쟁은 끝나지 않습니다. 그 대신 주님은 하나님의 보좌 우편에서 우리의 싸움을 도와주십니다. 그래서 우리가 하나님이 주시는 힘으로 이 세상의 악과 싸우게 하십니다. 그러다가 최후의 순간이 오면 이 세상에 오셔서 원수들을 밟고 온 세상을 심판하시는 것입니다.

지금 유대인들은 다시 유대인의 왕을 뽑고 유대인들의 군대를 만들어서 독립 국가를 이루는 것이 소원이었습니다. 그러나 하나님이 생각하시는 것은 온 세상이 하나님께로 돌아오는 것입니다. 오직 그리스도의 나라가 이루어지는 것입니다. 그래서 예수님을 다윗의 자손으로 믿는 자는 유대인의 나라를 원하는 자이며 다윗의 주로 믿는 자는 하나님의 나라를 원하는 자인 것입니다.

우리는 마치 최후의 순간을 위해 믿음의 선한 싸움을 경주하는 선수들과 같습니다. 우리에게는 영광의 면류관이 준비되어 있습니다. 그러나 우리 마음대로 살면 상이 없습니다. 우리의 주님이 되신 그리스도를 의지하고 주님의 뜻을 이룰 때 우리는 부활의 영광에 참여하게 되고 또 더 큰 영광을 누리게 됩니다. 이 비밀을 이 세상 사람들이 모르는 것은 조금도 이상한 것이 아닙니다. 그러므로 세상 사람들을 의식하지 말고 주님을 바라보고 열심히 믿음의 경주를 하기 바랍니다.

68

거짓을 심판하시는 하나님

[눅 20:45-21:19]

우리 속담에 '열길 물 속은 알아도 한 길 사람 속은 모른다' 는 말이 있습니다. 우리는 다른 사람의 속마음을 알 수 없기 때문에 사람이 하는 말을 믿을 수밖에 없습니다. 그러나 사람은 거짓말로 얼마든지 다른 사람을 속일 수 있습니다. 그래서 가짜에 속는 사람들이 많이 있습니다. 어떤 사람은 가짜 명품을 진짜인 줄 알고 사는가 하면 어떤 사람은 사기를 당해서 경제적인 손해를 보기도 합니다. 심지어는 거짓말에 속아서 잘못 결혼하는 경우도 있습니다. 이처럼 사람에게 가장 큰 문제는 거짓말로 다른 사람을 속이는 것입니다.

그래서 이 세상에는 사람을 조사하는 기관을 만듭니다. 정부에서는 각 부서들의 정확한 상황을 파악하기 위해 사정 기관들을 둡니다. 또한 회사나 기관마다 회계나 업무를 감사하는 기관들이 있습니다. 사람이 거짓말을 하는 존재이기 때문에 그렇습니다. 그런데 이 세상의 조사 기관들은 사람을 해치는 거짓말만 조사할 수 있지 그 이상의 것은 조사하거나 밝힐 수 없습니다. 즉 사람의 본성이 거짓된 것이나 하나님 앞에서 거짓으로 살아온 것 등은 밝힐 수 없습니다. 결국 이것은 하나님이 밝히실 수밖에 없습니다.

　이에 대해 먼저는 사람들이 왜 거짓말을 하는지 살펴볼 필요가 있습니다. 일단 거짓말을 하면 실제 자신의 모습보다 좋은 인상을 줄 수 있을 것입니다. 즉 실제로는 형편없는 생활을 하고 있지만 남들 앞에 고상하게 행동하면 좋은 평판을 얻는 것입니다. 또한 사람이 거짓말을 하면 적은 노력으로 많은 수익을 올릴 수 있을 것입니다.

　예를 들어 정말 좋은 물건을 제값에 팔면 이익이 많지 않을 것입니다. 그러나 가짜를 진짜인 것처럼 속여 싼 가격에 판다면 많은 이익을 올릴 수 있습니다. 학생들도 배운 것을 다 외우거나 이해해서 시험을 치려면 힘들지만 컨닝을 하면 좋은 점수를 얻을 수 있을 것입니다.

　그래서 사람들은 거짓말에 대한 유혹을 떨쳐버릴 수 없습니다. 그러나 더 심각한 문제는 사람의 본성이 악해서 진실한 것보다는 거짓된 것을 더 좋아한다는 사실입니다. 진실보다는 거짓말이 훨씬 더 재미있고 체질에 맞는 것입니다.

　본문 말씀은 예루살렘의 종말에 대해 예수님이 예고하신 것입니다. 예수님 당시에 종교인들은 위선적인 삶을 살았습니다. 겉으로 보기에는 거룩한 체하고 있었지만 실제로는 많은 비행을 저지르고 있었습니다. 또 예루살렘 성전 자체도 겉으로 보기에는 하나님께 거룩한 제사를 드리는 것 같았지만 이면으로는 많은 부정한 수입을 챙기고 있었습니다. 그래서 예수님은 이 모든 인간들의 행동을 하나님은 보고 계시며 언젠가는 그 모든 죄를 드러나게 하시고 반드시 심판하실 것이라고 말씀하셨습니다.

종교인들의 외식

종교인들은 하나님께 가장 가까운 사람들이고 가장 깨끗하고 거룩한 사람들일 것 같습니다. 그러나 실제로는 그렇지 못한 경우가 너무나 많았습니다. 즉 겉으로 보기에는 거룩하고 신앙심이 깊은 것 같지만 실제로는 이중적이고 타락한 삶을 살고 있었던 것입니다.

"모든 백성들이 들을 때에 예수께서 그 제자들에게 이르시되 긴 옷을 입고 다니는 것을 원하며 시장에서 문안받는 것과 회당의 상좌와 잔치의 상석을 좋아하는 서기관을 삼가라 저희는 과부의 가산을 삼키며 외식으로 길게 기도하니 그 받는 판결이 더욱 중하리라 하시니라"(45-47절)

이 당시 서기관은 여호와의 율법을 연구하고 가르치는 일을 전문적으로 하는 사람들이었습니다. 그러므로 유대인들에게는 정신적인 스승들이었습니다. 그런데 예수님은 이 서기관들을 대단히 조심하라고 말씀하셨습니다. 그 이유는 그들 자신들은 전혀 변하지 않으면서 진리를 가르쳤기 때문입니다.

어떻게 그럴 수 있습니까? 우선 우리가 알아야 할 것은 서기관들도 죄인의 본성을 가진 사람이라는 것입니다. 서기관이라는 직분이 그들을 좀더 거룩하게 할 수도 있습니다. 예를 들어 만나는 사람들이 율법을 주야로 연구하기 때문에 아무래도 죄와는 접촉의 가능성이 적을 것입니다. 그러나 이것이 또 하나의 함정이 될 수 있었습니다. 왜냐하면 죄와의 접촉이 적다고 해서 사람의 마음속에 있는 죄의 욕망이 없어지는 것은 아니기 때문입니다.

물론 사람의 죄라는 것은 악한 자와의 접촉을 통해 더 자극이 되는 것은 사실이지만 사람의 마음속에는 원래 죄의 불씨가 들어 있습니다. 이것은 종교인이라고 해서 없어지는 것이 아닙니다. 종교인들은 사람들이 거룩한 사람들이라고 믿기 때문에 오히려 숨어서 죄를 지을 가능성이 많습니다.

우리가 생각하기에 모든 인간들은 어쩔 수 없다는 식으로 생각할지 모르겠지만 말씀을 가르치는 자는 진리의 등대와 같기 때문에 등대가 어두워지면 온 세상이 어두워지게 됩니다. 자기가 죄를 지으면서 어떻게 죄에 대해 강하게 가르칠 수 있습니까? 그래서 말씀을 가르치는 자는 남을 가르치기 이전에 자기 자신을 가르쳐야 하고 자기 자신도 무서운 죄의 본성을 가진 죄인이라는 것을 늘 기억하고 하나님 앞에서 정직한 양심이어야 합니다.

하나님은 사람들이 죄를 지어도 심판을 금세 하지 않으십니다. 만일 하나님이 사람들이 죄를 짓거나 거짓말을 하는 즉시 벌하신다면 아무도 감히 죄를 짓지 못할 것입니다. 그러나 하나님은 거짓말을 하거나 죄를 지어도 사람 안에 있는 양심을 믿고 내버려 두십니다. 그러기에 사람들이 점점 하나님을 덜 두려워하면서 사람의 눈만 피하면 된다고 생각하게 되는 것입니다.

이 당시의 서기관들이 하나님의 말씀을 자기 자신에게 먼저 가르쳤더라면 세례 요한처럼 괴로워하지 않을 수 없을 것입니다. 왜냐하면 하나님의 말씀 중 자신들에게 저촉이 되지 않는 것이 없기 때문입니다. 그러나 말씀대로 사는 것이 너무 힘들기 때문에 적당하게 종교인이라는 명분을 내세우고 자기 욕심대로 살았던 것입니다.

예전에 우리나라 유교에서도 사람의 외모를 중요시했습니다. 그 이유는 사람의 속은 알 수 없기 때문입니다. 외모를 단정하게 하면 정신도 바르게 된다고 생각했습니다. 이것이 예수님을 만나기 전의 사고방식이었습니다. 그러나 좋은 포장지에 싸여 있다고 해서 좋은 물건이라고 할 수는 없습니다. 어떤 때에는 형편없는 물건이 좋은 포장지에 싸여 있어서 실망할 때가 있습니다.

서기관들의 포장지는 좋았습니다. 긴 옷을 입고 회당의 상좌와 잔치의 상석에 앉아 존경받는 것을 좋아했습니다. 그러나 실제로는 과부의 재산을 삼키는 짓을 했습니다. 여기서 과부의 재산을 삼킨다는 것은 마치 조직폭력배들처럼 남의 약점을 찾아내어 돈을 뜯어내고 재산도 빼앗았다는 것입니다.

우리가 죄의 유혹을 이긴다는 것은 한계가 있습니다. 진정으로 죄에 빠지지 않는 방법은 하나님 앞에서 정직한 것입니다. 그래서 자기 죄를 하나님 앞에서 조금도 숨기지 않고 정직하게 고백할 때 하나님의 은혜로 상한 양심을 치료받을 수 있습니다. 만약 치료받지 않고 계속 내버려 두면 상한 부분이 점점 굳어져 나중에는 감각이 없게 됩니다.

우리는 사회에서 예수 믿는 사람들이 대형 사고에 관여한 것을 볼 수 있습니다. 그 이유는 하나님 앞에서 정직하지 못하고 상한 양심을 하나님 앞에서 치료받지 않았기 때문입니다. 그러면 어느 한 순간 죄의 욕심을 이기지 못하고 큰 유혹에 넘어가게 됩니다. 이것은 마치 사막을 혼자 걸어가는 것과 같습니다. 의지가 강한 사람은 좀더 걸어갈 수 있겠지만 결국 어느 순간에는 더위에 지쳐서 죽게 됩니다. 결국 끝까지 타락하지 않는 사람은 오직 성령과 동행하는 사람뿐입니다.

하나님은 모든 위선자들의 숨은 죄를 다 알고 계십니다. 그래서 그런 사람들을 믿지 말라고 하셨습니다. 우리는 자기 자신을 너무 믿으면 안 됩니다. 사람들을 너무 믿기 때문에 속는 것입니다.

가난하지만 정직한 과부

성전에 들어가면 헌금을 내는 곳이 있는데 성전의 헌금을 내는 곳은 입구가 나팔처럼 되어 있어서 동전을 넣으면 소리가 나게 되어 있었습니다. 마치 요금을 징수하는 톨게이트에 동전을 던질 수 있도록 입구를 나팔처럼 만든 동전함과 비슷했습니다.

유대인 부자들은 돈을 내는 소리가 크게 들리게 하기 위해 일부러 작은 단위의 돈으로 바꾸어서 부었습니다. 그러면 돈이 들어가는 소리가 크게 나기 때문에 사람들은 그가 많은 돈을 바쳤다고 칭찬하곤 했습니다. 그러나 예수님은 부자들의 그런 요란한 헌금보다 과부의 적은 헌금을 더 기뻐하셨습니다.

"예수께서 눈을 들어 부자들이 연보궤에 헌금 넣는 것을 보시고 또 어떤 가난한 과부의 두 렙돈 넣는 것을 보시고 가라사대 내가 참으로 너희에게 말하노니 이 가난한 과부가 모든 사람보다 많이 넣었도다"(21:1-3절)

예수님은 사람들이 헌금한 액수를 보지 않으시고 그들의 중심을 보셨습니다. 부자들은 자신이 얼마나 많은 돈을 헌금하는지 다른 사람들에게 알리고 싶은 마음으로 헌금을 했습니다. 그래서 그들이 하나님께 헌금을 할 때 액수로는 많은 것을 헌금하는 것 같지만 가진 재산에 비하면 적은 것이었습니다. 그러나 가난한 과부는 가진 것이 적었지만 하나님께 다 바쳤습니다.

"저들은 그 풍족한 중에서 헌금을 넣었거니와 이 과부는 그 구차한 중에서 자기의 있는 바 생활비 전부를 넣었느니라 하시니라"(4절)

부자는 생활비가 많은 중에 넣었기 때문에 여유가 많이 있습니다. 하나님은 바친 액수를 보시는 것이 아니라 바치고 난 뒤에 얼마나 남았느냐를 보시는 것입니다. 이 부자는 물론 많은 돈을 바쳤지만 하나님으로부터 받은 것에 비하면 너무 적은 것을 바쳤습니다. 그런데 더욱 큰 문제가 있습니다. 자꾸만 더 큰 칭찬을 들으려고 하는 것입니다.

그러나 과부는 자기가 가진 모든 것을 드렸습니다. 가진 것을 다 드리면 무엇을 먹고 삽니까? 그는 하나님이 또 채워주신다는 것을 믿고 하나님 앞에 빈손으로 오지 않으려고 감사하는 마음으로 바쳤습니다. 하나님은 과부의 적은 헌금을 기뻐하셨습니다.

사실 우리는 오른손이 하는 것을 왼손이 모르게 하기 어렵습니다. 왜냐하면 내가 하는 선행을 다른 사람들이 알아주고 칭찬해 주기를 바라기 때문입니다. 그래서 수재 의연금 같은 것도 많은 사람들이 텔레비전 방송을 통해 돈을 냅니다. 왜냐하면 기왕 좋은 일을 하는데 자기 얼굴이라도 약간 비치면 기분이 좋기 때문입니다. 그러나 하나님은 아무리 작은 선행도 하나님이 다 보고 계시기 때문에 굳이 사람들에게 인정받거나 칭찬받으려고 하지 말라고 하셨습니다.

사실 헌금이라는 것이 대표의 의미가 있습니다. 일부를 바치면 하나님이 다 받으신 것으로 보시는 것입니다. 십일조를 드리면 다 바친 것입니다. 구약에 보면 거제라는 것이 있는데 하나님 앞에서 제물을 들었다가 놓는 것인데 하나님께 바쳤다가 도로 받는 개념이었습니다.

우리는 바친 액수를 자랑해서는 안 될 것입니다. 오히려 하나님이 주신 것에 비하면 얼마나 적은 것밖에 드리지 못함을 생각하고 늘 겸손해야합니다. 우리는 헌금을 할 때 내 돈으로 바친다고 생각하면 안 됩니다. 우리는 하나님의 것을 하나님께 드리는 것입니다. 그러므로 구원받은 사람의 특징은 자신의 선행에 대해 기억하지 못합니다. 왜냐하면 모든 것이 다 하나님의 것이기 때문에 자랑할 것이 없습니다. 오히려 하나님의 은혜에 비하여 인색하게 드린 것을 부끄러워할 뿐입니다. 자기가 이 세상에서 많은 선행을 했다고 자랑하는 사람들은 자기상을 이 세상에서 이미 받은 것입니다.

예루살렘 성전 건물

예수님 당시 성전 건물은 헤롯이 지은 것인데 상당히 화려하고 멋있는 건물이었습니다. 그때 제자들은 성전 건물의 돌을 자랑했습니다.

"어떤 사람들이 성전을 가리켜 그 미석과 헌물로 꾸민 것을 말하매 예수께서 가라사대"(5절)

사람들은 웅장한 건물을 보면 감탄하고 자랑하게 되어 있습니다. 그러나 하나님은 건물의 외형을 보는 것이 아니라 그 중심을 보십니다. 예루살렘 성전의 외모는 웅장했지만 그 안에는 진짜 중요한 것이 아무것도 없었습니다. 가장 중요한 하나님의 영광이 없었습니다.

성전은 외양보다 구조가 중요했습니다. 즉 성소, 지성소, 뜰로 되어 있는 성전에 진정한 회개가 있을 때 하나님의 말씀의 선포가 있어야 합니다. 그러나 이 성전은 하나님의 아들을 영접하지 않았으며 회개도 없었고 하나님의 말씀 선포도 없었습니다. 그 대신 돈벌이를 위한 소나 양이나 비둘기를 파는 장사들이 가득했습니다.

"너희 보는 이것들이 날이 이르면 돌 하나도 돌 위에 남지 않고 다 무너뜨리우리라"(6절)

원래 하나님께 바친 것은 다른 용도로 쓰일 수 없었습니다. 그래서 하나님은 하나님께 바친 것을 후에는 파괴하게 하셨습니다. 그리하여 구약 시대에는 기름을 바른 것은 다른 용도로는 쓸 수 없었습니다. 특히 예수께서 친히 십자가에 못 박혀 죽으심으로 단번에 하나님께 속죄의 제사를 드렸기 때문에 이제 후로는 더 이상 성전이 필요하지 않습니다.

그런데 그리스도까지 거부하고 특히 하나님의 아들을 십자가에 못 박았기 때문에 예루살렘 사람들은 이 죄를 용서받을 수 없었습니다. 원래 성전은 죄의 용서를 위해 존재하는 것입니다. 죄의 용서가 있으면 하나님의 심판이 없습니다. 그러나 유대 지도자들은 돈벌이를 하느라고 성전의 기능을 잃어버렸습니다. 그래서 하나님의 심판을 막지 못했습니다. 오늘날 교회는 하나님의 성전입니다. 교회에서 회개의 눈물과 기도로 죄를 용서받아야 심판을 받지 않습니다.

하나님의 아들을 거부하고 십자가에 못 박은 거짓된 성전은 파괴되고 이제 믿는 사람들로 구성된 새로운 성전이 세워지게 되는 것입니다. 이 새로운 성전은 신약의 교회입니다. 우리는 교회에 대해서는 두려운 마음으로 임해야 합니다. 왜냐하면 교회가 바로 세워져야 재앙과 심판을 막을 수 있기 때문입니다.

"저희가 물어 가로되 선생님이여 그러면 어느 때에 이런 일이 있겠사오며 이런 일이 이루려 할 때에 무슨 징조가 있사오리이까 가라사대 미혹을 받지 않도록 주의하라 많은 사람이 내 이름으로 와서 이르되 내가 그로라 하며 때가 가까왔다 하겠으나 저희를 좇지 말라 난리와 소란의 소문을 들을 때에 두려워 말라 이 일이 먼저 있어야 하되 끝은 곧 되지 아니하니라"(7-9절)

제자들은 예루살렘의 멸망으로 두 가지를 생각하게 됩니다. 우선 성전이 망한다면 성 자체는 망할 수밖에 없습니다. 앞으로 예루살렘 성 자체가 완전히 대파되는 일이 있을 것입니다. 그리고 두 번째는 성전이 파괴되면 성전이 없는 신앙 생활을 할 수밖에 없습니다.

예수님은 성전이 무너지려고 할 때에 거짓 선지자들이 많이 나타날 것이라고 말씀하셨습니다. 즉 자기가 예수라고 주장하는 자들이 많이 나타날 때가 성전이 무너질 때라고 하셨습니다. 그런데 20절에는 분명하게 말씀하십니다. 즉 예루살렘이 에워싸이는 것을 보면 멸망이 가까운 줄 알라는 것입니다.

그러기에 그리스도인들은 멸망할 줄 아는 성에서 최후의 순간까지 복음을 전하는 자들입니다. 그러다가 최후의 순간이 오면 그때는 탈출하는 것입니다. 마치 침몰해 가는 배에서 마지막 순간까지 사람들을 구출하기 위해 애쓰는 구조대원과 같습니다. 그런데 구조가 어려운 이유는 사람들이 배가 침몰한다는 것을 믿으려고 하지 않기 때문입니다. 그러기에 끝까지 함께 생활하면서 설득할 수밖에 없습니다.

예전에 미국의 쌍둥이 빌딩이 무너지면서 소방대원이 300명 정도가 목숨을 잃었습니다. 한번 생각해 보십시오. 다른 사람들은 계단으로 피난을 가는데 그들은 올라가고 있습니다. 그런데 건물 자체가 순식간에 붕괴되어 소방대원들이 죽은 것입니다.

우리는 이 세상이 멸망할 줄 알면서도 최후의 순간까지 포기하지 않고 최선을 다해야 합니다. 그러다가 마지막 순간에 탈출하는 것입니다. 그런데 죄의 잠을 잔다면 함께 망할 수밖에 없습니다. 가장 긴장해야 하는 것이 거짓 그리스도가 나타나서 사람들을 속이는 것입니다. 이때에는 진리에 대해 대적하는 일이 일어나고 복음 전도를 방해하는 일이 일어날 때이므로 정신을 차려야 합니다.

예수님은 난리와 난리의 소문이 나겠지만 끝은 아니라고 하셨습니다. 그 이유는 이 세상의 모든 난리는 최후 심판을 알리는 하나님의 예고의 나팔이기 때문입니다. 난리와 전쟁이 없으면 사람들은 이 세상이 영원할 줄 알고 아예 하나님의 나라를 생각지도 않을 것입니다.

마지막 심판은 반드시 교회가 완성되는 것을 통해 옵니다. 최종적으로 믿기로 작정한 사람까지 다 믿었을 때 그때 이 세상의 마지막이 오게 되어 있습니다. 그러기에 교회는 마지막 순간을 두려워할 필요가 없습니다. 왜냐하면 마지막 사람이 다 구원받으면 그때에는 한 명도 전도가 되지 않을 것이기 때문입니다. 전도되는 사람이 제로일 때 그때는 마지막입니다.

치열한 영적 전쟁

예수님이 십자가에 죽으신 후 이 세상은 어떻게 되었습니까? 역사는 계속됩니다. 그리고 인류는 더 완전한 유토피아를 건설하려고 하지만 유토피아는 이루어지지 않습니다.

"또 이르시되 민족이 민족을, 나라가 나라를 대적하여 일어나겠고" (10절)

이 당시 전 세계는 로마의 평화가 지배하는 시대였습니다. 사람들 중에는 로마가 인류가 원했던 최선의 상태라고 생각했습니다. 그만큼 로마는 뛰어났으며 절대적이었습니다. 그러나 민족이 민족과 싸우는 이유가 무엇입니까? 로마가 인류의 평화를 지켜주지 못한다는 것입니다. 왜냐하면 이 세상에 죄가 있고 하나님의 진노가 있는 이상 완전한 평화는 있을 수 없기 때문입니다.

이 땅에는 계속적으로 전쟁이 있지만 그 가운데 하나님은 자기 백성의 구원을 이루어 가십니다. 그러기에 그리스도인들은 이 세상이 완전해지는 것을 믿어서는 안 됩니다. 이 세상은 영원히 완전하지는 못할 것입니다. 그러나 그런 중에서도 한 사람이라도 더 건지는 것이 중요합니다.

"처처에 큰 지진과 기근과 온역이 있겠고 또 무서운 일과 하늘로서 큰 징조

들이 있으리라"(11절)

사람의 의지와 상관없이 이 세상에 지진이나 기근과 같은 재앙들이 옵니다. 그것은 모두 인간의 잠자는 양심을 깨워서 회개하게 하는 것입니다. 무서운 일과 하늘의 큰 재앙이 무엇을 의미하는지는 분명하지 않습니다. 그리스도가 하늘로 올라가심을 의미하는지도 모르겠습니다. 혹은 큰 기상 이변을 뜻하는지도 모르겠습니다.

예를 들어 화산 폭발로 화산재가 성층권까지 올라가면 여러 날 동안 온 지구가 화산재로 덮이기도 합니다. 이런 일이 일어나면 택한 자들은 깨어서 신앙 생활을 제대로 하는데 믿음이 없는 자들은 낙심하거나 더욱 죄에 빠지게 됩니다. 마치 사람이 어려운 일을 당하면 더 정신을 차려야 하는데 침체되어 잠만 자는 것과 같습니다. 그러므로 시대가 어수선할수록 정신을 차리고 더 많이 기도하며 깨어 있어야 합니다.

그런데 가장 중요한 것은 역시 치열한 영적 전쟁입니다.

"이 모든 일 전에 내 이름을 인하여 너희에게 손을 대어 핍박하며 회당과 옥에 넘겨주며 임금들과 관장들 앞에 끌어가려니와 이 일이 도리어 너희에게 증거가 되리라"(12-13절)

예수님이 죽으시고 부활하신 후 다시 오시기까지 이 세상은 우리 믿는 자들과 악의 세력 사이에 영적 전쟁을 하게 됩니다. 그리스도는 우리로 하여금 주님의 이름으로 사탄의 세력과 싸우게 하십니다. 우리가 이 마귀와 싸우는 방식은 복음을 증거하는 것입니다. 주님의 진리를 드러내면 드러낼수록 사탄의 세력은 힘을 잃게 되고 많은 사람들이 죄의 올무에서 풀려나 빛의 세계로 돌아오게 됩니다. 그러나 만일 교회가 진리를 붙들지 않으면 음부의 권세가 교회를 지배하게 되고 결국 교회는 그 기능을 상실하게 됩니다.

대개의 경우 최초로 복음이 증거될 때에는 사회가 복음을 반대합니다. 그래서 전도자들은 왕과 재판장들 앞에서 재판을 받게 될 것입니다. 그런데 그런 재판은 오히려 많은 사람들에게 진리를 증거하는 기회가 될 것입니다. 복음을 전하는 자유는 절대로 그냥 주어지지 않습니다. 이것은 결국 희생의 피값으로 사는 것입니다. 그래서 교회는 어떤 일이 있어도 바른 복음을 증거하는 자유를 빼앗겨서는 안 됩니다.

우리가 이 세상에서 영적인 전쟁을 하는 동안 주님은 그냥 계시지 않습니다. 하나님 보좌 우편에서 우리에게 필요한 모든 것을 공급해 주시며 이 세상을 능히 이길 성령의 지혜를 주십니다. 그러기에 우리가 진리로 인해 다른 사람에게 심문당할 때 내가 대답하는 것이 아니라는 것을 알아야 합니다. 이것은 주님이 직접 답변하실 것입니다.

"그러므로 너희는 변명할 것을 미리 연구치 않기로 결심하라 내가 너희의 모든 대적이 능히 대항하거나 변박할 수 없는 구재와 지혜를 너희에게 주리라"(14-15절)

사실 그리스도인들은 세상의 지혜로 많이 공부한 사람들이 아닙니다. 또 신앙이라는 것이 물건이나 어떤 공식처럼 다른 사람들 앞에 증명할 수 있는 성질의 것이 아닙니다. 많은 사람들은 기독교를 여러 인생관 중의 하나로 치부하려고 합니다. 그러나 우리 안에 계신 성령께서 필요한 때에 모든 사람들이 잠잠하게 들을 수밖에 없는 진리의 힘으로 증거하십니다. 이것을 경험하면 준비를 잘 한다고 해서 증거가 능력 있는 것은 아님을 깨달을 것입니다. 부족한 설교였는데도 큰 능력이 나타나는가 하면 어떤 경우에는 많은 이야기를 했는데 힘만 들고 효과는 적은 경우도 많이 있습니다.

그러므로 우리는 언제든지 우리 자신을 믿어서는 안 됩니다. 바른 말씀이 증거되면 말씀이 각 사람의 마음속에 살아서 역사할 것을 믿어야 합니다. 그리스도인의 가장 강력한 무기는 바른 진리입니다. 진리를 지속적으로 밝히는 이상 반드시 능력이 임하게 되고 승리하게 됩니다.

가장 가슴 아픈 것은 이 놀라운 하나님의 진리가 선포되는데도 자신의 가족들조차도 예수를 믿게 하지 못하는 것입니다.

"심지어 부모와 형제와 친척과 벗이 너희를 넘겨 주어 너희 중에 몇을 죽이게 하겠고 또 너희가 내 이름을 인하여 모든 사람에게 미움을 받을 것이나 너희 머리털 하나도 상치 아니하리라"(16-18절)

왜 부모와 형제 사이에 이런 미움과 갈등이 생기게 됩니까? 서로 생각하는 것이 완전히 다르기 때문입니다. 자식이나 형제라고 해서 기대를 했는데 오직 예수만을 위해 모든 것을 포기하고 사니까 미움이 생기는 것입니다. 그래서 정신을 차리게 하려고 경찰에 고발하기도 하고 신고해서 붙들려 가기도 합니다. 신앙이 없는 사람들은 예수 믿는 사람들이 절대로 이해되지 않습니다. 그러므로 우리가 잘 설득하거나 태도라도 공손하게 해야 합니다.

그리스도의 종들은 모든 사람들에게 미움을 받을 것입니다. 왜냐하면 그들은 세상 사람들의 비위를 맞추지 않고 그들이 잘못되었다고 증거하기 때문입니다. 우리는 그들에 대하여 인내해야 합니다.

"너희의 인내로 너희 영혼을 얻으리라"(19절)

사랑하는 성도 여러분, 그냥 주어지는 것은 아무것도 없습니다. 하나님 나라의 모든 좋은 것은 인내하지 않으면 얻을 수가 없습니다. 좋은 것은 모두 오래 기다린 자들만이 차지할 수 있습니다. 여러분 모두 끝까지 인내해서 모든 좋은 것을 받는 성도들이 되기를 바랍니다.

69

최후의 심판

[눅 21:20-38]

수년 전에 삼풍백화점이 갑자기 무너져서 많은 사람들이 깔려 죽었던 사건이 있었습니다. 그 백화점 건물이 순식간에 무너졌지만 무너지기 전에 전혀 증세가 없었던 것은 아닙니다. 갑자기 건물에서 소리가 나기 시작하고 건물이 조금씩 흔들리기 시작했는데도 사람들은 설마 그 큰 건물이 무너질 줄은 몰랐던 것입니다. 만일 사람들이 그 건물이 무너질 줄 알았다면 인명 피해를 줄일 수도 있었을 것입니다. 그리고 건물의 붕괴를 지연시킬 수 있었을지도 모릅니다. 그러나 근본적으로 잘못된 건물은 완전히 무너지지 않도록 할 수는 없습니다.

이런 현상은 화산이 폭발하거나 거대한 댐이 무너질 때에도 마찬가지입니다. 화산 폭발이 우려되는 곳에서 처음에는 약간의 진동이 있고 황산 가스가 새어나오기 시작하면 이미 화산 폭발은 시작된 것입니다. 그러나 이것이 아주 서서히 폭발할 수도 있고 어느 한 순간에 갑자기 대형 폭발이 될 수도 있습니다. 댐이 무너질 때에도 약간의 균열이 생기고 이상한 소리가 나기 시작합니다. 그때 이미 댐의 붕괴는 진행되고 있는 것입니다. 이렇게 균열이 생기기 시작하면 댐의 붕괴는 막을 수 없습니다. 다만 할 수 있는 대로 피해를 줄이거나 붕괴를 지연시킬 수는 있을 것입니다.

예수님은 이 세상의 마지막에 있을 대붕괴에 대해 말씀하십니다. 즉 이 세상의 모든 것들이 무너지면서 사람들을 심판하실 것을 말씀하십니다. 이 심판은 예루살렘의 멸망에서 시작됩니다. 즉 예루살렘의 멸망이 이 지구의 멸망의 시작인 것입니다. 예루살렘이 멸망했다는 것은 이미 이 세상의 균열과 붕괴가 시작되었다는 뜻입니다. 그래서 이 세상 자체를 건질 수는 없습니다. 왜냐하면 죄가 이 세상에 들어온 후 이 세상은 근본적으로 무너질 수밖에 없는 취약한 구조를 가지게 되었기 때문입니다.

그러기에 우리는 이 세상 자체를 지상 낙원으로 만든다거나 이 세상을 영구적으로 지키지는 못합니다. 사람들은 그것을 모두 느끼고 있습니다. 즉 언젠가는 이 지구가 큰 재앙으로 망하게 될지도 모른다는 두려움을 가지고 있는 것입니다. 그럼에도 불구하고 과학의 힘으로 그 멸망을 막아보려고 합니다. 지구의 멸망은 과학의 힘으로 막을 수가 없습니다. 우리가 할 수 있는 것은 멸망을 지연시키는 것뿐입니다. 그리고 할 수 있는 한 사람이라도 안전하게 대피시키는 것이 우리가 할 수 있는 최선일 것입니다.

예루살렘의 멸망

유대 자손들은 하나님이 예루살렘을 중심으로 온 세상을 심판하실 것이라고 믿었습니다. 그런데 예수님은 하나님의 심판이 예루살렘에서 임할 것이라고 말씀하셨습니다.

"너희가 예루살렘이 군대들에게 에워싸이는 것을 보거든 그 멸망이 가까운 줄을 알라"(20절)

예수님은 예루살렘이 군대에 에워싸일 것이라고 말씀하시면서 그것이 예루살렘의 멸망의 징조라고 하셨습니다. 이 당시 사람들은 예루살렘에 하나님의 성전이 있기 때문에 예루살렘을 가장 안전한 성으로 생각했습니다. 그러나 예루살렘은 이스라엘 자손들의 생명을 지켜주지 못합니다.

우리는 이것을 통해 몇 가지를 생각하게 됩니다. 첫 번째, 하나님은 지상 천국을 인정하지 않으신다는 것입니다. 유대인들이 기대했던 것은 지상 천국의 개념이었습니다. 그래서 하나님이 어느 지역을 성역화해서 그곳을 중심으로 천국을 이루신다고 생각했습니다. 그러나 예루살렘은 그리스도가 오시고 성령이 오시기까지 필요한 안내판에 불과했습니다. 예루살렘 성전은 그리스도가 오시기까지 필요했고 예수님의 제자들은 성령이 오시기까지 예루살렘에서 기다리라는 명령을 받았던 것입니다.

그러나 예수님이 오시고 성령이 오신 후에는 예루살렘은 아무 가치가 없었고 오히려 하나님의 아들을 십자가에 못 박은 죄로 하나님의 심판을 가장 먼저 받게 된 것입니다. 예루살렘에 임한 심판은 하나님의 아들을 거부한 모든 자들에게 임할 심판의 징조가 됩니다.

그래서 예루살렘이 망한 후부터는 이 세상에서 지역적으로 가장 안전한 곳은 존재하지 않습니다. 이제는 오직 하나님의 말씀을 듣고 그대로 순종해서 사는 신앙의 공동체가 예루살렘 성전을 대신하게 됩니다. 그러므로 이 세상에서 직장을 찾고 집을 찾는 것보다 가장 먼저 찾아야 할 곳이 하나님의 말씀이 바로 선포되는 교회입니다. 왜냐하면 교회에 하나님의 은혜와 축복이 임하기 때문입니다. 그리고 교회에서 드리는 기도를 하나님이 들으시기 때문입니다.

두 번째로, 예수님은 하나님이 예루살렘을 멸망시키는 데 소돔과 고모라 때와 같이 유황불이라든지 노아 때의 홍수와 같은 방법을 사용하지 않고 다른 나라의 군대에 의하여 에워싸이는 방법으로 멸망할 것이라고 말씀하셨습니다. 그 이유는 예루살렘의 멸망이 하나님의 완전한 심판이 아닌 심판의 시작이기 때문입니다.

그러므로 이 세상에 임하는 모든 재앙들은 우연히 발생하는 것은 하나도 없고 모두 하나님이 내리시는 진노의 심판이라는 것을 알아야 합니다. 그러므로 화산 폭발, 지진, 태풍, 전염병, 전쟁 등은 모두 하나님이 이 세상에 내리시는 심판인 것입니다. 단지 예루살렘이 멸망한 사건은 이 세상 모든 나라들이 이런 식으로 멸망할 수 있다는 사실을 알려주시는 것입니다. 왜냐하면 이 세상의 어떤 도시도 예루살렘보다 거룩할 수는 없기 때문입니다. 그래서 예루살렘이 멸망하면 다른 도시들은 더 망해야 할 것입니다. 지금도 하나님의 심판의 시계는 돌아가고 있기에 한 순간이라도 긴장감을 늦추어서는 안 됩니다.

세 번째로, 예수님은 예루살렘이 멸망할 때에 주님의 백성들에게는 피할 수 있는 방법을 가르쳐 주셨습니다. 즉 '예루살렘이 에워싸이면 멸망의 때라는 것을 알아라' 는 것입니다. 실제로 주후 70년에 로마의 디도 장군이 예루살렘을 에워쌌습니다. 그러다가 디도 장군이 로마 황제가 되기 위해 예루살렘의 포위를 풀고 로마로 잠시 돌아갔습니다. 그 동안 예루살렘 밖에 있는 사람들은 예루살렘 안으로 몰려 들어왔습니다. 왜냐하면 디도 장군이 다시 올 것이 분명하고 이스라엘에서는 예루살렘이 가장 안전하다고 생각했기 때문입니다.

그러나 그리스도인들은 예수님의 말씀을 기억하고 예루살렘에서 모두 빠져나와 목숨을 건지게 되었습니다. 그들은 예루살렘에서 나온 후에 요단강을 건너서 아무도 모르는 곳에서 살았습니다.

예수님은 불필요하게 우리를 희생시키지 않으십니다. 우리에게 어떤 위기나 위험이 닥쳐올 때에는 미리 알게 하셔서 그 재앙에 죽지 않게 하십니다. 그러므로 우리는 죄악의 잠을 자면 안 됩니다.

'예루살렘이 에워싸이는 것을 보거든' 이라는 말씀이 다른 복음서에는 '멸망의 가증한 것이 서지 못할 곳에 서는 것을 보거든' 이라고 되어 있습니다. '멸망의 가증한 것' 은 우상을 뜻하는데, '서지 못할 곳' 은 성전을 의미합니다. 그래서 하나님의 성전에서 우상 숭배를 강요할 때 절대로 거기에 동참하지 말고 피하라는 것입니다.

예를 들어 일제 시대에 교회에서 일본 황제를 숭배하게 했습니다. 그것은 바로 일본이 망한다는 뜻이고 절대로 그런 나라에 협력해서 일본의 앞잡이 노릇을 하지 말라는 것입니다. 사실 지금까지도 친일파 논쟁이 끊이지 않지만 일본의 앞잡이는 영원한 불명예인 것입니다. 그리고 지금 북한 공산당은 자신들을 신격화하고 있는데 이것도 멸망의 가중한 것입니다. 지금 우리나라에서도 민족주의 입장에서 북한의 공산주의까지 옹호하는 것은 좋지 않습니다.

어떤 직장이나 단체에서 우상 숭배를 강요하거나 거짓을 강요할 때에 그런 직장에 미련이나 애착을 가질 필요가 없습니다. 그들은 만군의 하나님 여호와를 대적하고 있기 때문입니다. 또한 유전 공학이나 의학이 하나님의 질서를 파괴하고 대적할 때에는 멸망의 가증한 것입니다.

어떤 문인은 하나님에 대해 대적하고 훼방하는 식으로 글을 쓰기도 합니다. 우리나라의 대표적인 작가 중에 그런 분이 있습니다. 작품의 제목은 성경에서 따온 것인데 하나님을 훼방하는 내용인 것입니다. 그런 작품은 가까이해서는 안 됩니다. 왜냐하면 멸망의 가증한 것이 서지 못한 곳에 서려고 하기 때문입니다. 그때에는 사람들에게 인정받으려고 하면 안 되고 혼자 조용히 칩거를 하는 것이 좋습니다. 또 아주 악한 독재자가 대통령이나 왕이 되어서 좋은 자리를 주려고 할 때 조심하는 것이 좋습니다. 그런 대통령을 따라다니다가 결국 폭탄 테러를 당할 수도 있기 때문입니다.

하나님은 우리에게 어려움이 닥치게 될 때에는 반드시 알려 주십니다. 그래서 하나님이 주시는 사인(sign)에 유의해야 합니다. 건강이 안 좋을 때에도 징조가 있습니다. 그럴 때에는 하던 일을 멈추고 건강을 체크해야 합니다. 혹은 내 영혼을 피폐하게 만드는 것이 있을 때에는 신중하게 생각해야 하고 빠른 시일 내에 결단을 내리는 것이 좋습니다. 왜냐하면 하나님이 지금 하고 있는 일을 그만두라는 사인이기 때문입니다.

그런데 예수님이 피하라고 하신 것은, 이런 전쟁에 투신할 필요가 없다는 것입니다. 다시 말해서 로마와 유대인들이 싸우는 전쟁에 끼이지 말라는 뜻입니다. 왜냐하면 하나님이 심판하시는 것이기 때문입니다. 이 싸움에서는 결코 이기지 못할 것입니다.

"그때에 유대에 있는 자들은 산으로 도망할지며 성내에 있는 자들은 나갈지며 촌에 있는 자들은 그리로 들어가지 말지어다" (21절)

예수님은 이런 전쟁의 징조가 보일 때 절대로 도시나 성으로 들어가지 말고 산으로 피하라고 하셨습니다. 왜냐하면 예루살렘 성이 결코 안전한 곳이 아니었기에 집도 없고 문화 시설도 전혀 없는 산으로 도망쳐서 목숨만 건지라는 것입니다. 우리가 환난의 때에 손해를 보지 않으려고 하면 결국 발목이 잡혀서 탈출하지 못합니다. 하나님이 환난의 때라고 말씀하시면 모든 것을 버리고 가족을 챙겨서 목숨이라도 건지는 것입니다. 롯의 아내는 소돔을 탈출하면서도 소돔에 대한 미련 때문에 뒤를 돌아보다가 소금 기둥이 되고 말았습니다.

그러므로 하나님이 어려움을 주실 때에는 전에 하나님을 모르면서 잘 살 때를 생각하고 뒤돌아보면 안 됩니다. 세상의 모든 헛된 것을 버리고 오직 하나님 한 분만 붙들어야 영생을 얻을 수 있습니다.

예수님은 예루살렘이 멸망할 때 어떤 일이 일어날 것인지 말씀하십니다.

"이 날들은 기록된 모든 것을 이루는 형벌의 날이니라 그 날에는 아이 밴 자들과 젖 먹이는 자들에게 화가 있으리니 이는 땅에 큰 환난과 이 백성에게 진노가 있겠음이로다"(22-23절)

아이를 가진 여자와 젖 먹이는 여자라는 것은 어떤 경우에도 가장 먼저 보호되는 사람들입니다. 아이를 가진 여자를 살려두고 젖을 먹이는 엄마는 보호해 주는 법입니다. 그러나 아이를 가진 여자와 젖 먹이는 자에게 화가 있다는 것은 조금도 사정을 봐주지 않는 무자비하고 철저한 심판이 이루어진다는 것입니다.

이 세상에 어떠한 재앙도 하나님의 허락 없이는 일어나지 않습니다. 하나님은 인간의 죄악에 대해 무한한 인내심으로 참고 기다리십니다. 그렇게 하다가 하나님이 참으실 수 있는 한계를 벗어날 때 이 무자비한 환난을 허락하십니다. 그럴 때에는 긍휼이나 인정이라고는 전혀 기대할 수 없는 대환난이 믿지 않는 자들에게 닥치게 됩니다.

말세의 징조

예루살렘의 멸망은 예루살렘의 멸망으로 끝나지 않습니다. 온 세상에 임할 하나님의 진노의 심판의 예고일 뿐 아니라 본격적인 이방인의 시대가 열린다는 사인입니다.

"저희가 칼날에 죽임을 당하며 모든 이방에 사로잡혀 가겠고 예루살렘은 이방인의 때가 차기까지 이방인들에게 밟히리라" (24절)

예수님을 거부한 유대인들의 운명은 두 가지입니다. 칼날에 죽임을 당하거나 이방인에게 포로로 잡혀 한 평생 노예가 되는 것입니다. 노예가 되는 것도 자기가 원한다고 되는 것이 아닙니다. 로마인들이 긍휼을 베풀어서 살려주어야 그나마 죽지 않고 노예가 되는 것입니다.

유대인들은 하나님의 아들이 왔지만 자기 욕심을 버리지 않음으로 예수님을 거부하고 십자가에 못 박아 죽인 죄로 모든 것을 잃어버리게 되었습니다. 그들의 선택은 두 가지였습니다. 하나는 칼에 죽는 것이고 다른 하나는 쇠사슬에 끌려가는 것입니다. 그들은 하나님의 아들을 영접하지 않았기 때문입니다.

복음은 사람들이 마음 내키는 대로 받아들일 수도 있고 싫으면 거부할 수 있는 것이 아닙니다. 복음을 거부하면 그 후에 하나님의 무서운 진노의 심판이 따릅니다. 그래서 인간들은 반드시 하나님의 아들을 믿어야 하고 변하여 새 사람이 되어야 합니다.

여기서 '이방인의 시대'라는 것이 문자적으로 보면 예루살렘은 망하고 유대인들은 다 해체되고 이방인들이 세상을 지배하는 시대가 된다는 뜻입니다. 그러나 이방인의 시대라고 해서 하나님의 진리가 전혀 활동하지 않는 것이 아닙니다. 겉으로 보기에는 여호와 하나님 대신에 이방인 황제가 세계를 지배합니다. 그러나 실제로 그 안에서 하나님의 말씀은 더 왕성하게 전파되어서 온 세상을 복음으로 변화시키는 것입니다.

예루살렘이 바벨론에 망했을 때 하나님의 나라는 끝이 난 것처럼 보였습니다. 온 세상을 바벨론의 왕인 느부갓네살이 통치했습니다. 그러나 하나님은 바벨론을 통해 온 세상에 여호와를 아는 지식을 퍼트리셨습니다. 그래서 유대인들이 붙들려가는 곳마다 회당이 세워지게 되고 하나님의 말씀이 증거되었습니다. 마찬가지로 예루살렘이 로마에 망했을 때 온 세상은 로마 황제가 지배하는 것 같았지만 복음은 로마를 통해서 더 많이 증거되었습니다.

그러기에 본문에서 '이방인의 때' 라는 것은 두 가지 의미가 있습니다. 하나는 겉으로 보기에 이방인의 왕이나 황제가 이 세상을 통치한다는 것입니다. 그래서 겉으로는 우상 숭배를 강요하고 세상적인 방법으로 모든 나라의 일이 이루어지지만 그 가운데서 이방인들에게 복음이 본격적으로 증거되는 시대라는 뜻입니다. 그리고 또 하나는 이런 식으로 예수를 믿은 이방인들이 천국의 들러리가 아니라 주인공들이 되어 그들이 하나님의 나라를 세우는 주체가 되고 이방인들이 구름 떼와 같이 하나님의 나라로 들어오게 되는 시대가 열린다는 뜻입니다.

그리고 그리스도가 오시기 전에 이 세상에는 많은 이상이 있을 것이라고 했습니다.

"일월 성신에는 징조가 있겠고 땅에서는 민족들이 바다와 파도의 우는 소리를 인하여 혼란한 중에 곤고하리라 사람들이 세상에 임할 일을 생각하고 무서워하므로 기절하리니 이는 하늘의 권능들이 흔들리겠음이라"(25-26절)

예수님은 그리스도가 오시기 전에 많은 자연 이변이 있을 것이라고 말씀하셨습니다. 즉 '일월성신' 이라는 것은 천체를 뜻하는데 천체에도 설명할 수 없는 이변이 생길 것입니다. 특히 요즘 같은 경우에는 엘리뇨 현상으로 어느 곳은 무더위가 계속되는데 다른 곳에는 홍수가 나거나 폭설이 내리는 것입니다. 그리고 바다와 파도에도 이변이 생기는

데 바다의 적조 현상이라든지 유조선의 침몰로 바다가 기름으로 뒤덮이거나 남극의 빙하가 녹아 해수면이 올라가는 것과 같은 현상입니다.

이런 자연 이변은 결코 이 세상을 믿어서는 안 된다는 하나님의 경고 방송인 셈입니다. 사람들은 이 세상이 영원하다고 믿고 있습니다. 하늘과 땅과 바다와 산들이 영원한 것이라고 생각합니다. 그러나 이 세상에서 영원한 것은 아무것도 없습니다. 마지막에 그리스도가 오실 때에는 하늘도 없어지고 땅과 바다도 없어집니다. 그러면 이 세상을 믿고 산 인간들의 운명은 어떻게 되겠습니까?

물론 그리스도가 오시기 직전까지는 이 세상의 모든 자연 질서가 그대로 유지됩니다. 왜냐하면 하나님이 노아에게 약속하셨기 때문입니다. 그러나 자연이 병들고 죽어 가는 것을 보게 될 것입니다. 예를 들면 바다의 적조 현상으로 수많은 물고기가 죽어 떠오르는 것을 보게 될 것입니다. 또한 대기 오염으로 하늘의 별을 볼 수 없고 어떤 경우에는 태양도 볼 수 없게 됩니다.

그러나 가장 무서운 것은 역사의 마지막 순간입니다. 그때 하늘도 불타 없어져 버리고 땅도 녹아버릴 때 사람들은 너무나 하나님의 심판이 무서워서 기절하는 것입니다. 그때 그리스도가 구름을 타고 오셔서 인간들의 모든 권력을 다 빼앗으시고 그들을 무장해제 한 후 이 세상을 심판하실 것입니다.

"이런 일이 되기를 시작하거든 일어나 머리를 들라 너희 구속이 가까왔느니라 하시더라"(28절)

그리스도가 다시 오시는 것이 우리 믿는 자들에게는 모든 고통과 핍박에서 벗어나 영적으로 승리하는 날입니다. 마치 한국 전쟁 때 공산 치하에서 온갖 고통을 받던 자들이 국군이 진주하면서 토굴에서 뛰쳐

나와 대한민국 만세를 부르는 것과 같습니다. 우리에게는 해방의 날이 되는 것입니다.

무화과나무의 비유

팔레스타인에서 여름이 오는 증거는 무화과나무를 통해서 알 수 있습니다.

"이에 비유로 이르시되 무화과나무와 모든 나무를 보라 싹이 나면 너희가 보고 여름이 가까운 줄을 자연히 아나니 이와 같이 너희가 이런 일이 나는 것을 보거든 하나님의 나라가 가까운 줄을 알라"(29-31절)

예수님이 무화과나무 비유를 말씀하시는 이유는 팔레스타인의 여름은 예고 없이 갑자기 오기 때문입니다. 겨울이다가 봄이 오는 듯하다가 갑자기 남풍이 불면서 날씨가 더워지기 시작하는 것입니다. 그런데 이 갑작스런 더위가 올 것을 알아보는 방법이 있습니다. 그것은 바로 무화과 잎을 보고 아는 것입니다. 아직 날씨가 더워지지 않았지만 무화과 잎이 연해지면 바로 뜨거운 여름이 온다는 것을 알아야 합니다.

마찬가지로 주님이 오시는 데도 예고 없이 갑자기 오시는 것입니다. 그러나 우리는 짐작할 수 있습니다. 즉 사람들이 너무나 세속적이 되어서 오직 먹고 마시고 즐기는 것에만 열중하는 것입니다. 마치 온 세상이 술에 취한 것처럼 비틀거릴 때 주님이 오실 가능성이 많습니다. 그리고 우리 믿는 사람들도 기도하지 않고 세상의 돈벌이나 세상 죄에 빠져서 정신을 차리지 못할 때 깨어서 정신을 차려야 합니다.

여기서 하나님의 나라가 가까왔다는 것도 두 가지 의미가 있습니다.

지금 예수님은 두 가지를 함께 말씀하고 있기 때문에 대단히 이해하기 어려울 것입니다. 그 하나가 말씀으로 이 땅에 이루어지는 하나님의 나라입니다. 다른 하나는 예수님이 영광 중에 오심으로 이루어질 영광의 하나님 나라입니다. 우리는 이 땅에 하나님의 나라가 임한 줄 어떻게 알 수 있겠습니까? 눈에 보이는 것은 없습니다. 그러나 위대한 하나님의 말씀이 선포되면 복음의 여름이 온 줄 알아야 합니다. 그만큼 설교가 중요한 것입니다.

위대한 설교가 있으면 성령의 시대가 도래한 것이며 능력의 시대가 온 것입니다. 눈에 보이는 것은 없지만 위대한 말씀이 있고 많은 젊은 이들이 몰려오면 이미 부흥의 때가 온 것입니다. 이때 성도들은 더 열심히 기도하고 더 큰 능력을 받아야 합니다.

그러나 이런 영적인 계절에 무관심하고 자기 욕심에 빠져 사는 사람들은 축복의 반열에서 제외될 것입니다. 지금 우리는 기도하기만 하면 얼마든지 응답받는 능력의 시대에 살고 있습니다. 이럴 때에는 침체되거나 낙심하지 말고 깨어 기도하면 됩니다. 그러면 넘치는 은혜와 축복을 받을 것입니다.

한편 주님이 영광 중에 오시는 것은 우리가 잘 알 수 없습니다. 왜냐하면 주님이 도적같이 오신다고 했기 때문입니다. 어떻게 해서든지 영적으로 침체하지 않도록 주님이 오실 때 구원을 도둑맞는 일이 없도록 해야 할 것입니다. 그래서 우리는 항상 깨어 기도해야 합니다.

"내가 진실로 너희에게 말하노니 이 세대가 지나가기 전에 모든 일이 다 이루리라 천지는 없어지겠으나 내 말은 없어지지 아니하리라" (32-33절)

유대인들이 '모든' 이라고 할 때에는 한 가지도 빼놓지 않은 모든 것을 말하지 않습니다. '중요한 모든 것' 이라는 뜻입니다. 예수님의 제자들의 세대에는 그들의 중요한 모든 것을 보았습니다. 그리스도의 죽으심과 부활, 하늘에 올리우심, 성령의 임하심 등입니다. 그러나 그들이 결코 보지 못하는 것도 있습니다. 그것은 주님이 구름을 타고 오시는 것입니다. 주님은 반드시 오신다고 하신 약속을 이루실 것입니다.

그러면 주님의 오심을 기다리면서 준비하는 우리들은 어떤 자세로 살아야 하겠습니까?

"너희는 스스로 조심하라 그렇지 않으면 방탕함과 술취함과 생활의 염려로 마음이 둔하여지고 뜻밖에 그날이 덫과 같이 너희에게 임하리라" (34절)

가장 조심해야 하는 것이 술 취하는 것과 방탕한 것입니다. 사람들은 긴장하는 것을 싫어하고 방탕하게 사는 것을 좋아합니다. 그래서 자칫 잘못하면 방탕한 생활에 빠지기 쉽습니다. 그 다음에는 생활의 염려입니다. 마치 이 세상이 전부인 것처럼 세상 욕심에 빠져 세상 사람들을 따라가는 것입니다. 우리는 세상의 물결을 거슬러서 살아가야 하는 사람입니다.

"이러므로 너희는 장차 올 이 모든 일을 능히 피하고 인자 앞에 서도록 항상 기도하며 깨어 있으라 하시니라" (36절)

'장차 올 이 모든 일' 은 세상에서 믿던 모든 것을 빼앗기고 지옥불의 구덩이에 빠지는 것입니다. 이런 심판을 '받지 않고 그리스도 앞에 당당히 서서 나의 모든 수고를 말씀드리고 인정받으려면 항상 기도하며 깨어 있어야 합니다. 절대로 죄악의 잠에 빠지면 안 됩니다. 겨울에 산에서 조난당했을 때 가장 위험한 것이 조는 것입니다. 졸면 죽습니다. 그래서 희망을 가진 사람은 이를 악물고 졸음을 참고 살아 남습니다.

이처럼 이 세상의 죄의 잠에 빠지지 않으려면 비전과 소망이 있어야 합니다.

사랑하는 성도 여러분, 믿음의 소망을 가지고 모든 죄의 잠에서 깨어나길 바랍니다. 주님 오실 때까지 영혼의 파수꾼 사명을 잘 감당하는 성도들이 되길 축원합니다.

70

최후의 만찬

[눅 22:1-20]

우리는 대개 이별할 때 식사를 합니다. 식사라는 것은 함께 마음을 나누는 것이며 사랑을 나누는 시간이라 할 수 있습니다. 우리는 사랑하는 사람과 헤어질 때 한 끼 식사라도 하고 보내야 덜 섭섭하다고 생각합니다.

얼마 전에 신문을 보니 어떤 미군이 이라크와의 전쟁을 위해 중동으로 떠나면서 아내와 포옹을 하는데 그 옆에서 두 아이들은 울고 있는 사진이 실려 있었습니다. 참으로 이별의 순간은 안타깝고 소중한 순간입니다.

이제 예수님은 제자들과 이별할 시간이 되었습니다. 이제 불과 몇 시간 후면 예수님은 유대 지도자들에게 체포되어 붙들리시고 다음 날 십자가에 못 박히시게 됩니다. 예수님은 마지막 밤에 제자들과 함께 시간을 보내기를 원하셨습니다.

예수님은 제자들과 이별하는 마지막 순간에도 감정적인 이별을 하지 않으시고 성경적인 이별을 하셨습니다. 즉 이별하는 순간에도 성경을 성취하심으로 제자들의 마음속에 영원히 믿음의 뿌리가 생기게 하셨던 것입니다.

　우리들 같으면 울면서 한 사람 한 사람을 포옹하고 끝까지 믿음을 잘 지키라고 할 것 같습니다. 그렇지만 예수님은 신학적인 이별을 하셨습니다. 즉 제자들과 함께 유월절 음식을 나누심으로 이것이 마지막 유월절이 되게 하셨고 또 바로 그 순간이 최초의 성찬식이 되게 하심으로 구약의 시대는 끝나고 새로운 능력의 시대가 되게 하신 것입니다.

　우리에게 가장 큰 명절은 설날입니다. 설날이 되면 떡을 만들고 여러 가지 음식을 준비합니다. 이스라엘 자손들에게는 유월절이 설날이었습니다. 이스라엘 자손들은 누룩이 없는 딱딱한 떡을 준비하고 어린 양을 잡아서 먹을 것을 준비합니다. 이 어린 양은 애굽에서 하나님이 애굽 사람들을 심판하실 때 이스라엘 자손들이 어린 양의 피로 생명을 건진 것을 의미합니다.

　그러나 이스라엘 백성들이 수 백 년 동안 지켜왔던 유월절은 하나의 중요한 의식의 예표에 불과했습니다. 즉 진짜 유월절은 하나님의 아들 예수 그리스도가 오셔서 우리 죄인들을 대신하여 죽으시는 것입니다. 왜냐하면 유월절의 어린 양이 나타내는 것이 예수님의 죽으심이었기 때문입니다. 그래서 예수님은 이 유월절 만찬을 제자들과 함께 나누심으로 나중에라도 우리 믿는 자들이 예수님의 십자가 죽음이 유월절 어린 양의 죽음이라는 것을 깨닫게 하셨습니다.

　본문에는 세 가지 내용이 나옵니다. 하나는 유대 지도자들이 예수님을 죽이려는 것이고 두 번째는 예수님이 제자들을 보내어서 유월절을 준비하게 하시는 것입니다. 그리고 세 번째는 예수님이 유월절을 제자들과 함께 지키시면서 이것을 최초의 성찬식으로 바꾸시는 것입니다.

예수님을 대적하는 사람들

　예수님의 수난은 사랑하는 제자 중의 한 사람의 배반으로 시작됩니다. 만약 가룟 유다가 배반하지 않았더라면 대제사장이나 서기관들이 예수님을 잡아낸다는 것은 불가능했을 것입니다. 예수님은 무려 삼 년 동안이나 제자들을 사랑으로 말씀을 가르치셨습니다.
　그런데 그 제자 중 하나가 예수님을 믿지 않고 배신한 것입니다. 이 사건은 예수님께 가장 큰 고통이었습니다. 사람들은 이 제자의 배신을 보고 예수님의 능력을 의심했을 것입니다. 얼마나 예수님의 말씀이 능력이 없고 신뢰성이 없으면 그의 제자 중 한 사람이 예수님을 팔아먹느냐고 예수님을 조롱할 것입니다. 예수님의 진리에 대해 유다의 배신보다 더 큰 훼방은 없을 것입니다.

　"유월절이라 하는 무교절이 가까우매 대제사장들과 서기관들이 예수를 무슨 방책으로 죽일꼬 연구하니 이는 저희가 백성을 두려워함이더라"(1-2절)

　대제사장과 서기관들이 유월절에 대한 가장 큰 관심거리는 예루살렘에 모인 유대인들이 은혜를 받느냐 하는 것이 결코 아니었습니다. 오히려 그들은 어떻게 하면 예수를 죽이느냐 하는 것을 의논했습니다. 우리가 생각하기에 예수님은 도저히 미워할 수 없는 분이신 것 같습니다. 예수님은 남을 해친 적도 없고 남을 위협하신 적도 없으십니다. 그런데도 유대 지도자들은 예수님을 죽이려고 했습니다. 그 이유는 그들이 하나님의 백성이 아니기 때문입니다. 유대 지도자들의 마음은 이미 마귀에게 사로잡혔기 때문에 마귀를 따를 수밖에 없습니다. 물론 그들은 예수님이 자기들의 세력을 무너뜨리려는 원수라고 생각했습니다.
　유대 지도자들이 가장 두려워했던 것은 이번 유월절에 모든 유대인들의 마음이 예수에게로 돌아서는 것이었습니다. 백만 명이 넘는 사람들이 예수에게 빠져서 예수에게 열광한다면 그들은 모두 허수아비가 되고 마는 것입니다. 그래서 그들은 예수와 군중과의 관계를 끊어야 한다고 생각했고 그렇게 하려면 그를 죽이는 방법밖에 없다고 결론을 내렸습니다. 아마 그들이 생각하고 있던 방법은 암살이었던 것 같습니다. 말씀을 듣는 척하고 가까이 접근해서 칼로 찔러 죽이는 것입니다.

그런데 제자들이 열두 명이나 되어 접근하는 것이 쉽지 않았던 것입니다. 그래서 유대 지도자들은 예수님을 이번에 죽이는 것을 거의 포기하는 쪽으로 생각을 돌렸던 것 같습니다. 그런데 그때 갑자기 가룟 유다가 예수님을 배반하겠다고 나타난 것입니다. 이 유다의 사건은 다시 예수님을 죽음의 위기에 몰아넣게 됩니다.

여기서 우리는 세 가지 부류의 사람들을 보게 됩니다. 즉 예수님의 일행과 일반 유대 군중들, 그리고 예수님을 대적하는 사람들입니다. 복음은 항상 이 세 무리 가운데 치르게 되는 영적인 전쟁입니다. 우리의 관심은 어떻게 하면 복음을 반대하는 자들을 이기고 진리를 모르는 무리들에게 예수님을 믿게 하느냐는 것입니다. 이것은 우리의 힘이나 열심으로 되지 않습니다. 오직 성령의 능력으로 가능한 것입니다. 결국 오순절에 이 무리들에게 성령의 역사가 나타나게 됩니다.

"열둘 중에 하나인 가룟 인이라 부르는 유다에게 사단이 들어가니 이에 유다가 대제사장들과 군관들에게 가서 예수를 넘겨줄 방책을 의논하매 저희가 기뻐하여 돈을 주기로 언약하는지라 유다가 허락하고 예수를 무리가 없을 때에 넘겨 줄 기회를 찾더라"(3-6절)

중요한 것은 '유다에게 사단이 들어갔다' 는 것입니다. 유다에게 사단이 들어간 것은 눈에 보이지 않습니다. 물론 그 당시에는 제자들도 알지 못했습니다. 그러나 나중에 생각해 보니 그때에 분명히 유다가 달라져 있었다는 것입니다. 이미 눈이 붉게 충혈된 것이 자기 생각에 깊이 빠져서 그 후부터는 누가 뭐라고 해도 전혀 귀에 들리지 않게 된 것입니다. 이때는 이미 돌이킬 수 없는 것입니다.

사탄은 사람으로 하여금 의심하고 불안하게 만들고 서로 미워하도록 충동질합니다. 이런 충동을 느꼈다고 해서 사탄이 그 사람에게 들어갔다고 말하지는 않습니다. 사탄이 들어갔다고 하는 것은 그런 악한 생각으로 충만하여 이제는 더 이상 다른 사람의 말이 귀에 들리지 않고 오직 그 일에 사로잡혀 있는 것입니다. 성령 충만과 정반대되는 상태입니다.

성령 충만은 성령의 감동이 우리 마음을 가득 채워서 조금이라도 악한 생각이나 나쁜 것이 틈타지 않고 온전한 기쁨과 은혜 가운데 있는 것입니다. 그러나 사탄이 들어가면 악한 생각이 그를 지배하고 그 악한 생각으로 꽉 차 있어서 다른 어떤 생각이나 말도 들리지 않는 상태를 뜻합니다. 이때 그 사람은 긴장하고 경직되어 있으며 다른 사람이 무슨 말을 해도 알지 못합니다.

그러면 어떻게 가룟 유다가 예수님을 배신하게 되었습니까? 첫 번째는 예수님에 대한 실망이었고 두 번째는 죽음에 대한 두려움이었습니다. 유다가 지금까지 예수님을 따라온 이유는 하나님의 나라에 대한 기대였습니다. 즉 예수님은 그 능력과 진리로 분명히 이스라엘을 회복하실 것이라고 믿었습니다.

그러나 그가 기대한 것은 영적인 이스라엘이 아니라 정치적인 유대 국가였습니다. 그런데 예수님의 죽음에 대한 결심이 확실한 것을 알게 되었을 때 그의 기대는 산산이 부서지게 되었습니다. 가룟 유다에게는 예수님이 부활하셔서 하나님의 일을 완성시킨다는 것이 상상이 되지 않았습니다. 결국 유다는 예수님에게 실망했던 것입니다. 뿐만 아니라 예수님의 말씀대로 예수님이 체포되어 사형을 당하게 된다면 제자들 역시 체포될 것이 분명했습니다. 유다 역시 붙들려서 십자가에 처형될 것이 너무나 분명했습니다.

유다는 십자가에 처형당하는 것만은 도저히 자신이 없었습니다. 그래서 예수님을 배반함으로 십자가의 형벌만은 면해 보려고 한 것입니다. 즉 그가 대제사장으로부터 받은 은전은 자기가 예수님을 배반했다는 증거물이기 때문에 누가 자기를 잡으려고 하면 그 돈을 보여주고 살 생각이었던 것입니다.

예수님이 말씀한 것이 무엇입니까? 누구든지 나로 인해 살려고 하면 죽을 것이요 죽으면 살리라고 하셨습니다. 그런데 가룟 유다는 죽기 싫어서 예수님을 배신했다가 결국 자기 혼자 죽었던 것입니다. 우리는 신앙 생활을 하면서 살려고 하면 안 됩니다. 살려고 하면 죽게 됩니다. 그러나 죽을 각오를 하고 하나님의 말씀에 순종하면 살게 됩니다.

유월절 준비

유대인들은 유월절을 지키는 것을 하나님의 가장 중요한 명령으로 생각했기 때문에 그들은 어디에서든지 유월절은 지켜야 한다고 생각했습니다. 그런데 유월절에 너무나 많은 사람들이 예루살렘에 몰려들었기 때문에 예수님의 일행은 유월절을 지킬 만한 방을 구하기가 어려웠습니다. 그러나 예수님은 유월절을 지킬 수 있는 최고의 방을 알고 계셨습니다.

"유월절 양을 잡을 무교절일이 이른지라 예수께서 베드로와 요한을 보내시며 가라사대 가서 우리를 위하여 유월절을 예비하여 우리로 먹게 하라 여짜오되 어디서 예비하기를 원하시나이까 이르시되 보라 너희가 성내로 들어가면 물 한 동이를 가지고 가는 사람을 만나리니 그의 들어가는 집으로 따라 들어가서 그 집 주인에게 이르되 선생님이 네게 하는 말씀이 내가 내 제자들과 함께 유월절을 먹을 객실이 어디 있느뇨 하시더라 하라"(7-11절)

여기서 우리는 두 가지를 찾아 볼 수 있습니다. 첫 번째는 예수님은 모든 것이 어떻게 이루어질 것인지 신적인 능력으로 알고 계셨다는 것입니다. 사실 유대인들은 대개 여자들이 물동이를 머리에 이고 가는 것이 보통이기 때문에 남자가 물동이를 손에 들고 가는 것은 흔한 일이 아니었습니다. 그래서 아마도 베드로와 요한은 물동이를 들고 가는 사람을 쉽게 발견할 수 있었던 것 같습니다.

그러나 한번 생각해 보십시오. 예수님이 어떤 사람에게 어느 시간에 물동이를 들고 가라고 약속해 놓아도 시간을 정확하게 맞추기는 어려웠을 것입니다. 그런데도 예수님은 예루살렘에서 어떤 사람이 물동이를 들고 갈지 아셨습니다. 그 사람을 따라가면 유월절을 준비할 수 있는 방이 있을 것이라고 말씀하셨습니다. 이것은 예수님이 초자연적인 능력으로 미리 아신 것입니다. 우리는 우연히 물동이를 들고 가지만 예수님을 그것을 다 알고 계십니다.

두 번째는 어떻게 그 집 주인이 예수님이 자기 다락방을 쓰실 줄 알고 비워 놓았느냐는 것입니다. 어떤 사람들은 예수님이 미리 집주인과 다락방을 빌려 주기로 약속했다고 하는데 그것은 아닌 것 같습니다. 아마도 이 사람의 마음속에 예수님이 자기 다락방을 쓰실 것 같은 감동이 있었던 것 같습니다. 즉 이번에는 누군가가 자기네 다락방을 쓸 것이라는 강한 확신 같은 것이 있어서 비워 두었는데 결국 베드로와 요한이 그 집을 찾아 온 것입니다. 하나님은 그런 일을 많이 하십니다. 양쪽에 감동을 주시는 것입니다. 어떤 사람은 찾아가게 하시고 어떤 사람은 준비하게 하셔서 모든 것이 정확하게 맞아떨어지게 하심으로 하나님이 우리 일에 함께 하신다는 강한 확신을 갖게 하십니다.

예수님은 제자들과 함께 유월절 음식을 먹는 것을 아주 중요하게 생각하셨습니다. 그 이유는 지금까지의 모든 유월절 행사가 바로 예수님이 십자가에 죽으시는 날을 준비하는 것이었기 때문입니다. 그런데 거의 대부분의 사람들은 그 날이 무슨 날인지도 모르고 지키고 있었습니다. 그래서 예수님은 제자들과 함께 유월절을 지키시면서 그 의미를 가르쳐 주시기를 원하셨습니다. 예수님이 유월절의 의미를 설명하시는 것은 바로 이천 년 이상의 의문이 풀리는 것입니다. 제자들은 위대한 순간을 맞고 있는 것입니다.

즉 과거에 어린 양의 죽음으로 이스라엘 백성들이 한 명도 죽지 않고 모두 살았던 것처럼 이제 예수님이 죽으심으로 우리 모두가 생명을 얻게 되는 것입니다. 그러나 이 생명은 단순한 육체적인 생명이 아니라 능력 있는 완전한 새로운 삶입니다. 예수님은 예수님이 죽으심으로 우리의 모든 약한 것과 병든 것을 예수님이 가져가셨다는 것을 깨닫기를 원하셨습니다. 우리가 이것을 모르면 신앙 생활을 하면서도 당당하지 못하고 죄의식에 시달리기 쉽습니다.

예를 들어 호텔에서 숙박비와 식비가 이미 지불되었다면 우리는 당당하게 호텔에서 잘 수 있고 식사를 주문해서 먹을 수 있습니다. 그러나 확신이 없으면 쫓겨나지 않을까, 혹은 경찰에 붙들려 가지 않을까, 두려워하면서 지낼 것입니다. 유월절 어린 양이 있기 때문에 우리는 당당할 수 있습니다. 그리고 이 세상의 그 어떤 재앙도 우리를 덮칠 수 없습니다. 왜냐하면 어린 양의 피가 우리 교회와 가정에 발라 있기 때문에 멸망의 천사가 넘어갈 수밖에 없습니다.

그뿐만 아니라 예수님은 이 마지막 유월절을 통해 구약의 모세의 율법은 끝나고 복음의 새로운 언약이 시작되었음을 선포하기를 원하셨습니다. 그래서 제자들과 함께 나누신 이 유월절은 유월절로서는 마지막 유월절이고 성찬식으로서는 첫 번째 성찬식이 되는 것입니다. 우리는 성찬식을 통해 우리의 옛사람은 그리스도와 함께 십자가에 못 박혀 죽고 이제 새로운 하나님의 사람이 된 것을 나타냅니다.

예전에는 사람을 심판하려고 해도 심판할 수 없습니다. 왜냐하면 그 사람은 죽어서 없어졌기 때문입니다. 죽은 사람을 어떻게 심판할 수 있습니까? 우리는 완전히 새 사람입니다. 주민등록증을 새로 발급 받은 것과 같습니다. 우리는 당당하게 새로운 삶을 살 수 있습니다.

예루살렘에서 주님의 방을 준비한 사람을 생각해 봅시다. 오늘날 우리가 내 뜻대로 일이 되지 않을 때 내가 주님을 위해 준비되고 있다고 생각하기 바랍니다. 내 자신의 행복을 위해서라면 그 다락방을 다른 사람들에게 내어주면 상당한 돈을 벌 수 있을 것입니다. 그러나 그 사람은 그렇게 할 수 없었습니다. 그 대신 모든 인류를 죄에서 구원하는 위대한 언약이 바로 그 다락방에서 체결되었던 것입니다.

만약 우리가 방이 하나 있는데 그 방을 다른 사람에게 빌려주어 돈을 버는 것이 낫겠습니까, 아니면 그 방을 많은 포로들이 돌아오게 하는 포로 석방 협정의 방으로 쓰는 것이 좋겠습니까?

아무리 장사라 하더라도 무엇이 옳고 좋은 줄은 압니다. 장사들도 기꺼이 며칠의 수입을 포기하고 역사적인 큰 일을 위해 자기 집을 내어놓을 것입니다. 우리의 삶도 그렇게 되기를 바랍니다.

예수님의 마지막 잔

어떤 사람의 마지막 모습은 오래도록 인상에 남을 것입니다. 어떤 사람이 병으로 너무 비참하게 죽었다면 그 모습이 선명하게 남는 것입니다. 또한 어떤 사람이 아름다운 모습으로 죽었다면 그 모습이 선명하게 기억에 남을 것입니다. 또한 어떤 사람이 시간적인 여유를 갖고 깨끗한 옷을 입고 웃으면서, 사람들에게 당부할 것을 다 당부하고 사랑을 표현하고 죽는다면 좋은 모습이 기억에 남을 것입니다.

예수님은 죽으시기 전에 제자들과 아름다운 시간을 보내기를 원하셨습니다. 그것이 바로 최후의 만찬입니다. 예수님의 이 만찬 뒤에는 바로 죽음이 기다리고 있었습니다. 그런데 제자들에게는 이 만찬의 시간이 너무나 좋았습니다. 제자들에게는 십자가의 죽음보다는 그 아름다웠던 시간이 더 강렬하게 기억되었습니다. 이 아름다운 사건은 그들로 하여금 비참한 십자가의 죽음을 견뎌낼 수 있게 했습니다.

"때가 이르매 예수께서 사도들과 함께 앉으사 이르시되 내가 고난을 받기 전에 너희와 함께 이 유월절 먹기를 원하고 원하였노라 내가 너희에게 이르노니 이 유월절이 하나님의 나라에서 이루기까지 다시 먹지 아니하리라 하시고" (14-16절)

예수님은 고난을 받으시기 전에 제자들과 함께 이 유월절을 지키기를 원하고 원하셨다고 말씀하십니다. 예수님은 이제 얼마 있지 않으면 모든 인류의 죄를 대신하여 죽을 것을 알고 계셨습니다. 그리고 바로 이 유월절 식사야말로 예수님이 사랑하는 제자들과 마지막으로 함께 하실 수 있는 시간이었습니다. 또한 마지막으로 유월절의 의미와 예수님의 죽으심의 의미를 설명하실 수 있는 시간이었습니다.

만약 예수님이 이런 시간적인 여유 없이 바로 붙들리셔서 비참하게 십자가에 못 박혀 죽으셨다면 제자들은 예수님의 십자가의 그 비참함에 절망했을 것입니다. 그러나 예수님은 최후의 만찬을 통해 십자가를 아름답게 하셨습니다.

우선 예수님은 죽음보다 더 아름다운 사랑을 주셨습니다. 예수님은 죽음을 앞두고 전혀 죽음을 두려워하지 않으시고 제자들에게 사랑을 나누심으로 그들에게 죽음을 견딜 수 있는 믿음을 주셨습니다.

"내가 너희에게 이르노니 이 유월절이 하나님의 나라에서 이루기까지 다시 먹지 아니하리라 하시고" (16절)

예수님은 유월절을 땅에서 지키지만 이루어지는 것은 하나님의 나라에서라고 말씀하십니다. 이 유월절은 마지막 유월절이며 다음의 유월절은 죽음의 유월절이 아니라 생명의 유월절이 되는 것입니다. 즉 예수님이 죽으심으로 온 세상이 달라지는 것입니다.

예수님이 저주의 세상에서 죽으시고 하나님의 나라에서 다시 깨어나시는 것입니다. 그러기에 예수님은 유월절 뒤에 있는 하나님의 나라가 이루어지는 것을 보십니다. 그 사이에 십자가가 끼어 있는데 이것이 예수님에게는 쓴 약이었습니다. 쓴 약을 한 번 먹은 후에 다시 하나님의 나라에서 제자들을 만나게 된다는 것입니다.

이것은 마치 수술실에 들어가는 환자와 같습니다. 물론 수술받는 환자가 물을 마실 수 없지만 만약 마실 수 있다면, 가장 사랑하는 사람들에게 '나는 지금 환자로서 마지막 물을 마시는 거야. 다음에는 건강한 새 사람으로 다시 너희들이 주는 물을 마실 게' 라고 말할 것입니다. 이것은 수술에 성공해서 사랑하는 사람들을 다시 만날 것을 확신하는 것입니다. 예수님은 유월절을 통해 부활을 확신하셨고 제자들을 다시 만나실 것을 약속하셨습니다. 죽음을 이기고 승리하실 것을 제자들에게 약속하신 것입니다.

유월절에는 포도주를 한 번만 마시는 것이 아니라 여러 번 마십니다. 예수님은 그 중에 첫 잔을 제자들에게 주셨습니다.

"이에 잔을 받으사 사례하시고 가라사대 이것을 갖다가 너희끼리 나누라 내가 너희에게 이르노니 내가 이제부터 하나님의 나라가 임할 때까지 포도나무에서 난 것을 다시 마시지 아니하리라 하시고"(17-18절)

예수님은 잔을 갖고 기도하신 후에 나누어 먹으라고 하셨습니다. 그리고 이 포도주 잔이 예수님이 죽음 전에 마시는 마지막 잔이라고 말씀하셨습니다. 이제 더 이상 제자들과 이렇게 만나는 시간은 없다는 것입니다. 예수님은 이것을 통해 예수님의 죽음이 임박했음을 나타냈습니다. 이것은 나의 마지막 잔이지만 이 뒤에는 하나님 나라가 있다는 것입니다. 원래 구약 성경에서 '잔'은 하나님의 진노를 나타냈습니다. 그래서 진노의 잔을 남김없이 마신다는 것은 하나님의 긍휼이 없는 심판을 받는다는 뜻입니다.

아마 이 첫 잔은 예수님이 제자들에게만 주셨던 것 같습니다. 즉 예수님이 마실 잔과 제자들이 마시는 잔은 다른 것입니다. 예수님이 마시는 잔은 어느 누구도 대신할 수 없습니다. 이것은 오직 예수님 혼자 마셔야 합니다. 그것은 인류의 대표가 되어 십자가에서 하나님의 진노의 심판을 받으시는 것입니다. 이것은 다른 사람이 도와줄 수도 없으며 대신 받을 수도 없습니다. 그래서 가져다가 너희끼리 나누어 마시라고 말씀하신 것입니다.

산모가 아기를 낳을 때 어떻습니까? 대신 아기를 낳아줄 수도 없고 도와줄 수도 없습니다. 산모가 모든 고통을 감당해야 합니다. 예수님은 십자가에서 자신의 잔을 마시셨습니다. 그러면 제자들이 마실 잔은 무엇입니까? 예수님의 십자가 죽음이 나의 죄 때문임을 믿는 것입니다. 내가 의롭다는 교만함을 버리고 오직 하나님의 심판을 받을 수밖에 없는 죄인이라는 것을 깨닫고 하나님께 나의 모든 삶을 맡기는 것입니다.

 이것이 우리들이 마셔야 할 잔입니다. 만일 우리가 예수를 믿기 때문에 겪어야 할 어려움이나 환란이 있다면 어떻게 해야 하겠습니까? 기쁨으로 그 고난의 잔을 마셔야 합니다.

 '하나님의 나라가 임할 때까지 포도나무에서 난 것을 다시 마시지 아니하리라.' 여기서 예수님이 말씀하시는 하나님의 나라는 이 땅에 성령이 임하셔서 많은 사람들이 하나님의 나라 안으로 물밀 듯이 밀려오는 것을 뜻합니다. 여기서 다시 마시지 않겠다는 것은 다시 마시겠다는 뜻입니다. 구원을 이루신 후에 제자들과 다시 기쁨의 포도주를 나누시겠다는 것입니다. 그러니 얼마나 소망이 있는 죽음이며 얼마나 능력이 있는 죽음입니까? 예수님은 십자가에서 우리의 구원을 위한 해산의 수고를 하신 것입니다.

 "또 떡을 가져 사례하시고 떼어 저희에게 주시며 가라사대 이것은 너희를 위하여 주는 내 몸이라 너희가 이를 행하여 나를 기념하라 하시고" (19절)

 예수님이 제자들에게 떡을 떼어 주신 것은 우리가 떡을 먹어야 살 수 있는 것처럼 예수님의 몸을 먹어야 살 수 있다는 것을 말씀하시는 것입니다. 그런데 우리가 식인종도 아닌데 어떻게 예수님의 몸을 뜯어 먹을 수 있습니까? 이것은 상징적인 표현입니다. 즉 예수님의 죽으심이 나의 죄를 대신하는 죽음이라는 것을 고백하는 것이 예수님의 살을 먹는 것과 같습니다.

 그러면 어떤 일이 일어나게 됩니까? 예수님이 죽으신 그 자리에 내가 들어가게 됩니다. 즉 내가 죽은 것으로 인정되는 것입니다. 과거에 나를 집요하게 따라다니던 죄가 더 이상 추격하지 못합니다. 왜냐하면 내가 죽었기 때문입니다. 그리고 다시 살아날 때에는 내가 아닌 다른 사람으로 살아납니다. 이것이 십자가의 신비입니다.

우리는 십자가에 다 죽어 없어집니다. 한 사람씩 한 사람씩 다 사라집니다. 그런 후에 새로운 사람이 되어서 살아납니다. 이 새 사람은 하나님의 사람들입니다. 과거의 부끄러운 죄는 다 지워 버리고 깨끗한 새 사람이 되어서 태어나는 것입니다. 만약 우리 앞에 한 번도 사용하지 않은 새로운 인생의 도화지가 있다면 얼마나 좋겠습니까? 정말 이제는 실수 없는 그림을 그리려고 할 것입니다. 예수님은 바로 우리에게 깨끗한 인생의 도화지를 하나씩 주셨습니다.

예수님은 이를 행하여 나를 기념하라고 하셨습니다. 성찬에 대해서는 교리가 나뉩니다. 천주교에서는 '내 몸이라' 고 했기 때문에 떡이 진짜 예수님의 몸으로 변한다는 화체설이 있습니다. 즉 우리가 떡을 먹을 때 그 떡이 예수님의 몸이 된다는 것입니다. 한편 존 낙스는 '기념' 하라고 했기 때문에 어디까지나 '기념' 이라고 합니다. 성찬은 단순한 기념만이 아닙니다. 믿음으로 성찬에 참여할 때 성령의 큰 감동과 은혜를 체험하게 됩니다.

예수님은 성찬을 통해 예수님의 십자가로 우리가 구원받았음을 잊지 않도록 하셨습니다. 그리고 이 십자가를 통해 우리의 죄를 용서받았으며 우리의 부끄러운 옛사람이 죽었음을 늘 기억하게 하신 것입니다. 왜냐하면 우리는 하나님의 은혜를 자주 잊어버리기 때문입니다.

"저녁 먹은 후에 잔도 이와 같이 하여 가라사대 이 잔은 내 피로 세우는 새 언약이니 곧 너희를 위하여 붓는 것이라"(20절)

유월절에는 여러 번에 걸쳐 잔을 돌립니다. 예수님은 식후의 잔으로 언약을 세우셨습니다. 이 언약은 모세의 언약이 아닙니다. 예레미야 선지자가 말한 것처럼 새 언약을 돌에 새기는 것이 아니라 마음 판에 새기는 것입니다. 원래 '피로 세우는 언약'이라는 것은 목숨을 건 언약을 의미합니다. 그래서 피로 세운 언약은 목숨을 걸고 그 언약을 지켜야 하며 만약 언약을 지키지 않으면 그 피와 같이 저주를 받아 죽게 됩니다.

 예수님은 죽으심으로 우리에게 구원을 주셨습니다. 그러기에 우리들도 목숨을 걸고 이 믿음을 지켜야 합니다. 만일 환난이 두려워서 예수님을 배반하게 되면 저주를 받게 됩니다. 어떤 어려움이 오더라도 믿음의 도를 굳게 지키는 성도들이 되길 바랍니다.

71

십자가 앞의 제자들

[눅 22:21-38]

부모 생각에는 자식들이 항상 어린 아이와 같습니다. 그래서 부모님들은 자녀가 성장해서 사회 생활을 해도 잔소리를 하게 됩니다. 그러나 부모가 자녀를 믿지 못해서 자꾸 간섭하고 잔소리를 하게 되면 책임감 있는 어른이 되기 어렵고 부모에게 의존적이 됩니다.

자녀가 어느 정도 자란 후에는 맨손으로 나름대로 고생하면서 일을 해봐야 독립성이 있고 책임감 있게 일을 잘 감당할 수 있습니다. 그래서 자녀들이 어느 정도 자란 후에 부모를 떠나서 독립적으로 공부하거나 직장 생활을 해보는 것이 필요합니다.

군대에서 처음 소대장이 부임을 하면 나이도 어리고 경험도 없기 때문에 도저히 소대를 이끌어갈 수 없을 것 같습니다. 그러나 어린 소대장에게 일단 일을 맡기면, 시간이 흐름에 따라서 그 소대장에게 점점 지도력이 생기게 되고, 나중에는 아주 유능한 지휘관이 되는 것을 보게 됩니다.

본문 말씀은 예수님이 십자가를 지시기 전에 제자들에게 여러 가지를 당부하신 말씀입니다. 제자들은 아주 중요한 변화의 경험들이 있었습니다. 하나는 성령이 오시기 전에 예수님의 말씀을 배우던 어린 시절입니다. 성령이 오시기 전의 제자들은 영적으로 아주 어린 상태여서 전혀 자립할 수 있는 힘이나 능력이 없었습니다. 그들은 믿음도 부족했고 이해력도 부족했기 때문에 예수님의 말씀을 잘 알아 듣지도 못하고 예수님이 없이는 아무것도 할 수 없는 어린 아이와 같았습니다.

그러나 예수님이 십자가에 못 박혀 죽으시고 오순절에 성령이 오신 후에 제자들은 영적으로 엄청나게 성숙하게 되었습니다. 그들은 이전에는 깨닫지 못하던 것도 깨닫게 되었고 예수님이 없이도 맡겨진 하나님의 일을 감당할 수 있게 되었습니다. 예수님이 십자가를 지시기 전의 제자들은 영적인 이유기였다고 말할 수 있습니다. 이제 예수님은 품에 키우시던 제자들을 자립하게 하시는 것입니다.

예전에 어린 아이들이 가장 싫어하던 것은 엄마의 젖을 떼는 것입니다. 그래서 엄마의 젖꼭지에 고추장도 바르고 쓴 약도 발라서 억지로 젖을 떼곤 했습니다. 이제 예수님의 십자가 사건 이후에 제자들은 더 이상 영적인 어린 아이로 남아 있을 수 없습니다. 이제 이들은 스스로 장성한 분량의 사람이 되어서 예수님을 대신하여 복음을 전하는 일과 성도들을 돌보는 일을 감당해야만 하는 것입니다.

제자 중 한 사람의 탈락자

예수님이 제자들에게 가장 소중한 성찬식을 행하는 순간까지 그곳에 있었으면서도 예수님을 믿지 않고 믿음을 배신할 제자가 있었습니다. 예수님은 그 제자에 대해 말씀하셨습니다.

"그러나 보라 나를 파는 자의 손이 나와 함께 상 위에 있도다 인자는 이미 작정된 대로 가거니와 그를 파는 그 사람에게는 화가 있으리로다 하시니"
(21-22절)

우선 우리가 생각하게 되는 것은 가룟 유다가 예수님을 배신할 운명으로 태어났느냐는 것입니다. 즉 예수님이 우리 죄를 대신하기 위해 십자가에 죽으셔야 한다면 누군가는 배신해야 하는데 가룟 유다는 아예 태어날 때부터 배신용으로 태어났느냐는 것입니다. 이런 것이 바로 운명론적인 생각인데 절대로 그렇지 않습니다.

가룟 유다는 얼마든지 예수님을 배반하지 않을 수 있었고 예수님을 믿음으로 존귀한 사람이 될 수 있었습니다. 가룟 유다가 예수님을 배반한 것은 어쩔 수 없는 운명이 아니라 자기 자신이 원해서 한 것이었습니다. 그런데 가룟 유다가 이런 악역으로 선택된 것은 그의 마음속에 무서운 교만이 있었기 때문입니다. 가룟 유다의 교만은 예수님의 말씀으로 믿음이 생기는 것을 막았습니다. 그는 예수님을 믿는 사람이 아니었습니다. 결국 믿음이 없는 가룟 유다는 사탄의 강력한 힘에 이끌려 예수님을 배반하는 악한 역을 맡을 수밖에 없었습니다. 왜냐하면 다른 제자들은 모두 예수님을 믿었기 때문에 사탄이 건드릴 수 없었기 때문입니다.

믿음은 자동차의 안전벨트와 같습니다. 자동차가 충돌하면 아무리 손잡이를 붙잡아도 충돌하는 힘을 이길 수 없습니다. 그래서 몸이 차 밖으로 튀어 나가든지 다른 물건에 강하게 부딪치게 되는 것입니다. 그러나 벨트는 우리가 생각하는 것보다 아주 힘이 강하기 때문에 우리를 꽉 잡아줍니다.

가룟 유다는 인간적으로 자기 자신의 지성이나 도덕성에 자신이 있었습니다. 그러나 인간의 지성이나 도덕으로는 사탄의 유혹을 이길 수 없습니다. 그래서 가장 점잖은 사람들이 가장 추악한 죄를 이기지 못하는 것입니다.

본문에 보면 예수님은 가룟 유다에게 마지막 기회를 주십니다. 그것은 가룟 유다만 알 수 있는 방식으로 그의 죄를 지적하시는 것입니다. 예수님은 '나를 팔 자의 손이 나와 함께 상 위에 있다'고 하셨습니다. 아마 그때 가룟 유다의 손이 예수님과 함께 상 위에 있었을 것입니다. 그러나 유다는 얼른 손을 내리고 더 이상 양심의 가책을 받지 않았습니다. 이 때도 유다가 살 길은 있습니다. 그것은 예수님 앞에 엎드려서 부르짖으며 통곡하는 것입니다.

만약 유다가 '지금 다른 사람들은 모르고 있지만 나는 예수님을 팔기로 약속하고 대제사장에게 돈을 받았습니다'라고 고백했다면 그는 자기의 목숨을 건질 수 있었을 것입니다. 이 세상에 예수님 앞에서 용서받지 못할 죄는 없습니다. 어떤 죄도 예수님 앞에 내어 놓기만 하면 사함을 받을 수 있습니다. 그러나 가룟 유다의 자존심이 그 순간을 놓치게 한 것입니다.

예수님은 가룟 유다는 죄를 지었지만 결국 하나님의 뜻은 바꾸지 못한다고 말씀하셨습니다. 인자는 이미 작정된 대로 가시는 것입니다. 예수님은 하나님의 뜻에 따라 죽고 하나님의 뜻에 따라 다시 살게 되십니다. 그러나 악하게 사용된 유다는 결국 하나님의 심판을 받을 수밖에 없습니다. 이 세상에서 가장 무서운 것이 바로 이것입니다. 악한 자들이 실컷 자기 욕심대로 행했는데 끝에 보니 하나님의 뜻만 다 이루어졌고 자기들은 심판을 받게 되는 것입니다. 가장 불쌍한 사람이 악한 사람들입니다. 이들은 마귀에게 실컷 농락당하고 결국은 멸망하는 사람들입니다.

가룟 유다는 가장 존귀한 사명으로 부르심을 받았습니다. 그것은 하나님의 말씀을 전하고 주님의 백성들을 돌보는 일입니다. 이 세상에 이것보다 더 존귀한 일은 없습니다. 그러나 그는 자기 욕심 때문에 주님을 배신하고 결국 영원한 저주를 받고 말았습니다. 구약 성경에도 발람이라는 선지자가 있었는데, 그는 이방인으로서 하나님의 말씀을 전하는 선지자였습니다. 그러니 얼마나 존귀한 사람입니까?

그러나 그는 하나님의 말씀을 전하는 것으로 만족하지 않고 돈을 사랑했다가 결국 이스라엘 백성들을 저주하게 되고 자기 자신도 저주받은 죽음을 당하고 말았습니다. 결국 거듭나지 못한 사람들은 하나님이 주신 사명의 소중함을 알지 못합니다. 마치 돼지에게 진주를 주면 발로 밟고 사람을 해치는 것처럼 거듭나지 못한 자들도 하나님이 주신 사명의 소중함을 깨닫지 못하고 자기 욕심을 채우다가 멸망하는 것입니다.

왜 예수님은 가룟 유다의 배신을 사전에 폭로하지 않으셨을까요? 예수님은 유다가 스스로 깨닫고 죄에서 돌이키기를 원하셨던 것입니다. 그래서 간접적으로 그가 예수님을 팔려고 한 것을 지적하셨습니다. 그러나 예수님은 결코 유다를 자극하지는 않으셨습니다. 왜냐하면 유다를 자극했을 때 다른 모든 제자들이 위험해질 수 있기 때문입니다. 그래서 할 수 있는 대로 유다를 돌이키려고 애를 쓰시면서 다른 제자들도 보호하셨습니다. 그러면서도 예수님은 유다가 자원해서 사탄의 종으로 사용되는 것을 막지 않으셨습니다. 왜냐하면 믿지 않는 유다를 통해 이 십자가가 이루어지는 것이 하나님의 뜻이라는 것을 믿으셨기 때문입니다.

제자들 사이의 관계

"또 저희 사이에 그 중 누가 크냐 하는 다툼이 난지라" (24절)

예수님이 붙들리기 직전까지도 제자들 사이에는 누가 큰 자이며 누가 더 높은 자리를 차지해야 하는가를 두고 다툼이 있었습니다. 이때 예수님은 하나님의 나라는 이 세상의 계급과 질서와는 다르다는 것을 말씀하셨습니다.

"예수께서 이르시되 이방인의 임금들은 저희를 주관하며 그 집권자들은 은인이라 칭함을 받으나 너희는 그렇지 않을지니 너희 중에 큰 자는 젊은 자와 같고 두목은 섬기는 자와 같을지니라"(25-26절)

우리가 사는 이 세상은 무질서한 상태에 빠지지 않으려면 반드시 계급과 서열이 있어야 합니다. 그래서 이방인들에게는 임금들이 세상을 다스리고 집권자들이 은인이라는 소리를 들어가면서 사람들을 지배하고 다스리고 있습니다.

그러나 가족 안에서는 그렇지 않습니다. 물론 형과 동생의 우열이 있지만 형이라고 해서 동생보다 반드시 높은 것이 아닙니다. 어떤 때에는 형이 동생을 위해 많은 희생을 해야 할 때도 있습니다. 또한 부모의 서열은 자녀들보다 높지만 자녀들을 위해 많은 희생을 합니다. 특히 자녀들 중에서 약한 자가 있으면 더 많이 신경을 쓰고 돌보아 줍니다. 그래서 부모에게는 열 손가락 깨물어 아프지 않은 것이 없다고 합니다.

예수님은 하나님 나라의 질서는 세상과 완전히 다르다고 말씀하셨습니다. 세상은 강한 자가 약한 자를 지배하고 높은 자가 낮은 자를 다스리지만 하나님 나라는 가족 관계와 같기 때문에 강한 자가 약한 자를 돌보아 주어야 하고 높은 자는 낮은 자를 섬겨야 한다고 말씀하셨습니다.

"앉아서 먹는 자가 크냐 섬기는 자가 크냐 앉아서 먹는 자가 아니냐 그러나 나는 섬기는 자로 너희 중에 있노라"(27절)

고급 레스토랑에 가면 일류 웨이터들이 있습니다. 이들은 손님에게 정중하게 최고의 서비스로 섬깁니다. 그런데 이런 레스토랑과 반대되는 군대는 높은 자들이 낮은 자를 철저하게 복종시키는 곳이며 먼저 들어온 자가 늦게 들어온 자의 섬김을 받는 곳입니다. 그래서 군대에서는 사병의 세계에서도 한두 달 늦게 들어와도 꼼짝 못하고 선임자에게 복종해야 하는 것입니다.

하나님의 나라는 죄를 치료하는 병원과 같습니다. 예를 들어 어떤 사람이 큰 병으로 죽을 위험에 처해 있었는데 아주 좋은 의사를 만나 병을 고치고 새로운 인생을 살게 되었다고 합니다. 그런데 주위에서 자기와 같은 병을 앓고 있는 또 다른 사람을 알게 되었습니다. 먼저 고침을 받은 사람은 그 병자를 지배하고 군림하지 않을 것입니다. 빨리 그 좋은 의사를 소개해 주고 또 여러 가지 도와줄 것입니다.

마찬가지로 우리 모든 믿는 자들은 죄의 병에 걸려 죽어가다가 예수님을 믿음으로 고침을 받게 되었습니다. 그렇다면 예전의 우리처럼 죄에 빠진 많은 사람들에게 예수님을 알리고 그들도 고침을 받을 수 있도록 섬겨야 할 것입니다. 그렇게 해야 한 사람이라도 더 많이 치료받고 새로운 삶을 살게 될 것입니다. 우리는 예수님을 의사로 모시고 있는 병원의 자원봉사자들인 것입니다.

그러나 섬기는 방식이나 종류는 각각 다를 것입니다. 예수님은 우리를 위해 죽으심으로 우리를 섬겨 주셨습니다. 우리는 다른 사람을 위해 죽을 수는 없습니다. 그래도 우리는 그들이 예수님께 나와서 치료받을 수 있도록 최선의 도움을 주어야 합니다.

교회에서도 육체적인 섬김이 있는가 하면 영적인 섬김이 있습니다.

모든 사람들이 다 말씀을 가르칠 수는 없습니다. 그러나 어떤 섬김이든지 모두 소중합니다. 그러므로 각자는 최고의 섬김을 하도록 노력해야 합니다. 그리고 절대로 다른 사람을 이용해서는 안 됩니다.

만일 우리가 섬기는 자세로 일을 하면 그것을 잘 모르는 사람들이 교회를 업신여기고 교회를 자기 마음대로 주장하려고 하지 않을까 하는 두려움이 생깁니다. 사실 이것이 문제입니다. 그래서 교회는 겸손하게 섬기지만 절대로 죄는 용납해서는 안 됩니다.

교회 안에서 죄를 막을 수 있는 것이 하나님의 말씀입니다. 하나님의 말씀은 각자의 마음속에 있는 것이 죄라는 것을 깨닫게 해서 죄가 교회를 삼키지 못하게 지켜줍니다. 그러나 말씀이 살아있지 못하면 죄가 교회를 이기게 될 것입니다. 만약 말씀이 없는 상태에서 교회를 지키려고 하면 권위적으로 될 수밖에 없습니다. 바꿔 말하면 교회가 지나치게 권위적일 때에는 말씀에 자신이 없는 경우가 대부분입니다. 이렇게 말씀이 없는 교회는 병들은 것입니다.

제자들의 위치

예수님의 제자들은 예수님을 따라다니면서 섬기는 법을 배운 사람들입니다. 예수님은 그들의 섬김이 결코 헛되지 않을 것이라고 말씀하십니다.

"너희는 나의 모든 시험 중에 항상 나와 함께 한 자들인즉" (28절)

예수님은 지금까지 자신이 겪으신 일을 '나의 모든 시험' 이라고 말씀하셨습니다. 이것을 보면 제자들이 예수님을 따라다니면서 얼마나 고생을 많이 했는지 알 수 있습니다. 그들은 자주 굶기고 했고 쉬지도 못했으며 다른 사람들로부터 욕을 듣기도 했습니다. 그러나 예수님과 함께 많은 사람들을 죄에서 돌이켜 소중한 인생을 되찾는 일을 도왔습니다. 이것은 바로 영적 전투를 치른 것입니다. 예수님은 이와 같이 세상에서 하나님의 뜻을 이루기 위해 열심히 싸운 자들이 천국에서 예수님과 함께 왕 노릇할 것이라고 말씀하셨습니다.

"내 아버지께서 나라를 내게 맡기신 것같이 나도 너희에게 맡겨 너희로 내 나라에 있어 내 상에서 먹고 마시며 또는 보좌에 앉아 이스라엘 열두 지파를 다스리게 하려 하노라" (29-30절)

예수님은 얼마든지 단숨에 이 세상에서 사탄의 세력을 몰아내시고 하나님의 나라를 만드실 수 있습니다. 그러나 예수님은 그렇게 하지 않으시고 십자가 구원을 이루신 후 이 모든 것을 제자들에게 맡기고 하늘에 올라가셨습니다. 예수님은 그렇게 하심으로 하나님의 나라를 완성시키는 이 일을 우리 성도들에게 맡기셨습니다. 그렇게 하신 이유는 그렇게 해야 우리가 하나님 앞에서 상을 받을 수 있기 때문입니다.

이 세상에서 아무것도 한 것이 없이 천국에 가면 무슨 상을 받을 수 있겠습니까? 아무도 상을 받지 못할 것입니다. 그러나 이 세상에서 예수님을 대신해서 열심히 복음을 전하고 사람들을 죄에서 건지며 소중한 자신을 되찾게 하기 위해 영적인 전투를 치른 사람들은 주님과 함께 영원히 왕 노릇을 하게 됩니다.

제자들은 자기들이 기대한 대로 예수님과 함께 열두 보좌에 앉아 이스라엘을 다스릴 때를 맞이하게 될 것입니다. 그러나 그것은 이 세상에서가 아니라 앞으로 이루어질 영원한 나라에서 그렇습니다. 이 세상에서 그들은 가장 낮은 자가 되어 영혼을 건지고 살리는 일을 해야 할 것입니다.

　이 세상에서 믿음의 선한 싸움을 싸우지 않는 사람들은 주님의 나라에서 왕의 노릇을 하지 못할 것입니다. 왜냐하면 이 세상에서 얼마나 다른 사람을 많이 섬기고 사랑했느냐는 것으로 하나님이 상을 주시기 때문입니다.

　그러므로 나중에 주님의 영광의 자리에 가장 가까이 앉을 사람은 이 세상에서 가장 존경받고 가장 높은 자리에 있는 사람이 아닙니다. 그런 사람은 나중에 가장 낮고 비천한 자리에 떨어지게 될 것입니다. 나중에 영광의 자리에 앉으려고 하면 이 땅에서 허리를 동이고 마치 종처럼 다른 사람을 섬겨야 합니다. 우리는 이 세상에서 대접받거나 칭찬받으려고 해서도 안 될 것입니다. 우리의 모든 상급과 칭찬은 하나님 앞에 있는 것입니다. 그것을 위해서 이 세상에서는 할 수 있는 대로 가장 힘들고 어려운 일을 자원해서 감당해야 할 것입니다.

베드로의 시험

제자들이 서로 높아지려고 다투는 그 시간은 마귀가 제자들을 지옥으로 끌고 가려고 하나님께 참소하는 순간이었습니다.

"시몬아, 시몬아, 보라 사단이 밀 까부르듯 하려고 너희를 청구하였으나 그러나 내가 너를 위하여 네 믿음이 떨어지지 않기를 기도하였노니 너는 돌이킨 후에 네 형제를 굳게 하라"(31-32절)

예수님이 붙들리시는 밤에 마귀는 하나님 앞에 맹렬하게 제자들의 영혼까지 내어 놓으라고 요구했습니다. 아마도 제자들이 과거에 지은 죄를 들추어서 그들이 구원받을 수 없다고 따졌을 것입니다.

여기서 '밀 까부르듯' 이라고 했는데 바람에 밀을 까부르면 어떻게 됩니까? 밀만 남고 나머지 찌꺼기들은 모두 바람에 날아가게 됩니다. 그런데 바람이 너무 세게 불거나 농부가 실수하면 알곡까지도 쭉정이와 함께 날아가게 되는 것입니다.

사탄은 가룟 유다 한 사람만 붙잡아가는 것으로 만족하지 않았습니다. 할 수만 있으면 다른 제자들도 함께 지옥에 끌고 가려고 열심히 하나님께 그들의 죄를 참소했습니다. 그러나 예수님은 베드로와 다른 제자들을 위해 기도하셨습니다. 예수님의 기도에는 능력이 있었습니다. 왜냐하면 그 기도에는 자신의 보혈이 담겨 있기 때문입니다. 이 피가 제자들을 깨끗하게 한 것입니다. 예수님의 십자가 보혈이 있는 사람들은 절대로 마귀가 그 영혼을 빼앗아 갈 수 없습니다.

우리는 어두운 데서 사탄이 우리를 노리고 있는지도 모르고 자만에 빠질 때가 많습니다. 자만은 금물입니다. 사탄은 항상 음모를 꾸며서 우리를 멸망시키려고 합니다. 그러므로 우리는 항상 깨어 기도해야 합니다. 기도하는 것이 영적인 전투에서 이기는 길입니다.

예수님은 제자들을 위해 기도하셨습니다. 우리가 기도에 실패하면 사탄의 계략에 걸려들게 됩니다. 베드로가 기도하지 않고 다른 제자들과 자리다툼을 하는 것 자체가 성령 충만하지 않음을 보여줍니다. 마귀는 이미 그들을 멸망시키기 위해서 하나님 앞에서 공격했습니다.

"저가 말하되 주여 내가 주와 함께 옥에도, 죽는 데도 가기를 준비하였나이다"(33절)

베드로는 예수님이 그의 신앙이 떨어지지 않도록 기도했다고 자신만만하게 대답했습니다. 즉 자기는 주님과 함께라면 옥에도 갈 수 있고 또 죽는 것도 각오했다는 것입니다. 아마 이것은 베드로의 진심이었을 것입니다. 그러나 믿음의 길은 이런 인간적인 결심이나 열정만으로는 절대로 성공할 수 없습니다. 왜냐하면 사탄의 시험은 우리 인간의 열심이나 힘으로는 감당할 수 없기 때문입니다.

마귀의 시험을 이기는 방법은 철저하게 자기 자신을 부인하고 예수님을 붙잡는 수밖에 없습니다. 기도는 자기를 부인하고 하나님을 붙잡는 시간입니다. 기도해야 우리는 마귀의 시험에 걸려들지 않습니다.

"가라사대 베드로야 내게 네게 말하노니 오늘 닭 울기 전에 네가 세 번 나를 모른다고 부인하리라 하시니라"(34절)

예수님은 베드로가 주님을 무려 세 번씩이나 부인할 것을 아셨습니다. 베드로는 자신만만하게 주님을 부인하지 않을 것이라고 대답했지만 바로 그 날 밤에 예수님을 모른다고 세 번씩이나 부인할 것입니다. 그런데 예수님이 이것을 미리 말씀하심으로 베드로가 죄에 빠졌을 때 회개하고 다시 믿음을 찾게 하셨습니다.

중요한 것은 죄에 빠졌을 때 무엇이 생각나느냐는 것입니다. 예수님의 말씀이 생각나면 그는 살 수 있습니다. 그러나 그가 잘못한 것만 생각나면 살기 어려울 것입니다. 성경 말씀은 우리가 높은 곳에서 떨어질 때 우리를 붙잡아 주는 밧줄과 같습니다. 성경 말씀을 붙잡으면 그 후로는 더 이상 떨어지지 않습니다.

제자들의 준비

예수님은 이제부터 제자들이 자기 스스로를 지켜야 하는 시험의 때가 왔음을 말씀하셨습니다.

"이르시되 이제는 전대 있는 자는 가질 것이요 주머니도 그리하고 검 없는 자는 겉옷을 팔아 살지어다"(36절)

군인들은 비상 훈련을 나가기 전에 비상 식량이나 무기를 점검합니다. 군인들은 혼자 떨어져도 며칠 동안 먹을 수 있는 양식과 구호물자를 준비했는지 꼭 확인합니다. 예수님은 제자들에게 바로 그런 일이 일어날 것을 말씀하십니다. 제자들은 뿔뿔이 흩어져서 각자 알아서 자신을 지키고 살아 남아야 하므로 그것을 대비하라고 말씀하십니다.

그러면 이 어려운 때가 앞으로 계속 되는 것입니까? 아니면 단지 예수님이 죽으시는 며칠 동안뿐입니까? 길게 내다보면 예수님이 계시지 않는 이 복음의 시대에 우리는 언제나 전투의 자세로 살아야 합니다. 그러나 예수님이 죽으신 동안은 비상 사태이기 때문에 각자가 자신을 지켜야 합니다. 그래서 돈도 준비하고 양식도 준비하고 심지어 검도 준비하라고 하셨습니다. 물론 이 검은 공격용이 아니라 수비용입니다. 자기 자신을 방어하면서 도망칠 시간을 벌라는 것입니다.

이것을 보면 예수님은 아주 현실적이시며 구체적인 지시를 하심을 알 수 있습니다. 그 이유를 설명하십니다.

"내가 너희에게 말하노니 기록된 바 저는 불법자의 동류로 여김을 받았다 한 말이 내게 이루어져야 하리니 내게 관한 일이 이루어 감이니라"(37절)

제자들이 모두 불법의 무리들로 체포의 대상이 될 것이기 때문에 스스로 자신을 지키라는 것입니다. 제자들이 예수님께 '여기 검이 두 개 있습니다'라고 했을 때 족하다고 하셨습니다. 이 정도라면 잡으러 온 사람을 따돌리고 도망칠 수 있다는 뜻입니다.

 우리는 모든 것을 스스로 알아서 해야 하는 시대에 살고 있습니다. 우리는 사탄의 공격으로부터 우리 자신과 성도들을 지키면서 또 주님의 말씀으로 죄에 빠진 자들을 건지는 일을 감당해야 합니다. 이제 우리는 더 이상 어린 아이 같은 마음으로는 이 모든 시험을 감당할 수 없습니다. 예수님처럼 장성한 신앙을 소유해야 합니다.

 우리는 다른 영혼들을 위해 기도하며 사탄에게 붙들린 자들을 빼앗아 내야 합니다. 이것은 대단히 치열한 영적 전쟁입니다. 우리는 베드로처럼 넘어질 수도 있습니다. 넘어지더라도 다시 일어나서 형제와 자매를 도와야 할 것입니다. 우리는 때로 돈도 필요하고 양식도 필요하고 검도 필요할 때가 있습니다. 때로는 불법자로 몰려서 핍박받을 때도 있습니다. 이 모든 시험을 이길 수 있는 힘은 기도에서 나옵니다. 사랑하는 성도 여러분, 날마다 기도로 사탄의 시험을 이기고 능히 승리하기를 바랍니다.

72

겟세마네의 기도

[눅 22:39-53]

고통에는 순수하게 육체적인 고통과 죄로 인한 고통이 있습니다. 순수하게 육체적인 고통이라는 것은 산모가 아기를 낳을 때나 환자가 큰 수술을 받을 때처럼 오직 육체적으로만 심한 고통을 받는 경우입니다. 산모가 아기를 낳을 때 엄청난 고통 가운데 있는 힘을 다해서 아기를 낳아야 합니다. 만약 아기를 낳기 싫다고 해서 포기해버리면 아기와 산모가 모두 죽게 됩니다. 환자가 수술받을 때에도 거의 죽는 것 같은 큰 고통을 받습니다.

그러나 죄로 인한 고통은 단번에 끝나지 않습니다. 우선 죄를 지은 사람은 죄가 드러나면서 인격적으로 심판을 받습니다. 그래서 모든 사람들 앞에서 죄가 드러나면서 정신적인 고통을 받는 것입니다. 이때 죄를 지은 사람은 인격적으로 죽임을 당합니다.

그리고 난 후에 감옥에 들어가서 형기를 채우기까지 육체적인 고통을 받게 됩니다. 감옥에서의 고통은 전혀 인격적인 대우를 받지 못한다는 것입니다. 그리고 사랑하는 사람을 마음대로 만날 수도 없습니다. 또 철장에 갇혀서 모든 행동을 통제받으면서 형기를 채우게 되는 것입니다.

　예수님의 십자가의 고통은 인간의 죄로 인한 고통이었습니다. 그래서 육체적인 고통으로 끝나는 것이 아니라 먼저 하나님 앞에서 정신적으로 심판받는 고통을 당하셨습니다. 그것이 바로 예수님이 겟세마네 동산에서 피땀 흘리시면서 기도하신 것입니다. 예수님은 십자가에서 육체적으로 죄의 고통을 당하셨는데 그의 마지막 피 한 방울까지 흘리실 정도로 큰 고통을 받으셔야 했습니다.

　우리는 예수님이 겟세마네 동산에서 피땀을 흘리면서 기도하신 것을 이해하기 어렵습니다. 왜냐하면 우리는 아직 죄의 심판을 받아 본 적이 없기 때문입니다. 그러나 혹시 죄를 지어 법정에서 자신의 죄가 낱낱이 고발되고 자신에 대한 판결을 받은 경험이 있는 사람은 엄청나게 두려워할 것이며 절망할 것입니다.

　특히 중죄를 지었을 때 검사가 자신의 죄를 다 고발하고 결국 재판장이 '피고와 같은 사람은 사회에서 영원히 격리하는 것이 마땅하다'고 하면서 사형이나 무기징역 같은 중형을 선고할 때 '이제 나는 끝장이 났구나' 하면서 절망하게 될 것입니다. 예수님의 겟세마네 기도는 그런 의미가 있다고 보아야 할 것입니다.

　예수님의 생애에 있어서 기도는 생활의 가장 중요한 부분이었습니다. 예수님은 중요한 일이 있을 때 늘 기도하셨고 또 평소에도 기도하시기 위해 시간을 따로 정하셨습니다. 그런데 예수님이 십자가를 지시기 전에 겟세마네에서 기도하신 것은 다른 때 기도하시던 것과는 많은 차이가 있습니다. 예수님이 겟세마네에서 기도하실 때 얼마나 애를 쓰면서 기도하셨던지 땀이 핏방울처럼 흘렀다고 말씀하십니다.

　사람들은 이 부분에 대해 의학적으로 사람의 땀구멍에서 피가 섞여 나오는 것이 가능한가라고 의아하게 생각합니다. 그러나 예수님이 겟세마네에서 힘을 쓰신 것은 우리 같은 죄인들은 상상할 수 없는 심적인 두려움이 있었기 때문입니다. 예수님은 엄청난 고통을 당하셨습니다. 그리고 그것을 참기 위해 해산의 고통 이상으로 애를 쓰셨던 것입니다.

시험에 들지 않도록 기도하라

"예수께서 나가사 습관을 좇아 감람산에 가시매 제자들도 좇았더니"(39절)

예수님이 예루살렘에 가시면 예루살렘 성 안에 있는 집에서 주무시지 않고 성밖에 있는 감람산이라는 곳에서 노숙을 하셨습니다. 이것이 예수님의 습관이었습니다. 그 이유는 예루살렘에서 재워주는 사람이 없어서가 아니라 예수님이 예루살렘 사람들을 별로 믿지 않으셨기 때문인 것으로 보입니다. 바로 이 습관 때문에 유대 지도자들이 아무리 예수님을 잡으려고 해도 잡을 수 없었던 것입니다.

그런데 이번에 예수님이 감람산에 가신 것은 붙잡히시려고 가신 것이었습니다. 우선 예수님이 붙잡히시는 장소로 감람산을 택하신 이유가 무엇일까요? 아마도 예수님은 다락방에서 잡히시는 것을 원치 않으셨던 것 같습니다. 왜냐하면 예수님을 모신 그 집에 피해가 있을 것이며 자칫 잘못하면 제자들까지 다 잡힐 가능성도 있고 소동이 일어나면서 다른 사람들의 방해가 있을 수도 있습니다.

가룟 유다는 예수님이 예루살렘에 오시면 거의 습관적으로 감람산에서 노숙하신다는 것을 알고 그곳을 노리고 있었고 예수님은 그것을 아시면서 붙잡히시기 위해 가신 것입니다.

"그곳에 이르러 저희에게 이르시되 시험에 들지 않기를 기도하라 하시고 저희를 떠나 돌 던질 만큼 가서 무릎을 꿇고 기도하여 가라사대 아버지여 만일 아버지의 뜻이어든 이 잔을 내게서 옮기시옵소서" (40-42절 상)

예수님은 제자들에게 무엇보다 '시험에 들지 않게 기도하라'고 하셨습니다. 우리 믿는 사람들에게 일어나는 좋지 않은 모든 일을 '시험'이라고 하고 시련과 유혹을 구별하기도 합니다. 우리가 인간인 이상 이 세상 살면서 어려운 일이나 좋지 않은 일을 당할 수밖에 없습니다. 그러나 더 중요한 것은 그 어려운 일을 통해 하나님에 대한 우리의 자세가 변하는 것입니다.

우리가 죄를 지을 때 보면, 외적인 어려움이 우리 마음에 하나님에 대한 불신을 불러 일으킵니다. 어려운 일을 당했을 때 그것이 어려운 일 자체로 끝나는 것이 아니라 하나님께 대한 원망과 불신으로 나타나게 되고 시험에 드는 것입니다.

우리는 어려운 일이나 유혹이 있을 때 믿음으로 그러한 불신이나 유혹을 거부해야 하는데 오히려 하나님을 거부하는 것입니다. 그러면 마치 사람이 수술할 때 산소 호흡이 중단되거나 혈압이 뚝 떨어지는 것과 같습니다. 이것은 영적인 사망을 초래할 수 있을 만큼 위험한 것입니다.

어떤 사람을 수술하는 중에 뇌에 산소 공급이 중단되면 그 사람은 살아난다고 해도 식물인간이 되고 맙니다. 그리고 만일 수술받는 중에 혈압이 떨어지면 죽게 됩니다. 마찬가지로 우리가 여러 가지 어려움을 당할 때 끝까지 하나님의 선하심을 믿어야 합니다. 그것이 기도와 감사로 그리고 찬양으로 나타나게 되는데 이것이 바로 생명 줄과 같은 것입니다.

저는 목회를 하면서 어려움을 당할 때가 많이 있었습니다. 그때마다 얼마나 간절하게 기도하면서 하나님께 매달렸는지 모릅니다. 그리고 그때는 정말 간절한 마음으로 찬송을 불렀던 기억이 납니다.

어려운 시험을 당했을 때 가장 힘든 것이 기도하기가 싫어지는 것입니다. 이것은 더 이상 하나님을 의지하기 싫다는 것입니다. 이럴 때에는 기도할 마음이 생길 때까지 기다리면 이미 늦습니다. 기도하기 싫을수록 억지로라도 기도해야 제2, 제3의 죄를 짓지 않게 됩니다.

예수님은 잠시 후에 제자들이 봐서는 안 될 끔찍한 일들을 경험하게 될 것을 알고 계셨습니다. 그것은 그들이 절대적으로 믿고 따르던 예수님이 무기력하게 사람들에게 붙들려 가시는 것입니다. 그리고 예수님은 사형판결을 받으시고 십자가에 못 박혀 죽으십니다.

이것은 제자들로 하여금 지금까지 예수님과 하나님에 대해 가지고 있던 모든 신앙을 다 빼앗고도 남을 만한 시험거리였습니다. 어떻게 십자가에 못 박혀 죽는 사람을 하나님의 아들이라고 믿을 수 있습니까? 그리고 그 동안 가르치셨던 그 좋은 말씀들과 그 동안 행하셨던 기적은 무엇입니까? 예수님은 이때 무서운 불신앙에 빠지지 않도록 미리 기도하라고 말씀하셨습니다.

어떤 시험을 당할 때 미리 기도하고 당하는 것과 전혀 기도하지 않고 당하는 것에는 큰 차이가 있습니다. 영적인 상태가 좋을 때 시험을 당하는 것은 마치 물기가 많은 나무에 불을 붙이려는 것과 같습니다. 나무에 물기가 많으면 아무리 불을 붙여도 불이 잘 붙지 않습니다. 마치 바깥 공기가 차가워도 몸 안에 열기가 있으면 그 열기가 추위를 밀어내는 것과 같습니다. 그래서 아무리 추워도 별로 추운 줄을 모릅니다.

그러나 기도가 없고 영적인 상태가 좋지 않은 중에 시험을 당하면 마치 바짝 마른 나무에 불에 붙이는 것과 같아 금세 시험에 빠집니다. 마치 전혀 믿음이 없는 사람처럼 되어서 하나님은 생각하지도 못하고 혼자서 이리 뛰고 저리 뛰다가 실패로 끝나고 마는 것입니다. 이때 하는 말이 '내 마음속에 하나님이 없다' 는 말입니다. 이것은 어떤 사람이 지은 책 제목입니다. 막상 어려움을 당했을 때 보니까 마음속에 하나님이 없는 것입니다. 하나님에 대한 믿음은 완전히 없어지고 믿지 않는 사람처럼 염려하고 걱정하고 벌벌 떠는 가운데 모든 것은 다 타버리고 마는 것입니다.

그러면 예수님이 제자들에게 기도하라고 하셨는데 도대체 그때 무슨 기도를 했어야 하겠습니까? 제자들은 십자가의 의미를 충분히 알지 못했습니다. 만약 알았다면 이렇게 기도할 수도 있었을 것입니다.

"하나님 아버지 유월절 밤에 예수님과 함께 조용히 기도할 수 있는 시간을 주셔서 감사합니다. 예수님은 시험에 들지 않도록 기도하라고 말씀하시는데 우리는 우리 앞에 어떤 일이 놓여 있는지 알지 못합니다. 하나님 아버지, 우리가 감당할 수 있는 시험을 주시고 하나님을 의지하고 감사하는 마음을 잃지 않도록 우리를 지켜주십시오"라고 기도했더라면 제자들은 그렇게 놀라거나 절망하지 않았을 것이며 또 예수님이 부활하신 것을 믿는 것도 그렇게 힘들지 않았을 것입니다.

시험이 발생했다는 것은 일단 집에 불이 난 것과 같습니다. 불이 나지 않으면 좋지만 일단 불이 났으면 중요한 것을 건져야 합니다. 어려울 때 기도하면 놀랍게도 하나님이 우리 믿음이 불타지 않도록 지켜주십니다. 그러면 시험을 이긴 것입니다.

이 잔을 내게서 지나가게

예수님은 제자들이 겟세마네 동산에서 자신들을 위해서도 기도하기를 원하셨을 뿐 아니라 예수님을 위해서도 기도하기를 원하셨습니다. 기도가 놀라운 것은 누군가를 위해서 기도해 줄 수 있다는 것입니다. 제자들이 예수님을 위해서 기도할 수도 있고 자녀가 부모를 위해서 기도할 수도 있습니다.

다른 사람을 위해 기도하면 하나님의 은혜가 그 사람을 덮습니다. 그리고 만일 그 사람이 적합한 사람이면 성령을 그 사람에게 부어주셔서 능력을 몇 배나 주십니다. 마치 삼손에게 성령이 임하셨을 때 삼손의 능력이 수십 배나 커지면서 그를 결박한 사슬을 끊고 블레셋 사람들을 쳐 죽인 것과 같습니다.

미군은 조금만 이상한 징후가 포착되면 조기 경보기를 보냅니다. 마찬가지로 우리가 어려운 성도들을 위해 기도하면 하나님의 조기 경보기가 뜨면서 하나님은 가장 좋은 방법으로 그 사람을 도와주실 것입니다. 우리는 어떤 일을 해 보면 하나님이 도우실 때와 돕지 않으실 때의 차이를 분별할 수 있습니다. 하나님이 도와주시지 않으면 아무리 애를 써도 되는 것이 아무것도 없습니다. 그러나 하나님이 도와주시면 저절로 일이 되기 시작합니다.

그러나 예수님은 제자들의 기도의 도움을 받지 못하셨습니다. 그 대신 예수님은 제자들로부터 조금 떨어진 곳에서 무릎을 꿇고 간절하게 기도하셨습니다. 예수님은 기도하시면서 '만일 아버지의 뜻이어든 이 잔을 내게서 지나가게 하옵소서' 라고 말씀하셨습니다. 우리는 이 기도가 이해가 되지 않습니다. 지금까지 예수님은 십자가에 대한 확고한 의지로 오셨습니다. 그런데 결정적인 순간에 십자가를 피할 수 있으면 피하게 해 달라고 기도하십니다. 왜 예수님은 십자가를 피할 수 있게 해 달라고 기도하셨을까요?

우선 예수님에게 있어서 가장 큰 유혹은 십자가가 결코 예수님에게 강요된 것이 아니었다는 것입니다. 예수님이 반드시 십자가를 지셔야만 했던 것이 아닙니다. 물론 우리가 죄를 용서받으려면 예수님의 피가 필요합니다. 그러나 예수님이 싫다고 하면 어느 누구도 예수님을 억지로 죽게 할 수는 없었던 것입니다.

그리고 이 십자가의 고통은 우리가 상상할 수 없는 큰 고통이었습니다. 우선 육체적으로 사람의 손과 발이 못에 박혀 죽을 때까지 고통받는 것이 얼마나 힘듭니까? 예수님도 우리와 똑같은 신경조직과 몸을 가지신 사람입니다. 그뿐만 아니라 그는 죽음과 함께 우리 모든 인간의 죄를 감당하는 정신적인 고통을 당하시게 됩니다. 사람들의 조롱과 모욕은 둘째로 하고 사탄의 참소와 하나님의 저주를 받게 됩니다. 이것이 예수님에게는 너무나 두렵고도 힘든 일이었습니다.

예를 들어 심장 수술을 받을 때 요즘은 전신 마취를 하기 때문에 일단 수술받을 때에는 고통을 모를 것입니다. 물론 수술받은 후에 상당한 기간 고통이 따릅니다. 그러나 마취도 없이 맨정신으로 심장 수술을 받아야 한다고 생각해 보십시오. 아마 수술도 하기 전에 겁에 질릴 것입니다. 십자가는 마취가 없는 심장 수술과 같습니다. 예수님의 생살이 찢어지는 것입니다.

예수님이 기도하신 목적이 무엇입니까? '그러나 내 원대로 마옵시고 아버지의 원대로 되기를 원하나이다.' 예수님의 기도는 자기 생각을 하나님의 뜻에 복종시키는 데 있었습니다. 기도는 나의 뜻을 끝까지 하나님 앞에 고집하는 데 있지 않습니다. 물론 처음에는 나의 생각과 나의 고집을 하나님께 말씀드립니다. 그러나 하나님의 뜻이 분명할 때 그 뜻에 나의 의지를 꺾어 복종하는 것이 기도의 목적입니다.

예수님의 기도의 특징은 두 가지로 볼 수 있습니다. 하나는 자신의 생각을 전혀 가식 없이 하나님께 그대로 말씀드리는 것입니다. 예수님은 십자가를 할 수만 있으면 피하고 싶다고 말씀드립니다. 그러나 잠시 후 예수님은 하나님의 뜻에 자기 자신을 복종시키는 믿음을 달라고 기도하셨습니다.

우리는 여기서 겉으로 나타나지 않은 예수님의 두려움을 생각하게 됩니다. 십자가는 예수님에 대한 하나님의 재판으로 생각하는 것입니다. 우선 하나님은 예수님에게 질문하십니다.

"너는 모든 인간의 죄를 대신해서 심판받을 의사가 있느냐" 하는 것입니다. 여기서 예수님의 대답에 따라 인류의 운명은 달라집니다. 만일 예수님이 '나는 그렇게 하지 않겠습니다' 라고 하시면 예수님의 십자가는 없게 됩니다. 아무도 예수님을 죽으시게 할 수는 없습니다. 그리고 예수님은 바로 그 자리에서 천국으로 올라가시게 됩니다. 그 대신 인간들은 아무도 구원받을 수 없게 됩니다.

그런데 만일 예수님이 '그렇게 하겠습니다' 라고 대답하신다면 그 때부터는 예수님의 모든 권리와 자유와 능력은 빼앗기고 완전한 한 죄인으로 지옥의 형벌을 받게 되는 것입니다. 그러므로 예수님의 겟세마네 사건은 단순한 기도가 아니라 예수님이 하나님 앞에서 모든 인류의 죄를 대신 담당할 것인지 안할 것인지를 결정하는 순간입니다.

그때 예수님은 '아버지여 할 수 있거든 이 잔을 내게서 지나가게 하옵소서' 라고 요청했습니다. 이것은 예수님이 전능하신 하나님께 이런 십자가의 죽음 없이 죄인들을 구원하실 수 있는 방법은 없으신지 묻는 것입니다. 물론 하나님은 얼마든지 십자가 없이 죄인들을 용서하실 수 있으십니다. 그러나 그것은 하나님의 기뻐하시는 뜻이 아닙니다. 왜냐하면 하나님은 우리를 부끄럽게 구원하시는 것을 원치 않으시기 때문입니다.

하나님은 우리의 죄의 대가를 충분히 치르셨기에 우리가 전혀 부끄럽지 않고 당당하게 구원받기를 원하셨습니다. 그래서 하나님은 우리에게는 들리지 않는 소리로 '아들아, 그것은 안 되는 일이다' 라고 분명하게 말씀하셨을 것입니다. 그리고 아들은 기꺼이 모든 죄인들을 대신해서 죄를 책임지겠다고 말씀한 것입니다. 이것이 우리 모든 인류를 살리는 최후의 진술이었습니다. 아마 이 순간 하나님 아버지께서는 예수님을 향해 '유죄' 를 선언하시고 그의 모든 지위와 특권을 박탈하시고 지옥의 심판을 내리셨을 것입니다.

　예수님이 기도하실 때 두 가지 현상이 나타났습니다. 첫 번째는 천사가 나타나 예수님의 힘을 도왔습니다.

　"사자가 하늘로부터 예수께 나타나 힘을 돕더라"(43절)

　아마도 이 천사는 예수님의 비서였던 것 같습니다. 예수님이 너무 힘들게 기도하니까 보다 못해서 예수님의 힘을 도왔습니다. 마치 산모가 진통할 때 너무 힘들어하면 간호사가 옆에서 힘을 도와줄 것입니다. 간호사는 산모에게 너무 힘들면 그만 두라고 하지 않습니다. 왜냐하면 이것은 반드시 감당해야 하며 그렇지 않으면 아기와 산모 둘 다 죽기 때문입니다.

　천사도 예수님께 와서 너무 힘드시면 기도를 잠시 쉬라고 하지 않았습니다. 예수님이 계속 기도하시게 도왔습니다. 예수님도 인간인지라 너무 충격을 받으면 기절할지도 모릅니다. 그러나 천사는 예수님이 마음속으로 십자가에 대한 모든 두려움을 이기고 승리할 때까지 계속 기도하시도록 옆에서 붙잡아 드렸던 것 같습니다.

　두 번째의 현상은 땀이 땅에 떨어지는데 핏방울 같이 되었습니다. 우선 핏방울이 어떻게 생겼습니까? 바늘에 찔렸을 때 생기는 작은 핏방울을 말하지 않습니다. 손을 칼에 크게 베면 어떻게 됩니까? 핏방울이 한없이 툭툭 떨어질 것입니다. 예수님이 기도하시는데 얼마나 애써 기도를 하셨는지 땀방울이 큰 방울로 뚝뚝 떨어졌다는 것입니다. 마치 한증탕에 들어가 있으면 큰 땀방울이 흐르듯이 땀이 큰 방울로 계속 흘렀는데 핏방울처럼 보였다고 했습니다. 이 부분에 대해서 어떤 이는 너무 애를 쓰면 모세혈관이 터져 땀에 피가 섞여 나온다고도 합니다.

　예수님의 가장 큰 영적인 전쟁은 겟세마네의 기도였습니다. 예수님은 겟세마네에서 인간의 모든 죄를 책임지기로 결정하셨고 이제는 오직 철저한 심판만 남아 있었습니다. 예수님은 바로 죄인의 신분으로 끌려 가셨고 심문당하셨고 처형당하셨습니다. 이 모든 것이 아들에 대한 하나님의 심판이었습니다.

겟세마네에서의 제자들의 모습

예수님이 십자가를 앞두고 몸부림치면서 기도하는 동안 제자들은 잠들어 있었습니다. 그런데 그냥 잠든 것이 아니라 슬픔으로 잠들어 있었습니다.

"기도 후에 일어나 제자들에게 가서 슬픔을 인하여 잠든 것을 보시고 이르시되 어찌하여 자느냐 시험에 들지 않게 일어나 기도하라 하시니라"(45-46절)

제자들은 잠들어 있었는데 그것은 이미 그들이 자포자기했기 때문입니다. 제자들은 무엇인가 좋지 않은 일이 일어날 것 같다고 생각한 것 같습니다. 그러나 그들은 생각하기도 싫었고 기도하고 싶지도 않았습니다. 그래서 슬픔에 빠져 자포자기하는 심정이 되어서 자고 있었습니다.

학생들이 시험을 앞두고 있는데 공부한 것이 너무 없어서 도저히 시험공부가 난감하면 어떻게 합니까? 그냥 자포자기해서 잠을 자버립니다. 이때는 공부를 다 하고 가벼운 마음으로 자는 것이 아니라 슬픔으로 자는 것입니다.

사람이 의욕을 잃어버리면 자꾸 잠을 자게 됩니다. 왜냐하면 맥이 빠졌기 때문입니다. 제자들은 무엇인가 알 수 없는 무거운 슬픔과 염려로 낙심이 되어서 잠을 자게 된 것입니다. 그래서 다른 성경에 보면 '마음은 원이로되 육신이 약하도다' 라고 말씀하신 것을 보게 됩니다. 제자들의 마음은 그것이 아니었습니다. 제자들은 깨어 기도하고 싶었고 무엇인가 예수님께 힘이 되고 싶었는데 이미 몸이 말을 듣지 않았던 것입니다. 사실 이것이 우리의 상태입니다.

우리는 영적으로 보면 중증 장애인과 같습니다. 우리는 결코 원하는 대로 모든 일들을 해내지 못합니다. 우리는 하나님이 한 번 말씀하시면 알아듣지도 못합니다. 그리고 비슷한 문제로 몇 번씩 쓰러질 때가 많습니다. 이런 우리를 붙들어 주시기 위해 성령께서 오신 것입니다. 우리는 우리의 상태가 이렇다는 것을 잘 인정하는 것이 중요합니다. 그리고 자기 고집대로 하지 않고 성령님을 의지해야 쓰러지더라도 다시 일어설 수 있게 됩니다. 그리고 어떤 일이 있어도 절대로 자포자기 해서는 안 됩니다. 끝까지 참아야 하고 인내해야 합니다. 그러면 하나님의 능력으로 다시 일어서게 됩니다.

그리고 바로 유다가 사람들을 데리고 예수님께로 와서 배신의 입맞춤을 합니다.

"말씀하실 때에 한 무리가 오는데 열둘 중에 하나인 유다라 하는 자가 그들의 앞에 서서 와서 예수께 입을 맞추려고 가까이하는지라 예수께서 이르시되 유다야 네가 입맞춤으로 인자를 파느냐 하시니" (47-48절)

밤이어서 예수님과 다른 제자들을 혼동할 수 있기 때문에 유다는 예수님에게 입을 맞추는 것으로 신호를 짜두었습니다. 이것이 바로 '배반의 입맞춤' 입니다. 원래 입맞춤이라는 것은 매우 가까운 사람에게 나누는 인사인데 유다는 예수님을 배신하는 표시가 되게 했습니다.

예수님에게는 그 인사가 결코 반가운 인사일 수 없습니다. '유다야 네가 입맞춤으로 인자를 파느냐' 이것이 유다가 예수님으로부터 들은 마지막 말씀이었습니다. 예수님은 유다에 대해 침묵하지 않으셨습니다. 말씀하신다는 것은 기회를 주시는 것이며 회개하라는 뜻입니다.

그러나 그는 자기가 하는 일이 옳다고 생각했기 때문에 회개하지 않았습니다. 성령을 훼방하는 사람에게 두려운 것이 바로 이것입니다. 아무리 말을 해도 자기가 하는 것이 옳다고 믿기 때문에 회개하지 않습니다. 그래서 구약 성경에는 이런 자를 귀머거리 독사라고 했습니다. 듣지 못하니까 끝까지 악한 쪽으로 행하는 것입니다.

만약 유다가 지금이라도 예수님 앞에서 '예수님 제가 미쳤습니다. 제가 어떻게 예수님을 팔 수 있겠습니까? 저를 용서해 주십시오' 라고 했더라면 유다는 다시 살 수 있었습니다. 그래서 우리는 하나님의 말씀을 들을 때 아무리 늦었다고 생각되어도 예수님께 부르짖기만 하면 언제든지 새로운 삶을 얻을 수 있습니다.

예수님이 체포되시는 것을 보고 제자 중 하나가 칼을 휘둘렀습니다. 칼을 휘둔 사람은 베드로인데 베드로라고 하지 않는 것은 베드로가 그때까지 살아 있었기 때문에 보호하려는 의도인 것 같습니다. 칼로 대제사장의 종을 쳤는데 피하는 바람에 귀만 자르게 되었습니다. 예수님은 이것까지 참으라고 하시면서 그 사람의 귀를 만져 치료해 주셨습니다. 왜냐하면 모든 것이 하나님이 작정하신 대로 이루어지며 만일 혈기를 부리면 하나님의 뜻과 달리 다른 제자들까지 붙들리거나 죽을 가능성이 있기 때문입니다. 혈기는 하나님의 일을 이루지 못합니다.

그러면 주님이 잡혀가시는 것을 보기만 해야 합니까? 그렇게 해야 할 뿐 아니라 각자 잘 숨어서 이 어두운 시간을 견디는 것이 제자들이 하나님의 뜻에 순종하는 일입니다. 예수님의 잔은 아무도 대신 마실 수 없습니다. 제자들에게 있어서 지금은 비겁하게 숨는 것이 하나님의 뜻이었습니다. 그들에게 성령이 임한 후에 죽음을 두려워하지 않고 사탄의 세력과 싸우는 것이 하나님의 뜻인 것입니다.

예수님은 자신을 잡으러 온 사람들이 검과 몽치를 들고 온 것을 보고 기가 막히셨습니다. 예수님은 그들에게 '너희가 강도를 잡는 것같이 검과 몽치를 가지고 나왔느냐' 고 물으셨습니다. 그들은 이 세상에서 가장 악한 범죄자를 잡을 때처럼 완전 무장을 해서 온 것입니다.

예수님은 어린 양과 같은 분이셨습니다. 그는 남을 조금도 해칠 수 없는 분이셨습니다. 그런데도 군인들은 예수님이 자기들처럼 사나운 분인 줄 알고 중무장을 하고 나타난 것입니다. 예수님은 자기가 그렇게 위험한 사람이라면 왜 성전에서 가르칠 때 잡지 못했느냐고 물으셨습니다. 그러나 그때 손을 대지 못했던 것은 하나님이 손을 대지 못하게 하셨기 때문이며 지금 그들이 예수님을 잡을 수 있는 것은 '어두움의 때' 이기 때문이라고 하셨습니다. 하나님이 악의 세력이 마음껏 날뛰도록 허락하신 때입니다. 그러나 결국 악은 날뛰다가 망하고 마는 것입니다.

사랑하는 성도 여러분, 기도하는 가운데 하나님의 능력이 임하길 바랍니다. 기도하는 가운데 혈기와 고집은 십자가에 못 박고 능력의 사람으로 거듭나기를 바랍니다.

73

베드로의 부인

[눅 22:54-71]

우리나라가 일본의 식민통치를 받고 있을 때, 민족의 독립을 위해 싸운 사람들이 있습니다. 그들은 일본의 주요 인사를 암살하기도 했습니다. 안 중근 의사라든지 윤 봉길 의사 같은 사람들이 그런 사람들입니다. 일본인의 눈으로 보면 이런 사람들은 가장 악질의 살인범인들이며 테러자입니다. 그러나 우리 민족의 입장에서 보면 이들은 나라를 위해 온 몸을 바쳐 일제와 투쟁한 우국지사들입니다. 안 중근 의사나 윤 봉길 의사가 일본 경찰에 붙들리고 심문받았을 때, 이들이 얼마나 당당했든지 일본 경찰이 머리를 숙일 정도였다고 합니다.

죄를 지은 사람들이 경찰이나 검찰에 붙들려 오면 보통은 어떻게 해서든 거짓말을 해서 자기 죄를 부인하려고 합니다. 만약 죄를 시인하게 되면 그때부터 모든 자유를 빼앗기고 죄에 대한 처벌을 받아야 하기 때문입니다. 죄를 지은 사람들은 마치 물고기가 낚시 바늘에 걸린 것처럼 도망치기 위해 몸부림을 칩니다.

우리나라에는 '양심범' 이라는 것이 있습니다. 이 양심범이라는 것은 보통의 죄인들처럼 강도나 강간과 같은 여러 가지 파렴치한 죄들을 지어 붙들려 온 사람들이 아닙니다. 이들은 국가나 사회가 인정하지 않는 사상을 끝까지 포기하지 않았기 때문에 붙들려 온 사람들입니다. 이 사람들도 처음에는 두려워하고 불안해 하지만, 세상적인 부끄러운 죄를 지은 것은 아니기 때문에 그래도 다른 죄수들보다는 당당할 수 있습니다. 밖에서 보기에는 똑같은 죄수로 보이겠지만 그 안에서는 가장 의로운 죄수이기 때문입니다. 예수님은 살인이나 강간과 같은 파렴치한 죄를 지어서 잡히신 것이 아닙니다.

베드로는 군병들에 의해 잡힌 것이 아닙니다. 예수님의 사정을 알아보기 위해 대제사장의 뜰 안까지 들어왔다가 신분이 드러나게 되었습니다. 그는 그 곳에서 예수님을 모른다고 부인했습니다. 그는 자신의 신분이 들통나게 되었는데도 피하지 않고 거기에 있다가 두 번 더 다른 사람의 공격을 받게 되었습니다. 그때마다 베드로는 자기가 절대로 예수님을 모른다고 부인함으로 위기를 모면했습니다.

아마도 그 당시 베드로는 제 정신이 아니었던 것 같습니다. 그리고 예수님의 말씀대로 닭이 울었을 때, 베드로는 닭이 우는 소리에 정신이 번쩍 들었고, 자기가 지은 죄가 무엇인지 깨닫게 되었습니다. 성경은 베드로가 이 일로 심히 통곡했다고 기록하고 있습니다.

이와는 대조적으로 예수님은 대제사장의 집에서 자신이 영광을 받으실 하나님의 아들이라고 당당하게 밝히셨습니다. 베드로는 예수님을 부인했지만 예수님은 자신을 시인하셨습니다.

베드로의 실패

"예수를 잡아 끌고 대제사장의 집으로 들어갈새 베드로가 멀찍이 따라가니라" (54절)

예수님은 군병들에게 붙들리셔서 대제사장의 집으로 끌려가셨습니다. 이것을 보면 예수님을 체포한 주동자가 대제사장이었던 것을 알 수 있습니다. 대제사장이 예루살렘에 있는 유대 자체 경비 인원을 무장시켜서 예수님을 체포하게 했던 것입니다. 그때 다른 제자들은 모두 달아났습니다.

그러나 베드로는 어두움을 틈타서 예수님이 잡히신 대제사장의 집 안에 들어오게 됩니다. 아마 베드로도 예수님이 군병들에게 붙들리실 때 일단 도망쳤던 것 같습니다. 그런데 도망치던 베드로에게 '내가 죽을지라도 주를 버리지 않겠나이다' 라고 예수님께 했던 말씀이 생각났습니다. 그래서 그는 위험을 무릅쓰고 대제사장의 집까지 따라오게 됩니다. 이것을 보면 베드로가 주님을 따르는 데 상당히 열심이 있었음을 알 수 있습니다.

베드로가 무슨 이유로 대제사장의 집까지 예수님을 따라왔겠습니까? 그것은 오직 예수님에 대한 관심 때문이었을 것입니다. 베드로가 따라온 것은 예수님을 구할 생각은 아니었을 것입니다. 베드로는 예수님이 어떻게 되시는지 궁금해서 도저히 견딜 수가 없었던 것입니다.

그래서 예수님에 대한 사랑과 관심이 베드로로 하여금 가장 위험한 자리에까지 나오게 한 것입니다. 그럼 베드로가 혼자 대제사장의 집안까지 들어온 것이 과연 잘 한 일일까요? 이것은 결코 잘 한 일이 아닙니다. 이때 베드로가 했어야 할 일은 다른 제자들을 돌보는 일이었을 것입니다.

우선 베드로는 몇 가지 사실을 알지 못했습니다. 첫 번째로 베드로는 그 당시가 어떤 때인지 알지 못했습니다. 예수님은 잡히시면서 분명하게 '이제는 너희의 때요 어두움의 권세로다' 라고 말씀하셨습니다. 이것은 이제부터 성령이 역사하시지 않으며 모든 것을 악한 마귀가 멋대로 할 수 있도록 하나님이 허용하신 악한 때라는 뜻입니다. 이때 베드로는 혼자의 힘으로는 이 악한 세력을 상대할 수 없습니다. 이럴 때는 부끄럽지만 숨어서 때를 기다려야 합니다.

예수님은 세례 요한이 옥에 갇혔다가 죽었을 때에도 요한을 구하기 위해 헤롯의 궁 안으로 들어가지 않으셨습니다. 인간적으로 보면 베드로의 행동은 칭찬받아야 마땅한 행동입니다. 그러나 하나님 앞에서 베드로는 책망받을 짓을 한 것입니다. 예수님이 가이사랴 빌립보에서 자신의 죽음에 대해 말씀하셨을 때, 베드로는 예수님을 책망하시면서 십자가를 지실 수 없다고 만류했습니다.

이런 베드로의 행동은 인간적인 면에서는 너무나 훌륭한 것입니다. 그러나 예수님은 베드로에게 '사탄아 내 뒤로 물러가라' 고 하시면서 책망하셨습니다. 예수님의 십자가는 사람이 대신 질 수도 없는 것이며 피할 수 있는 것도 아닙니다. 마치 산모가 출산하는 것을 다른 사람에게 맡길 수 없는 것과 같습니다. 산모가 분만실로 들어가면 다른 사람들은 밖에서 기다리고 있어야 합니다. 그러나 성경적인 눈으로 전체를 볼 수 있는 안목이 없었던 베드로는 대제사장의 뜰에까지 뛰어들게 된 것입니다.

두 번째로 베드로는 공동체의 힘을 무시하고 있었습니다. 지금 예수님의 제자들은 겁에 질려 아무것도 할 수 없는 상태입니다. 그러나 주님은 바로 그 공동체를 통해 성령을 받게 하시며 땅 끝까지 복음을 전하게 하실 것입니다. 오늘날 많은 그리스도인들이 세상에서 실패하는 이유는 교회의 힘을 무시하고 자신의 힘으로 세상을 이기려고 하기 때문입니다.

주님이 우리에게 세상과 사탄의 세력을 능히 이길 수 있도록 주신 귀한 선물은 교회라는 공동체입니다. 교회에 임하는 성령의 능력이 우리로 하여금 이 세상과 마귀의 세력을 능히 이기게 합니다. 만약 우리가 신앙의 공동체 없이 각개 전투를 한다면 결국 실컷 애만 쓰고 마귀에게 농락당하고 말 것입니다.

그러나 교회가 건강하면 교인들이 세상에서 이기기 시작합니다. 왜냐하면 말씀의 능력이 있으며 기도의 능력이 있기 때문입니다. 우리는 다른 사람이 우리를 위해 기도해주지 않으면 언제나 실패하게 되어 있습니다. 우리는 결코 예수님이 아니라는 사실을 기억해야 합니다. 예수님은 성공하셨지만 우리는 할 수 없는 일도 많이 있습니다. 많은 경우 우리는 그냥 울면서 예수님을 바라보기만 해야 할 때도 있습니다. 이것이 우리의 현실입니다.

또한 우리가 이 세상에서 마귀의 세력을 이기려면 다른 그리스도인의 도움이 필요합니다. 즉 교회와의 바른 관계가 중요합니다. 교회가 영적으로 병들어 있거나 건강하지 못하면 절대로 이 세상에서 승리할 수 없습니다. 다른 사람의 도움이 있어야 이길 수 있습니다.

베드로의 부인

"사람들이 뜰 가운데 불을 피우고 함께 앉았는지라 베드로도 그 가운데 앉았더니 한 비자가 베드로의 불빛을 향하여 앉은 것을 보고 주목하여 가로되 이 사람도 그와 함께 있었느니라 하니 베드로가 부인하여 가로되 이 여자여 내가 저를 알지 못하노라 하더라" (55-57절)

베드로가 용감하게 대제사장의 집 뜰 안까지 들어간 것까지는 상황이 좋아 보입니다. 그러나 그 안에서 베드로의 신앙은 급격하게 떨어지기 시작했습니다. 마치 무거운 물건이 위에서 수직으로 떨어지듯이 베드로의 신앙은 바닥을 향해 곤두박질쳤습니다.

우선 그 집에는 베드로의 얼굴을 알아보는 자가 있었습니다. 그 사람은 대제사장 집의 하녀였습니다. 그 하녀는 베드로를 보고 '이 사람도 그와 함께 있었다' 고 하였습니다. 그러나 하녀가 적극적으로 베드로를 붙들려고 한 것은 아니었습니다. 만약 그 여자가 '여기 한 패가 숨어 있다' 고 소리를 질렀다면 베드로는 꼼짝하지 못하고 붙들렸을 것입니다. 이 여자가 베드로를 적극적으로 잡으려고 한 것은 아니었던 것 같습니다. 단지 네가 예수와 같은 편이 아니냐 하며 호기심을 보였던 것 같습니다. 그러니 베드로가 감히 부인을 할 수 있었던 것입니다. 다른 경우 같으면 같은 편이 그 집에 숨어 있다는 것은 큰 문제일 수 있었습니다. 그러나 놀랍게도 사람들은 모두 예수님에게만 관심을 가졌지 베드로나 그 여자가 하는 말에는 별로 관심을 갖지 않았던 것입니다.

그 이유가 무엇입니까? 바로 예수님의 기도의 능력이었던 것입니다. 사실 마귀는 이번에 예수님의 제자들도 모두 찍어 버리려고 날뛰었습니다. 그러나 예수님은 절대로 제자들에게 손을 대지 못하게 하셨고 그것을 하나님으로부터 인정받았습니다. 그러니 그 여자가 알아보기는 했지만 확신할 수 없었거나 다른 사람들이 이 여자의 말에 관심을 갖지 않았던 것입니다.

이와 같이 우리가 다른 사람을 위해 기도하면 위기 때 즉각적인 도움으로 나타납니다. 이런 것을 하나님이 사자의 입을 봉하셨다고 하는 것입니다. 대적이 나를 공격하기는 하는데 결정적인 실수는 잡아내지 못하는 것입니다.

마귀는 베드로를 죽이지 못한다는 것을 알았습니다. 그래서 그가 노린 것이 무엇입니까? 베드로의 신앙을 침체시키는 것이었습니다. 즉 베드로의 믿음이 부족한 것을 공격하고 조롱하는 것입니다. 이런 것을 참소한다고 합니다. 평소 같으면 대제사장의 하녀가 어떻게 감히 베드로를 참소할 수 있습니까? 그러나 마귀의 세력이 날뛸 때에는 하녀가 예수님의 가장 아끼시는 제자의 신앙을 참소하고 베드로는 두려워서 예수님을 부인하게 되는 것입니다. 결국 베드로는 그 죄책감 때문에 심히 침체할 수밖에 없었습니다.

그러나 마귀는 베드로의 머리털 하나도 건드리지 못하게 되어 마귀는 실컷 베드로의 신앙을 조롱하고 그가 그 동안 예수님께 받은 은혜를 다 쏟아버리게 하려고 했던 것입니다.

베드로는 기도하지 않았기 때문에 이 시험을 이길 수도 없었고 시험을 분별할 수 있는 능력도 없었습니다. 마귀는 우리를 함부로 죽이지 못합니다. 우리를 죽이는 데는 하나님의 특별한 허락이 있어야 합니다. 그러나 마귀는 우리로 하여금 겁을 먹게 하고 자신감을 잃게 해서 그 동안 받았던 은혜를 쏟아버리게 하고 비참한 자리에 거하게 합니다.

베드로의 비극은 한 번으로 끝난 것이 아니라 무려 두 번이나 더 있었습니다.

"조금 후에 다른 사람이 보고 가로되 너도 그 당이라 하거늘 베드로가 가로되 이 사람아 나는 아니로라 하더라 한 시쯤 있다가 또 한 사람이 장담하여 가로되 이는 갈릴리 사람이니 참으로 그와 함께 있었느니라 베드로가 가로되 이 사람아 나는 너 하는 말을 알지 못하노라고 방금 말할 때에 닭이 곧 울더라" (58-60절)

본문에서 우리는 하나의 의문점을 갖게 됩니다. 왜 베드로는 한번 예수님을 부인했을 때 밖으로 나오지 않고 계속 그 자리에 있다가 두 번 더 예수님을 부인하게 되었냐는 것입니다. 베드로는 그 날 밤의 심각성을 알지 못했던 것입니다. 베드로는 자기 혼자 숨어서 예수님을 지켜보면 모든 것이 쉽게 지나갈 줄 알았습니다. 그러나 마귀는 그 날 밤에 필사적으로 베드로를 멸망시키려고 했었던 것입니다.

여기서 우리가 생각하게 되는 것은 베드로가 예수님을 모른다고 부인했다고 해서 진짜 부인한 것은 아니라는 것입니다. 베드로는 단지 겁이 나서 거짓으로 예수님을 모른다고 했을 뿐입니다. 그런데 이것이 그렇게 큰 죄일까요?

성경은 이것을 매우 큰 죄로 보고 있습니다. 그 이유가 무엇입니까? 어떤 경우에도 주님을 부인해서는 안 되기 때문입니다. 우리가 존재하는 이유가 바로 그리스도를 나타내기 위해서입니다. 그래서 다른 것은 다 부인해도 예수님을 부인하면 안 되는 것입니다.

베드로는 대제사장의 집에서 무려 세 번씩이나 예수님을 모른다고 부인했고 그때 닭이 울었습니다. 그리고 예수님이 베드로를 보셨습니다. 그때서야 베드로는 닭이 울기 전에 네가 세 번 나를 부인하리라고 하신 주님의 말씀이 생각나서 밖에 나가서 심히 통곡했습니다.

"베드로가 가로되 이 사람아 나는 너 하는 말을 알지 못하노라고 방금 말할 때에 닭이 곧 울더라 주께서 돌이켜 베드로를 보시니 베드로가 주의 말씀 곧 오늘 닭 울기 전에 네가 세 번 나를 부인하리라 하심이 생각나서 밖에 나가서 심히 통곡하니라"(60-62절)

사실 닭이 우는 소리는 다른 사람들에게는 아무 의미 없는 소리였습니다. 그러나 베드로에 있어서는 헤매는 그의 영혼을 붙잡는 소리였고 그의 잠든 영혼을 깨우는 소리였습니다. 이처럼 우리는 때때로 다른 사람이 별 의미없이 한 말인데 문득 잊고 있었던 하나님의 숨은 뜻을 깨닫는 경우가 있습니다. 우리가 정신만 차리고 있으면 모든 것에서 하나님의 사인을 볼 수 있을 것입니다.

닭의 소리가 들리면서 베드로는 주님의 말씀을 생각하게 되었습니다. 그리고 지금 자기가 어떤 처지에 처해 있는지 알게 된 것입니다. 그

때 주님이 베드로를 보셨는데 아마도 늘 그렇게 하셨듯이 베드로의 약함을 이해하시는 사랑의 눈빛이었을 것입니다.

번지점프를 하는 사람들을 보면 높은 데서 뛰어내리지만 결국 밧줄의 힘으로 멈추게 됩니다. 베드로에게 있어서는 계속 추락하고 있다가 닭의 소리가 들리면서 주님을 보고 주님의 말씀이 생각난 순간이 추락에서 벗어나는 순간이었습니다.

결국 위기의 순간에는 많은 말이 필요치 않습니다. 결정적인 것은 딱 한 마디입니다. 그것은 주님이 나에게 하신 말씀입니다. 그러므로 위기 가운데서 주님의 말씀이 생각나면 그 사람은 살아난 것이고 더 이상 추락하지 않게 됩니다. '주님은 나의 이런 약한 부분까지 아셨구나' 하는 것을 깨닫게 되면서 다시 한번 주님을 신뢰하게 됩니다.

예수님의 심문

사람들은 예수님이 붙잡혀 온 것을 보고 그를 욕하고 희롱했습니다.

"지키는 사람들이 예수를 희롱하고 때리며 그의 눈을 가리우고 물어 가로되 선지자 노릇하라 너를 친 자가 누구냐 하고 이 외에도 많은 말로 욕하더라" (63-65절)

이 세상에서 예수님보다 더 선하신 분은 없습니다. 예수님은 이 세상에서 아무도 미워하신 적이 없는 분이십니다. 그럼에도 불구하고 예수님이 붙들려 왔을 때, 그를 미워하는 사람들이 많았고 그를 조롱하고 욕을 퍼붓는 사람들이 많았습니다. 그것은 바로 영적인 시기심이요 열등의식 때문입니다.

그리스도께 속하지 않은 사람은 마음속에 존귀함이 없습니다. 이 세상의 것은 다 가졌는지 모르겠지만 하나님이 주신 존귀함이 없습니다. 그래서 그리스도인들을 보면 무엇보다 그들의 존귀함과 당당함에 시기심이 생깁니다. 우리 그리스도인들은 가진 것도 없고 별것도 아닌 것 같은데 세상 사람들 앞에서 그렇게 당당할 수가 없습니다.

그 당시 많은 이들이 하나님의 아들 예수님을 대할 때 예수님에게서 발견하게 되는 것이 그가 너무나 고귀하고 존귀하다는 것이었습니다. 그들은 자기들에게 기회가 주어졌을 때, 예수님을 실컷 조롱하고 짓밟아줌으로 그가 별것이 아니라는 것을 증명하고 싶었던 것입니다.

구약 성경에 보면 삼손이 붙잡혀 왔을 때 블레셋 사람들은 그의 두 눈을 뽑은 것도 모자라서 많은 사람들이 보는 앞에서 그가 재주를 부리게 했습니다. 일종의 서커스처럼 하나님의 사람을 비참하게 해서 자기들의 손상된 자존심을 회복하려고 한 것입니다.

세상 사람들은 교회에 분쟁이 생기거나 신앙이 좋은 사람에게 어떤 잘못이 드러나는 것을 좋아합니다. 왜냐하면 그래야 하나님의 사람도 별것이 아니더라는 말을 할 수 있기 때문입니다. 지금 대제사장의 집에 있는 사람들이 하는 짓이 무엇인가 하면 하나님의 아들도 별것 아니더라는 것입니다.

그러므로 우리는 믿지 않는 자들에게 트집 잡힐 일을 하지 말아야 합니다. 티끌 같은 허물이라도 찾아내면 그것으로 얼마나 하나님을 훼방하는지 모릅니다. 그러나 결국에 세상 사람들이 실패하는 것은 하나님의 사람들을 너무 비참하게 하면 하나님의 사람들이 사생결단을 하고 기도하기 시작한다는 것입니다. 그러면 하나님의 사람을 조롱하던 이들이 패배하게 됩니다.

날이 샜을 때 유대인들의 최고 의결 기관인 산헤드린 공회가 모였습니다. 그들은 예수님이 그리스도인지 물었습니다.

"날이 새매 백성의 장로들 곧 대제사장들과 서기관들이 모이어 예수를 그 공회로 끌어들여 가로되 네가 그리스도여든 우리에게 말하라 대답하시되 내가 말할지라도 너희가 믿지 아니할 것이요 내가 물어도 너희가 대답지 아니할 것이니라" (66-68절)

대제사장과 서기관들이 예수님이 그리스도냐고 물은 것은 만일 그리스도면 받아들이겠다는 것이 아닙니다. 그들은 예수님을 고소하기 위해 그리스도냐고 물었습니다. 여기서 '그리스도' 라는 말은 정치적인 구원자라는 뜻입니다. 만약 예수님이 자신을 그리스도라고 시인하면 예수님을 로마의 반역자로 처단하려는 것입니다.

그러나 예수님은 자신이 그리스도라고 대답하지 않으셨습니다. 그리스도보다 훨씬 더 높은 하나님의 보좌 앞에 앉으실 인자라고 말씀하셨습니다. 예수님은 정치적인 구원자가 아닌, 영적인 구원자로서 자신의 신분을 말씀하셨습니다.

"그러나 이제 후로는 인자가 하나님의 권능의 우편에 앉아 있으리라 하시니" (69절)

예수님이 보통 '인자' 라는 표현을 사용하실 때에는 '고난의 종' 임을 의미합니다. 그러나 이제 예수님은 죽음의 권세를 깨트리고 승리하신 '인자' 를 말씀하십니다. 예수님이 십자가에서 죽으시고 부활하신 후에는 하나님의 영광의 보좌 우편에 앉아 계십니다.

그리고 두 가지 지위를 가지십니다. 하나는 우리 믿는 자들의 머리가 되십니다. 우리와는 머리와 몸의 관계이기 때문에 뗄 수 없습니다. 한편 믿지 않는 자들에 대해서는 심판하는 주가 되십니다. 언젠가는 예수님을 반대한 모든 사람들이 예수님의 얼굴을 보게 될 것입니다. 그 때 그들은 도저히 예수님의 얼굴을 감당하지 못할 것입니다.

그러나 이 사람들은 예수님의 말씀을 듣고도 두려워하지 않았습니다. 이미 그들의 영혼이 굳어질 대로 굳어졌기 때문입니다. 이 사람들은 예수님께 네가 하나님의 아들이냐고 물었습니다. 이것은 굉장히 중요한 말씀입니다. 예수님은 분명히 대답하셨습니다. '너희 말과 같이 내가 그니라' 예수님은 내가 하나님의 아들이라고 대답했습니다.

유대 지도자들은 예수님의 이 말씀을 듣고 예수님을 신성 모독죄로 기소하기로 결정한 것입니다. 유대 지도자들은 처음에 예수님을 유대에 대한 반역죄로 고발하려고 했습니다. 그런데 예수님이 자신이 하나님의 보좌 우편에 앉을 하나님의 아들이라고 하니까 신성 모독죄로 기소한 것입니다.

"저희가 가로되 어찌 더 증거를 요구하리요 우리가 친히 그 입에서 들었노라 하더라" (71절)

유대 지도자들은 예수님이 하나님의 아들이라고 주장한 말을 들었기 때문에 이것이 결정적인 증거가 된다고 했습니다. 예수님은 죽음의 자리에서도 진실을 부인하지 않으셨습니다. 자신은 하나님의 아들이며 하나님의 아들로 죽으신 것입니다. 그래서 예수 그리스도는 진리에 대한 참된 증인이시고 죽기까지 진리를 증거하셨습니다. 예수님이 증거하신 진리는 이 세상은 죄 가운데 있으며 죄에서 사람들을 건지기 위해서 하나님의 아들이 보냄을 받았고 또 죽었다는 것입니다.

결국 예수님을 믿지 않는 유대인들은 예수님의 죽으심을 도와 주었습니다. 이 사람들의 악한 짓이 없었더라면 우리의 구원은 어떻게 되었을지 모릅니다. 진리를 대적한 사람들은 자기 자신만 불쌍하게 되는 것입니다. 자기 고집과 악한 생각에 따라서 실컷 하나님을 대적했는데 결국 이루어지는 것은 하나님의 구원입니다. 하나님은 절대로 손해를 보는 법이 없으십니다.

오늘날에도 우리 주님은 하늘 보좌 우편에서 우리를 지휘하고 계십니다. 우리에게 필요한 모든 지혜와 능력을 주셔서 마귀의 세력을 이기게 하실 것입니다. 결국 모든 것은 주님이 우리에게 하신 말씀대로 이루어지게 됩니다. 왜냐하면 예수님의 말씀은 진리이기 때문입니다. 주님은 이 세상의 악한 자들을 통해 진리가 더욱 진리임을 드러나게 하십니다.

74

빌라도의 법정에 서신 예수님

[눅 23:1-17]

법정은 정의를 위해 존재합니다. 죄를 지은 사람은 지위 여하를 막론하고 죄의 심판을 받고, 죄를 짓지 않은 사람은 죄가 없다는 것을 확정해 주는 곳이 법정입니다. 그러나 법이라는 것이 항상 공정한 것은 아닙니다. 힘이 있는 자가 죄를 지었음에도 법정에 세우지 못하는 경우도 있습니다. 반대로 죄가 없는 사람인데도 힘이 없거나 권력자들과의 불화로 유죄로 판정받는 경우도 있습니다.

얼마 전 신문에 과거 정권이 자신들을 반대하던 사람들을 내란 음모죄로 몰아서 사형 선고를 하고, 놀랍게도 선고를 내린 그 다음날 새벽에 그들에게 대해 사형을 집행했던 사건이 보도되었습니다. 그 당시 집행에 관계했던 사람들의 말에 의하면, 사형받으러 온 사람들의 대부분은 자다가 무슨 일인지도 모르고 끌려 왔다고 합니다. 얼마나 악한 정권입니까? 또 얼마나 불의한 재판입니까?

인류 역사상 가장 불의한 재판은 예수 그리스도에 대한 유죄 판결입니다. 유대 지도자들은 예수님을 밤중에 붙들어오기는 했지만 유대인들은 사람을 사형할 수 있는 권한이 없었습니다. 그들이 사람을 죽일 수 있는 유일한 방법은 스데반 집사를 처형했던 것처럼, 군중들을 선동해서 돌로 쳐 죽이는 방법뿐이었습니다. 그러나 유대 지도자들에게 있어서 그 방법은 대단히 부담스러웠던 것 같습니다. 그래서 예수님을 로마 총독의 법정에서 넘겨서 로마인들의 손에 죽도록 계획을 세웠습니다.

그러면 어떻게 유대 지도자들은 로마 총독이 죄도 없는 예수님에 대해 사형할 것을 확신했을까요? 그것에 대해 유대 지도자들은 유월절의 분위기를 이용하기로 생각했습니다.

유월절에는 유대인들이 백만 명이 넘게 모이는데, 이때 로마 총독은 민란이 일어나는 것을 가장 두려워합니다. 유대인들은 이런 분위기를 이용했습니다. 그들은 마치 민란이 날 것처럼 군중들을 충동질할 계획을 세웠습니다. 이러한 상황에서 빌라도 총독은 민란이 나는 것보다는 별 볼 일 없는 유대인 한 명을 죽이는 것을 택할 것이었기 때문입니다.

여기서 유대 지도자들은 예수님이 유죄 판결을 받도록 두 가지 불법적인 방법을 사용합니다. 즉 하나는 죄목의 변경입니다. 원래 그들이 예수님을 처형하기로 한 죄명은 신성 모독죄였습니다. 예수님이 하나님의 아들이라고 하기 때문에 하나님을 모독했다는 것입니다. 그러나 로마인들에게는 신성모독이 사형에 해당하는 죄가 아니었습니다. 그래서 유대 지도자들은 예수님을 로마 당국에 고발할 때에 죄명을 신성모독죄에서 로마에 대한 반역죄로 바꾸었습니다.

그들이 사용한 다른 하나는 군중의 동원이었습니다. 유대 지도자들은 성난 군중을 동원해서 빌라도의 마음에 압박을 주었고 예수님에 대한 사형 판결을 내리도록 한 것입니다. 빌라도는 예수님을 아주 우습게 생각했습니다. 그래서 유대인들의 기분을 상하게 하는 것보다는 힘 없는 한 사람을 죽이는 것이 정치적으로 더 유리하다고 생각했던 것입니다.

그런데 본문 말씀을 보면 빌라도가 예수님의 재판을 맡기는 했지만 할 수 있으면 재판을 하지 않으려고 했던 것을 볼 수 있습니다. 왜냐하면 빌라도 역시 노련한 정치가였고 누구보다도 유대인들의 습성을 잘 알고 있었기 때문입니다. 빌라도는 모든 유대인들이 로마에 대해 결코 우호적이지 않으며 할 수만 있으면 반역하려고 한다는 것을 알고 있었습니다.

　그런데 유대인들이 로마에 대해 반역할 사람을 자기네 손으로 넘겨줄 이유가 절대로 없는 것입니다. 마치 일제 시대에 우리나라에서 진정으로 독립 운동을 하던 지도자를 우리 민족의 손으로 일본에 넘겨줄 이유가 없는 것과 같습니다.

　그렇다면 빌라도가 판정하기에 예수는 유대 내부 사정에 의하여 미움받는 사람인 것이 분명합니다. 빌라도는 자기가 유대인들을 다스리는 우월한 입장에 있는 사람인데 유대인들의 내부 문제에 휩쓸려서 이용당할 이유가 없었던 것입니다.

　그러나 빌라도로 하여금 유대인들에게 말려들지 않을 수 없게 만든 것이 있었습니다. 그것은 두 가지인데 하나는 빌라도의 정의롭지 못한 자세였습니다. 빌라도는 정직한 사람이 아니기 때문에 언제든지 협상이 가능했습니다. 그래서 그는 언제든지 강한 쪽으로 기울 수 있는 사람이었습니다.

　그리고 또 하나가 유월절이라는 분위기였습니다. 엄청나게 많은 유대인들이 모이는 이 유월절이 아니었더라면 빌라도는 예수님을 재판을 할 이유가 없었습니다. 그러나 빌라도는 유대인들의 군중을 두려워해서 원치 않는 재판을 맡았고 유대 지도자들이 원하는 대로 사형을 판결하고 그대로 집행했습니다.

예수님의 재판

예수님은 유대인들의 미움을 받아서 로마인의 법정에서 재판을 받게 되었습니다. 사실 예수님의 문제는 로마인들의 법정에 설 문제가 아니었습니다. 왜냐하면 예수님은 로마법을 어긴 적이 없었기 때문입니다. 그러나 예수님에 대한 유대 지도자들의 미움과 증오심이 너무나 강하여 예수님을 죽이지 않고는 견딜 수 없었던 것입니다. 그래서 로마인의 손에 예수님을 죽이려고 예수님을 빌라도의 법정에 끌고 간 것입니다.

"무리가 다 일어나 예수를 빌라도에게 끌고 가서 고소하여 가로되 우리가 이 사람을 보매 우리 백성을 미혹하고 가이사에게 세 바치는 것을 금하며 자칭 왕 그리스도라 하더이다 하니"(1-2절)

여기서 우리는 유대 지도자들이 예수님을 그토록 미워했던 이유가 무엇인지 생각해 볼 필요가 있습니다. 가장 중요한 것은 그들의 종교적인 교만이었습니다. 즉 하나님의 율법을 가지고 있고 또 그것을 잘 알고 있다는 교만이 그들의 의견에 대한 어떠한 반대도 용납할 수 없었던 것입니다.

원래 하나님이 주신 율법은 사랑이 넘치는 것이었습니다. 그래서 이 율법을 배운 자들은 절대로 예수님을 미워할 수 없고 오히려 예수님의 율법에 대한 바른 지식에 놀라지 않을 수 없습니다. 그러나 유대 지도자들의 율법은 죽은 율법이었습니다. 그리고 이 죽은 율법은 유대 지도자들을 극도로 교만하게 만들었습니다.

본래 율법은 나와 하나님과의 관계를 깨닫게 하기 때문에 율법을 배우면 배울수록 겸손하게 됩니다. 그러나 죽은 율법은 하나의 지식에 불과하기 때문에 다른 사람과 비교하여 교만하게 합니다. 유대 지도자들은 너무나 교만한 나머지 다른 의견을 들으면 분노가 치밀어 올랐습니다. 그 이유는 예수님의 말씀이 자기들의 주장보다 옳았고 또 예수님의 말씀을 들은 사람들은 자기들이 만든 쇠사슬을 풀고 자유를 얻었기 때문입니다. 자기들이 지배하고 있던 사람들이 자기들의 지배를 벗어나서 예수님께로 가고 있었기 때문입니다.

이들은 얼마 있지 않으면 모든 유대인들이 예수님의 사람이 될 것이라고 생각했습니다. 왜냐하면 예수님의 말씀은 그만큼 강력한 말씀이었고 많은 사람들이 예수님의 말씀을 옳다고 믿고 따랐기 때문입니다. 나중에 유대인들이 예수님의 제자들을 핍박했던 이유도 제자들에게는 돈도 없고 세력도 없지만 사람들의 영혼을 바꾸는 능력이 있었기 때문입니다.

그뿐만 아니라 유대지도자들을 더 분노하게 했던 것은 경제적인 이유였습니다. 그들은 유대 성전 제사를 통해서 엄청난 금전적인 수입을 올리고 있었습니다. 전 세계에 흩어진 유대인들은 로마가 세계를 통일하자 성전에 예배를 드리러 몰려오게 되었습니다. 이것은 엄청난 부흥의 기회였습니다. 유대 지도자들은 제사용 소를 팔고 양을 팔아서 엄청난 금전적인 수입을 올렸습니다. 그런데 예수님은 그들의 장사를 정죄했습니다. 예수님이 있으면 그들의 돈벌이가 방해가 되니까 예수님을 죽이려고 했던 것입니다.

어떤 사람들은 정의를 외치며 자신들은 대단히 정의로운 것처럼 말합니다. 그렇지만 우리는 가끔 그 이면에 금전적인 이해관계가 있다는 것을 발견하고 그들이 얼마나 치사한지 알게 됩니다.

또한 지도자들 스스로는 알지 못했지만 그들의 배후에서 사탄이 예수님을 죽이기 위해 유대 지도자들의 마음을 충동질한 것입니다. 그래서 유대 지도자들은 예수님을 죽이지 않고는 견딜 수 없을 정도로 예수님을 미워했던 것입니다.

　유대 지도자들은 자기들의 교만과 욕심과 시기심 때문에 예수님을 죽이려고 했습니다. 그러나 그 예수님은 이 세상에 오신 하나님의 아들이었습니다. 예수님은 이것을 여러 비유를 통해서 이미 말씀하셨습니다. 예수님은 포도원 주인이 포도원을 농부들에게 세를 주었는데 농부들이 그 포도원을 빼앗기 위해 아들을 포도원 밖으로 끌고 나가서 죽이는 비유를 말씀하신 적이 있습니다. 그리고 예수님은 유대 지도자들에게 자신은 영광스러운 하나님의 아들이라는 것을 분명히 밝히셨습니다.

　그러면 우리 인간이 하나님의 아들을 죽이면 어떻게 되겠습니까? 만약 일본 천황의 황태자가 우리나라를 방문했는데 우리나라 사람들이 그 아들을 잡아 죽인다면 어떤 일이 생길까요? 바로 전쟁이 일어나게 될 것입니다. 1차 대전이 그렇게 해서 터진 것입니다. 사라예보에서 오스트리아 황태자가 총에 맞아 죽는 사건으로 전쟁이 터진 것입니다.

　그렇지 않아도 사람들은 하나님의 나라를 인정하지 않고 하나님과 적대적인 관계로 지내고 있습니다. 그런데 이제는 하나님의 아들을 공개적으로 처형한 것입니다. 사람들이 알았든지 몰랐든지 하나님의 아들을 공개적으로 처형함으로 이 세상과 하나님의 나라는 본격적인 전쟁 상태에 있는 것입니다.

　그런데 하나님의 놀라운 자비는 여기서 나타납니다. 유대인들이나 로마인들이 예수님을 죽인 것은 하나님에 대한 반역이고 적대 행위입니다. 그래서 이 후로 모든 인간들은 하나님의 진노의 심판을 받더라도 할 말이 없습니다.

　그러나 하나님은 인간들이 하나님을 반역해서 그 아들을 죽였는데도 이 아들이 내 죄를 대신해서 죽었다고 믿는 사람들은 모두 죄에서 구원하시고 하나님의 자녀로 삼아주시는 것입니다. 하나님의 가장 큰 은혜는 인간들의 가장 큰 죄악에서 나타나게 됩니다. 이것이 하나님의 사랑의 놀라운 점입니다.

유대인들이 예수님을 고발한 죄명은 세 가지입니다. 하나는 백성들을 미혹한 것이고 두 번째는 가이사에게 세금을 바치지 말라고 백성들을 가르친 것이고 세 번째는 자칭 왕, 그리스도라고 한 것입니다. 이것은 모두 거짓말이었습니다. 유대 지도자들은 예수님을 로마에 대해 반역한 자로 고발한 것입니다.

그러면 예수님은 정말 로마에 위험한 인물이었는가 하는 것입니다. 사실 유대인들은 예수님이 로마에 대해 적대적이기를 바랐습니다. 그러나 예수님은 로마에 대하여는 적대적이지 않으셨고 오히려 부패한 유대 지도층에 대해 비판적이셨습니다. 그 이유는 예수님은 유대 사회가 바로 되면 얼마든지 하나님의 은혜가 이 세상에 흐르게 된다는 것을 아셨기 때문입니다. 우리와 하나님의 관계가 바르게 되면 하나님의 은혜와 축복이 믿는 자들을 통해 세상으로 흘러가게 되어 있습니다.

그래서 언제나 믿는 자들이 먼저 비판을 받아야 하고 교회의 지도자들이 더 깨끗해야 하는 것입니다. 우리는 세상이 썩었다고 비판하기 이전에 우리 믿는 사람들과 교회 지도자들이 하나님의 말씀에 바로 순종하지 않는 것은 없는지 찾아보고 그것을 먼저 바로 잡아야 할 것입니다.

복음이 증거되는 초기에는 복음을 이해하지 못하기 때문에 핍박이 있습니다. 즉 기독교가 그 사회의 고유한 미풍양속을 파괴시킨다고 생각합니다. 그래서 복음 전도 초기에는 복음을 전하는 자들이나 그리스도인들이 박해를 받을 수밖에 없습니다.

그 다음에 그리스도인들의 수가 많아지면 교회와 세상이 평화롭게 공존합니다. 즉 세상은 그리스도인들을 사회의 일원으로 인정하고 그들의 신앙을 인정합니다. 그리고 서로가 각자의 삶을 인정하는 것입니다. 사실 이것이 세상 자체에도 유익합니다. 왜냐하면 그리스도인들보다 성실하고 정직한 사람들이 없기 때문입니다. 그리스도인들은 열심히 이 세상을 도울 것입니다.

그런데 세상 사람들이 자기 분수를 지키지 않고 교만하여 자기 자신을 신격화할 때, 그리스도인들과 세상은 갈등하게 됩니다. 즉 모든 사람들에게 우상 숭배를 강요한다든지 어떤 사상을 강요할 때입니다. 그때에 그리스도인들은 절대로 우상을 섬기지 않기 때문에, 그 사회로부터 핍박을 당할 수밖에 없습니다.

지금 예수님은 하나님 나라의 왕으로 이 세상에 오셨습니다. 자기 백성들을 구하기 위해 하나님 나라의 왕이 직접 이 땅에 오셔서 붙들리신 것입니다. 마귀는 하나님의 아들만 죽이면 이 세상이 완전히 자기 것이 될 줄 알고 예수님을 죽이기 위해 법정에 세웠습니다. 사탄이 하나님의 아들을 법정에 세워서 사형시킨 것이 사상 최대의 전쟁입니다.

로마 천주교는 마틴 루터의 신앙을 빼앗기 위해 보름스 회의장에 소환해서 심문했습니다. 그때 사탄은 루터 한 사람을 파문해서 죽이면 모든 사람들의 종교의 자유를 빼앗을 수 있을 것으로 생각했습니다. 그러나 루터는 보름스 회의장의 기왓장이 모두 마귀라 할지라도 두려워하지 않겠다고 하면서 '주여 도우소서'라고 기도했습니다.

빌라도의 심문

"빌라도가 예수께 물어 가로되 네가 유대인의 왕이냐 대답하여 가라사대 네 말이 옳도다 빌라도가 대제사장들과 무리에게 이르되 내가 보니 이 사람에게 죄가 없도다 하니"(3-4절)

여기서 이상한 것은 빌라도가 예수님이 유대인의 왕이라고 주장했는지 예수님에게 직접 물었던 것입니다. '네가 유대인의 왕이냐?' 라는 물음에 예수님은 시인하셨습니다. '네 말이 옳도다' 이것은 예수님이 자신이 유대인의 왕이라는 것을 시인하신 것입니다.

그런데 빌라도는 밖으로 나가서 대제사장과 유대인들에게 '이 사람에게는 죄가 없도다' 라고 하면서 예수님을 풀어주려고 합니다. 우리에게 이해가 되지 않는 것은 예수님 자신이 유대인의 왕이라고 했는데도 왜 빌라도는 이 사람에게는 죄가 없다고 말을 했느냐는 것입니다.

우리는 그 이유를 두 가지로 생각할 수 있습니다. 첫 번째는 빌라도가 예수님을 보았을 때 정치적인 냄새가 없었던 것입니다. 빌라도는 바보가 아니었습니다. 빌라도는 사람을 보면 이 사람이 로마에 위험한 사람인지 아닌지 금세 알 수 있었습니다. 예수님을 보았을 때, 정치적으로 사람을 선동할 사람이 아님을 알았습니다. 왜냐하면 일단 선동을 잘 하는 사람이라면 빌라도를 보았을 때 빌라도에게 잘 보이려고 할 것입니다. 어떻게 해서든지 그를 설득해서 모든 것을 자기에게 유리하게 끌고 가려고 할 것입니다. 정치를 하려면 사람이 말을 잘 해야 하고 임기응변에 능해야 합니다. 그러나 예수님은 빌라도를 자기편으로 만들려고 하지도 않고 오히려 죽으려고 작정한 사람처럼 행동하셨던 것입니다.

두 번째로 빌라도는 유대인들을 너무 잘 알았습니다. 유대인들은 절대로 로마에 충성할 사람들이 아니었습니다. 그들은 어린 아이들까지도 로마에 반역하는 사람들이었습니다. 그런 그들이 자기들의 손으로 로마에 반역하는 사람을 넘겨줄 리가 없었습니다. 그렇다면 이 사람은 유대 지도자들과 관계가 좋지 않은 사람이든지 혹은 친 로마적인 사람일 수도 있는 것입니다. 그렇다면 빌라도는 자기가 가장 미워하는 유대 지도자들에게 이용당하는 것입니다.

그런데 놀라운 것은 왜 예수님은 자기 자신을 유대인의 왕으로 시인하셨는가 하는 것입니다. 적어도 예수님은 지금 예수님을 죽이려고 몰려든 유대인들의 왕은 아닙니다. 예수님은 예수님을 믿는 정신적인 이스라엘의 왕이 되기 위해 이 세상에 오신 것입니다. 그런데 예수님은 로마의 반역자인 것처럼 왜 자신을 유대인의 왕이라고 하셨을까요? 이것을 보고 빌라도는 아마도 예수님이 정신이 이상한 사람이라고 생각했을 것입니다.

사실 예수님은 자신이 정신적인 이스라엘의 왕이라는 점에서 자신이 유대인의 왕이라고 말씀하셨습니다. 그러나 더 중요한 이유는 예수님은 죽기 위해서 이 말씀을 하셨다는 것입니다. 예수님은 자신이 죽기 위해 두 가지 주장을 하셨습니다. 하나는 로마에 대해 자기는 유대인의 왕이라고 하신 것이고, 유대 지도자들에게는 하나님의 아들이라고 주장하신 것입니다. 이 주장이 아니면 이들은 예수님을 죽일 수가 없었던 것입니다.

유대 지도자들이 가장 우려했던 것이 빌라도가 예수님을 심문한 후에 죄가 없다고 판단해서 예수님을 놓아 주려고 하는 것이었습니다. 이것을 막기 위해서 유대 지도자들은 군중들의 힘을 동원했습니다.

"무리가 더욱 굳세게 말하되 저가 온 유대에서 가르치고 갈릴리에서부터 시작하여 여기까지 와서 백성을 소동케 하나이다"(5절)

예수님이 백성들을 가르치고 소란케 하는 것은 빌라도도 원하는 것이 아니었습니다. 그런데 빌라도는 예수님에 대해 거의 듣지 못했습니다. 그 이유는 예수님이 로마에 위험한 존재가 아니었기 때문입니다. 유대에 빌라도의 정보망이 있는데 그의 정보망에는 예수님에 대한 정보가 없었습니다. 이것은 예수님의 부흥이 순수한 신앙적인 부흥이었기 때문입니다.

빌라도는 유대인들의 계략을 눈치챘습니다. 그리고 자기가 빠져나갈 구멍을 찾게 됩니다. 그것은 예수님이 갈릴리 사람이라는 것입니다. 유월절에는 갈릴리 분봉왕으로 있는 헤롯 안티바스도 예루살렘에 와 있었습니다. 그래서 빌라도는 예수님을 헤롯 안티바스에게로 보냈습니다. 이것도 사실 말이 안 되는 것입니다. 지금 헤롯은 예루살렘에 공무상 와 있는 것이 아니라 유월절을 지키기 위해서 와 있는 것입니다. 만약 헤롯이 재판을 해야 한다면 일단 갈릴리로 예수님을 압송하고 거기서 재판을 받게 해야 할 것입니다. 그럼에도 빌라도는 명절을 지키기 위해 와 있는 헤롯에게 예수님을 보냈습니다.

> "빌라도가 듣고 묻되 저가 갈릴리 사람이냐 하여 헤롯의 관할에 속한 줄을 알고 헤롯에게 보내니 때에 헤롯이 예루살렘에 있더라"(6-7절)

이때 빌라도가 느낀 것은 예수가 누군지 모르겠지만 이 예수를 재판하는 것은 너무나 부담스럽다는 것입니다. 더욱이 빌라도의 부인은 유대인이었고 신앙을 가진 사람이었습니다. 그래서 자기 남편에게 이 사람을 재판하지 말라고 부탁했습니다. 예수님이 피고인석에 서 있지만 재판장보다 더 당당했기 때문입니다. 예수님이 이렇게 당당하실 수 있었던 이유는 하늘에 계신 하나님의 의로운 판단을 믿었기 때문입니다. 결국 인간들은 예수님께 사형을 언도하고 그를 죽이겠지만 하나님은 그 재판을 뒤집으셔서 예수님을 죽은 자 가운데서 다시 살려내실 것입니다.

헤롯의 법정에서

예수님이 헤롯에게 끌려가신 것은 예수님에게는 큰 위기였습니다. 왜냐하면 예수님이 이번에 예루살렘에서 죽으시는 것이 하나님의 뜻이었기 때문입니다. 만약 헤롯이 재판권을 행사하겠다고 하면 예수님은 다시 갈릴리로 끌려가실 수도 있는데 그러면 예수님은 예루살렘에서 죽지 못하시게 됩니다. 헤롯은 예루살렘에서 죽으시려는 예수님에게는 갑자기 나타난 복병이었습니다.

헤롯은 대단히 복잡한 성격의 소유자였습니다. 과거에 헤롯은 세례요한을 좋아하면서도 그가 자신의 결혼을 책망했을 때 감옥에 가두었습니다. 그리고 자기 생일에 춤을 춘 헤로디아의 딸의 춤 값으로 세례요한의 목을 베었습니다. 헤롯은 예수님을 만나기를 원했습니다. 왜냐하면 예수님의 기적에 대한 소문을 많이 들었기 때문입니다. 그래서 예수님을 만나면 자기 앞에서 기적을 보여줄 줄 알았습니다. 그러나 예수님에게 헤롯이 갑자기 나타난 것은 십자가의 중요한 방해가 되었습니다.

그래서 예수님이 헤롯에게 철저히 침묵하셨습니다.

"여러 말로 물으나 아무 말도 대답지 아니하시니 대제사장들 서기관들이 서서 힘써 고소하더라 헤롯이 그 군병들과 함께 예수를 업신여기며 희롱하고 빛난 옷을 입혀 빌라도에게 도로 보내니"(9-11절)

예수님이 아무 대답도 하지 않자 헤롯은 예수님께 실망했습니다. 헤롯은 예수님에 대한 소문을 듣고 예수님이 대단한 줄 알았는데 막상 만나보니 아무것도 아니었습니다. 대제사장과 서기관들이 여러 가지를 고소하는데 예수님은 하나도 제대로 답변하지 않으셨기 때문에 바보처럼 보였습니다. 헤롯은 예수님이 좀 쓸 만한 사람이면 갈릴리로 끌고 가서 요한을 대신해서 설교도 좀 듣고 거기에 가두어 두기도 하려고 했지만, 실제로 만나보니까 그는 말 한마디도 제대로 하지 못하는 사람이었습니다. 그래서 헤롯은 이런 바보와 시간을 소비할 생각이 없다는 생각으로 예수님을 빌라도에게 도로 보냈습니다.

"헤롯과 빌라도가 전에는 원수이었으나 당일에 서로 친구가 되니라"(12절)

헤롯과 빌라도는 정치적인 경쟁자였고 양보라는 것이 없었습니다. 그런데 예수님을 서로 양보했습니다. 서로 네가 재판을 하라는 식으로 미루었습니다. 그러면서 상당히 친해지게 되었고 예수님 때문에 이 둘이 친구가 되었습니다. 왜냐하면 상대방이 선심을 써 기분이 좋았기 때문입니다. 그런데 이들은 예수님에 대해 서로 공통점을 하나 발견했는데 예수는 별 볼 일 없는 사람이라는 것입니다.

예수님은 헤롯 앞에서는 바보같이 행동함으로 그의 재판을 피해가셨습니다. 왜냐하면 반드시 예루살렘에서 못 박혀야 한다고 생각하셨기 때문입니다.

다시 빌라도의 법정에

헤롯은 예수님을 실컷 조롱한 후 빛나는 옷을 입혀서 빌라도에게 다시 보냈습니다. 이것을 본 빌라도는 무슨 생각을 했겠습니까? '아, 예수는 엉터리 왕이라는 뜻이구나.' 라고 감을 잡은 것입니다. 빌라도는 헤롯의 태도를 통해 예수가 유대 사회에서 어느 정도 영향을 미치는 사람인지 알고 싶었던 것 같습니다. 왜냐하면 로마인인 자기보다는 헤롯이 유대인들에 대해 더 잘 알고 있고 또 예수에 대해서도 더 잘 안다고 생각했기 때문입니다.

예수가 정말 중요한 사람이라면 헤롯이 이런 식으로 웃기는 복장을 해서 다시 빌라도에게 보낼 리가 없습니다. 아마 예수님을 자기가 데리고 있겠다고 주장했을 것입니다. 그런데 헤롯은 예수님을 돌려보낸 것입니다. 이 사실을 통해 빌라도는 예수가 정치적으로 그리 중요하지 않은 사람임을 알게 되고 무시해도 되는 사람이라고 생각한 것입니다.

"빌라도가 대제사장들과 관원들과 백성을 불러 모으고 이르되 너희가 이 사람을 백성을 미혹하는 자라 하여 내게 끌어 왔도다 보라 내가 너희 앞에서 사실하였으되 너희의 고소하는 일에 대하여 이 사람에게서 죄를 찾지 못하였고 헤롯 또한 그렇게 하여 저를 우리에게 도로 보내었도다 보라 저의 행한 것은 죽일 일이 없느니라 그러므로 때려서 놓겠노라" (13-16절)

이것이 빌라도의 일차 판결이었습니다. 로마는 예수님에게서 죽일 죄를 찾지 못했습니다. 그러나 그냥 석방하면 유대인들이 반발할 것 같으니까 적당하게 때려서 내보내겠다고 생각했습니다. 결국 때린다는 것도 유대인들의 마음을 달래기 위한 것이었습니다.

빌라도는 아직까지 문제의 심각성을 깨닫지 못했습니다. 왜냐하면 지금 유대인들은 사생결단을 하고 예수를 처형하기 위해 덤벼들고 있기 때문입니다. 이미 사탄은 예수님을 죽이기로 작정했고 하나님의 허락을 받은 상태입니다. 그렇다면 사탄의 하수인인 빌라도는 그 악역을 피할 수 없는 것입니다. 마치 가룟 유다가 예수님을 배반하는 악역을 하지 않을 수 없듯이 빌라도는 예수님에게 사형 선고를 할 수밖에 없었습니다. 왜냐하면 그리스도에게 속한 자가 아니면 절대로 악을 이길 수 없기 때문입니다.

결국 우리의 싸움은 눈에 보이지 않는 악한 영과의 싸움입니다. 모든 사람들은 그 하수인에 불과합니다. 우리 힘으로는 악을 이길 수 없습니다. 악을 이길 수 있는 자는 오직 예수님께 속한 사람뿐입니다.

예수님은 지금 사람들에게 굴욕을 당함으로 이기고 계십니다. 왜냐하면 하나님은 예수님의 죽으심을 통해 모든 인간들을 다 용서하시고 해방하시기 때문입니다. 결국 마귀만 스스로 속은 것입니다. 예수님은 스스로 바보처럼 되심으로 빌라도도 이기고 헤롯도 이기고 마귀도 이기셨습니다.

여기서 우리가 알 수 있는 것은 예수님이 얼마나 억울한 일을 당하셨는가 하는 것입니다. 예수님은 자기가 하지도 않은 말을 했다는 혐의를 받았습니다. 그리고 예수님은 모든 사람들로부터 바보 취급을 당하셨고 불의한 자로 취급을 받으셨습니다. 우리는 자기가 하지 않은 것을 했다고 모함을 당할 때가 가장 억울합니다. 그러나 예수님은 더 높은 하나님의 판단에 모든 것을 맡기고 침묵하셨습니다. 우리가 억울한 모함을 당할 때 모든 것을 알고 계시는 하나님께 맡겨야 합니다. 하나님이 결국 우리를 축복해 주실 것입니다.

75

예수님과 성난 군중들

[눅 23:18-31]

요즘 우리나라의 집단 시위 양상이 변하고 있는 것으로 보입니다. 전에는 노사 분쟁이라든지 반정부 시위들이 주종을 이루었습니다. 그래서 노조를 중심으로 노동자들이 치밀하게 계획을 세워서 파업을 하거나 반정부 학생 단체에서 학생들을 선동해서 데모를 하곤 했습니다.

그러나 월드컵 축구 경기 응원에서는 인터넷을 통해서 수 십 만 명의 사람들이 붉은 옷과 태극기를 들고 특정한 곳에 모여서 응원을 합니다. 또 여중학생이 미군 장갑차에 치여 죽은 것을 두고 촛불 시위를 할 때처럼 서로 상관없는 사람들이 거리에서 시위를 하는 양상으로 변한 것입니다. 이런 시위가 성공적으로 이루어지는 것은 뒤에서 사람들의 여론을 형성하고 이끌어 나가는 주체 세력이 있기 때문입니다.

사람은 개인으로 있을 때보다는 군중으로 있을 때 잘 흥분합니다. 또한 군중이 모이게 되면 개인적인 판단보다는 군중의 전체 분위기에 휩쓸리게 됩니다. 우리는 가끔 축구나 야구를 관람하던 관중들이 자기가 응원하던 팀이 졌을 때 흥분한 나머지 난투극을 벌이거나 기물을 파괴하는 것을 보기도 합니다.

영국 사람들은 상당히 교양이 있고 예절이 있는 것으로 알려져 있습니다. 그러나 축구 경기는 그렇지 않은 것 같습니다. 축구를 보다가 집단 난투극이 벌어져 여러 사람들이 죽기도 합니다. 노사 분쟁의 경우에는 훨씬 더 심각해집니다. 어떤 노조원들은 회사 사장을 화장실에 감금하기도 하고, 흥분한 노조원이 높은 데서 투신하고, 심지어는 분신자살을 하는 경우도 있습니다.

라인홀드 니버라는 신학자는 개인보다는 군중이 훨씬 더 비도덕적이라고 주장했습니다. 그 이유는 일단 사람이 군중이 되면 자기 얼굴을 감출 수 있기 때문입니다. 개개인이 얼굴을 마주 대하면 할 수 없는 행동을 군중 속에서는 할 수 있다는 것입니다. 그래서 요즘은 사람들이 인터넷을 통해서 자기 의견과 생각이 다른 사람을 향해서 욕설을 퍼붓는 경우가 많습니다. 그러면 많은 사람들이 그 글을 읽기 때문에 상대방은 명예에 큰 손상을 입게 되는 것입니다. 그리고 글을 쓴 장본인은 숨어 있기 때문도 조금도 명예를 훼손당하지 않게 됩니다.

사람이 모여 군중이 되면 개인보다 훨씬 더 쉽게 흥분하고 개인의 분별력이나 판단력은 흐려지고 다수의 욕망을 따라 소리를 지르기도 하고 공격적이 되기도 합니다. 이런 점을 볼 때 하나님이 각자의 얼굴을 다 다르게 만드신 것이 얼마나 오묘한 지혜인지 모릅니다. 하나님이 서로의 얼굴을 각각 다르게 만드신 것은 모든 사람이 각자의 행동에 책임지도록 하기 위해서입니다.

예수님이 빌라도의 법정에서 재판을 받게 되었을 때 많은 군중들이 법정 앞에 몰려들게 되었습니다. 이 군중들은 교묘하게 유대 지도자들에 의해 조종되는 군중들이었습니다. 아마도 대제사장이나 유대 지도자들은 자신들의 심복들을 평상 복장으로 많이 내보냈던 것 같습니다.

먼저 '빌라도의 법정에 오늘 재판이 있다' 고 해서 사람들을 빌라도의 법정에 불러 모았습니다. 그 후에는 예수를 십자가에 못 박으라고 소리지름으로써, 영문도 모르는 많은 사람들을 흥분시켜서 예수님에게 유죄 판결을 내리도록 시위를 하게 했습니다. 많은 사람들이 모여 십자가에 못 박으라고 소리를 지르는 바람에 빌라도는 제대로 정신을 차릴 수가 없었습니다. 결국 빌라도는 그 군중들의 소리에 굴복해서 예수님께 사형을 선고하고 즉시 처형하도록 결정을 내렸습니다. 아무리 자존심이 강한 빌라도 총독이라 하더라도 소리지르는 군중은 이길 수가 없었습니다.

예수냐 바라바냐?

유대인의 명절이 되면 로마 총독이 유대 죄수 중 한 사람을 풀어주는 관례가 있었습니다. 이것은 요즘으로 말하면 사면과 같은 것이었습니다. 빌라도는 그런 관례에 따라 이번 유월절에 예수를 놓아주면 어떻겠느냐고 유대 군중들에게 물어 보았습니다. 그랬더니 유대 군중들은 빌라도의 생각과는 전혀 다른 의견을 내어 놓았습니다. 그들은 예수를 놓아 준다고 좋아하는 것이 아니라 오히려 예수를 십자가에 못 박고 다른 죄수를 놓아 달라고 소리지르는 것이었습니다.

"무리가 일제히 소리 질러 가로되 이 사람을 없이하고 바라바를 우리에게 놓아주소서 하니 이 바라바는 성중에서 일어난 민란과 살인을 인하여 옥에 갇힌 자러라"(18-19절)

아마 처음에 빌라도는 법정 앞에 몰려온 유대 군중들에 대해서 잘못된 판단을 내린 것 같습니다. 빌라도는 많은 군중들이 빌라도의 법정 앞에 몰려온 것을 보고 이 사람들이 단순히 재판을 구경하러 왔거나 예수를 풀어 달라고 온 줄 안 것 같습니다. 그래서 같은 민족의 한 사람인 예수를 풀어주면 유대인들이 굉장히 좋아하면서 자기의 관대한 처분에 대해 박수갈채를 보낼 줄 안 것입니다. 그러나 실상은 정반대였습니다. 그들은 갑자기 성난 군중으로 변하면서 예수 대신 바라바라는 죄수를 풀어달라고 소리지르기 시작한 것입니다.

빌라도가 군중들에게 예수를 풀어주겠다고 말한 것은 상당한 의미가 있습니다. 즉 너희들이 그렇게 원하는 것이 너희 왕이 아니냐? 여기에 너희 왕이라는 자가 있는데 내가 보기에 아무 죄도 없고 로마와 충돌할 일도 없을 것 같으니 잘 모셔가라는 뜻입니다. 빌라도는 자기가 그렇게 하면 유대 군중들이 좋아할 줄 알았던 것입니다. 혹 좋아하지는 않더라도 긍정적으로 받아들이고 해산하고 집으로 돌아갈 줄 알았습니다.

그러나 유대 군중들은 예수가 석방되는 것을 아주 싫어해서 같은 동족인 예수를 죽이라고 소리지르기 시작했습니다. 이것은 예수가 유대인들에게는 대단히 혐오스러운 인물이며 너무나 싫어하는 사람이라는 것을 의미합니다. 사실 이 성난 무리들의 배후에는 대제사장과 서기관들에 의해 조종되고 있는 사람들이 있었습니다. 물론 이 사람들과 빌라도가 일대일로 만나면 빌라도가 이길 것입니다. 그러나 성난 군중들 앞에서는 빌라도도 어떻게 할 수 없었습니다.

만약 빌라도가 정직한 재판관이었다면 재판을 중지하고 소요가 가라앉은 후에 다시 재판하겠다고 했을 것입니다. 사도 바울을 재판할 때에는 군인들이 사도 바울을 예루살렘에서 체포한 후에 가이사랴 빌립보로 몰래 압송했습니다. 왜냐하면 예루살렘에서는 재판이 불가능했기 때문입니다. 그러나 빌라도는 그렇게 하지 않고 군중들이 소리지르는 가운데 재판을 진행했습니다. 그 이유는 이미 예수님을 우습게 알고 이 재판을 하나의 쇼로 만들어서 자기 인기를 높일 생각을 했기 때문입니다.

한편 유대인들이 원한 것은 민란을 일으킨 살인자 바라바였습니다. 이것은 그들이 원하는 것이 예수님처럼 말씀으로 임하는 하나님의 나라가 아니라 바라바와 같이 무력으로 침략해서 빼앗음으로 하나님의 나라를 세우겠다는 것입니다. 바라바가 어떤 사람이냐는 것은 분명하지 않지만 유대인들을 위해 테러를 한 사람인 것 같습니다.

사실 당시 유대인들 중에서는 그런 테러범들이 있었습니다. 군중 사이에 끼어 있다가 반유대주의적인 사람들 옆으로 슬그머니 다가가서 칼로 배나 옆구리를 찔러서 죽이고 달아나는 사람들이었습니다. 여기에 보면 바나바는 성중에서 민란과 소요로 인해 옥에 갇힌 자라고 했습니다. 이것을 보면 극렬유대주의적인 테러범이라는 것을 알 수 있습니다. 유대인들이 바라바를 원했다는 것 자체가 예수님은 로마에 대해 전혀 위험한 인물이 아니라는 것을 보여 줍니다.

만약 우리나라 사람들도 일제 시대에 죄수 한 명을 놓아주는 법이 있다면 안 중근 의사나 이 준 열사 같은 사람을 원했을 것입니다. 사람들이 예수님을 원하지 않았던 이유는 예수님이 이 세상의 행복을 추구하지 않았기 때문입니다. 예수님은 많은 능력을 가지고 계셨지만 그 능력을 이 세상이 잘되는 데 쓰지 않았습니다. 예수님이 원하시는 것은 사람들이 하나님 앞에서 죄를 용서받는 것이었고 하나님의 말씀에 순종하는 것이었습니다.

오늘날 사람들이 원하는 사람은 이 세상을 더 아름답게 만들고 많은 사람들을 더 행복하게 하기 위해 애쓰는 사람들입니다. 그래서 이 세상 사람들은 그리스도인들을 별로 좋아하지 않습니다. 왜냐하면 우리는 궁극적으로 이 세상이 잘되게 하기 위해 애쓰는 사람들이 아니기 때문입니다. 우리는 이 세상이 궁극적으로 망한다는 것을 알고 있습니다. 그래서 할 수만 있으면 한 사람이라도 더 변화시켜서 하나님의 백성으로 만들려고 합니다. 그래서 유대인들은 예수님을 없애고 바라바를 풀어 주라고 소리지른 것입니다.

빌라도가 보기에 바라바는 분명히 로마에 해로운 사람입니다. 그리고 예수는 적어도 지금까지는 로마에 해가 되는 일을 한 적이 없습니다. 그럼에도 불구하고 예수님 대신에 바라바를 석방한 이유가 무엇입니까? 기왕이면 유대인의 명절에 유대인들이 원하는 대로 해주고 인기를 얻고 싶었기 때문입니다.

이 바라바는 나중에 어떻게 되었는지 모르지만 그는 예수님 대신에 풀려나게 되었습니다. 예수님은 자기를 대신하여 십자가의 처형을 당하고 자기는 살게 되었습니다. 바로 이것이 대속의 죽음입니다. 예수님은 내가 죽어야 할 자리에 대신 죽으신 것입니다. 예수님은 죽으시고 나는 살게 되었습니다. 그래서 바라바가 정말 예수님의 대속의 죽음을 믿었다면 그는 살인이나 나쁜 짓을 하는 대신에 예수님의 인생을 살아야 할 것입니다.

일본에는 바라바 선교회에 속한 사람들이 있습니다. 이 사람들은 일본에서 깡패로 살다가 예수를 믿게 된 야쿠자 출신의 사람들입니다. 이들은 야쿠자로 살면서 정말 자기들에게 관심을 가져주는 사람들을 만나지 못했지만 예수님의 사랑을 알게 되었고, 깡패 일을 버리고 복음을 전하는 사람들이 된 것입니다.

십자가에 못 박으라는 군중의 소리

예수님이 결국 십자가에 못 박히시게 된 것은 예수님을 십자가에 못 박으라는 성난 군중들의 소리가 빌라도를 이겼기 때문입니다.

"빌라도는 예수를 놓고자 하여 다시 저희에게 말하되 저희는 소리 질러 가로되 저를 십자가에 못 박게 하소서 십자가에 못 박게 하소서 하는지라 빌라도가 세 번째 말하되 이 사람이 무슨 악한 일을 하였느냐 나는 그 죽일 죄를 찾지 못하였나니 때려서 놓으리라 한대 저희가 큰 소리로 재촉하여 십자가에 못 박기를 구하니 저희의 소리가 이긴지라" (20-23절)

성난 유대인의 군중들은 잘 알지도 못하면서 '십자가에 못 박으라 십자가에 못 박으라' 고 계속 소리질렀습니다. 빌라도가 무슨 말을 하든지 그들은 오직 '십자가에 못 박으라' 고 외친 것입니다.

여기서 우리가 이해가 되지 않는 것은 로마인이었던 빌라도는 예수를 죽이지 않으려고 하는데 왜 같은 민족인 유대인은 예수를 죽이라고 소리를 질렀느냐는 것입니다. 만일 우리나라 사람이 일본에서 재판을 받는데 일본 판사는 우리나라 사람을 살려주려고 하는데 오히려 우리나라 사람들이 그 사람을 사형하라고 소리지르는 것과 같은 것입니다.

결국 유대 군중의 소리가 빌라도 총독의 의지를 꺾었습니다. 이 날은 사탄이 모든 사람들을 미치게 만들었던 것입니다. 그래서 무조건 예수가 미웠고 예수가 죽기를 원했던 것입니다.

이 군중의 소리는 모든 사람의 마음속에 있는 하나님을 대적하는 악한 본성에서 나온 것입니다. 이것은 마치 가정집에서 조금씩 흘러나온 생활 하수가 큰 강을 오염시키는 것과 같습니다. 가정집에서 흘러나오는 생활 하수와 각 공장에 나오는 폐수가 모이면 엄청난 환경 오염을 일으킵니다.

성경에서 세상이라고 할 때 여러 가지 의미로 사용되는데 그 중에서 세상 사람들의 의식이나 가치관을 뜻할 때가 있습니다. '너희가 이 세대를 본받지 말고' 에서처럼 말입니다. 이 세상 사람들의 가치관은 항상 하나님을 거스르고 대적합니다. 각 개인의 마음속에는 예수님을 죽일 정도의 악한 마음이 없었는지도 모릅니다. 그러나 군중이 되니 군중 심리에 휩쓸려 예수님을 죽이라고 소리지르게 되었던 것입니다.

《천로역정》에 보면 크리스천이 전도를 받고 얼마 가지 않아서 큰 늪에 빠져 허우적거리게 됩니다. 크리스천은 자기를 전도한 전도자의 도움을 받아서 간신히 그 늪에서 빠져 나오게 됩니다. 그러면서 이 늪의 이름이 무엇이냐고 물으니 '절망의 늪'이라고 했습니다. 그러면서 이 늪은 장망성에서 계속 더러운 물이 흘러나와 고여서 된 것인데 아무리 없애려고 해도 없어지지 않는다고 했습니다. 사람들의 마음속에는 모두 하나님을 반역하는 본성이 있습니다. 그런데 사탄이 한번씩 충동질하면 이것이 절망적인 세력으로 나타나서 하나님을 대적하게 되는 것입니다.

출애굽기에 보면 이스라엘 백성들이 애굽에서 탈출한 후 광야에서 수도 없이 하나님을 원망하고 대적하는 것을 보게 됩니다. 그것이 바로 우리 인간들의 본성입니다. 우리 인간들은 무엇이든지 조금이라도 자기가 원하는 대로 되지 않으면 하나님을 원망하고 대적합니다. 그러나 진정한 신앙은 내 뜻대로 되지 않아도 하나님을 찬양하고 높이는 것입니다.

구레네 사람 시몬의 봉사

"저희가 예수를 끌고 갈 때에 시몬이라는 구레네 사람이 시골로서 오는 것을 잡아 그에게 십자가를 지워 예수를 좇게 하더라"(26절)

예수님은 십자가형의 언도를 받으시고 난 후 관례에 따라 심한 채찍질을 당하셨습니다. 이 채찍질은 못이 달린 가죽띠로 때리는 것인데 뼈가 다 보일 정도로 살이 찢겨나가는 심한 채찍질입니다. 예수님은 채찍으로 심하게 맞으신 후에 십자가를 제대로 지고 갈 수 없게 되었습니다. 그런데 구약 이사야서에 보면 예수님이 채찍을 맞은 것이 우리에게는 큰 복이라고 말씀하고 있습니다. "그가 채찍에 맞음으로 우리가 나음을 입었도다"(사 53:5 하).

마치 우리들은 온 몸에 나병이 퍼진 나환자들과 같았습니다. 우리의 양심은 마비되었고 우리의 감정은 죽어 있었습니다. 그런데 예수님의 살갗이 채찍에 맞아 찢겨 나감으로 우리의 병이 치료되기 시작했습니다. 예수님은 우리의 모든 더러운 병을 가져가셨습니다.

예수님은 채찍에 맞으신 후에 너무 고통스러워서 십자가를 질 수가 없었습니다. 그때 예수님의 십자가를 억지로 대신 지고 간 사람이 구레네 사람 시몬이었습니다. 그는 아마도 구레네에서 유월절을 지키기 위해서 예루살렘에 온 것 같습니다. 그러다가 재수 없이 군인들에게 걸려들어서 죄수의 십자가를 지고 가게 된 것입니다. 사실 이것보다 더 기분 나쁜 것은 없을 것입니다.

로마 군인들에게는 식민지 사람들 누구에게나 오리의 짐을 지고 가게 할 권한이 있었습니다. 아마도 시몬은 자기가 죄수의 십자가를 지게 된 것을 굉장히 기분 나쁘게 생각했을 것입니다. '거기에 그렇게 많은 사람들이 있는데 하필 왜 내가 걸려들었을까?'라고 생각했을 것입니다. 그러나 나중에 알고 보니 그 십자가는 단순히 죄수의 십자가가 아니라 온 인류의 죄를 대신 지고 가는 십자가였습니다. 구레네 시몬은 자기도 모르고 억지로 지고 간 십자가가 온 인류의 죄를 대속하시는 하나님의 아들의 십자가였습니다.

이 세상에 그 어느 누구도 예수님의 십자가를 도와줄 수 없었습니다. 그러나 자기도 모르는 사이에 예수님의 십자가를 도운 사람들이 있었습니다. 막달라 마리아는 예수님의 몸에 향유를 바름으로 그의 죽음을 준비했습니다. 어떤 사람은 다락방을 내어드림으로 최후의 만찬을 준비했고 어떤 사람은 예수님께 나귀를 빌려 드림으로 예수님의 입성을 도왔습니다.

그리고 구레네 시몬은 예수님의 십자가를 지고 갔습니다. 아리마데 요셉은 자신의 무덤을 예수님께 내어드렸는데 그 무덤에서 예수님이 사망의 권세를 깨트리고 부활하셨습니다. 시몬이 이유도 모른 채 지고 간 그 십자가가 그 자신이나 가족들에게 두고두고 자랑이요 축복이었을 것입니다. 사실 구레네 사람 시몬의 아들 중에 루포라는 사람이 있는데 초대 교회에서 중요한 사람이됩니다.

우리가 자기 십자가를 지고 가는 일은 대단히 귀한 일입니다. 자기 십자가라는 것은 예수님 때문에 많은 것을 잃고 손해보고 살아야 하는 것을 뜻합니다. 이보다 더 귀한 것이 다른 사람의 십자가를 지고 가는 것입니다. 즉 다른 사람의 어려움이나 연약함을 책임지고 한 평생 희생하는 것입니다. 구레네 사람 시몬은 죄수의 십자가를 지고 갔지만 그것이 예수님의 십자가였습니다.

우리가 예수 믿는 것은 십자가를 지는 것입니다. 맨손으로 교회만 왔다 갔다 해서는 안 됩니다. 우리는 다른 사람의 연약한 것을 지고 가야합니다. 어떤 분은 맹인을 돌봅니다. 어떤 분은 장애인을 돌봅니다. 어떤 분은 어머니를 늘 모시고 다닙니다. 얼마나 아름다운 십자가인지 모릅니다.

애통하는 여자들

예수님과 두 죄수가 처형당하기 위해 십자가를 지고 갈 때 따라 오면서 슬피 우는 여자들이 있었습니다.

"또 백성과 및 그를 위하여 가슴을 치며 슬피 우는 여자의 큰 무리가 따라
오는지라 예수께서 돌이켜 그들을 향하여 가라사대 예루살렘의 딸들아 나
를 위하여 울지 말고 너희와 너희 자녀를 위하여 울라"(27-28절)

예수님의 뒤를 따라가면서 우는 여자들은 처형당하는 죄수들을 위해 울어주는 자들이었습니다. 돈을 받고 울어주는지 모르겠지만 그냥 죽으면 너무나 불쌍하니까 처형당하는 죄수들이 조금이라도 위안을 받도록 울어 주는 것입니다.

예루살렘의 이 여인들은 예수님이 누구신지도 모르지만 죽으러 가니까 불쌍해서 가슴을 치면서 울었습니다. 그러나 정작 예수를 믿고 따르는 여자들은 너무 두려워서 소리도 내지 못하고 속으로 울고 있었을 것입니다. 여기서 소리를 내면서 운 여자들은 예루살렘 여자들이었습니다.

예수님은 소리 내어서 우는 여인들에게 나를 위해 울지 말고 너희와 너희 자식을 위해 울라고 말씀하셨습니다. 그 이유는 하나님의 아들을 십자가에 못 박은 그들 앞에 하나님의 무서운 심판이 기다리고 있기 때문입니다. 어떤 심판입니까?

"보라 날이 이르면 사람이 말하기를 수태하지 못하는 이와 해산하지 못한
배와 먹이지 못한 젖이 복이 있다 하리라"(29절)

여기서 수태하지 못한 이와 해산하지 못한 배와 먹이지 못하는 젖이 복이 있다는 말은 생명의 씨가 없는 대재앙이 그들에게 찾아온다는 것입니다. 차라리 아이를 낳지 못했더라면 아이가 죽는 비극을 경험하지

않았을 텐데, 아이를 낳았고 키웠기 때문에 죽게 되는 슬픔을 경험하게 되는 것입니다.

장차 예루살렘에 일어날 전쟁은 씨를 말리는 전쟁이 될 것입니다. 이 예언은 예수님이 베들레헴에서 태어났을 때에도 적용되었습니다. 만삭이 된 예수의 모친은 해산할 장소를 찾지 못해서 짐승의 우리에서 아기를 낳았습니다. 사람들은 자기 아이에게 정신이 빠져서 주위에 어떤 일이 일어나는지 몰랐다가 갑자기 헤롯의 군대가 덮치는 바람에 모든 남자 아들이 죽임을 당하고 말았습니다.

예루살렘도 마찬가지입니다. 사람들은 모두 자기 욕심 때문에 하나님의 아들이 죽임을 당하는 것을 그냥 내버려 두고 있습니다. 그러나 이 무관심이 결국 엄청난 대량 살육의 비극으로 나타나게 되었습니다. 그러므로 우리는 우리 주변의 일들에 무관심하면 안 됩니다. 내 이기적인 생각 때문에 주위에서 의로운 자들이 고통당하는 것을 외면한다면 몇 배의 고통을 겪게 될 것 입니다.

"그때에 사람이 산들을 대하여 우리 위에 무너지라 하며 작은 산들을 대하여 우리를 덮으라 하리라 푸른 나무에도 이같이 하거든 마른 나무에는 어떻게 되리요 하시니라"(30-31절)

예수님은 여기서 갑자기 인류 전체의 심판으로 끌고 가십니다. 사람들이 산이 자기 위에 무너지라는 것은 물론 예루살렘 전쟁 때 사람들이 너무 무서워서 기절하기를 바라는 것입니다. 차라리 산에 깔려 죽으면 죽는 두려움이 줄어들 것입니다. 그러나 이 구절은 마지막 때에 모든 인류에게 임할 심판을 뜻하는 말씀입니다. 그때에 인자가 온 세상을 심판하기 위해 다시 오실 때 얼마나 무섭고 두려운지 사람들은 산이 자기 위에 무너지고 바위가 자기를 덮치기를 바라는 것입니다.

그 이유는 그리스도의 심판이 너무나 무섭기 때문입니다. 그때는 이 세상의 권력자들이나 부자나 장군이나 모든 사람들에게 하나님의 무서운 심판이 임할 것입니다.

'푸른 나무에도 이같이 하면 마른 나무에는 어떻게 되리요' 라는 말씀에 대해서는 해석이 구구합니다. 그런데 불을 붙여 보면 마른 나무는 불이 잘 붙지만 푸른 나무는 잘 타지 않습니다. 여기서 푸른 나무라는 것은 유대인들을 뜻합니다. 하나님을 믿는다고 하면서도 욕심에 빠져 그리스도를 배척한 유대인들에게 이런 무자비한 심판이 임한다면 장차 하나님도 모르는 이방인들 즉 마른 나무에는 얼마나 무서운 심판이 임하겠느냐는 뜻입니다. 즉 예루살렘의 멸망은 온 인류에게 임할 하나님의 진노의 심판의 예고편인 것입니다.

하나님의 진노의 심판을 피하는 길은 오직 하나밖에 없습니다. 그것은 그리스도에게 복종하며 그의 말씀에 순종해서 사는 것입니다. 그가 십자가를 지고 가라고 하시면 지고 가고 십자가에 달려 죽으라고 하면 달려 죽는 것입니다. 이것만 유일하게 살 길입니다.

본문 말씀에서 우리가 생각하게 되는 것은 모든 인간의 마음속에 있는 패역한 본성에 관한 것입니다. 사람들은 하나님에 대한 이야기를 좋아하지 않습니다. 버스에서 기독교 방송의 설교가 나오면 승객들은 방송을 끄라고 소리지릅니다. 공영방송에서는 하나님에 대한 이야기를 할 수 없습니다. 만일 고등학교에 성경 공부 과목이 생기면 많은 부모들이 학교에서 특정 종교를 선전한다고 항의합니다. 그래서 미국에서도 학교에서 성경을 가르치는 것을 없애고 말았습니다.

그러나 아이러니하게도 가수나 연예인들을 영웅처럼 높입니다. 하나님의 아들은 죽이면서 많은 죄를 짓고 사는 사람들을 영웅으로 높입니다. 그때 예수님은 너희 자신을 위해 울라고 말씀하십니다. 왜냐하면 그들은 하나님의 심판 때에 마른 나무이기 때문입니다. 그들에게 긍휼이 없는 심판이 임하게 될 것입니다.

　우리는 이 세상에 사는 동안에는 이 세상이 잘 되기 위해 노력해야 합니다. 그러나 궁극적인 우리의 목표는 이 세상이 잘되는 데 있지 않습니다. 우리는 이 세상과 분리되고 소리지르는 군중들과도 분리되어서 하나님을 바라보는 자들이 되길 바랍니다.

　예수님의 십자가를 소리도 내지 못하고 따라가는 여인들이 있었습니다. 또 자기도 모르게 예수님의 십자가를 지고 간 사람들도 있었습니다. 우리는 그 사람들에 속한 자들이며 예수님은 우리의 모든 죄를 짊어지고 가셨습니다. 누구든지 예수님을 바라보기만 하면 생명의 물이 흘러서 우리의 모든 죄를 깨끗하게 하실 것이며 능력 있는 새로운 삶을 살게 될 것입니다.

76

십자가에 못 박히심

[눅 23:32-43]

요즘 외국에서는 사형 폐지론을 주장하는 사람들이 많습니다. 그 이유는 사람이 한 순간에 살인을 했지만, 그 후에는 다시 제정신으로 돌아와 지은 죄를 후회하고 있기 때문에 그런 사람을 처형하려는 것은 부당하다는 것입니다. 한때 제정신이 아닌 상태에서 살인을 저지른 자들을 사형하지 말고 격리된 곳에서 살게 하자고 주장합니다. 한편 사형을 주장하는 자들은 사형 제도가 없어지면 사람들이 더 두려움 없이 살인을 하게 되어 살인이 증가될 것을 우려하고 있습니다.

사실 사람에게 생명을 주신 분은 하나님이시기 때문에 하나님 외에는 사람의 생명을 빼앗으면 안 됩니다. 그럼에도 불구하고 사람들은 여러 가지 이유로 사람의 생명을 빼앗아갑니다. 그 중에는 개인적인 원한이나 미움으로 인한 살인이 있습니다. 또한 전쟁이 있습니다. 전쟁이 일어나면 일단 상대방 나라 사람들은 모두 적이 되는 것입니다. 그리고 본문에서와 같이 법적인 처형이 있습니다.

하나님은 개인적인 살인은 절대로 용납하지 않으십니다. 그래서 살인자는 반드시 처형하게 하셨습니다. 사람을 살인한 자를 처형하는 것이 사형입니다. 그러나 살인하지도 않은 자를 처형하는 것은 그 사형 자체가 살인이 되는 것입니다.

인간이 저지른 최고의 악은 평화를 위해 이 땅에 오신 하나님의 아들을 십자가에 못 박아서 처형한 것입니다. 원래 평화의 사신은 어떤 이유에서든지 죽이지 않게 되어 있습니다. 사신은 일단 죽이지 말아야 합니다. 그래야 차후에라도 평화를 위한 의논이 가능하기 때문입니다.

예수님은 이 세상에 평화의 왕으로 오셨다고 말씀하셨습니다. 그런데 사람들은 이 평화의 사자를 반역자로 몰아서 처형했고 거기에다가 자기들의 잘못을 은폐하기 위해 다른 두 죄수와 함께 십자가의 죽음으로 처형했습니다.

원래 십자가 처형은 죄수를 십자가 모양의 형틀에 못 박아 세워 놓는 것인데 극한의 고통을 가장 오랜 시간 동안 겪게 하는 처형 방식입니다. 그리하여 로마인들에게는 이 십자가의 처형을 하지 못하게 했습니다. 그런데 예수님은 가장 고통스러운 이 십자가의 처형을 당하셨던 것입니다. 왜 하나님은 사랑하는 아들에게 가장 오랫동안 고통받는 십자가의 죽음을 허락하셨을까요? 그 이유를 우리는 알지 못합니다. 그러나 분명한 것은 예수님이 우리를 위해 인간으로 당할 수 있는 극한의 고통을 받으신 것입니다. 그래서 예수님은 우리 인간들이 당할 수 있는 모든 수치와 고통을 십자가에서 모두 지고 가신 것입니다.

예수님의 사형에 관한 빌라도의 원칙

빌라도는 예수님의 처형에 대해 네 가지 원칙을 세웠습니다. 그 첫 번째는 예수님을 즉시 처형한다는 것입니다. 보통 죄수들은 사형이 확정되어도 그 즉시 처형하지 않고 감옥에 가두고 상당한 시일 동안 대기하게 합니다. 그렇게 함으로 사형 집행이 감정적으로나 즉흥적으로 이루어지지 않고 공정하게 이루어지게 하려는 것입니다.

그런데 빌라도는 예수님을 재판한 즉시 처형하게 했습니다. 그 이유는 이 재판이 공정하지 않기 때문에 시일을 끌면 예수님이 죄가 없다는 사실이 드러날까 두려워했기 때문입니다. 그리고 유대 군중들이 한참 흥분되어 있을 때 그들의 소원을 들어줌으로 그들의 인기를 끌려고 생각했던 것입니다. 그래서 빌라도는 떳떳하지 못한 이 재판을 빨리 집행함으로 그 부담을 덜려고 했음을 알 수 있습니다.

예수님의 처형은 너무나 억울한 것입니다. 예수님은 아무런 죄도 짓지 않으셨고 남을 죽이지도 않았는데 유대인들의 시기로 여론 몰이를 통해 사형이 언도되고 그 즉시 집행되었기 때문입니다. 예수님은 이에 대해 변명 한 번 제대로 해보지 못하고 죽으신 것입니다. 그러나 예수님은 억울하다고 말씀하지 않으셨습니다. 그 이유는 이런 최악의 경우를 통해서도 하나님은 일하신다는 것을 알았기 때문입니다.

우리가 이 세상에 아무리 억울한 일을 당한다 하더라도 예수님보다 더 억울한 일은 겪지 않을 것입니다. 그러나 예수님은 그 말도 되지 않는 재판과 처형을 하나님의 뜻으로 받아들이고 순종하셨습니다.

두 번째로 빌라도는 자기의 잘못을 은폐하기 위해 예수님을 두 사람의 죄수와 함께 처형하게 했습니다.

"또 다른 두 행악자도 사형을 받게 되어 예수와 함께 끌려 가니라" (32절)

로마인들이 예수님을 다른 두 죄수들과 함께 처형한 것은 예수님의 죽음을 영웅시하지 못하게 하기 위한 것입니다. 명절에 많은 사람들이 보는 앞에 예수만 혼자 처형당하면 그의 죽음이 거룩한 죽음으로 영웅시될 가능성이 있기에 가장 악하고 파렴치한 죄수들과 함께 처형함으로 그의 죽음이 다른 죄수의 죽음과 같게 보이려고 했습니다. 아마도 이 죄수들은 분명히 강도나 강간 같은 추악한 죄를 저지른 죄인임에 분명합니다. 빌라도는 예수님이 이런 죄수들과 같은 부류로 보이게 하려고 했습니다.

그런데 빌라도의 이런 잔꾀가 결국 하나님의 말씀을 성취시키는 결과가 되었습니다. "그는 강포를 행치 아니하였고 그 입에는 궤사가 없었으나 그 무덤이 악인과 함께 되었으며 그 묘실이 부자와 함께 되었도다"(사53:9).

예수님은 결국 죄인들의 친구가 되셨습니다. 예수님은 결코 죄인들의 친구가 되는 것을 부끄러워하지 않으셨습니다. 그 이유는 예수님이 죄인들을 구원하시려고 이 세상에 오셨기 때문입니다. 그래서 어떠한 죄인들도 예수님을 만날 수 있습니다.

세 번째로 빌라도는 처형 방법을 가장 고통스러운 십자가 형으로 결정했습니다.

"해골이라 하는 곳에 이르러 거기서 예수를 십자가에 못 박고 두 행악자도 그렇게 하니 하나는 우편에, 하나는 좌편에 있더라"(33절)

이것은 유대인들의 요구를 그대로 받아들여서 반역자에게 가하는 형벌을 내린 것입니다. 사실 처형 방법은 모두 끔찍한 것입니다. 프랑스 혁명 때 사형을 집행하는 데 사용한 길로틴이라는 방법은 위에서 칼이 떨어져서 목을 자르는 것입니다. 예전에 우리나라에서도 칼로 목을 쳐서 죽게 했습니다. 이것이 보기는 가장 처참하지만 죽기는 빨리 죽는 방법입니다. 미국에서는 약을 주사해서 고통을 느끼지 못하고 죽는 방식과 전기의자에 앉혀 전기로 죽이는 방식을 사용하고 있습니다. 요즘 우리나라에서는 올가미로 씌운 후 끈으로 목을 졸라 죽이는 방법을 택하고 있습니다.

그 어떤 사형 방법도 사람에게 고통을 주지 않고 죽일 수 있는 방법은 없습니다. 사형은 죄수에게 심리적 두려움과 육체적 고통을 겪게 합니다. 결국 예수님이 처형당하신 방법은 가장 큰 고통을 가장 오래 당하시는 방식이었습니다.

암으로 죽는 사람들 중에 십자가의 고통을 연상케 하는 이들이 있습니다. 암이 온 몸에 퍼지면 특히 위암 같은 경우에는 물 한 방울을 제대로 마실 수도 없습니다. 너무나 고통이 심해서 진통제 주사를 맞아도 소용이 없고 밤에 잘 수도 없습니다. 그러면서 서서히 죽어가는 것입니다. 예수님은 십자가의 고통을 경험하셨기 때문에 암의 고통으로 죽어가는 사람들과 함께 하시고 위로하실 수 있는 것입니다.

예수님이 왜 이 방식으로 처형을 당해야 했느냐는 알 수 없습니다. 그러나 우리가 구약 성경을 보면 예수님의 죽음에 대해 두 가지를 예측할 수 있습니다. 하나는 나무에 달려야 한다는 것입니다. 중요한 것은 그가 달리셔야 한다는 것입니다. 구약 성경에 보면 이스라엘 자손들이 광야에서 하나님을 대적했을 때 불뱀이 이스라엘 백성들을 공격했을 때 하나님은 놋으로 뱀을 만들어서 장대에 매달라고 하셨습니다. 예수님은 놋뱀이 매달렸던 것처럼 인자도 매달려야 하리라고 말씀하셨습니다. 그래서 예수님은 나무에 달려 죽으셔야 했습니다.

그리고 유월절의 어린 양은 뼈를 꺾지 못하게 했습니다. 이것은 예수님이 죽으시더라도 뼈는 제대로 있을 것을 나타내는 것입니다. 그래서 하나님은 예수님의 죽음을 비참한 죽음이 아닌 존귀한 죽음이 되게 하셨습니다. 그럼에도 불구하고 예수님이 나무에 달려 죽으시는 것은 가장 처참한 사형 방식이었습니다.

네 번째 예수님이 처형당하신 방법은 공개 처형의 방식이었습니다. 즉 모든 사람들이 보는 앞에서 처형당하시고 사람들은 예수님이 마지막으로 숨을 거두는 순간까지 그를 지켜보았습니다. 공개처형을 하는 데는 두 가지 이유가 있습니다. 하나는 일벌백계 시범 케이스입니다. 다시는 이런 끔찍한 죄를 짓지 말라는 의미로 모든 사람들이 보는 앞에서 처형하는 것입니다. 그리고 다른 하나는 반역의 경우에 주동자가 처형됨으로 사건이 끝났음을 의미합니다. 예수님의 공개 처형은 두 번째 의미가 있습니다. 유대인들이나 로마인들은 시범 케이스로 예수님을 처형했겠지만 그것도 하나님 앞에서는 인간의 반역이 끝났음을 선언하는 것입니다.

십자가의 상황

본문은 예수님이 십자가에 달리셨을 때의 자세한 상황을 전해 주고 있습니다. 첫 번째는 십자가에 달리신 예수님의 모습입니다. 예수님은 놀랍게도 살이 찢어지는 고통 중에도 사람들을 원망하지 않고 그들을 용서하는 기도를 하셨습니다.

"이에 예수께서 가라사대 아버지여 저희를 사하여 주옵소서" (34절 상)

사람이 고통을 당하면 자신을 고통스럽게 만든 사람들에게 저주를 하게 됩니다. 그런데 예수님은 그 엄청난 고통 중에도 사람들을 저주하지 않으시고 오히려 그들을 용서하는 말을 하고 그들의 죄를 용서해 달라고 기도하셨습니다. 그렇게 몸이 고통스러운데 어떻게 용서의 말이 나올 수 있겠습니까?

예수님이 이렇게 할 수 있는 것은 자기 자신을 철저하게 부인할 수 있었기 때문입니다. 어머니는 아무리 몸이 아파도 자식들 앞에서 약한 모습을 보이지 않으려고 합니다. 자식들에 대한 사랑이 죽음의 두려움을 이기게 하기 때문입니다. 사랑이 얼마나 위대한가 하면 죽음의 두려움도 이기게 하고 마음속에 끓어 오르는 저주도 축복으로 바꾸고 미움을 용서로 바꾸게 합니다.

우리 모든 인간들에게 가장 무서운 것은 죽음의 고통을 겪는 것입니다. 그런데 이 죽음을 이길 수 있는 것이 사랑입니다. 마음속에 사랑이 충만한 사람은 어떤 죽음의 고통이 와도 죽음이 두렵지 않고 당당할 수 있으며 오히려 다른 사람들을 축복하면서 죽을 수 있습니다. 사랑이 얼마나 위대한지 모릅니다.

우리 믿는 사람의 마음속에는 언제나 두 가지 마음이 싸웁니다. 악을 악으로 갚고 싶은 마음과 악을 용서하는 마음입니다. 우리는 기도할 때에도 이 두 가지 마음이 싸우는 것을 느낍니다. 진정으로 승리하는 것은 악을 악으로 갚는 것이 아니라 악을 용서하는 것입니다. 그렇게 하려면 예수님의 십자가를 붙들어야 합니다. 그래야 내 자신을 부인하게 되고 결국 용서의 마음으로 악을 이기게 됩니다.

십자가를 견디려면 내 몸은 내 것이 아니라고 해야 합니다. '이 몸은 내 몸이 아니다. 제단 위에 바쳐진 제물이다' 제물이 소리지를 수 있습니까? 제물이 돌아다닐 수 있습니까? 구약의 제물은 모두 얌전한 짐승이었습니다. 특히 죽을 때 소리지르지 않는 양 같은 순한 짐승들이 제물로 사용되었습니다.

두 번째로 사형을 집행한 군인들은 예수님의 옷을 제비 뽑아서 나누었습니다.

"저희가 그의 옷을 나눠 제비 뽑을새" (34절 하)

예수님을 십자가에 못 박은 사람들은 예수님으로부터 무엇인가 얻으려고 혈안이 되어 있었습니다. 만약 예수님이 부자였다면 그가 몸에 걸치고 있는 금목걸이나 금반지 같은 것을 가지려고 했을 것입니다. 그러나 예수님은 가난했기 때문에 땀 냄새 나는 옷 외에는 아무것도 가진 것이 없었습니다. 그래서 그들은 예수님의 옷을 차지했습니다. 군인들이 네 사람이었기 때문에 공평하게 하려고 예수님의 옷을 찢어서 나누어 가졌습니다.

그리고 예수님의 속옷은 짠 것이기 때문에 나눌 수 없어서 제비를 뽑아서 한 사람이 가졌던 것입니다. 그들은 예수님의 옷이 위대한 하나님의 아들의 옷이요 그 옷을 가지면 기적이 일어난다고 해서 가지려고 한 것이 아니었습니다. 그들은 죄수를 처형하면서 무엇이나 한 가지라도 건지려고 했는데 옷밖에 없으니까 그 옷 조각이라도 가짐으로 수입을 얻으려고 한 것입니다.

이것은 로마 군인들의 어리석음을 나타냅니다. 만일 죄수가 어마어마한 보물이 감춰진 곳을 안다면 죄수의 옷 한 벌 정도는 갖고 싶지 않았을 것입니다. 그 사람으로부터 죽기 전에 그 보물이 감춰진 곳에 대해 들어야 할 것입니다. 로마 군인들이 정말로 정직한 사람이라면 그를 못 박기 전에 혹시 자기에게 전할 말씀이 없느냐고 물었을 것입니다. 그러면 예수님은 오른편에 못 박힌 강도처럼 영원한 천국으로 초청하는 말씀을 하셨을 것입니다. 그러나 그들은 하나님의 아들을 처형하면서 너무나 보잘것없는 것을 가졌을 뿐입니다. 적어도 예수님으로부터 천국에 들어갈 수 있는 자격 정도는 얻었어야 할 것입니다.

다른 사람들은 예수님을 조롱하고 비웃었습니다.

"백성은 서서 구경하며 관원들도 비웃어 가로되 저가 남을 구원하였으니 만일 하나님의 택하신 자 그리스도여든 자기도 구원할지어다 하고 군병들도 희롱하면서 나아와 신 포도주를 주며 가로되 네가 만일 유대인의 왕이어

든 네가 너를 구원하라 하더라"(35-37절)

예수님이 십자가에 달려 있는 것만 해도 너무 고통스러운 일입니다. 그런데 사람들은 예수님이 십자가에 달려있을 수 없도록 그를 조롱했습니다. 네가 그리스도거든 거기서 내려오라는 것입니다. 이럴 때 무슨 생각이 들겠습니까? 정말 내려가서 내가 진짜 그리스도인 것을 보여주어 코를 납작하게 해 줄까 하는 생각이 들지도 모릅니다. 사람들은 예수님으로 하여금 곱게 십자가에 죽게 하지 않고 예수님을 충동질해서 십자가에서 내려오게 하려고 했습니다. 마치 예수님이 광야에서 사십 일을 굶주렸을 때 돌로 떡을 만들어 먹으라고 충동질하는 것과 같습니다.

우리에게는 돌로 떡을 만들어 먹으라는 말이 유혹이 되지 않습니다. 왜냐하면 우리는 돌로 떡을 만들 수 있는 능력이 없기 때문입니다. 그러나 예수님에게는 이것이 엄청난 유혹이었습니다. 왜냐하면 예수님은 얼마든지 돌이 떡이 되게 할 능력이 있기 때문입니다. 마찬가지로 우리들에게는 십자가에 못 박혔을 때 내려오라는 것이 유혹이 되지 않습니다. 왜냐하면 우리는 십자가에 못 박히면서 못을 뽑고 내려올 수 없기 때문입니다.

그러나 예수님은 원하시면 얼마든지 십자가에서 내려오실 수 있었습니다. 예수님이 하나님을 향해 '아버지, 내가 왜 이런 인간들을 위해 죽어야 합니까? 저는 이 역겨운 십자가에서 내려 가겠습니다' 라고 하면 십자가 처형은 중단되고 주위에 있던 로마 군병들이나 조롱하는 사람들을 한 순간의 벼락으로 다 죽게 하실 수도 있습니다. 그러나 예수님은 끝내 십자가에서 내려오지 않으셨습니다.

예수님이 믿으셨던 것은 '제물 이론' 이었습니다. 제물은 묵묵히 하나님의 뜻을 이루는 것입니다. 한편 군병들도 예수님을 희롱하면서 신

포도주를 마시게 했습니다. 사람들이 예수님에게 마시게 한 것은 쓸개즙과 신 포도즙이었습니다. 예수님은 쓸개즙은 마시지 않으시고 신 포도즙은 마시셨습니다. 그 이유는 쓸개즙은 진통제 역할을 하는데 예수님은 진통제를 원하지 않으셨기 때문입니다. 반대로 신포도즙은 사람을 정신 차리게 하는 것인데 예수님은 끝까지 정신을 잃지 않고 십자가의 고통을 당하셨던 것입니다.

네 번째로 예수님의 죄의 패는 유대인의 왕이었습니다.

"그의 위에 이는 유대인의 왕이라 쓴 패가 있더라"(38절)

다른 복음서에는 '나사렛 예수 유대인의 왕' 이라고 쓰여 있다고 되어 있습니다. 이 당시 죄수는 자기 죄패를 들고 십자가에 달렸습니다. 중국에서도 죄수들이 손을 뒤로 묶인 상태에서 목에 자기 죄패를 걸고 사형장으로 갑니다.

예수님의 죄명은 '유대인의 왕' 이었습니다. 이것은 빌라도가 예수님을 처형한 이유입니다. 즉 이 사람이 유대인의 왕이기 때문에 처형한다는 것입니다. 그런데 다른 복음서를 보면 대제사장과 빌라도 사이에 죄명 때문에 논쟁이 있었음을 알 수 있습니다. 대제사장은 '자칭 유대인의 왕' 이라고 써야 한다는 것입니다. 그들이 생각하기에 예수님은 아무도 인정해주지 않는 유대인의 왕이라는 뜻입니다.

그러나 빌라도가 보기에 자칭 유대인의 왕이라면 정신병자나 미친 사람이지 십자가에 처형할 정도의 죄인은 아닌 것입니다. 그래서 결국 너희 모든 유대인들은 예수와 한 통속이라는 뜻에서 반역하는 유대인의 대표로 예수님을 처형한다고 한 것입니다.

그런데 누가 이 유대인입니까? 예수 믿는 우리들이 진정한 유대인입니다. 예수님은 진정한 유대인인 우리들의 왕으로서 죽음을 당하신 것입니다. 그리고 유대인들은 더 이상 유대인이 아닌 이방인이 되었습니다. 예수님은 우리들의 왕이십니다. 우리 왕이 죽었기 때문에 우리는 다 죽은 것입니다. 그리고 우리 왕이 다시 사심으로 우리 모두 살아나게 되었습니다.

두 강도 이야기

예수님이 십자가에서 죽어갈 때에 함께 달린 두 죄인이 있었습니다. 그들은 모두 예수님과 함께 처형당하고 있었고 생명이 얼마 남지 않았습니다. 그런데 십자가에서 두 죄인의 운명이 달라집니다.

> "달린 행악자 중 하나는 비방하여 가로되 네가 그리스도가 아니냐 너와 우리를 구원하라 하되" (39절)

대개 같이 죽어 가는 처지라면 서로 좋은 말을 해 줄 법도 한데 이 강도는 예수님께 저주를 퍼부었습니다. 그도 예수를 알기는 알았습니다. 그러나 이 죄수는 예수님을 실패한 구원자로 알았습니다. 그러기에 예수라는 사람이 모든 사람을 구원할 것처럼 해 놓고 한 사람도 구원하지 못하고 자기도 죽어가는 것입니다. 그 죄수가 볼 때 예수님은 너무나 한심하고 우스웠던 것입니다. 그래서 이 죄수는 죽어가면서 예수님께 저주를 퍼부었습니다.

그런데 이 사람의 저주는 자기가 무엇을 알아서 하는 말이 아니었습니다. 이것은 마귀가 이 사람을 충동질해서 예수님에게 저주를 퍼붓는 것입니다. 즉 예수는 사형당하는 죄수에게조차도 인정받지 못하는 사람이라는 것을 나타내려고 한 것입니다.

처형당하는 사람의 모습은 둘 중의 하나인 것 같습니다. 죽기를 거부하며 소리지르거나 완전히 자포자기해서 벌벌 떨고 울면서 죽는 것입니다.

다른 한 죄수도 예수님을 알았던 것 같습니다. 그는 예수님을 하나님의 아들로 믿었습니다. 그는 죽는 순간에 예수님과 함께 하는 영광을 누렸습니다. 그는 먼저 예수님에게 욕을 하는 죄수를 꾸짖었습니다.

"하나는 그 사람을 꾸짖어 가로되 네가 동일한 정죄를 받고서도 하나님을 두려워 아니하느냐 우리는 우리의 행한 일에 상당한 보응을 받는 것이니 이에 당연하거니와 이 사람의 행한 것은 옳지 않은 것이 없느니라 하고"
(40-41절)

이 죄수는 심판이 십자가의 처형으로 끝나지 않는다는 것을 알았습니다. '동일한 정죄'라는 것은 십자가에 처형하는 죄를 뜻하는데 이것은 그들이 마땅히 십자가에 죽어야 하는 죄를 지었다는 것입니다. 그래서 자기들은 그 동안에 지은 죄를 생각하면 십자가에 죽는 것이 조금도 억울하지 않지만 예수님은 절대로 십자가에 죽을 죄를 지으신 분이 아니라고 증거했습니다.

그리고 이 죄수는 우리가 이 순간에 해야 할 것은 십자가에 죽는 것이 아니라 하나님을 두려워해야 한다는 것입니다. 즉 인간은 죽음으로 끝나는 것이 아니라 죽은 후에 하나님 앞에서 진짜 심판을 받아야 한다는 것입니다. 이 죄수는 그 심판을 결정하는 분이 자기 옆에 계신 분임을 믿었습니다. 그래서 자기의 죄를 시인했습니다.

원래 죄를 지은 자에게는 말할 기회를 주지 않습니다. 왜냐하면 죄인들은 공개적인 자리에서도 온갖 거짓말을 하기 때문입니다. 청문회의 경우에도 죄를 지은 사람이 모든 국민들이 보는 앞에서 온갖 거짓말을 합니다.

　본문에 한 죄수가 욕하는 다른 죄수를 책망했습니다. 왜냐하면 그는 예수님이 어떤 분인지 알았기 때문입니다. 예수님은 십자가에 못 박히실 분이 아닙니다. 무엇인가 잘못되어서 예수님이 자기들과 같은 죄인과 죽으시는 것입니다. 그래서 이 죄수는 예수님이 자기처럼 죽는 것을 이상하게 생각했습니다.

　그리고 그는 예수님께 중요한 하나의 부탁을 했습니다.

　　"가로되 예수여 당신의 나라에 임하실 때에 나를 생각하소서 하니"(42절)

　이 죄수는 예수님이 하나님 나라의 주인이라는 것을 믿었습니다. 그래서 지금은 자기가 죄를 지어서 비참하게 죽지만 혹시 자기 같은 죄인도 예수님의 능력으로 구원받을 수 있는지 물어보았습니다. 결국 이 죄수는 마지막 순간에 가장 중요한 것을 챙겼는데 그것은 영원한 영광의 나라의 백성이 되는 것입니다. 예수님은 그 사람을 받아주셨습니다. 그래서 그는 죽는 순간에 영생을 얻었습니다.

　　"예수께서 이르시되 내가 진실로 네게 이르노니 오늘 네가 나와 함께 낙원에 있으리라 하시니라"(43절)

　예수님은 이 죄수를 그 자리에서 하나님의 백성으로 받아주셨습니다. 예수님은 그가 오늘 예수님과 함께 전혀 다른 세상에 있게 될 것을 축복하셨습니다. 그는 이 세상에서 가장 비참한 죽음을 당하지만 죽으면서 바로 영광의 나라에서 예수님과 함께 있게 될 것입니다.

　인간은 살아 있는 한 언제 어디서나 예수님을 만나고 믿기만 하면 구원받을 수 있습니다. 사람은 최후의 순간까지도 가능성이 있습니다.

그래서 사람이 죽어갈 때에도 절대로 포기하지 말고 끝까지 복음을 전해야 합니다. 이렇게 죽어가는 강도가 구원받은 것은 하나님의 사랑이 끝이 없음을 보여줍니다. 하나님의 사랑은 정말 끝이 없습니다. 이 세상에서 누구든지 구원받기 원하는 자들은 예수 이름을 부르기만 하면 구원받을 수 있습니다.

그러나 조심해야 할 것은 이 강도를 흉내 낸다고 죽는 순간에 예수를 믿으려고 해서는 안 됩니다. 왜냐하면 이 강도는 구원은 받았지만 상이 없기 때문입니다. 이 강도는 예수를 믿었지만 말씀에 순종할 시간이 없었습니다.

사랑하는 성도 여러분! 우리에게는 아직 주님을 섬길 수 있는 시간이 있습니다. 아직 시간이 있을 때 부지런히 주님께 순종합시다. 그래서 주님의 나라에 넉넉히 들어갈 뿐 아니라 큰 상급을 받기 바랍니다.

77

운명하심

[눅 23:44-56]

사람이 죽는다는 것은 대단히 엄숙한 것입니다. 왜냐하면 죽음으로 이 세상에서 영원히 없어지는 것이기 때문입니다. 특히 위대한 사람의 죽음일수록 장엄하고 엄숙합니다.

얼마 전에 우리나라의 한 유명한 목사님이 돌아가셨습니다. 그는 한평생 우리 교계와 사회를 위해 많은 일을 하신 분이었습니다. 많은 사람들이 모여서 그 목사님의 죽음을 애도했습니다. 우리는 흔히 위대한 사람의 죽음으로 한 시대가 끝나고 새로운 시대가 온다고 말합니다. 그러나 예수님의 시대는 오히려 예수님의 죽음으로 시작됩니다. 예수님의 죽으심으로 어두웠던 시대는 끝나고 찬란하고 환한 복음의 시대가 도래하게 된 것입니다.

우리가 이 세상에서 가장 이해할 수 없는 일이 하나님의 아들이 사람이 되어 이 세상에 오신 것입니다. 하나님의 아들은 우리 인간들을 너무 사랑해서 우리와 똑같아졌습니다. 그 분은 인간과 대화도 나누고 함께 음식도 먹고 교제할 수 있는 사람이 되어 이 세상에 오셨습니다.

예수님은 우리 인간들이 알아들을 수 있는 언어로 하나님의 진리를 말씀해 주셨습니다. 이것은 우리 인간들에 대한 사랑이었습니다. 그럼에도 불구하고 우리 인간들은 하나님의 아들을 믿지 않았습니다. 그를 불신했고 시기하고 미워했으며 결국 그를 로마에 대한 반역자로 몰아서 십자가에 처형하여 죽게 한 것입니다. 하나님의 아들은 인간들을 사랑해서 찾아오셨다가 결국 가장 비참한 죽음을 당하셨습니다. 그러면 하나님의 아들이 죽으면 어떻게 되는 것입니까? 하나님의 아들도 죽음으로 영원히 없어지는 것입니까?

본문 말씀을 보면 하나님의 아들이 보통 사람들과 똑같이 죽는 것을 보여줍니다. 예수님도 십자가에 달리신 몇 시간 만에 숨을 거두고 죽으셨습니다. 사람들은 예수님이 죽으신 것을 확인하고 십자가에서 내려서 장사를 지냅니다. 예수님이 무덤에 장사되셨다는 것은 그가 보통 사람들과 똑같이 죽으셨고 인간으로서의 모든 활동이 끝났다는 것을 의미합니다.

그러나 예수님의 모든 활동은 죽어서 장사 지낸 것으로 끝난 것이 아니라 오히려 그때부터 시작이었습니다. 그는 하나님의 거룩한 분이시기 때문에 그의 시체가 땅에서 썩을 수 없었습니다. 그는 사망의 권세를 깨트리고 삼 일 만에 다시 살아나셨습니다.

그러나 예수님이 부활하시기 전에도 그의 죽음이 특별하다는 증거가 두 가지로 나타났습니다. 그가 십자가에 못 박히셨을 때 태양이 어두워졌고 성전의 휘장이 위에서부터 아래로 찢어져 두 조각으로 갈라졌습니다.

태양이 어두워짐

예수님이 십자가에 달리셨을 때 갑자기 태양이 어두워졌습니다.

"때가 제 육 시쯤 되어 해가 빛을 잃고 온 땅에 어두움이 임하여 제 구 시까지 계속하며"(44절)

유대인의 시간에 여섯 시간을 더하면 우리 시간이 되므로 태양이 빛을 잃을 때는 정오입니다. 예수님이 십자가에 달리신 시간은 오전 9시였습니다. 그런데 정오가 되었을 때 갑자기 태양이 빛을 잃었습니다. 그리고 오후 세 시까지 어두움이 계속되었는데 오후 세 시에 예수님은 숨을 거두셨습니다. 그러니까 예수님은 여섯 시간을 십자가에 달리셨으며 태양이 빛을 잃은 것도 세 시간 이상 계속되었습니다.

태양이 빛을 잃은 것에 대해 몇 가지로 생각해 볼 수 있습니다. 첫 번째는 구름이 태양을 가린 것입니다. 그러나 사람들은 구름이 태양을 가리는 정도는 구별할 수 있었을 것입니다. 만약 구름이 태양을 가려서 어두워졌다면 사람들이 두려워할 이유가 전혀 없었을 것입니다. 예수님이 십자가에 못 박히셨을 때는 구름이 낀 것이 아닌데 태양이 어두워졌습니다.

두 번째 가능성은 일식 현상입니다. 예수님이 십자가에 못 박히시는 그 순간에 마침 달이 태양을 가려서 태양이 어두워지는 일식 현상이 나타난 것이 아닌가 하는 생각입니다. 물론 그럴 가능성이 전혀 없는 것도 아닙니다.

그러나 성경에 나타난 현상은 하나님이 초자연적인 능력으로 태양의 빛을 어둡게 하신 것으로 보입니다. 우리에게 있어서 자연 현상은 절대적인 것 같지만 하나님에게는 자연 현상이 결코 절대적인 것이 아닙니다. 하나님의 말씀으로 태양이 멈출 수도 있습니다. 또 바다가 갈라질 수도 있습니다. 마찬가지로 하나님의 말씀으로 일시적으로 태양이 빛을 잃고 어두워졌을 것입니다.

그래서 사람들은 갑자기 두려워하게 되었습니다. 왜냐하면 도저히 이해할 수 없는 방식으로 온 세상이 캄캄해졌기 때문입니다. 어떤 사람의 말에 의하면 얼마나 캄캄했든지 능히 횃불을 켜야 할 정도로 어두웠다고 합니다.

정오면 가장 태양이 뜨거울 때인데, 갑자기 온 하늘이 컴컴하게 되어 밤처럼 되니 사람들은 두려워하지 않을 수 없었습니다. 왜냐하면 태양이 어두워진다는 것은 이 세상의 종말을 뜻하기 때문입니다.

사실 예수님이 십자가에 못 박히심으로 온 세상은 끝장난 것입니다. 그러나 그 끝난 세상은 하나님을 모르고 대적하던 악한 세상이 끝난 것입니다. 하나님은 인간의 모든 죄악을 십자가에 달리신 하나님의 아들에게 다 쏟아 부으심으로 우리 인간에 대한 진노를 끝내시고 새로운 세상을 시작하셨습니다.

태양이 어두워지는 것을 통해 인간의 죄에 대해 하나님이 진노하시며 특히 그리스도의 죽음이 단순히 평범한 한 인간의 죽음이 아닌 하나님의 진노의 심판인 것을 나타내는 것입니다. 그리스도의 죽음은 인간의 실수도 아니며 예수님이 유대 사회의 정치적인 파워 게임에서 밀려서 희생당하신 것도 아닙니다. 예수님이 십자가에 달리신 것은 하나님이 요구하신 것이며 인간의 모든 죄악에 대한 하나님의 진노의 심판이었습니다.

좋은 예는 아니지만 피뢰침을 생각하면 좋습니다. 번개가 땅으로 떨어지면 사람들이 감전 사고를 당하게 될 것입니다. 그런데 피뢰침을 달면 번개를 땅으로 흡수합니다. 마찬가지로 하나님의 진노의 심판이 온 땅을 덮어서 태양이 빛을 잃었는데 그리스도의 십자가에 떨어짐으로 인간들은 진노의 심판에서 벗어날 수 있게 된 것입니다.

성전 휘장이 찢어짐

예수님이 운명하실 때 나타난 두 번째로 놀라운 현상은 성전의 가장 중요한 휘장이 위에서부터 아래로 찢어져 두 조각이 된 것입니다.

"성소의 휘장이 한가운데가 찢어지더라" (45절)

성소의 휘장은 성전에서 가장 중요한 부분이며 하나님의 영광이 있는 지성소와 성소를 분리시키는 휘장입니다. 이스라엘 백성들의 성전에는 두 개의 휘장이 있었습니다. 하나는 입구에 있는 휘장으로 아름다운 색실의 수를 놓아서 누구든지 관심을 갖게 했습니다. 입구에 있는 휘장은 죄인들을 초청하는 하나님의 초청이었습니다.

그러나 성전 뜰을 지나 성소에 이르면 하나님의 법궤가 있는 지성소 앞에 또 하나의 휘장이 있습니다. 이 휘장은 인간이 하나님께 나아갈 수 있는 마지막 경계선이었습니다. 그래서 지성소의 휘장 안에는 아무나 들어갈 수 없고 오직 대제사장만이 일 년에 한 번씩, 그것도 반드시 피를 가지고 들어가게 되어 있습니다.

만약 대제사장도 죄가 있는 상태에서 휘장 안에 들어가면 죽을 수밖에 없었습니다. 그래서 대제사장이 죽는 경우에 대비하여 대제사장은 지성소 안에 들어갈 때 허리에 끈을 매고 들어갔습니다. 만약 죽으면 끈을 당겨서 끌어내기 위해서입니다.

휘장 안의 지성소는 하나님의 천국의 영광을 나타냅니다. 지성소에는 완전히 거룩한 자 외에는 절대로 들어갈 수 없는 것입니다. 그런데 예수님이 십자가에서 죽으시는 순간 바로 이 휘장이 위에서 아래로 찢어지면서 밖에서 안을 들여다 볼 수 있게 되었습니다. 성전 휘장이 위에서부터 찢어졌다는 것은 하나님이 이 휘장을 찢으셨다는 뜻입니다.

이것은 둘 중의 하나입니다. 이제는 하나님의 불이 지성소 안에서 나와 이 세상의 인간들을 심판하시든지, 혹은 인간들이 마음대로 지성소 안으로 들어갈 수 있다는 뜻입니다.

하나님이 성전 휘장을 위에서 아래로 찢으신 것은 이제 누구든지 하나님 앞에 나아갈 수 있다는 뜻입니다. 이제는 더 이상 하나님과 우리 사이를 가로막는 휘장이 없습니다. 누구든지 마음대로 하나님의 지성소에 나아가서 하나님께 기도할 수 있고 하나님의 응답을 받을 수 있습니다. 왜냐하면 예수님이 대제사장으로 하늘의 지성소에 들어가셨기 때문입니다. 예수 그리스도가 우리를 대신하여 영원한 제사를 드렸기 때문에 더 이상 하나님과 우리 사이를 가로막는 휘장이 필요치 않습니다.

그래서 우리는 가장 거룩한 지성소에서 하나님을 만나는 것입니다. 우리가 하나님께 기도하는 것을 아무도 막을 수 없으며 하나님이 우리에게 은혜를 주시는 것도 막을 수 없습니다. 이제 우리는 예배를 드릴 때 저 멀리 바깥 뜰에서 외인으로 예배를 드리는 것이 아닙니다. 우리가 예배드릴 때 하나님의 지성소가 우리 앞에 펼쳐집니다. 우리는 마치 모세가 거룩한 산에 올라가서 하나님을 만난 것과 같은 예배를 드리게 되었습니다. 그래서 더 이상 짐승의 제사를 드리지 않습니다. 더 이상 짐승의 피는 필요치 않고 오직 우리의 상한 마음으로 정직하게 하나님 앞에 나아가면 되는 것입니다.

우리는 지금 영광 가운데 하나님의 전에 들어가서 하나님의 영광을 보는 것입니다. 그래서 예배를 드리면 드릴수록, 기도를 하면 할수록 우리에게 하나님의 영광이 더 나타나게 되고 그만큼 사탄의 세력은 달아나게 됩니다. 우리가 하나님 앞에 오래 기도하면 할수록 우리 얼굴에는 하나님의 영광이 나타나게 되고 사탄은 우리의 모습을 보기만 해도 달아날 것입니다.

예수님의 운명하심

"예수께서 큰 소리로 불러 가라사대 아버지여 내 영혼을 아버지 손에 부탁 하나이다 하고 이 말씀을 하신 후 운명하시다"(46절)

인간에게 가장 두려운 것은 죽음입니다. 그래서 할 수 있는 대로 죽음을 피하려고 합니다. 왜냐하면 죽으면 모든 것이 끝나고 그 뒤에는 어떻게 될지 모르기 때문입니다. 이것은 예수님에게도 마찬가지입니다. 예수님의 눈앞에 인간의 힘으로는 도저히 살아날 수 없는 죽음의 장애가 놓여 있습니다. 자칫 잘못하면 예수님의 생애는 비참한 죽음으로 끝날 수 있습니다. 그러나 예수님은 모든 것을 하나님께 맡기셨습니다.

우리 믿는 자들에게 죽음은 영혼을 하나님께 맡기는 것입니다. 우리는 죽음 이후의 세계를 알지 못합니다. 그러나 최종으로 우리의 영혼을 하나님의 손에 맡기면서 죽는 것입니다. 이것은 마치 환자가 의사에게 자기 생명을 맡기고 수술대에 눕는 것과 같습니다. 그는 이제 무의식 상태에 있게 될 것이며 전적으로 의사의 손에 맡기는 것입니다. 의사가 수술을 잘 했을 때에는 새로운 생명으로 다시 살게 됩니다.

예수님은 오직 하나님 아버지만 믿고 자기를 전적으로 부인하는 삶을 사셨습니다. 그런데 이제 예수님은 십자가에서 더 이상 하실 일이 없습니다. 이제 오직 모든 것을 하나님의 손에 맡기고 죽을 수밖에 없습니다. 이것은 마치 입학시험을 치는 학생이 모든 답안을 작성한 후 제출하는 것과 같습니다. 이제 대학에 합격하느냐 떨어지느냐는 채점자의 손에 달려 있습니다. 예수님은 이제 죽으시게 될 것입니다. 예수님이 죽으신 후 사흘 동안에 어떤 상태일지 어느 누구도 정확하게 말할 수 없을 것입니다.

서양의 사도신경에 보면 십자가에 못 박히사 지옥에 내려가셨다고 되어 있습니다. 그런데 한 강도에게 하신 말씀을 보면 '오늘 네가 나와 함께 낙원에 있으리라' 고 하셨기 때문에 예수님은 운명하신 후 바로 천국에 가신 것 같기도 합니다. 중요한 것은 예수님이 모든 것을 하나님의 손에 맡기고 숨을 거두셨다는 것입니다. 아마도 예수님은 자기 피를 갖고 하나님의 지성소에 올라가셔서 우리 모든 인간들의 죄를 사하는 제사를 드리셨을 것입니다.

이 세상에는 여러 가지 죽음이 있습니다. 자연사도 있고 병사도 있고 사고사도 있습니다. 이것은 어쩔 수 없는 죽음입니다. 그런데 순교하는 사람의 경우에는 하나님의 약속의 없으면 너무 억울한 죽음이 되는 것입니다. 그들은 진리를 포기하면 얼마든지 잘 살 수 있는데도 불구하고 하나님에 대한 믿음 때문에 죽음의 길을 택한 것입니다. 그런데도 당당하게 죽을 수 있는 이유는 하나님을 믿기 때문입니다. 그래서 많은 순교자들은 죽을 때 바로 이 예수님의 기도를 본받고 죽었습니다. 즉 '내 영혼을 아버지 손에 부탁하나이다' 즉 '모든 것이 악한 자의 뜻대로 되지 않고 하나님이 나의 죽음을 헛되지 않게 하실 줄 믿습니다' 라는 뜻입니다.

예수님이 운명하시는 것을 보고 사형을 집행했던 백부장은 그가 과연 하나님의 아들이었다고 증언했습니다.

"백부장이 그 된 일을 보고 하나님께 영광을 돌려 가로되 이 사람은 정녕 의인이었도다 하고" (47절)

다른 복음서에는 로마 백부장이 예수님이 죽는 것을 보고 하나님의 아들이라고 증거했다고 합니다. 그가 무엇을 보고 이렇게 증거했는지는 분명치 않습니다. 그가 십자가에 달려서 남을 욕하지 않고 용서하는 기도를 하시는 것을 보고 그런 것인지 예수님이 십자가에 달리셨을 때 태양이 빛을 잃은 것을 보고 말한 것인지 알 수 없습니다. 혹은 예수님의 말씀 때문이었는지도 모릅니다. 왜냐하면 죽어가면서도 하나님을 아버지라고 부를 수 있다면 그는 분명 하나님의 아들일 것이기 때문입니다. 즉 로마 군인들은 죽이지 말아야 할 자를 죽인 것입니다.

우리 인간이 하나님께 영광을 돌리는 것은 자신의 잘못을 시인하는 것입니다. 즉 우리가 사람을 잘못 죽였다면 죽이지 말아야 할 자를 죽였다는 것을 시인하는 것이 하나님께 영광을 돌리는 것입니다.

이제 구경하던 사람들도 가슴을 치면서 돌아갔습니다. 왜냐하면 절대로 죽여서는 안 되는 사람을 죽였으니 이제 이 일을 어떻게 해야 하느냐는 두려움이 그들에게 임했던 것입니다.

가장 가슴 아파했던 사람들이 예수님을 믿고 따랐던 사람들입니다.

"예수의 아는 자들과 및 갈릴리로부터 따라온 여자들도 다 멀리 서서 이 일을 보니라"(49절)

예수님이 여섯 시간을 십자가에 달려 있으니 그들도 거기서 여섯 시간을 서 있었던 것입니다. 옛날에 제사를 드릴 때 죄인들은 자기 손으로 짐승을 죽였습니다. 그들은 자기들이 믿던 주님이 죽으시는 과정을 처음부터 끝까지 지켜보았습니다. 예수님이 목말라 하실 때 물 한 잔 드리지 못하고 예수님의 이마에서 땀과 피가 흐를 때 닦아드리지 못하고 예수님이 고통스러워할 때 조금도 위로해 드리지 못하고 그냥 보고만 있었습니다. 그리고 예수님은 돌아가셨습니다. 그들은 예수님이 죽으심으로 모든 소망을 잃었다고 생각했습니다.

우리가 알아야 할 것은 사람이 살아 있는 동안에 보여주는 것보다 죽는 순간에 더 많은 것을 보여준다는 사실입니다. 어쩌면 살아 있는 동안에 하나님께 영광을 돌릴 수 있는 것보다 죽음으로 큰 영광을 하나님께 돌려드릴 수 있습니다. 그러므로 믿음을 가진 사람은 잘 사는 것도 중요하지만 잘 죽는 것도 중요합니다. 우리는 죽음을 준비해야 합니다. 이 세상 살면서도 하나님께 모든 것을 맡기지만 마지막 죽는 순간에도 내 영혼을 하나님의 손에 맡기고 평안하게 죽을 수 있어야 합니다.

예수님의 장사

유대인들은 밤에는 시체를 나무에 달아놓지 않도록 했습니다. 특히 유월절에는 시체를 나무에 달아놓을 수 없었습니다. 다른 성경에 보면 예수님이 운명하신 후 두 사람이 예수님의 시신을 요구하고 빌라도는 사망을 확인하게 했습니다. 그래서 두 강도는 다리를 부러트려서 죽이고 예수님은 이미 죽으셨기 때문에 창으로 옆구리를 찔러 사망을 확인했습니다.

예수님의 죽음은 너무나 갑작스러운 것이었기 때문에 장례를 위해 아무것도 준비되지 않았습니다. 그리고 제자들이 모두 피하여 숨었기 때문에 예수님의 시신을 수습할 사람도 없었습니다. 그런데 그 일을 위해 숨은 제자 두 사람이 있었습니다. 한 사람은 아리마대 사람 요셉이고 다른 한 사람은 밤중에 예수님을 찾아왔던 니고데모였습니다.

> "공회 의원으로 선하고 의로운 요셉이라 하는 사람이 있으니 (저희의 결의와 행사에 가타하지 아니하는 자라) 그는 유대인의 동네 아리마대 사람이요 하나님의 나라를 기다리는 자러니 빌라도에게 가서 예수의 시체를 달라 하여"(50-52절)

하나님의 일을 하는 데에는 예수님의 적극적인 제자들만 필요한 것이 아닙니다. 아리마대 사람 요셉이나 니고데모 같은 사람은 겉으로는 예수님을 따르지 못한, 숨어 있는 제자들이었습니다. 그런데 막상 예수님이 갑자기 처형당하실 때 적극적으로 예수님을 따르던 제자들은 숨어버리고 평소에는 사람들 앞에 나타나지도 않던 이 제자들이 예수님의 시체를 수습해서 장사 지내게 되었습니다.

만약 이들이 예수님의 시체를 요구하지 않았으면 어떻게 되었겠습니까? 아마도 거적으로 싸서 창고 같은 데 두었던지 혹은 공동 무덤에 안치했을 가능성이 많습니다. 그러면 예수님의 시체는 다른 시체들과 혼동되었을 것입니다. 요셉은 빌라도에게 가서 반역자의 시체를 당당하게 요구했습니다. 이것은 보통 용기가 아닙니다.

다른 복음서에 보면 빌라도가 예수님이 이렇게 빨리 운명하신 것을 보고 의심했다고 기록하고 있습니다. 그래서 로마 백부장은 그때까지 죽지 않았던 두 강도의 다리를 꺾어서 빨리 죽게 했습니다. 아마도 백부장이 이렇게 빨리 죽여주지 않았더라면 이 두 강도는 훨씬 더 오랫동안 십자가의 고통을 당했어야 했을 것입니다. 유월절이 이들의 고통의 시간을 줄여 주었습니다.

백부장은 예수님이 이미 운명하신 것을 보았습니다. 로마 군인은 예수님의 옆구리를 창으로 찔렀고 그 옆구리에서 물과 피가 쏟아졌다고 말씀하고 있습니다. 이것은 이미 예수님이 운명하신 것을 보여주는 것입니다. 옆구리에서 물과 피가 쏟아진 것에 대해 어떤 사람은 예수님의 사인이 심장 파열이라고 하고 또 다른 사람은 창이 심장과 복부를 관통하면서 물과 피가 쏟아졌다고도 합니다. 저는 후자라고 생각합니다. 그런데 자칫 잘못했으면 예수님도 두 강도처럼 다리가 꺾여 죽으실 뻔했습니다. 그러나 유월절의 어린 양은 뼈를 꺾지 못하게 되어 있습니다. 그래서 예수님은 그 말씀이 성취되기 위해 다리가 꺾이기 전에 이미 운명하신 것입니다. 예수님은 하나님의 아들이기 때문에 죽을 수가 없습니다. 그러나 예수님은 자신의 생명력을 억제하셔서 스스로 사망의 상태에 거하셨습니다.

아리마대 요셉은 자기를 위해 판 새 무덤에 예수님을 장사했습니다. 이것은 그가 예수님이 의로운 자라는 것과 의로운 자의 장사는 결코 저주받은 자와 같아서는 안 된다는 것을 믿었기 때문입니다. 하나님은 예수님의 시신을 부자의 무덤에 장사 지내게 하심으로 그의 죽음이 존귀한 죽음이 되게 하셨습니다.

요셉이 예수님을 새로 판 무덤에 안치했다는 것이 중요합니다. 왜냐하면 돌로 판 무덤은 가족용이기 때문에 오래 된 돌무덤은 이미 여러 사람의 시체가 있는 공동 무덤입니다. 그러나 예수님은 혼자 그 무덤에 안치되셨고 그래서 그의 부활이 혼동 없이 확인될 수 있었습니다. 다른 복음서에 보면 니고데모가 비싼 향품을 가지고 와서 예수님의 몸을 쌌다고 말씀하고 있습니다. 이것은 예수님의 죽음이 존귀한 죽음인 것을 나타내는 것입니다.

그러나 제자들이나 갈릴리에서 온 여인들은 예수님의 죽음에 대해 전혀 준비가 되어 있지 않았습니다. 그래서 그들은 예수님의 몸이 제대로 염이 되지 않고 임시로 안치되었다고 생각했습니다. 그러나 예수님은 생각지도 못한 사람들을 통해서 예수님께 유향을 바르게 하셨습니다.

주님을 따르던 여인들은 예수님이 죽으신 날 향품과 유향을 준비하지 못해서 안식일이 끝나기를 기다렸습니다. 안식일이 아니었더라면 여인들은 그 날 밤이나 그 다음 날에 예수님의 시신을 만졌을 것입니다. 그러나 안식일이 되는 바람에 사람들은 3일 동안 아무도 예수님의 시체에 손을 댈 수가 없었고 예수님의 시신은 3일 동안 무덤 속에 그대로 있었습니다.

예수님의 생애는 철저하게 하나님께 모든 것을 맡기고 순종하는 생애였습니다. 그는 무한한 능력을 가지셨지만 그 능력을 사용하지 않으셨습니다. 놀라운 권세를 가졌지만 그 권세도 사용하지 않으셨습니다. 모든 것을 아버지께 맡기고 죽음에 머물렀고 지옥의 고통까지 당하셨습니다.

이제는 오직 하나님이 일하실 차례입니다. 무덤 속에 계신 3일 동안 예수님은 오로지 하나님만 기다리셨습니다. 우리도 모든 것을 다 할 수 없습니다. 우리가 할 수 있는 것을 하고 하나님을 기다릴 수밖에 없습니다. 그 믿음이 하나님의 큰 역사를 이룰 것입니다.

예수님의 죽음은 우주적인 대사건이었습니다. 예수님의 죽음에 하늘이 통곡했습니다. 태양이 빛을 잃은 것입니다. 그러나 예수님의 죽으심은 죄의 세상을 끝내는 심판이었고 찬란한 새로운 세상을 여는 죽음이었습니다. 그래서 성전의 휘장이 위에서 아래로 찢어졌습니다.

예수님의 죽음을 지켜보았던 로마의 백부장은 예수님이 하나님의 아들이었다고 고백했습니다. 그는 죽어서는 안 되는 분인데 죽임을 당하셨습니다. 예수님은 죽어서 부자의 무덤에 장사 되었습니다. 그러나 예수님은 자신의 피를 갖고 하늘의 지성소에 올라가셔서 우리의 죄를 대속하는 영원한 제사를 드리셨습니다.

예수님이 의의 제사를 드리는 동안 예수님의 시신은 무덤 속에 있을 수밖에 없었습니다. 그러나 그 동안도 아주 섬세한 부분까지 예수님에 대한 구약의 예언은 모두 빠짐없이 이루어졌습니다. 이것을 볼 때 하나님의 말씀은 우리의 구원을 위한 하나님의 완전한 계획서인 것을 알 수 있습니다. 앞으로도 모든 우주적인 사건이 성경의 약속대로 이루어질 것입니다. 그러므로 성경을 믿는 우리는 아무것도 두려워할 필요가 없습니다. 난리도 두려워할 필요가 없고 죽음도 두려워할 필요가 없습니다. 모든 것이 성경의 약속대로 이루어질 것입니다.

78

예수님의 빈 무덤

[눅 24:1-12]

죽음의 집은 사람이 자꾸 들어가기만 하고 나오는 사람이 없습니다. 그래서 사람들은 죽은 후의 세계에 대해 막연하게 추측만 할 뿐 자세한 사정은 모릅니다. 죽으면 다시 살아날 수 없습니다. 누구든지 육체를 벗고 갑니다. 그 육체는 너무나 빨리 부패하기 때문에 사람들은 할 수 있는 한 최대한의 예의를 다해 시신을 매장합니다. 그리고 특별한 일이 없는 한 무덤을 열어서 시신을 꺼내지 않습니다. 그러나 시체가 바뀌었다든지 죽은 사람의 사인에 대해 수사할 필요가 있는 경우에 한하여 아주 드물게 무덤을 파내곤 합니다.

예수님은 죽으시기 전에 자신이 죽은 지 삼 일 만에 죽은 자 가운데서 다시 살아날 것이라고 말씀하셨습니다. 그러나 제자들은 그 말을 믿지 않았습니다. 우선 그들은 예수님이 죽으시는 것을 인정할 수 없었기 때문입니다. 더욱이 죽은 자 가운데서 다시 살아나신다는 것은 현실적으로 불가능했기 때문입니다.

유대에서는 사람이 죽고 나면 그 죽은 시체에 향을 바르는 풍습이 있었습니다. 그래서 예수님이 죽으셨을 때 몇 몇 여자들도 이 풍습에 동참하길 원했습니다. 이들이 예수님을 사랑했기 때문입니다. 예수님이 십자가에서 죽으시고 장사 지낸 바 되었을 때 여인들은 안식일이었기 때문에 예수님의 몸에 향을 바를 수 없었습니다. 그래서 해지기 전에 향을 준비했다가 안식일이 끝나자마자 안식 후 첫날 새벽에 예수님의 무덤을 찾아왔습니다.

그러나 그 여인들은 예수님의 무덤이 열려 있고 무덤이 비어 있는 것을 보았습니다. 이 여인들도 예수님이 다시 살아나실 것은 꿈에도 생각하지 못하고 아마도 무덤 주인이 예수님의 시신을 다른 곳으로 옮긴 모양이라고 생각했습니다. 왜냐하면 예수님을 안치했던 무덤은 비싼 부자의 무덤이었기 때문입니다.

그러나 찬란한 옷을 입은 천사들이 무덤에 나타나 나사렛 예수께서 살아나셨다는 소식을 전해 주었습니다. 그리고 이 소식을 들은 제자들 중에서 베드로와 요한이 예수님의 무덤에 직접 찾아와서 일단 예수님의 무덤이 비어 있는 것만 확인합니다. 이들의 이 같은 행동은 이들 역시 여인들의 말을 믿지 못한 것을 보여줍니다.

이 세상에서 가장 위대한 일은 인간 중에 누군가가 사망의 세계로 넘어갔다가 다시 살아서 돌아왔다는 것입니다. 이것은 인류가 해낼 수 있는 최고의 기록이요 업적인 것입니다.

우리는 보통 부활이라고 하면 죽은 사람이 다시 살아나는 것으로 생각합니다. 성경에 보면 몇몇 사람들이 죽었다가 예수님의 능력으로 다시 살아난 예들이 있습니다. 그러나 우리는 그 사람들이 죽었다가 다시 살아났다고 하지만 부활했다고는 하지 않습니다. 그 이유는 진정한 부활의 첫 열매는 오직 예수님 한 분밖에 없기 때문입니다.

진정한 의미의 부활은 일단 사람이 완전히 죽어야 합니다. 예수님처럼 완전히 죽었다가 완전히 다시 살아나야 하는데 이때는 영원히 죽지 않는 새로운 몸으로 살아나야 부활이 되는 것입니다. 성경에 죽었다가 예수님의 능력으로 다시 산 사람들은 영원히 죽지 않는 몸으로 다시 산 것이 아닙니다.

전에 제가 아는 분이 교통사고로 이 주 정도 의식이 전혀 없다가 깨어난 적이 있었습니다. 나중에 저는 그 분에게 의식이 없는 동안 어디에 갔었느냐고 물어보니 그냥 의식이 없었다며 의식이 되살아나면서 육체의 고통을 느끼게 되었다고 했습니다.

예수님은 정확하게 죽음 너머의 세계로 가셨다가 사망의 세력을 이기고 다시 살아나셨습니다. 그는 단지 의식이 없다가 다시 살아나신 것이 아니라 죽음 너머의 세계에서 엄청난 일을 하시고 다시 살아오신 것입니다. 그래서 이제는 더 이상 죽음 너머의 세계도 인간의 추측이나 공상이 아니라 너무나 분명한 사실이 된 것입니다.

무덤을 찾아간 여인들

"안식 후 첫날 새벽에 이 여자들이 그 예비한 향품을 가지고 무덤에 가서" (1절)

위기의 때에 여인들의 용기는 상상을 초월합니다. 예수님이 십자가에서 처형당하셨을 때 예수님을 따르던 제자들은 자기들도 붙들려서 처형당할 것이 두려워서 모두 숨어 버렸습니다. 그러나 예수님을 따르던 여인들은 숨지 않고 예수님이 운명하시자마자 바로 장례에 쓸 향품을 준비해서 안식일이 끝나기까지 기다렸습니다. 그리고 안식일 다음날 새벽에 예수님의 무덤을 찾아갔습니다. 이것은 대단한 용기가 아닐 수 없습니다.

여기서 우리는 예수님을 따르던 세 부류의 사람들을 볼 수 있습니다.

일단 예수님을 따르던 제자들은 일제히 숨어 일체 사람들의 눈에 띄지 않았습니다. 그리고 어떤 제자들은 모든 것이 끝났다고 생각하고 낙심해서 예루살렘을 떠나 고향으로 내려가기도 했습니다. 그런데 예수님을 따르던 여인들은 꼭 예수님의 시신에 향품을 바르려고 했습니다.

어떻게 해서 이 여인들은 예수님의 시신에 향품을 바르는 것에 그렇게도 집착했던가 하는 생각이 듭니다. 이것은 그들이 예수님의 부활을 믿었거나 예수님이 다시 살아나리라는 말씀을 기억했기 때문이 아닙니다. 그들은 예수님을 절대적으로 믿었고 예수님 외에는 다른 소망이 없었습니다. 그래서 예수님의 시신을 두고 다른 데로 간다는 것을 상상할 수 없었던 것입니다. 이 여인들에게 있어서 예수님은 모든 것이었습니다. 그래서 예수님의 몸에 향품을 바르면서 예수님의 얼굴을 한 번 더 보길 원했던 것입니다. 그리고 그 후에도 매일 예수님의 무덤을 찾아갔을 것입니다. 왜냐하면 이 사람들에게는 예수님 외에는 다른 소망이 없었기 때문입니다.

사랑하는 사람을 잃으면 어떻겠습니까? 그가 죽었다는 사실을 인정하지 못합니다. 그리고 거의 매일 무덤을 찾아갈 것입니다. 그러다가 시간이 지나면 조금씩 무덤을 찾는 것이 뜸하게 될 것입니다. 여인들이 예수님의 무덤을 찾았던 것은 예수님에 대한 사랑때문이었습니다. 그들이 왜 그토록 예수님을 사랑했습니까? 그것은 예수님을 통해 새로운 인생의 가치를 발견했기 때문입니다.

특히 예수님의 무덤을 찾는 데 가장 열심이었던 여자가 막달라 마리아였습니다. 이 여자는 예수님을 만나기 전에 일곱 귀신이 들렸던 사람이었습니다. 귀신이 하나만 들어와도 정신이상이 되어 고통을 받는데 일곱 귀신이나 들렸으니 이 여자가 얼마나 비참한 삶을 살았겠습니까? 그야말로 죽지 못해 살았던 인생이었을 것입니다.

그런데 그녀에게 새로운 인생이 시작되었습니다. 그녀가 예수님을 만났을 때, 그녀를 사로잡고 있던 귀신이 떠나가게 되었습니다. 뿐만 아니라 정신이 온전하게 되어 참으로 가치 있는 삶을 살게 되었습니다. 그래서 막달라 마리아는 예수님 때문에 새로운 삶을 살게 된 것입니다. 그 후 막달라 마리아는 예수님을 자기 생명처럼 사랑했습니다. 이런 마리아에게 예수님 이외에 다른 인생의 의미가 있겠습니까? 예수님이 죽으셨을 때 그녀에게는 예수님의 무덤 외에는 갈 곳이 없었던 것입니다.

여기서 우리는 예수님의 많은 제자들이 예수님을 떠났을 때 예수님이 열두 제자들에게 물으신 것을 생각하게 됩니다. '너희도 가려느냐?' 고 물으셨을 때 제자들은 '영생하는 말씀이 주께 있사온즉 우리가 어디로 가리이까?' 라고 대답했습니다. 이 말씀을 통해 제자들이 예수님을 만나기 전에 얼마나 많이 방황했으며 얼마나 무가치한 삶을 살았는지 알 수 있습니다.

그들이 예수님을 만났을 때 되찾았던 것은 너무나 소중한 자기 자신들이었습니다. 그래서 그들은 예수님이 다른 데로 가라고 해도 갈 데가 없었던 것입니다. 그들이 도대체 어디에 가서 그런 생명의 말씀을 듣겠습니까? 그리고 그들이 누구에게 가서 그런 가치 있는 삶을 깨달을 수 있겠습니까? 이 여인들은 예수님 외에 다른 것을 생각할 수 없었습니다.

부활에 관해서 우리는 두 가지 관점을 먼저 생각해 보아야 합니다. 하나는 보통 열광주의자들이 자신들의 지도자가 죽으면 다시 살아날 것이라고 생각해서 시체를 매장하지 않고 지키는 경우가 있었다는 것입니다. 그런데 예수님의 제자들이나 여인들 중에서는 예수님이 다시 살아나실 것을 믿었던 사람들이 이렇게도 없었을까요? 그 이유 중 하나가 예수님의 제자들은 열광주의자들이 아니었기 때문입니다. 그들은 지극히 현실적인 신앙을 가졌던 사람들이었고 신비주의자들도 아니었습니다. 그리고 예수님의 십자가 처형이 그들의 눈에는 다시 살아난 다는 소망조차 빼앗아 갈 정도로 비참한 것이었다고 할 수 있을 것입니다.

그리고 또 다른 하나는 막달라 마리아가 자기 오라비 나사로가 죽었을 때 예수님이 '나는 부활이요 생명이니 나를 믿는 자는 죽어도 살겠고 무릇 살아서 나를 믿는 자는 영원히 죽지 아니하리라' 는 말씀을 하시면서 죽은 나사로를 다시 살리는 것을 체험했다는 점입니다.

그런데 어떻게 그런 체험을 한 사람들이 예수님이 다시 살아나실 수 있다는 것을 생각하지 못했을까요? 아마도 그들은 예수님은 다른 사람을 살릴 수 있을지는 몰라도 예수님 자신이 죽으면 다시 살 수 없다고 생각한 것 같습니다.

예수님의 죽음은 제자들이나 예수님을 따르는 자들의 믿음을 가져가 버렸습니다. 그들에게는 믿음이라는 것이 거의 남아 있지 않았습니다. 그럼에도 불구하고 알 수 없는 힘이 그들을 지켜 주었고 그들은 결코 예수님을 떠나지 않았습니다.

> "돌이 무덤에서 굴려 옮기운 것을 보고 들어가니 주 예수의 시체가 뵈지 아니하더라" (2-3절)

예수님의 제자들은 두려워서 아무도 예수님의 무덤에 가려고 하지 않았던 것 같고 여인들은 예수님의 무덤을 찾아가면서 무덤을 막고 있는 돌을 어떻게 옮길 것인지 걱정했던 것 같습니다. 그 돌은 여인들이 옮기기에는 너무 무거웠던 것 같습니다. 아마도 여인들은 지나가는 사람들에게 돌을 치워달라고 할 생각으로 일단 무덤에 간 것 같습니다. 그런데 놀랍게도 무덤을 막은 돌은 치워져 있었고 무덤 안의 예수님의 시신은 보이지 않았습니다.

이것은 예수님을 믿은 여인들을 두 번째 놀라게 했습니다. 이들에게는 예수님이 죽으신 것만 해도 너무나 억울한 일입니다. 그런데 누군가가 예수님의 시체까지 어디론가 가져가 버린 것입니다.

여인들이 예수님의 무덤이 열려 있고 그 안이 비어 있는 것을 보고 무엇을 생각했겠습니까? 혹시 우리가 무덤을 착각하지 않았을까 하는 것입니다. 그러나 아마도 그런 생각은 하지 않았을 것입니다. 왜냐하면 여인들은 무덤을 확인하고 갔기 때문에 무덤을 착각할 리는 없었던 것입니다.

그렇다면 분명히 누군가가 무덤을 열고 시체를 가져간 것입니다. 도대체 누가 예수님의 무덤을 치워버렸을까요? 로마인들일까요? 아니면 예수님을 미워하는 유대인일까요? 아니면 무덤 주인이었을까요? 예수님이 돌아가신 것만으로도 슬퍼하며 울었던 이 여인들은 예수님의 시체가 없어진 것을 보고 속이 상하고 마음 아팠을 것입니다.

다른 복음서에 보면 군병들이 돌문을 지키고 있었는데 천사가 돌문을 굴려버리는 바람에 군병들이 놀라서 달아났다고 증언하고 있습니다. 여인들이 본 것은 빈 무덤과 예수님의 시신을 쌌던 세마포 옷이었습니다. 요한복음에는 세마포가 개켜져 있었다고 말씀하고 있습니다. 이것은 잘 개어져 있었다는 뜻이 아닙니다.

원래 시체를 쌌던 그 위치에서 몸만 빠져나간 것입니다. 그러니까 제자들이 무덤 속에서 본 것은 누군가가 예수님의 세마포를 벗긴 모양이 아니라 옷은 그대로 두고 몸만 옷에서 빼내어간 모양이었습니다. 여인들은 이 빈 무덤이 얼마나 엄청난 사건의 시작인지 모르고 있었습니다. 이 빈 무덤은 우리의 모든 죄가 하나님 앞에서 다 사하여졌으며 이제 우리에게 다시는 하나님의 심판이 필요 없게 되었다는 것을 나타내는 위대한 부활의 빈 무덤이었습니다.

천사들의 증거

여인들은 예수님의 시체가 보이지 않는 것을 보고 크게 근심했습니다. 왜냐하면 여인들은 일단 무슨 이유인지는 모르겠지만 누군가가 예수님의 시체를 옮긴 것으로 생각했기 때문입니다.

"이를 인하여 근심할 때에 문득 찬란한 옷을 입은 두 사람이 곁에 섰는지라 여자들이 두려워 얼굴을 땅에 대니 두 사람이 이르되 어찌하여 산 자를 죽은 자 가운데서 찾느냐 여기 계시지 않고 살아나셨느니라 갈릴리에 계실 때에 너희에게 어떻게 말씀하신 것을 기억하라"(4-6절)

여인들은 어떻게 된 일인지 알기까지 무덤을 떠날 수 없었습니다. 그때 갑자기 찬란한 옷을 입은 두 사람이 나타났습니다. 아마도 여인들은 이 찬란한 옷을 입은 사람을 왕의 측근으로 생각했는지도 모르겠습니다. 혹시 예수님의 시체를 옮기는 것을 지휘하는 관리로 생각했는지도 모르겠습니다. 그러나 그들은 참으로 놀라운 말을 했습니다. '어찌하여 산 자를 죽은 자 가운데서 찾느냐?'

이 말은 예수님은 다시 살아나셨기 때문에 무덤에서 찾아봐야 아무 소용이 없다는 뜻입니다. 예를 들어 어떤 비행기가 추락해서 많은 사람이 죽게 되었습니다. 그런데 어느 집 아들도 그 비행기를 탔는데 식구들이 아무리 사망자 명단에서 아들의 이름을 찾아도 찾을 수 없었습니다. 그리고 영안실을 다 뒤져도 아들을 찾을 수 없었습니다. 왜냐하면 그 아들은 사망하지 않았기 때문입니다. 가벼운 타박상을 입어 간단한 치료를 받고 병원을 떠났기 때문에, 사망자 명단에서 아들의 이름을 찾고 영안실을 뒤져도 아들은 없었던 것입니다. 마찬가지로 여인들이 아무리 무덤에서 예수님의 시신을 찾고 또 시체를 옮기는 사람들에게 예수님에 대해 물어도 알 수 없었던 것은 이미 예수님이 살아나셨기 때문입니다.

그러면 예수님은 이 세상 어디엔가 계셔야 할 것입니다. 그러나 여인들은 예수님을 만날 수 없었습니다. 그러면 예수님은 살아나신 후에 어디로 가신 것입니까?

예수님은 죽음에서 살아나신 후 바로 하나님 보좌 우편으로 올라가셨습니다. 예수님이 제자들에게 나타나신 것은 여기 저기 다니시다가 오신 것이 아닙니다. 예수님은 하늘에 있는 영광의 보좌에서 바로 제자들을 찾아오셨던 것입니다.

아마 천사들이 여인들에게 예수님의 부활을 알려주지 않았더라면 여인들은 쓸데없이 울면서 산 전체를 뒤졌을 것입니다. 예수님은 사랑하는 여인들이 이런 수고를 하는 것을 허락지 않으셨습니다. 그래서 존귀한 천사들을 보내서 제일 먼저 예수님의 부활의 기쁜 소식을 듣게 하셨습니다.

천사들은 부활을 믿도록 하기 위해 예수님이 갈릴리에서 하신 말씀을 기억하라고 했습니다.

"이르시기를 인자가 죄인의 손에 넘기워 십자가에 못 박히고 제 삼 일에 다시 살아나야 하리라 하셨느니라 한대"(7절)

지금 여자들이나 제자들이 잊고 있는 것이 있었습니다. 그것이 무엇입니까? 예수님이 갈릴리에서 자신이 십자가에 못 박혀 죽으시고 삼일에 살아나야 하리라 하신 말씀이었습니다. 예수님은 자신의 부활을 분명히 말씀하셨는데도 여인들은 그 말씀을 잊고 있었습니다. 그들은 예수님의 고난을 믿지 않았기 때문입니다.

예수님은 분명히 하나님의 아들이시기 때문에 고난 받을 수도 없고 죽으실 수도 없다고 생각한 것입니다. 그들은 좋은 것만 믿으려고 했습니다. 그러나 예수님이 이 세상에 오신 목적이 바로 우리 죄를 대신하여 죽으시기 위해서였습니다.

그러므로 우리는 우리 생각을 믿으면 안 되고 철저하게 성경대로 믿어야 합니다. 아무리 내 생각과 달라도 예수님이 죽으신다고 하면 죽으시는 것입니다. 그리고 내 생각으로는 아무리 예수님이 살 수 없다 하더라도 사신다고 하면 사시는 것입니다. 그래서 모든 것은 다 성경대로 되게 되어 있고 성경을 믿는 것이 바른 신앙입니다. 예수님은 사람들의 기대대로 다시 사신 것이 아니라 성경대로 다시 사셨습니다.

이처럼 언제나 중요한 것이 나의 생각이나 판단이 아니라 주님의 말씀을 기억하고 성경 말씀을 믿는 것입니다.

제자들에게 알림

"이 여자들은 막달라 마리아와 요안나와 야고보의 모친 마리아라 또 저희와 함께 한 다른 여자들도 이것을 사도들에게 고하니라"(10절)

여인들은 무덤 앞에서 예수님이 다시 살아나셨다는 기쁜 소식을 들었습니다. 그 소식을 들은 여인들은 여러 명이었습니다. 여기에 그 이름이 나오는데 막달라 마리아와 요안나와 야고보의 모친 마리아와 또 다른 여인들이라고 했습니다. 그들은 이 기쁜 소식을 숨어 있는 제자들에게 알려 주었습니다. 아마 제자들은 숨어 있어도 서로 연락이 닿았던 것 같습니다. 그들은 여인들로부터 이 엄청난 부활의 소식을 듣게 되었습니다.

이것은 사탄의 억압 가운데 살아온 사람들에게 가장 기쁜 해방의 소식입니다. 우리나라가 일제 36년 동안 압제를 받다가 드디어 일본이 망했다는 소식을 들었을 때와 같은 기쁜 소식인 것입니다.

원래 '복음'이라는 것은 '기쁜 소식'이라는 뜻입니다. 빚을 갚지 못해서 종이 되었는데 누군가가 그 사람의 빚을 갚아 주었을 때 그 사실을 알리는 것이 기쁜 소식을 전하는 것입니다. 빚을 갚았다는 사실을 알려주는 즉시 그는 자유의 몸이 되는 것입니다.

마찬가지로 죄에 빠져 있는 인간들에게 가장 기쁜 소식은 예수님이 부활하셨다는 소식입니다. 어떤 죄인이라 할지라도 예수님이 부활하셨다는 소식을 전하면 그는 죄의 노예 상태에서 벗어날 수 있습니다. 어떤 죄인이든지 상관이 없습니다. 예수님이 네 죄를 위해 죽으셨고 부활하셨다는 사실을 선포하기만 하면 누구든지 죄에서 해방되어 하나님께로 돌아올 수 있습니다.

물론 여자들은 부활하신 예수님을 보지 못했습니다. 그러나 여기서는 보았든지 보지 않았든지 상관이 없습니다. 여인들은 예수님을 찾기 위해 산을 헤매지 않았고 바로 제자들을 찾아가서 이 기쁜 소식을 전해 주었습니다. 그리고 이제는 누구든지 예수님을 보지 못해도 이 기쁜 소식을 듣고 예수님의 이름을 부르기만 하면 죄의 생활은 끝나는 것입니다.

그러나 사도들은 여자들의 말을 믿지 않았습니다.

"사도들은 저희 말이 허탄한 듯이 뵈어 믿지 아니하나"(11절)

제자들은 여인들의 증거, 즉 빈 무덤과 천사들의 증거를 듣고서도 믿지 않았습니다. 그 이유가 무엇입니까? 우선 그만큼 그들의 마음이 둔해졌기 때문입니다. 아무리 예수님의 말씀을 직접 듣고 배운 제자들이라 하더라도 성령의 깨우침이 없는 상태에서는 깨닫는 것이 거의 어린 아이와 같았습니다.

　그들에게는 하나님의 말씀이 살아 있는 능력의 말씀이 아니었습니다. 들은 말씀도 알아듣지 못하고 알아들은 말씀도 거의 다 잊어버렸습니다. 그래서 성령의 도우심 없이 자기 힘으로 예수가 하나님의 아들이시며 예수님이 죽은 가운데 부활하셨다는 것을 믿을 수 있는 사람은 아무도 없습니다.

　하나님을 믿지 않는 사람들은 기적도 믿으려고 하지 않습니다. 마음 한편으로는 기적을 바라면서도 우리의 하루하루가 하나님의 기적으로 이루어지고 있다는 사실을 믿으려고 하지 않습니다.

　성령의 도우심 없이는 인간의 생각은 아주 유치한 어린 아이의 수준밖에 되지 않습니다. 그래서 사람들은 일일이 가르쳐주고 보여주지 않으면 믿으려고 하지 않습니다. 그러나 성령이 오시면 보지 않아도 보는 것 이상으로 믿음으로 보게 됩니다.

　갈라디아서에 보면 '어리석도다 갈라디아 사람들아, 예수께서 십자가에 못 박히신 것이 너희 눈에 밝히 보이거늘' 이라고 했습니다. 물론 그들은 예수님이 십자가에 못 박히신 것을 전혀 보지 못했습니다. 그러나 성령이 주시는 깨달음으로 직접 보는 것 이상으로 생생했다는 뜻입니다.

　오늘 우리는 예수님이 나를 대신하여 십자가에 죽으셨다는 것을 믿습니다. 그리고 예수님이 죽음에서 부활하신 것을 너무나 생생하게 믿습니다. 그 이유가 무엇입니까? 성령께서 우리를 믿게 하시기 때문입니다. 예수님이 부활하셨다는 것을 믿지 못하면 이미 일본이 망했는데도 그것을 믿지 못해서 여전히 지하 방에서 벌벌 떨고 있는 것과 같습니다. 이제는 더 이상 고문당할 필요도 없고 학도병으로 끌려갈 필요도 없으며 천황을 숭배를 할 필요도 없습니다. 왜냐하면 완전히 다른 세상이 되었기 때문입니다.

그런데 다른 제자들은 예수님이 살아나셨다는 소식을 듣고도 모두 숨어 있었습니다. 그러나 베드로는 숨어 있지 않고 현장을 찾아가 보았습니다. 다른 복음서에는 요한이 함께 갔다고 되어 있습니다.

"베드로는 일어나 무덤에 달려가서 구푸려 들여다 보니 세마포만 보이는지라 그 된 일을 기이히 여기며 집으로 돌아가니라"(12절)

베드로는 역시 움직이는 신앙의 소유자였습니다. 그는 여자들이 이상한 소리를 한다고 생각하지 않고 무덤에 가 보았습니다. 그랬더니 역시 세마포만 있었고 무덤은 비어 있었습니다. 베드로는 부활의 소식을 듣고도 벌벌 떨며 숨어 있지 않았습니다. 베드로는 예수님의 무덤까지 가서 예수님이 살아나셨는지 확인하지는 못했지만 적어도 무덤이 비어 있다는 것만은 확인할 수 있었습니다. 여기서 베드로가 기이히 여겼다는 것은 만약 어떤 사람이 시신을 옮겼다면 세마포를 벗기고 알몸으로 가져가지는 않았을 것이기 때문에 이상하다고 생각한 것입니다.

여기서 제자들의 신앙을 구분하여 볼 수 있습니다. 우선 가장 먼저는 최초로 빈 무덤을 발견하고 천사로부터 예수님의 부활 소식을 들은 여자들입니다. 그들은 부활을 믿었기 때문에 무덤에 찾아간 것이 아니었습니다. 그러나 역시 주님을 사랑하는 마음이 가장 먼저 빈 무덤을 찾게 했습니다. 그 다음에는 여인들의 증거를 듣고 무덤을 찾아간 베드로와 요한 같은 사람들입니다. 그들은 직접 찾아가서 세마포 옷은 보고 왔습니다. 세 번째는 이 두 사람의 증거를 듣고도 부활을 믿지 않고 계속 숨어 있었던 사람들입니다.

예수님은 부활의 첫 열매입니다. 그는 영원히 죽지 않는 몸으로 다시 사셔서 부활의 첫 열매가 되셨습니다. 그리고 그는 부활하신 후 바로 하늘로 올리어 가셨습니다. 이 후로는 누구든지 예수님이 부활하신 소식을 듣고 믿기만 하면 죄의 올무에서 풀려나 자유의 몸이 될 수 있습니다. 바로 이것이 온 세상이 들어야 할 기쁜 소식입니다. 그런데 이 소식을 여자들이 많이 전하는 것 같습니다. 결코 이것은 허탄한 소리가 아닙니다. 왜냐하면 하나님이 약속하신 것이기 때문입니다.

여인들은 예수님의 위대한 말씀을 통해 새로운 삶을 얻었기 때문에 예수님을 떠날 수 없었습니다. 그래서 죽은 예수님을 찾으러 갔다가 살아나신 예수님에 대한 소식을 듣게 되었습니다. 여인들은 예수님을 보지 못했지만 예수님의 부활을 믿었습니다. 그리고 그 기쁜 소식을 듣는 자들마다 미신과 억압에서 벗어나 새로운 삶을 얻게 되었습니다.

예수님의 부활은 우리의 능력이요 우리의 힘입니다. 우리가 자신의 생각이나 혈기를 죽이면 죽일수록 예수님의 부활의 능력이 우리에게 임하게 됩니다. 예수님의 부활은 우리의 삶의 지평선을 죽음 너머까지 연장시켰습니다.

이제 우리는 죽음을 두려워하지 않고 무엇이든지 참되고 무엇이든지 옳은 일만 하면 되는 것입니다. 또한 예수님은 갈릴리에서 말씀하신 대로 다시 살아나셨기 때문에 우리도 말씀을 붙들면 부활의 능력이 나타나게 됩니다. 내 생각이나 감정을 믿지 말고 예수님의 말씀을 붙드는 신앙을 소유하길 바랍니다.

79

엠마오로 가던 두 제자

[눅 24:13-35]

몇년 전에 어떤 분이 사업에 큰 실패를 경험하신 후 저희 교회를 출석하셨고 말씀에 은혜를 받았습니다. 그러나 하루하루 먹고 사는 문제에는 대책이 없었습니다. 그 분은 저에게 솔직하게 문제를 의논하셨습니다. 그리고 자신이 가지고 있는 자격증으로 생계 문제를 해결하기 위해서 다시 지방으로 내려가야겠다고 말씀하셨습니다. 저는 반대했습니다. 굶어 죽을 각오를 하고 말씀을 더 붙드는 것이 어떻겠느냐고 말씀드렸습니다. 그 분은 깊이 생각하더니 그렇게 하겠다고 하셨습니다.

사실 말씀을 붙든다고 해서 먹을 것이 생기는 것은 아닙니다. 어쩌면 생계 문제를 해결할 수 있을 길을 찾아 가는 것이 더 현명하다고 생각할 수 있습니다.

예수님이 사망의 권세를 깨트리고 부활하신 날 다른 제자들을 뒤로 하고 고집스럽게 자신의 길을 가는 두 제자가 있었습니다. 그들은 예수님의 무덤을 찾아갔던 여인들이 예수님의 무덤이 비어 있는 것을 보았고 또 그가 부활하셨다는 소식을 들었습니다. 그리고 무덤에 직접 찾아갔던 베드로와 요한이 예수님의 무덤이 비어 있는 것을 눈으로 확인했다는 말도 들었습니다. 그럼에도 불구하고 이 두 제자는 고집스럽게 자신의 길을 가고 있었습니다.

그들이 이 놀라운 소식을 듣고도 고집스럽게 자신의 길을 떠났던 것은 예수님의 십자가의 죽으심을 보고 이제 더 이상 하나님을 믿을 수 없다고 생각한 것입니다. 그래서 무슨 이야기를 들어도 믿지 않고 먹고 사는 길을 찾아 길을 가는 중이었습니다.

그런데 예수님이 그들을 찾아오셨습니다. 그들은 예수님을 알아보지 못했습니다. 처음에 예수님은 그들의 이야기를 조용히 듣기만 하셨습니다. 그리고 잠시 후 그들의 이야기에 끼어드시더니 그들의 불신앙을 책망하시고는 자신이 부활하신 것을 가르쳐 주셨습니다. 그때 이 두 제자는 마음이 뜨거워지는 것을 느꼈습니다. 그리고 여관에 들어가서 예수님이 떡을 가지고 축사하실 때 그들의 눈이 밝아져서 예수님을 알아보게 되었습니다.

이 두 제자는 그 즉시 길의 방향을 바꾸어서 제자들이 있는 예루살렘으로 다시 돌아왔습니다. 그리고 다른 제자들에게 길에서 부활하신 예수님을 만났다고 증거했습니다.

두 제자의 불신

예수님이 영광스럽게 부활하신 날 슬픔에 싸여 엠마오로 내려가고 있는 예수님의 두 제자가 있었습니다.

"그 날에 저희 중 둘이 예루살렘에서 이십오리 되는 엠마오라 하는 촌으로 가면서 이 모든 된 일을 서로 이야기하더라"(13-14절)

지금 이 두 사람이 엠마오로 내려가고 있었던 것은 예수님의 부활 소식을 듣지 못했기 때문이 아닙니다. 그들은 이미 여인들과 다른 제자들로부터 예수님의 무덤에 이상이 있으며 그가 살아나신 것 같다는 말을 들었습니다. 그런데도 그들은 제자들을 떠나서 엠마오라는 곳으로 내려가고 있었습니다.

"또한 우리 중에 어떤 여자들이 우리로 놀라게 하였으니 이는 저희가 새벽에 무덤에 갔다가 그의 시체는 보지 못하고 와서 그가 살으셨다 하는 천사들의 나타남을 보았다 함이라 또 우리와 함께 한 자 중에 두어 사람이 무덤에 가 과연 여자들의 말한 바와 같음을 보았으나 예수는 보지 못하였느니라 하거늘"(22-24절)

물론 그때까지 예수님을 본 사람은 없지만 여러 가지 정황으로 미루어 볼 때 무슨 중요한 일이 일어난 것은 분명했습니다. 그러나 이 두 제자는 그것을 확인해 볼 생각도 하지 않고 많은 사람들이 내려가는 길을 따라서 내려가고 있었습니다. 그 이유가 무엇입니까? 예수님이 죽으셨다는 사실 때문에 예수님과 하나님에 대해 크게 실망했기 때문입니다.

"우리는 이 사람이 이스라엘을 구속할 자라고 바랐노라"(21절 상)

그들은 예수님이 이스라엘을 구원할 자라고 믿었습니다. 그런데 예수님은 별로 큰 일을 하지도 못한 채 십자가에 못 박혀 죽으신 것입니다. 그래서 그들은 예수님과 하나님에 대해 큰 실망을 하게 되었고 이제는 하나님이 무슨 말씀을 하셔도 더 이상 속지 않겠다고 굳게 다짐

했던 것입니다.

　이 두 제자는 적어도 예수님은 죽지 않을 것이라고 믿었습니다. 아무리 사탄의 세력이 예수님을 에워싸고 죽이려고 해도 하나님은 결정적인 순간에 예수님을 다시 살리셔서 그가 하나님의 아들이신 것을 보여 주실 줄 알았습니다. 그런데 예수님은 정말 죽으신 것입니다. 이제는 도대체 누구를 믿으며 살겠습니까? 어떤 사람이 누군가를 철저하게 믿었는데 그 믿음이 깨지면 아무것도 믿으려고 하지 않을 것입니다.

　이들은 처음부터 예수님을 믿지 않았던 자들이 아닙니다. 그들은 지금까지 모든 것을 다 바쳐서 예수님의 가르침을 믿었습니다. 그러나 믿음이 현실 앞에서 아무것도 아닌 것으로 판명되었을 때 그들은 마음에 깊은 상처를 받고 하나님의 진리에 대해 불신하게 되었습니다.

　예전에는 대학생들 중에 운동권 학생들이 많았습니다. 그들이 운동권에서 활동하는 이유는 현실에 환멸을 느꼈기 때문입니다. 그래서 정상적인 방법으로는 이 세상을 바꿀 수 없기 때문에 폭력적인 방법이라도 택한 것입니다.

　교회 안에서 냉소적인 신앙의 소유자들을 많이 만나는데 그들은 나름대로 순수한 마음으로 열심히 교회를 섬겼습니다. 그런데 교회 안에서 실망스러운 일이 일어났을 때 그것을 이기지 못하는 것입니다. 그리고 그 후에는 다시는 상처를 받지 않으려고 비판적이고 냉소적인 태도를 갖는 것입니다.

　엠마오로 가던 두 제자가 깊은 상처를 입은 이유는 그들이 너무 순진하게 예수님의 구원을 믿었기 때문입니다. 즉 '예수님은 하나님의 아들이시며 죄가 없는 분이시다. 그리고 예수님에게 하나님의 능력이 있기 때문에 모든 사탄의 세력을 굴복시키시고 능히 온 이스라엘을 구원하실 것이다'는 것을 믿었습니다. 이 제자들은 죄가 얼마나 심각하고 또 우리의 구원이 이루어지기 위해서 얼마나 엄청난 희생이 있어야 하는 줄은 생각하지 못했던 것입니다.

다시 말해 이 두 사람은 하나님의 구원을 자기들이 이해하는 범위 안에서 믿으려고 했습니다. 그들이 생각한 구원은 아주 낙관적인 것이었습니다. 자기들처럼 예수님의 말씀을 듣고 한 사람이 변화되어 두 사람이 되고 또 네 사람이 되고 다시 여덟 사람 그리고 열여섯 사람이 된다면 언젠가는 온 세상이 예수님의 제자들로 가득할 것으로 생각했습니다. 그들은 인간의 죄가 얼마나 무서운지 몰랐습니다. 하나님의 아들, 그렇게 선하시고 천사 같으신 분, 하나님의 신성으로 충만하신 분임에도 십자가에 비참하게 죽지 않고는 해결될 수 없다는 것을 알지 못했습니다.

어떤 사람들은 실컷 죄를 짓고 난 후에 다른 사람에게 '미안하다'고 하면 다 해결될 줄 압니다. 자기는 그냥 심심해서 다른 사람을 욕하고 때렸는지 몰라도 그 고통을 당한 사람은 그것이 심심풀이가 될 수 없습니다. 장난으로 던진 돌에 개구리는 죽는 것입니다.

어느 날 신문에 어떤 부인이 남편의 구타를 피해 호스를 타고 내려오다가 베란다에서 떨어져 죽은 기사를 보았습니다. 그런데 남편은 술을 마셔서 생각이 안 난다는 것입니다. 그것은 거짓말입니다. 어떻게 생각이 나지 않을 수 있으며 어떻게 자기 아내가 죽었는데 기억이 나지 않는다는 말로 넘어갈 수 있겠습니까?

사람들은 자기가 지은 죄가 얼마나 무서운지 모르기 때문에 구원을 낙관적으로 생각하는 것입니다. 그래서 내 뜻과 다르면 실망하는 것입니다. 엠마오로 가던 두 제자의 믿음이 바로 이런 것이었습니다. 그들은 예수를 믿기만 하면 모든 것이 자동적으로 해결될 줄 알았습니다. 이 세상에서 예수님의 가르침보다 더 탁월한 것이 어디 있습니까? 예수님의 산상설교를 보십시오. 인도의 간디가 극찬한 것이 아닙니까? 그런데 하나님이 살아 계시다면 어떻게 이런 끔찍한 일이 일어날 수 있습니까? 엠마오로 가던 이 두 제자의 마음에는 하나님에 대한 실망과 배신감으로 가득했습니다. 그래서 다른 사람들처럼 장사나 농사의 길을 찾아 떠나는 것입니다.

  죄의 심각성을 알지 못하는 사람은 하나님에 대해 한 번은 크게 실망하게 되어 있습니다. 예수 믿는 것은 모든 것이 저절로 잘되는 것이 아닙니다. 이 세상에서 가장 끔찍한 것은 우리 모두가 죄에 감염되어 있다는 사실입니다. 또한 우리를 이 죄에서 치료하려면 가장 끔찍한 일이 일어나야 한다는 것입니다. 예수를 믿었다가 다시 세상으로 간 많은 사람들이 있습니다. 그들이 떠난 이유가 무엇입니까? 기독교가 자신의 비전을 실현시켜주기에는 너무 소극적이라는 것입니다. 그래서 예수님의 부활의 소식을 듣고서 장사해서 돈을 벌거나 출세하기 위해 세상으로 가는 것입니다.

예수님의 찾아오심

  두 제자가 고집스럽게 세상으로 가고 있을 때 예수님은 조용히 그들에게 찾아오셨습니다.

> "저희가 서로 이야기하며 문의할 때에 예수께서 가까이 이르러 저희와 동행하시나 저희의 눈이 가리워져서 그인 줄 알아보지 못하거늘"(15-16절)

  예수님은 실망과 좌절에 빠져 자기 길을 가고 있는 제자들을 찾아 오셔서 조용히 그들과 동행하셨습니다. 그런데 제자들은 그가 예수님이신 줄 알지 못했습니다. 그들이 왜 예수님을 알아보지 못했는지 그 이유는 알 수 없습니다. 그들이 너무 낙심해서 자신들의 문제에 빠져 있었거나 예수님이 부활하신 후 좀 다른 모습으로 찾아 왔을 가능성이 있습니다.

아마도 예수님은 부활하신 후 좀 다른 모습으로 찾아오신 것 같습니다. 우리는 부활이라고 하면 죽을 때와 똑같은 모습으로 다시 깨어나는 것이라고 생각하기 쉽습니다. 그러나 그것은 부활이 아닙니다. 부활이라는 것은 죽음을 통과해 다시 죽지 않는 변화된 몸으로 살아나는 것을 뜻합니다. 그래서 아마도 예수님은 조금 변하신 모습으로 찾아오신 것 같습니다.

제자들을 찾아오신 예수님은 아무런 말도 하지 않고 그들과 조용히 동행하셨습니다. 그들은 예수님을 단지 자기들처럼 예루살렘에 와서 유월절을 지키고 돌아가는 사람으로 생각했을 것입니다. 제자들은 예수님을 무시한 채 예수님의 죽음에 대해 자기 생각들을 이야기하면서 계속 걸었습니다. 아마 예수님이 이들의 대화에 끼어 들지 않았다면 그들은 똑같은 이야기를 하루 종일 반복했을 것입니다. 그런데 갑자기 예수님이 그들의 대화에 끼어 드셨습니다. 예수님은 그들의 고민과 전혀 상관이 없는 사람인 것처럼 도대체 무슨 이야기들을 그렇게 하느냐고 물어보셨습니다. 이때 예수님은 글로바라는 제자로부터 핀잔을 들었습니다.

"예수께서 이르시되 너희가 길 가면서 서로 주고받고 하는 이야기가 무엇이냐 하시니 두 사람이 슬픈 빛을 띠고 머물러 서더라 그 한 사람인 글로바라 하는 자가 대답하여 가로되 당신이 예루살렘에 우거하면서 근일 거기서 된 일을 홀로 알지 못하느뇨?" (17-18절)

글로바라는 제자는 예수님이 질문하시는 소리를 듣고 속이 터지는 것 같았습니다. 예수님의 처형 소식은 예루살렘에 있는 모든 사람들의 속을 뒤집어 놓는 일이었습니다. 그런데 지금 함께 길을 가는 이 사람은 어디서 무엇을 했는지 모르겠지만 예수님의 죽음에 대해 아무것도 모르는 것 같습니다. 그래서 글로바는 어떻게 예루살렘에 있었다는 사람이 예수님의 죽음을 모르느냐고 핀잔을 주었습니다. 예수님은 시치미를 떼시면서 그래도 잘 모르겠으니까 도대체 일이 어떻게 된 것인지 말해 보라고 하셨습니다. 그리하여 제자들이 대답했습니다.

"가라사대 무슨 일이뇨 가로되 나사렛 예수의 일이니 그는 하나님과 모든 백성 앞에서 말과 일에 능하신 선지자여늘 우리 대제사장들과 관원들이 사형 판결에 넘겨 주어 십자가에 못 박았느니라 우리는 이 사람이 이스라엘을 구속할 자라고 바랐노라 이뿐 아니라 이 일이 된 지가 사흘째요 또한 우리 중에 어떤 여자들이 우리로 놀라게 하였으니 이는 저희가 새벽에 무덤에 갔다가 그의 시체는 보지 못하고 와서 그가 살으셨다 하는 천사들의 나타남을 보았다 함이라 또한 우리와 함께 한 자 중에 두어 사람이 무덤에 가 과연 여자들이 말한 바와 같음을 보았으나 예수는 보지 못하였느니라 하거늘"(19-24절)

예수님은 제자들이 고민하고 힘들어하는 것을 모르는 사람이지만 한번 말해 보라고 말씀하셨습니다. 지금 제자들을 고통스럽게 만드는 것이 무엇입니까? 그것은 혼란스러움이었습니다. 그들은 지금 자기들에게 일어난 일이나 자기들이 하는 행동의 정확한 의미를 몰라서 혼란스러워했습니다.

예수님이 제자들에게 이렇게 나타나신 의미가 무엇입니까? 이제부터 예수님은 언제든지 제자들을 찾아오실 수 있다는 것입니다. 예전에는 예수님이 몸을 가지고 계셨기 때문에 공간적으로나 시간적으로 제약이 있었습니다. 그러나 부활하신 후에는 그런 제약이 없습니다. 중요한 것은 주님이 우리를 버리지 않으시고 우리에게 찾아오신다는 것입니다. 그런데 나와 전혀 상관없는 사람의 모습으로 찾아오실 수 있다는 것입니다.

대부분의 사람들은 자기 문제를 남에게 말하지 않고 혼자 속에 담아 놓고 고민합니다. 그래서 산더미 같은 짐을 혼자 짊어지고 고민하는 것입니다. 그런데 예수님은 한번 말해 보라는 것입니다. 그러면 의외로 쉽게 정리가 될 수 있습니다.

예수님이 두 제자에게 처음으로 요구하신 것이 너희들이 고민하고 고통스러워하는 것을 너희들끼리만 계속 말하지 말고 제 삼 자에게 한 번 말해 보라는 것입니다. 그러면 어떻게 됩니까? 두 사람이 고민하던 것을 세 사람이 고민하게 됩니다. 그 한 분이 바로 예수님이십니다.

두 제자가 다른 사람과 함께 길을 가면서도 자기들끼리만 대화한 것은 '당신은 예수님을 알아봐야 얼마나 알겠느냐?'는 교만한 마음이 있었기 때문입니다. 그런데 예수님은 너희들의 고민에 나도 좀 동참하자는 것입니다. 우리가 아무리 머리를 짜고 고민해도 해결되지 않는 것은 우리 안에 예수님이 계시지 않기 때문입니다. 그때 너희 옆에 다른 사람도 있다는 것을 좀 인정하라고 말씀하십니다.

교만한 사람들에게는 자기들만 있지만 겸손한 사람들에게는 한 분이 더 계십니다. 그 분이 바로 예수님이십니다. 우리는 항상 나의 어려움에 예수님이 함께 할 수 있도록 문을 열어 놓아야 합니다.

신앙이 없는 사람이 신앙인에게서 놀라는 것이 무엇인가 하면 너무나 자연스럽게 자신의 문제를 여러 사람들 앞에 내어 놓는 것입니다. 때로는 울기도 하고 때로는 한숨을 쉬면서 말하는 것입니다. 그런데 어느 정도 시간이 지나면 그 문제가 해결되어 있는 것을 보게 됩니다. 다른 사람에게 '당신의 문제는 뭐요?'라고 물을 수 있는 사람은 그리스도인들밖에 없습니다. 다른 사람들은 감히 그런 질문을 하지 못합니다. 그런데 그리스도인들은 만나면 이 질문부터 합니다.

그래서 소그룹이 아주 중요하다고 생각합니다. 소그룹에 들어가면 제일 먼저 이야기하는 것이 어려움을 겪고 있는 문제들입니다. 어떤 때는 나와 전혀 상관없는 사람이 '요즘 당신의 고민이 뭐요?'라고 물을 때 속으로 '당신이 뭔데 나의 고민을 묻는 거요?'라고 생각하기 쉽습니다. 그러나 그것은 그 사람이 묻는 것이 아닙니다. 그 사람 안에 있는 예수님이 묻는 것입니다. 나를 그 고민하는 문제에서 꺼내어 하나님의 능력을 체험하게 하기 위해 묻는 주님의 음성이라 할 수 있습니다. 이것이 주님이 우리를 도우시는 방식입니다.

어떤 사람은 '내가 하나님께는 말씀드릴 수 있지만 당신 같은 인간에게는 말하기 싫다'고 말하기도 합니다. 누가 나에게 고민이 무엇인지 물으면 기분 나빠하지 않기 바랍니다. 왜냐하면 그것은 주님이 묻는 것이며 곧 나의 대답은 주님께 하는 것이기 때문입니다.

그때 예수님은 이들을 책망하셨습니다.

"가라사대 미련하고 선지자들의 말한 모든 것을 마음에 더디 믿는 자들이여"(25절)

사람은 자기 생각에 빠져 있을 때에는 누가 뭐라고 해도 말을 듣지 않습니다. 그러나 무엇인가 들으려고 마음에 여유가 생겼을 때 예수님은 이들에게 직격탄을 날렸습니다. "너희들은 너희 머리로 이해되는 것만 받아들이느냐? 너희 머리로 이해되는 것이 무슨 신앙이냐? 너희들은 왜 너희 생각에서 한 걸음도 앞으로 나아가지 못하느냐? 이 더디 믿는 자들아!"

신앙 생활을 하는 사람들 중에 더디게 믿는 자들이 있습니다. 그 사람들의 특징이 무엇입니까? 자기 논리가 강한 사람들입니다. 그리고 그런 사람들은 변하는 것을 두려워합니다. 어떤 사람이 빨리 믿습니까? 변하기를 원하는 사람입니다. 자기는 부족하며 문제가 많다는 것을 깨닫고 누군가가 자기를 변화시켜주기를 바라는 자들은 빨리 믿습니다.

그러나 이미 자기 논리가 있고 자신이 완벽하다고 생각하는 사람은 확실히 더디 믿습니다. 우리는 예수님에게 이 책망을 받아서는 안 됩니다. 어떤 사람이 적은 믿음을 가진 사람입니까? 바로 자기 생각 때문에 다른 사람들의 증거를 듣고서도 더디 믿는 자들입니다.

우리는 절대로 더디 믿어서는 안 됩니다. 마치 스펀지가 물을 빨아들이듯이 진리를 받아들일 때 큰 믿음의 소유자가 될 수 있습니다. 속히 믿는 자에게는 하나님의 부활의 능력이 임합니다. 그리고 엠마오로 갈 필요가 없습니다. 얼마나 시간과 노력이 절약됩니까? 그러나 고집 센 사람은 이 길이 아니라는 생각이 들 때까지 가고서야 돌아오는데, 그것은 그만큼 시간과 정력을 낭비하는 것입니다. 이 두 제자는 엠마오로 가다가 돌아왔으니까 그나마 시간이 절약된 것입니다.

어떤 사람들은 세상에서 완전히 망한 후에야 돌아오는 사람들이 있습니다. 물론 돌아오는 것은 귀하지만 그 시간과 돈과 정력은 어디서 보상받습니까? 그러므로 더디 믿는 자들이 어리석은 자들인 것입니다. 말씀을 듣고 믿는 자들은 시간도 아끼고 돈도 아끼는 것입니다. 그리고 그 동안 얼마나 하나님을 기쁘시게 하는 삶을 살 수 있습니까? 우리가 만일 자꾸 세상으로 간다면 간 만큼 더 돌아와야 한다는 사실을 잊지 말아야 합니다.

성경을 풀어주심

예수님이 낙심한 두 제자에게 새 힘을 주시는 방식은 성경을 풀어서 부활을 설명해 주시는 것이었습니다.

"그리스도가 이런 고난을 받고 자기의 영광에 들어가야 할 것이 아니냐 하시고 이에 모세와 및 모든 선지자의 글로 시작하여 모든 성경에 쓴 바 자기에 관한 것을 자세히 설명하시니라"(26-27절)

우리가 잘 이해되지 않는 것은 예수님이 간단하게 자신의 못 자국과 창 자국을 보여 주시면서 '봐, 내가 죽었다가 다시 살아나지 않았니?' 라고 말씀하시면 될 것입니다. 그러나 예수님은 그렇게 하지 않으시고 성경의 말씀으로 설명하고 적용해서 가르치기 시작하셨습니다. 그렇게 하시는 이유가 무엇입니까? 예수님은 지금 이 두 제자만 생각하고 계신 것이 아니기 때문입니다. 예수님은 이미 복음의 새로운 시대가 시작되었으며 우리는 언제든지 하나님의 말씀으로 힘을 얻어야 하며 하나님의 말씀 안에 길이 있다는 것을 깨닫게 하시려는 것입니다.

"저희가 서로 말하되 길에서 우리에게 말씀하시고 우리에게 성경을 풀어 주실 때 우리 속에서 마음이 뜨겁지 아니하더냐 하고"(32절)

예수님은 바로 자신이 부활하신 주님인 것을 보여주지 않으셨습니다. 그 대신 제자들을 성경 말씀으로 데리고 가셨습니다. 이제부터는 더 이상 어린 아이 식으로 가르칠 수가 없었기 때문입니다. 이제 그들은 모든 문제의 답을 성경에서 스스로 찾아야 합니다.

그런데 놀라운 것이 믿는 자는 성경이 바르게 해석될 때 마음이 뜨거워지면서 침체가 사라지게 됩니다. 나중에 두 제자가 하는 말이 '길에서 우리에게 말씀하시고 우리에게 성경을 풀어주실 때 우리 속에서 마음이 뜨겁지 아니하더냐? 고 했습니다.

우리가 침체에서 벗어나는 가장 좋은 방법은 바로 하나님 말씀을 듣는 것입니다. 하나님의 말씀을 듣는 것보다 더 좋은 약이 없습니다. 하나님의 말씀이 해석되면 마음이 뜨거워집니다. 그러면서 다시 하나님을 신뢰하게 되고 사랑하게 되면서 침체를 이기는 것입니다.

오늘날 많은 그리스도인들이 나름대로 열심히 믿는다고 하지만 여러 가지로 실망해서 찬송도 잃어버리고 기도도 잃어버리고 눈물도 잃어버렸습니다. 이 병은 다른 것으로는 고칠 수 없습니다. 다시 복음을 듣는 것입니다. 그래야 마음이 뜨거워지면서 침체에서 벗어날 수 있습니다.

제자들이 침체에서 벗어나면서 어떻게 변합니까? 첫째로 적극적으로 변했습니다. 처음에는 누가 옆에 있는지 신경도 쓰지 않았는데 예수님에게 자기들과 함께 유숙하자고 강권적으로 붙잡았습니다. 이것이 원래 신앙의 모습입니다. 신앙은 뜨겁고 적극적인 것입니다. 그 다음에 어떻게 되었습니까? 식탁에서 예수님이 떡을 주실 때 눈이 밝아지면서 주님을 알아보았습니다.

눈이 밝아지는 것이 무엇입니까? 무엇인가 눈앞이 환해지면서 주님의 영광을 본 것입니다. 그리고 주님은 사라지셨습니다. 이것은 그들을 움직이게 하는 사인이었습니다. 더 이상 여기에 있어서는 안 된다는 뜻입니다. 그래서 셋째로 그들은 그 밤에 예루살렘으로 돌아가서 제자들과 다시 만났습니다. 그리고 서로 있었던 일들을 나누었는데 베드로가 주님을 보았다는 말을 들었습니다.

두 제자는 예수님이 하나님의 말씀을 가지고 설명하는데 그들은 머리로만 이해한 것이 아니라 마음이 뜨거워지는 것을 경험했습니다. 여기서 마음이 뜨거워졌다는 것은 기쁨과 감동이 있었다는 뜻입니다. 그 이유가 무엇입니까? 진리가 그들의 마음속에 있는 두려움과 혼동을 몰아냈기 때문입니다.

하나님의 말씀에는 생명과 능력이 있습니다. 우리가 걸어갈 길이 있으며 하나님이 우리에게 주시는 엄청난 축복이 있습니다. 우리는 성경을 통해 하나님의 생각을 알 수 있고 하나님의 계획을 알 수 있습니다. 만일 하나님의 말씀이 없으면 우리는 미로에 빠진 것과 같습니다. 즉 인생의 문제가 아무것도 풀리지 않습니다. 그런데 성경이 있다 하더라도 문제는 성경이 너무 어렵고 방대하다는 것입니다. 그러나 주님은 바르게 성경을 풀 수 있는 방법을 주셨습니다. 그것은 성령의 깨우침과 함께 믿는 사람들의 공동체입니다.

엠마오로 내려가던 두 제자는 예수님을 만난 후 바로 예루살렘으로 돌아갔습니다.

> "곧 그 시로 일어나 예루살렘에 돌아가 보니 열한 사도와 및 그와 함께 한 자들이 모여 있어"(33절)

바로 이것입니다. 예수님은 주님을 만난 사람들이 함께 모여 계속 진리를 밝히는 공동체로 남기를 원하셨습니다. 그리고 그들은 이 엄청난 일을 해냈습니다.

오늘날 우리에게 계속 혼란을 주는 것이 무엇입니까? 이 세상의 성공의 기준입니다. 이 세상을 살려면 말씀만으로 만족할 수 없다고 생각합니다. 그래서 말씀의 가치를 인정하면서도 다른 한편으로는 자신의 야망이나 욕심을 찾아서 엠마오로 내려가는 것입니다.

예수님은 제자들이 함께 모여서 주어진 하나님의 말씀을 밝히고 드러내는 공동체가 되기를 원하셨습니다. 이것이 바로 내가 사는 길이고 또한 이 세상을 살리는 길입니다. 제자들이 예수님을 발견했을 때 예수님은 더 이상 그들에게 계시지 않고 사라지셨습니다.

마귀가 우리들에게 부리는 술책이 무엇입니까? 말씀만으로 이 세상을 살 수 없다는 것입니다. 사람은 하나님의 말씀으로만 살 수 없고 떡이 있어야 한다는 것입니다. 그래서 사람들은 말씀을 등지고 떡을 구하기 위해 다른 곳으로 갑니다. 그러나 말씀 안에 길이 있습니다. 우리는 더 이상 엠마오로 내려가서는 안 됩니다. 우리는 더 이상 자기 혼자 살기 위해서 세상으로 가서는 안 됩니다. 그러면 반드시 이 세상의 욕망으로 죽을 것입니다. 예수님은 누구든지 살고자 하는 자는 죽고 죽고자 하는 자는 살 것이라고 말씀하셨습니다.

성도 여러분, 우리는 함께 모여야 합니다. 그리고 다시 이 진리의 말씀을 붙들어야 합니다. 그러면 이 진리가 모든 혼동과 두려움을 몰아내고 우리 마음에 확신과 기쁨을 줄 것입니다. 이 믿음과 확신과 기쁨으로 세상을 이기는 성도들이 되길 바랍니다.

80

마지막 분부

[눅 24:36-53]

과거 우리나라에 격동의 시기가 있었습니다. 그 당시에는 하룻밤을 자고 나면 동네 사람이 붙들려 가고 없는 경우가 흔히 있었습니다. 그래서 목숨이 위태위태하던 공직자들은 아침에 만나서 서로 인사할 때에 '밤새 안녕하셨습니까?' 라고 인사했습니다.

  2차대전 때 필리핀에 본부를 두고 있던 미군은 일본군이 갑자기 진격하는 바람에 제대로 피하지도 못하고 포로가 되었습니다. 그때 맥아더 장군을 위시한 지휘부만 겨우 탈출할 수 있었습니다. 포로가 된 미군은 포로 수용소에서 일본군으로부터 많은 고통을 받으면서 생명을 유지했습니다. 나중에는 겨우 뼈만 남을 정도로 모두 앙상하게 말라 있었습니다.

  그런데 맥아더 장군은 다시 군인들을 이끌고 필리핀에 상륙해서 일본군을 몰아내고 미군 포로들을 해방시켰습니다. 그때 맥아더 장군은 피골이 앙상한 미군들에게 인사말을 했습니다. 아마 '여러분, 안녕하십니까?' 라는 인사였는지 모르겠습니다. 이 인사말 속에는 지금까지 그들이 당했던 고통은 끝났으며 새로운 세상이 왔다는 것을 선포하는 뜻이 담겨 있는 것입니다.

　이 세상의 인사 중에서 가장 위대한 인사는 예수님의 인사입니다. 예수님이 십자가에서 죽으시고 살아나셔서 제자들에게 찾아오셔서 인사하신 인사말이었습니다. 예수님은 제자들에게 '너희에게 평강이 있을지어다' 라고 인사했습니다. 이것은 지금까지 너희들을 두렵게 하던 불안과 두려움은 모두 끝이 났고, 이제 모든 믿는 자들의 죄는 영원히 해결되었다는 것입니다. 그리고 이제 사탄의 세력은 영원히 패배했다는 것을 선포하는 인사말이었습니다.

　이제 우리 그리스도인들의 인사도 변해야 할 것입니다. 과거 우리의 인사말은 '식사를 하셨습니까?' 라는 정도였을 것입니다. 그러나 이제 '주님은 살아계십니다. 우리에게는 위대한 축복이 있습니다. 사탄의 세력은 영원히 패배했습니다' 라는 인사말을 할 수 있으면 좋겠습니다.

　예수님은 부활하신 후 40일 동안 이 세상에 계셨습니다. 그런데 40일 내내 제자들과 함께 계신 것은 아니었습니다. 부활하신 후 즉시 하나님의 보좌 우편으로 가셨습니다. 거기서 예수님은 이미 온 세상을 다스리시는 권세를 받으셨습니다. 그리고 예수님은 40일 동안 자주 제자들에게 찾아오셔서 자신의 부활을 믿게 하시고 온 세상에 복음을 전하라고 부탁하셨습니다. 그리고 40일 후에는 제자들이 보는 앞에서 하늘로 올라가셨습니다.

　우리는 이제 예수님이 마지막 순간에 천사들과 함께 이 세상에 오실 때까지 이 세상에서 예수님을 보지 못할 것입니다. 그러나 예수님은 우리에게 약속의 성령을 보내실 것이며 우리를 사용하여 땅끝까지 복음을 전하게 하실 것입니다. 그리고 복음이 땅끝까지 증거되었을 때 예수님은 영광 중에 다시 오셔서 온 세상을 심판하실 것입니다.

예수님이 찾아오심

"이 말을 할 때에 예수께서 친히 그 가운데 서서 가라사대 너희에게 평강이 있을지어다 하시니"(36절)

예수님은 드디어 사망의 권세를 깨트리시고 부활하셨습니다. 예수님이 죽음 가운데서 다시 살아나셨다는 것은 모든 인간들에게 두려움을 안겨다 주었습니다. 우선 예수님을 죽게 했던 자들은 예수님의 보복이 두려웠을 것입니다. 그리고 예수님이 과연 죽음에서 살아나셨다면 그가 죽기 전과 무엇이 다르신가 하는 것이 더 중요한 문제일 것입니다. 즉 예수님은 모든 것이 죽으시기 전과 똑같이 부활하신 것인가 혹은 죽으시기 전보다 훨씬 더 강해진 모습으로 다시 살아나셨는가 하는 것입니다.

중요한 것은 예수님은 죽으시기 전에는 제자들과 늘 함께 계셨습니다. 한 마디로 제자들과 '동거동락' 하셨습니다. 그러나 예수님은 부활하신 후 제자들과 늘 함께 계시지는 않으셨습니다. 그렇다고 예수님이 무덤 주위의 동산을 거니신 것도 아니었습니다. 예수님은 살아나셨지만 무덤만 비었고 예수님은 목격되지 않았습니다. 그 이유는 예수님이 부활하신 후에 바로 하나님 보좌 앞으로 올라가셨기 때문입니다. 이제부터 예수님이 계시는 곳은 하나님 보좌 우편입니다. 예수님이 거기에 계셨기 때문에 사람들은 예수님을 목격할 수 없었습니다.

그리하여 예수님을 십자가에 못 박았던 사람들은 예수님의 부활을 별로 두려워하지 않았습니다. 그리고 예수님의 제자들은 예수님의 부활을 믿지 못해서 의심했습니다.

예수님은 십자가에서 죽으시고 부활하신 후 말할 수 없는 영광과 존귀를 얻으셨습니다. 예수님은 하나님 아버지로부터 하늘과 땅의 모든 권세를 다 물려 받으셨습니다. 그런데 예수님은 원수들에게 복수를 하지 않으셨습니다.

그 이유는 원수들에게 복수하는 것이 급한 것이 아니라 믿는 사람들을 건지고 교회를 세우는 것이 더 급하셨기 때문입니다. 그래서 원수들에 대한 심판은 35년 후 로마와의 전쟁으로 이루어지게 됩니다. 그 전쟁도 유대인들이 겸손했더라면 필요 없는 전쟁이었습니다. 하나님의 은혜가 떠난 유대인들은 일종의 과대망상증에 사로잡혀 로마와 싸워서 이길 줄 알고 전쟁을 했다가 완전히 멸망한 것입니다.

지금 이라크도 미국과 싸워 이길 수가 없습니다. 또한 북한도 미국에게 시비를 걸어야 아무런 유익이 없습니다. 그러나 하나님의 은혜가 떠나면 일종의 과대망상증에 빠져 도무지 이길 수 없는 전쟁을 이길 수 있다고 판단하게 됩니다.

그런데 예수님은 부활하신 후에 예전처럼 제자들과 항상 함께 계시지 않으셨습니다. 이것은 일종의 제자들에 대한 정신적인 이유기라고 생각할 수 있습니다. 이제부터 제자들은 예수님이 안 계신 상태에서 오직 성령의 능력으로 이 세상의 모든 하나님 나라의 일을 감당해야 하는 것입니다. 그래서 예수님은 하나님 보좌 우편에서 항상 그들과 함께 하신다는 것을 깨닫게 하신 것입니다.

예수님이 제자들을 찾아오셨을 때 집의 문이 닫혀 있는 상태에서 문을 열지 않고 그들에게 바로 들어 오셨습니다. 이것이 제자들이 예수님에 대해 느꼈던 첫 번째 변화였습니다.

예수님은 부활하신 후 과거와는 다른 몸을 가졌습니다. 예수님은 더 이상 시간과 공간의 제약을 받지 않으셨습니다. 그러나 이것은 제자들이 예수님의 변화에 대해 깨달은 지극히 작은 부분에 불과했습니다. 예수님은 하늘의 모든 권세를 가지셨습니다. 예수님은 이 세상에서 일어나는 모든 일에 대해 절대적인 권세를 가지고 계십니다.

예수님이 제자들을 찾아오셔서 첫 번째로 한 인사가 '너희에게 평강이 있을지어다' 라는 인사였습니다. 물론 '평강이 있을지어다' 라는 인사는 유대인들이 가장 잘 쓰는 '샬롬' 이라는 말입니다. 그러나 예수님이 이 샬롬이라는 말을 사용하실 때의 그 의미는 예전에 사용하던 인사와는 전혀 다른 뜻이었습니다.

보통 사람들에게 있어서 '샬롬' 은 어려움이 없는 것입니다. 몸에 병도 없고 가정이 편안한 상태가 '샬롬' 입니다. 우리 식으로 표현하면 '안녕하십니까?' 라는 말과 같습니다. 유대인들이 말하는 '샬롬' 은 갈등과 분쟁이 없는 상태를 의미합니다. 그러나 예수님이 말씀하시는 '샬롬' 은 다른 차원의 것입니다.

이것은 지금까지 제자들을 사로잡고 있던 모든 두려움과 실망과 고통을 이기고 예수님이 그들에게 새로운 평안과 힘과 기쁨을 주시는 것을 의미합니다. 예수님이 말씀하시는 '평강' 은 치열한 적과의 전투에서 대장이 적을 다 몰아내고 포탄의 연기가 가시기도 전에 숨을 헐떡이면서 이제 적들은 완전히 패배했기 때문에 다시는 공격하지 못할 것이라고 선언하는 것과 같습니다.

예수님은 그 동안 사탄의 세력과 치열한 전투를 치르셨습니다. 그 결과 예수님은 양손과 발에 못이 박히시고 옆구리를 창에 찔리시고 그의 영혼과 몸은 사망의 상태에 있었습니다. 겉으로 보기에는 완전히 사탄의 세력이 이긴 것 같고 하나님이 패배하신 것 같습니다. 물론 제자들의 무리도 패잔병이 되고 말았습니다. 사람들의 생각으로는 도저히 예수님이 이길 가능성이 없었습니다. 그런데 결정적인 순간에 예수님은 사탄의 세력을 꺾으시고 승리하신 것입니다. 그리고 이 승리의 소식을 제자들에게 알려 주셨습니다.

예전에 있었던 아시안 게임에서 우리나라와 중국과의 농구 결승 경기가 있었습니다. 우리나라 남자 팀은 중국에게 십오 점 이상을 지고 있었습니다. 중국은 신체적 조건이나 스피드 면에서 우리보다 월등했습니다. 그래서 대부분의 사람들이 농구는 중국을 이길 수 없다고 자포자기했습니다. 그런데 우리나라 팀이 조금씩 점수 차이를 좁혀 나가더니 결국 1점 차이로 이겼습니다. 그때 선수들은 땀범벅이 된 상태에서 승리의 소식을 전하며 '우리가 이겼다' 는 말을 크게 외쳤습니다.

예수님이 '너희에게 평강이 있을지어다' 라고 인사 하신 것은 '내가 이겼다' 라는 말씀과 같습니다. 그리고 이제 다시는 십자가와 같은 고통스러운 비극이 없을 것이며, 제자들은 아무것도 두려워하지 말고 오직 예수님을 믿기만 하면 된다는 뜻입니다. 이제 우리는 아무것도 두려워할 필요가 없습니다. 오직 예수님만 믿고 따라가기만 하면 우리에게 다시는 이런 비극이 없는 것입니다.

그래서 예수님의 '샬롬' 은 그냥 인사치레의 평안이 아닙니다. 우리의 모든 두려움과 고통은 영원히 끝났다는 놀라운 선포입니다. 예수님이 '너희에게 평강이 있을지어다' 라고 말씀하시는 것은 우리의 모든 불행과 답답함과 억눌림은 끝이 났으며 이제 마음껏 축복의 삶을 살 수 있게 되었다는 복음인 것입니다.

제자들이 믿지 못함

예수님의 제자들은 예수님이 앞에 서신 것을 보고 무서워했습니다.

"저희가 놀라고 무서워하여 그 보는 것을 영으로 생각하는지라" (37절)

제자들은 부활하신 예수님을 만나지는 못했지만 예수님이 부활하셨다는 소식은 들었습니다. 그러나 막상 예수님이 그들이 있는 곳에 문으로 들어오시지 않고 갑자기 그들 앞에 나타나셨을 때에 제자들은 놀라고 두려워했습니다. 그들은 머리가 쭈뼛해질 정도로 놀랐습니다. 성경에는 제자들이 예수님을 '영'으로 생각했다고 말씀하고 있습니다.

여기서 '영'이라는 것은 우리가 말하는 귀신과 같은 것입니다. 제자들은 예수님이 아니라 유령이 나타났다고 생각한 것입니다. 사실 제자들이 그렇게 생각한 것은 무리가 아니었습니다. 왜냐하면 부활하신 예수님은 영과 비슷한 몸을 가지셨기 때문입니다. 부활한 몸은 천사와 같은 몸입니다. 그러나 영은 아닙니다. 왜냐하면 부활한 몸은 뼈와 살이 있고 만질 수가 있기 때문입니다.

제자들은 지금 최초로 부활하신 몸을 보고 있는 것입니다. 그런데 예수님의 부활하신 몸에 한 가지가 빠져 있었습니다. 아마 그것까지 있었더라면 제자들은 더욱 더 두려워했을 것입니다. 그것은 광채였습니다. 예수님의 부활하신 몸에는 태양보다 더 밝은 광채가 있었습니다. 그러나 그 빛이 없는 상태에서 제자들을 찾아오셨는데도 제자들은 믿지 못하고 두려워했습니다.

"예수께서 가라사대 어찌하여 두려워하며 어찌하여 마음에 의심이 일어나느냐 내 손과 발을 보고 나인 줄 알라 또 나를 만져보라 영은 살과 뼈가 없으되 너희 보는 바와 같이 나는 있느니라"(38-39절)

예수님은 제자들에게 '어찌하여 두려워하며 마음에 의심이 일어나느냐?'고 하시면서 제자들을 가볍게 책망하셨습니다. 왜냐하면 제자들은 예수님의 부활이 예수님이 죽었던 그 상태로 다시 살아나는 것으로 생각했기 때문입니다. 부활은 죽을 때의 상태로 다시 살아나는 것이 아닙니다.

예수님은 제자들에게 자기 몸을 만져보라고 하셨습니다. 또 손과 발도 보라고 하셨습니다.

"저희가 너무 기쁘므로 오히려 믿지 못하고 기이히 여길 때에 이르시되 여기 무슨 먹을 것이 있느냐 하시니"(41절)

성경은 제자들이 예수님의 손을 만져보고 그 못자국을 보고서도 너무 기뻐서 믿지 못했다고 말씀하고 있습니다. 예수님의 부활하신 모습은 제자들에게는 믿을 수 없을 정도로 신기한 모습이었습니다. 못자국도 있고 창자국도 있고 살과 뼈도 있는데, 우리가 생각하는 그런 몸은 아니었습니다. 이번에는 제자들이 너무 좋아서 믿지 못했습니다.

예를 들어 어떤 분이 사법고시 시험을 쳤는데 누군가가 그 사람에게 수석으로 합격했다고 말했다고 합시다. 그럴 때에는 너무 기뻐서 믿지 못할 것입니다. '절대로 그럴 리가 없다' 는 것입니다.

사람들은 자기가 기대하지 못했던 큰 축복을 받으면 너무 좋아서 믿지 못할 때가 있습니다. 제자들에게 예수님이 살아오신 것은 기대하지 못했던 축복이었습니다. 사실 제자들은 예수님을 믿었기 때문에 모든 것을 잃어버렸습니다. 삼 년이나 믿고 따라다녔던 예수님이 너무나 비참하게 죽었을 때 그들은 모든 것을 잃어버렸습니다.

그런데 잃어버렸던 축복이 다시 돌아왔습니다. 그냥 돌아온 정도가 아니라 영광스러운 모습으로 돌아오셨습니다. 이제 예수님이 다시 살아나셨는데 제자들이 이 세상에서 두려워 할 것이 무엇이 있겠습니까? 제자들은 이 놀라운 축복을 믿을 수가 없었습니다.

예수님은 부활하신 몸의 특징을 보여주셨습니다. 그것은 음식을 먹을 수 있는 것입니다. 예수님은 제자들이 너무나 신기하게 생각하니 먹을 것이 있느냐고 물으셨습니다. 제자들이 구운 생선 한 토막을 드리니 예수님은 그 구운 생선을 잡수셨습니다. 귀신이라면 음식을 먹을 수 없었을 것입니다.

지금 제자들은 예수님이 하시는 것 하나 하나가 그렇게 신기할 수가 없습니다. 부활한 사람들 역시 무엇인가 먹습니다. 우리는 천국에서도 분명히 무엇인가를 먹을 것이며 생명나무 실과도 따먹을 것입니다.

성경을 가지고 강론하심

예수님은 제자들을 찾아오신 후 다른 인간적인 정을 나누지 않으셨습니다. 다만 성경으로 제자들을 가르쳐 주셨습니다. 예수님은 단순히 자신이 다시 살아나셨다는 사실 이상의 의미를 제자들에게 가르쳐 주셨습니다.

부활이 중요한 이유가 무엇입니까? 만일 예수님이 부활하지 않으셨다면 우리의 믿음은 아무 소용이 없습니다. 구약의 이스라엘 백성들은 일 년에 한 번 대속죄일이 되면 대제사장이 피를 가지고 지성소에 들어갔습니다. 그리고 살아서 나오면 이스라엘 백성 전체의 죄가 일 년 동안 사해진 것입니다. 그러나 만일 대제사장이 살아서 나오지 못하고 죽으면 이스라엘 백성들은 하나님의 진노와 저주 아래 있는 것이 됩니다. 예수님이 십자가에서 죽으신 것은 자기 피를 가지고 하나님의 지성소에 들어가신 것입니다.

만일 예수님이 부활하지 않으셨다면 우리의 모든 죄가 사해진 것이 아닙니다. 우리 인간들 중에서 구원받을 수 있는 사람은 아무도 없습니다. 그러나 예수님이 다시 사셨기 때문에 예수님의 제사는 받아졌고, 하나님과 우리 사이를 막던 성전 휘장은 영원히 열려진 것입니다. 이제 우리는 마음껏 하나님 앞에 나가서 우리의 기도를 드리며 우리의 축복을 간구할 수 있게 되었습니다.

"또 이르시되 내가 너희와 함께 있을 때에 너희에게 말한 바 곧 모세의 율법과 선지자의 글과 시편에 나를 가리켜 기록된 모든 것이 이루어져야 하리라 한 말이 이것이라 하시고 이에 저희 마음을 열어 성경을 깨닫게 하시고"
(44-45절)

예수님이 부활하신 후에 제자들에게 구약 성경을 풀어서 하나님의 뜻을 가르쳐 주셨습니다. 그 이유가 무엇입니까? 성경이 바로 하나님의 구원의 설계도이기 때문입니다. 설계도만 볼 때에는 잘 알지 못합니다. 그러나 나중에 건물이 세워지는 것을 보면 설계도대로 된 것을 알 수 있습니다. 설계도와 다른 것은 모두 철거됩니다.

구원의 설계도에서 가장 중요한 기초가 무엇입니까? 예수님의 부활입니다. 예수님의 부활이 없으면 하나님의 나라는 아예 세워질 수가 없는 것입니다. 왜냐하면 우리 믿는 자 모두에게 바로 이 부활의 능력이 주어져 육체의 정욕을 이기고 사탄의 유혹을 이기면서 믿음으로 살게 되기 때문입니다. 그래서 성도는 자신의 힘으로 살지 않습니다. 우리는 아무리 힘들어도 하나님으로부터 새로운 능력을 공급받을 수 있는 존재들입니다. 그래서 기도하는 시간이 하나님의 지혜와 능력을 공급받는 시간입니다.

결국 이 세상을 주도해 나가는 사람은 하나님의 설계도를 읽을 수 있는 사람입니다. 그는 하나님의 능력으로 일합니다. 그리고 사람을 변화시킬 수 있는 능력이 있습니다. 이 세상에서 최고의 능력은 바로 사람을 변화시키는 것입니다.

제자들에게 주신 약속

예수님은 제자들에게 중요한 두 가지 약속을 주셨습니다. 첫째는 예수님을 통한 죄 사함을 얻는 회개입니다.

"또 그의 이름으로 죄 사함을 얻게 하는 회개가 예루살렘으로부터 시작하여 모든 족속에게 전파될 것이 기록되었으니 너희는 이 모든 일의 증인이라"(47-48절)

새로운 사람이 되려면 과거의 죄를 용서받아야 합니다. 왜 사람들이 새로운 사람이 되지 못합니까? 그것은 과거의 죄가 그대로 남아 있기 때문입니다. 누구든지 예수님을 믿으면 새사람이 될 수 있습니다. 예수님의 피가 과거의 죄를 다 씻기 때문입니다. 그런데 한 번만 새 사람이 되는 것이 아니라 계속 새사람이 됩니다. 왜냐하면 예수님의 피가 우리를 죄에서 계속 씻기 때문입니다.

그런데 우리는 내가 새로워진다고 해도 다른 사람들이 인정하지 않으면 무슨 소용이 있느냐고 생각합니다. 그러나 하나님은 다른 사람이 우리의 과거를 들추어내지 못하도록 다른 사람의 기억도 지워주십니다. 그리고 만일 우리를 대적하려고 하면 하나님이 치실 것입니다.

우리는 반드시 과거의 죄를 버려야 합니다. 여기서 예수님은 '죄 사함을 얻는 회개'라고 말씀하십니다. 여기서 '회개'라는 것은 과거에 죄를 짓던 생활에서 돌이키는 것을 뜻합니다. 그런데 사실 사람이 죄를 짓고 싶어서 죄를 짓는 것입니까? 죄의 세력에 매여 있고 죄에 중독되어 악한 자들에게 붙들려 있기 때문에 죄를 짓게 되는 것입니다.

그러나 우리는 예수님의 이름을 부르고 죄에서 돌아서면 됩니다. 왜냐하면 예수님의 이름을 부르는 자에게는 어느 누구도 죄를 강요할 수 없기 때문입니다. 이것이 무서운 것입니다. 예수님의 이름에는 놀라운 권세가 있습니다. 이 세상의 어떤 죄의 세력도 나사렛 예수의 이름은 이길 수가 없습니다. 그래서 예수 이름이 증거되기만 하면 구원의 역사가 일어나는 것입니다.

그런데 우리의 걱정은 어떻게 사람들이 보지도 않은 예수님의 부활을 믿겠느냐는 것입니다. 그것은 우리가 걱정할 일이 아닙니다. 우리는 단지 우리가 믿는 것을 증거하기만 하면 됩니다. 그러면 성령이 증거하시는 것입니다.

그 근거가 예수님의 두 번째 약속입니다.

"볼지어다 내가 내 아버지의 약속하신 것을 너희에게 보내리니 너희는 위로부터 능력을 입히울 때까지 이 성에 유하라 하시니라"(49절)

부활하신 예수님이 하신 가장 놀라운 약속이 성령을 우리에게 부어 주신다는 것입니다. 우리 인간에게 성령이 임하신다는 것은 인간에게 일어날 수 있는 최고의 기적입니다. 이것은 우리 안에 하나님의 능력이 임하시는 것을 의미합니다. 우리에게 성령이 임하시는 것은 마치 고물 자동차가 제트기 엔진을 달고 달리는 것과 같습니다. 우리 인간의 문제는 다른 데 있지 않습니다. 성령이 오시지 않는 데 있습니다.

성령이 우리에게 오시면 우리의 깨달음이 구약 선지자들의 수십 수백 배가 될 것입니다. 우리는 하나님의 모든 진리를 이해하고 깨닫게 될 것입니다. 성령이 내 마음에 오시면 먼저 내가 하나님 앞에 죄인임을 깨닫게 되고 예수님이 내 죄를 위해 죽으신 것도 믿게 됩니다. 예수님의 십자가가 눈앞에 보이는 것처럼 생생하게 믿어집니다.

성령이 하시는 일은 예수님이 십자가에서 행하신 것을 우리에게 적용하시는 것입니다. 여기서 우리가 성령을 받는 것을 '능력을 입히운다' 라고 말씀하십니다. 마치 옷을 입는 것으로 비유하고 있습니다. 벌거벗고 있으면 다른 사람들 앞에 당당하게 서서 말할 수 없습니다. 내 자신의 수치가 있는데 어떻게 다른 사람의 죄를 말할 수 있겠습니까? 그러나 성령의 옷을 입으면 아무것도 두렵지 않습니다.

하늘로 올리어 가심

예수님은 40일 동안 제자들에게 나타나신 후 사람들이 보는 앞에서 하늘로 올리워 가셨습니다.

"예수께서 저희를 데리고 베다니 앞까지 나가사 손을 들어 저희에게 축복하시더니 축복하실 때에 저희를 떠나 (하늘로 올리우)시니" (50-51절)

예수님이 손을 들어서 축복하신 것은 파송의 의미가 있습니다. 예배를 마친 후에 축복하는 것도 은혜 받은 성도들을 세상에 파송하는 의미입니다. 예수님은 제자들을 축복하시면서 이 세상에 파송하셨습니다. 우리 역시 세상에서 사는 것이 축복의 파송이라는 사실을 알아야 합니다. 이것은 죽으러 가는 것이 아닙니다. 우리는 예수님께 배운 진리를 이 세상에서 사용하는 것입니다. 의대를 졸업한 의사들은 자기가 배운 것을 병원에서 사용해야 할 것입니다. 마찬가지로 우리는 진리를 우리가 속한 삶의 현장에서 활용해야 합니다.

예수님은 제자들이 보는 앞에서 하늘로 올라가셨습니다. 이것은 몇 가지 의미가 있습니다. 첫째로, 이 지상에서 예수님의 사역이 완전히 끝난 것을 나타냅니다. 예수님이 이 세상에서 하실 일은 더 이상 없습니다. 이제 이 세상의 모든 일들은 우리에게 맡겨진 것입니다. 하나님의 나라를 확장시키는 일이 우리에게 맡겨져 있습니다.

두 번째로, 예수님은 더 이상 이 세상에 육체로 나타나지 않으실 것입니다. 제자들은 주님이 다시 육신으로 문이 닫힌 방에 들어오실 것을 기대해서는 안 됩니다. 왜냐하면 이제는 더 이상 육체로 오지 않으시기 때문입니다. 그 대신 성령을 우리에게 보내셔서 우리를 주님처럼 능력 있게 만드실 것입니다. 주님이 다시 오실 때는 이 세상을 심판하실 때가 되는 것입니다.

세 번째로, 이제부터 본격적으로 성령의 시대와 교회의 시대가 시작됩니다. 그리하여 예수님이 이루신 구원을 땅끝까지 전해서 할 수 있는 대로 하나님이 원하시는 바대로 모든 사람들을 건져내는 일이 이루어지게 됩니다. 이제 우리는 사람을 낚는 어부의 사명을 받은 것입니다. 이 사명을 잘 감당하는 성도들이 되길 바랍니다.